MINGCUNZHI JINGUCUN

金谷村志

张家港市名村志系列丛书

《金谷村志》编纂委员会 编

文匯出版社

图书在版编目(CIP)数据

金谷村志 /《金谷村志》编纂委员会编. —上海:文汇出版社, 2018.8

ISBN 978-7-5496-2689-2

Ⅰ. ①金… Ⅱ. ①金… Ⅲ. ①村史-张家港 Ⅳ. ①K295.35

中国版本图书馆 CIP 数据核字(2018)第 170644 号

金谷村志

编　　者 /《金谷村志》编纂委员会
责任编辑 / 熊　勇

出版发行 / 文匯出版社
　　　　　上海市威海路 755 号
　　　　　(邮政编码 200041)
印刷装订 / 成都勤德印务有限公司
版　　次 / 2018 年 8 月第 1 版
印　　次 / 2018 年 8 月第 1 次印刷
开　　本 / 787×1092　1/16
字　　数 / 570 千
印　　张 / 23

ISBN 978-7-5496-2689-2
定　　价 / 158.00 元

«金谷村志》编纂委员会

主　任：陆惠东

副主任：徐　卫　朱　凯　杨景春

委　员：杨丽琴　朱维洁　陆　辉　钱惠龙　徐群芳　唐虎保

　　　　吴忠尧　杨晔志　朱玉雯　隆惠霞　李嘉毅　陈岳峰

　　　　徐仁弟　孔仁兴　陆志刚

顾　问：顾正芳　朱仁祥

主　编：曹乾石

编　辑：徐群芳　唐虎保　吴忠尧

摄　影：龚晓东

审定单位

中共张家港市委党史地方志办公室

张家港市凤凰镇人民政府

《金谷村志》主要资料员

许多华　钱进才　戴建华　吴元芳　吴建忠
王仁才　陈丙才　朱金才　王阿根　陈小二
杨根元　钱关德　徐云娣　许振祥　高永林
曹建明　钱洪法　杨正达　曹元长　戴金良
钱正云　钱忠法　高阿大

金谷村地理位置图
镇江市
泰兴市
通州市
沪陕高速
南通兴东机场
南通市
丹阳市
靖江市
江阴大桥
张家港市
疏港高速
通锡高速
在建沪通铁路
海门市
通启高速
京沪高速
京沪高铁
江阴市
常州市
常合高速
沪蓉高速
凤凰镇
金谷村
苏通大桥
金坛市
长荡湖
滆湖
硕放机场
无锡市
常熟市
在建沿江铁路
崇明县
溧阳市
苏绍高速
太仓市
昆山市
沈海高速
阳澄湖
常嘉高速
长深高速
宜兴市
太湖
苏州市
金鸡湖
上海市
虹桥机场
沪常高速
澄湖
吴江区
常台高速
淀山湖
沪渝高速
湖州市
嘉兴市
申嘉湖高速
沪昆高速
G15
G2
G40
G42
G312
S38
S19
G15W
S5
G204
S48
S9
G15₀₁
S58
S20
G50
S32
G318
S4
S36
S12
G60

金谷村行政区域示意图（2015年）

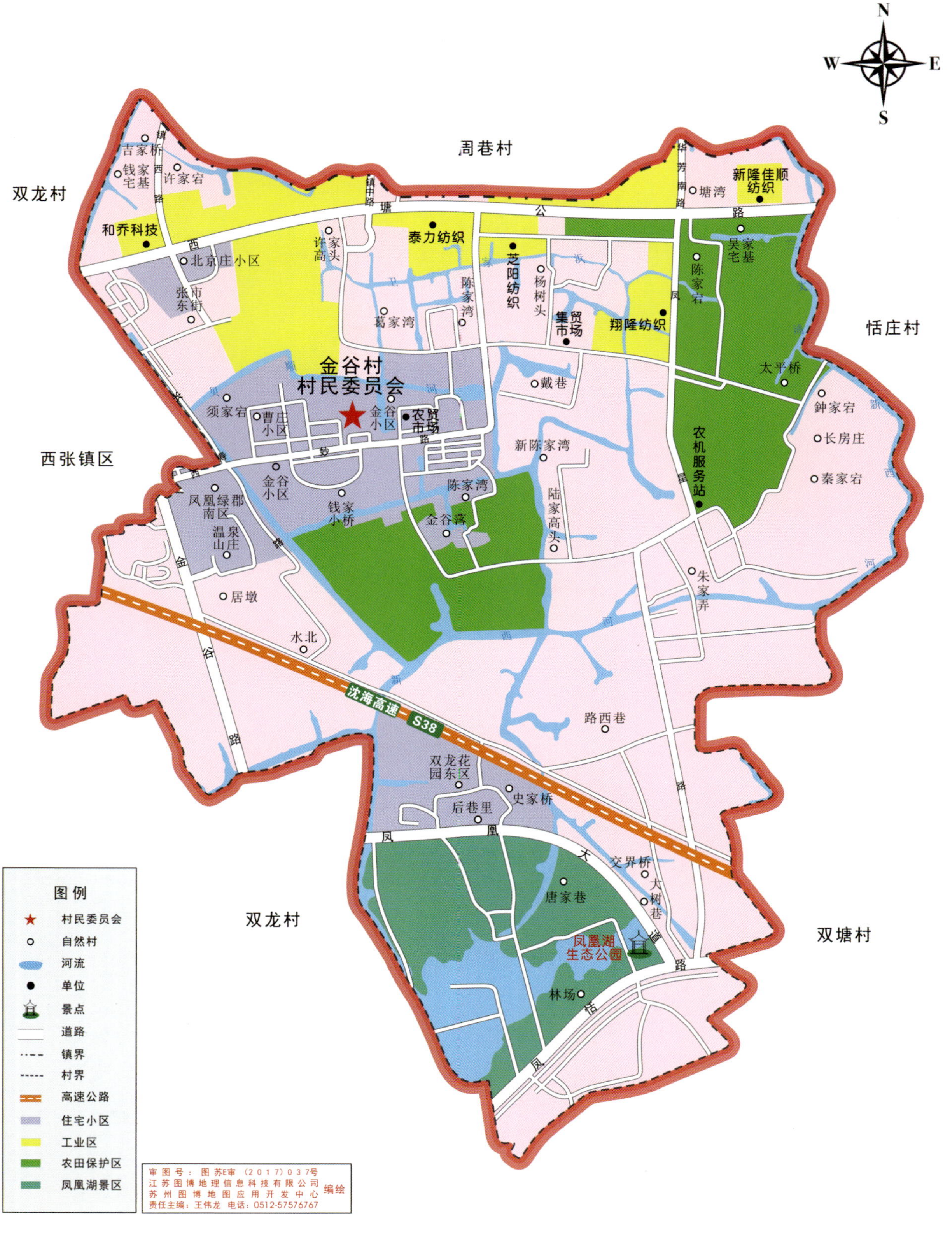

金谷村鸟瞰图

20 世纪 80 年代建造的农民公园一角

苏州市美丽乡村示范点——金谷村朱家弄农民住宅

金谷小区别墅群

风凰绿郡住宅区

金谷村村民集中居住区

金谷农村小区

金谷小区农民住宅

金谷村朱家弄美丽乡村景色

金谷村村民别墅

西妙路

西塘公路金谷段

沿江高速公路金谷段

凤凰湖夜景

西妙大桥

金谷大桥

苏太猪

菜农在清洗芹菜

弄里芹菜田

金谷丰收的田野

2000 年金谷药材种植基地

水稻喷洒农药 (1999 年摄)

人工插秧

▼ 机器插秧

江苏和乔科技与江苏科技大学联合研发中心签约仪式

江苏和乔科技股份有限公司

张家港市龙利鑫针织有限公司

张家港市恒运纺织品有限公司

张家港市鑫源纺织有限公司

张家港市兴越纺织有限公司

张家港市芝阳针织有限公司

张家港市新隆佳顺针纺织有限公司

西张农贸市场

福记饭店

金凤凰温泉逸墅商业区

金凤凰温泉

金谷路夜景

1988 年 11 月 13 日，时任江苏省委书记韩培信为“新天公司”题词“新天新貌”

1988 年 11 月 13 日，时任江苏省委书记韩培信（前左一）参观金谷村企业

1989 年 4 月，苏州市委书记高德正（右一）视察金谷村

2014 年 10 月 15 日，江苏省人大常委会副主任蒋宏坤（中）到金谷村老年活动室视察

2013 年 9 月 10 日，苏州市委副书记陈振一（右一）到凤凰镇金谷村调研美丽镇村建设

2007 年 11 月 13 日，苏州市委副书记纪委书记杜国玲（前左一）视察凤凰镇金谷社区

2003 年 8 月，张家港市委书记曹福龙（左一）在金谷村慰问苏虞张公路凤凰段节日加班人员

2007 年 6 月 28 日，苏州市委常委、组织部长王立平（左三）到凤凰镇金谷村调研

2010 年 3 月 25 日，苏州市委组织部副部长金洁（右一）一行在金谷村调研

2013 年 8 月 2 日，张家港市委常委、副市长徐仲高到金谷村调研消防安全

2010 年 10 月 13 日，苏州军分区参谋长陈贯云（右四）到凤凰镇金谷村考察

2007 年 10 月 12 日，苏州市妇联领导参观团参观金谷社区

2015 年 2 月 4 日，张家港市委副书记、市长朱立凡（右一）到金谷村走访

2009 年 10 月 28 日，江苏省委学习实践科学发展观活动巡回检查组在金谷村召开调研会

2008 年 5 月 9 日，张家港市政协在金谷村调研

2016 年 10 月，金谷村党委、村委全体成员合影

党员大会

重温入党誓词

2017 年 9 月 6 日，《金谷村志》终审会

2007 年 5 月 15 日，中纪委干部室领导视察凤凰镇金谷社区

2007 年 7 月 26 日，中纪委研究室领导视察凤凰镇金谷社区

2010 年 10 月 13 日，中国纪检监察报副总编王秋林到凤凰镇金谷村调研

2009 年 11 月 21 日，中纪委信访室领导视察凤凰镇金谷社区

2009 年 6 月 10 日，省纪委常委顾星到凤凰镇金谷村调研

2007 年 11 月 13 日，苏州市委副书记、市纪委书记杜国玲（左四）视察凤凰镇金谷社区

2007 年 4 月 2 日，宁夏固原市纪委书记参观凤凰镇金谷社区

张家港市纪律检查委员会到金谷村召开“权力公开”推进会

金谷社区卫生服务站

健康知识讲座

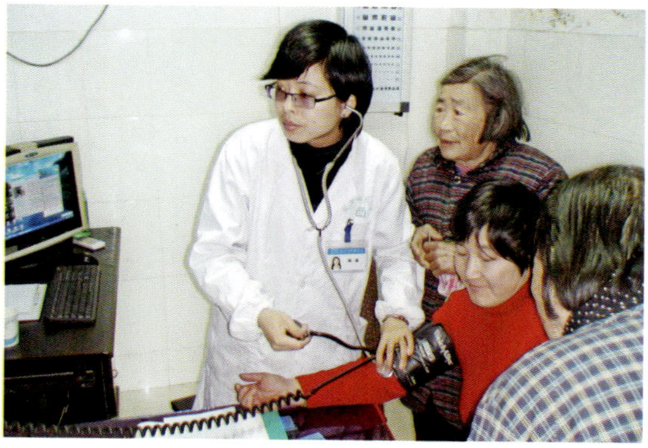
医疗保健服务

按摩康复室

门球比赛

中老年象棋赛

农民健身活动

农民篮球比赛

村图书馆

金谷村特色展示室

村民制作的木雕手工艺品

文艺演出

广场舞展演

2014 年 3 月 11 日，省妇联领导到村看望全国五好文明家庭标兵户——陈利芳家庭

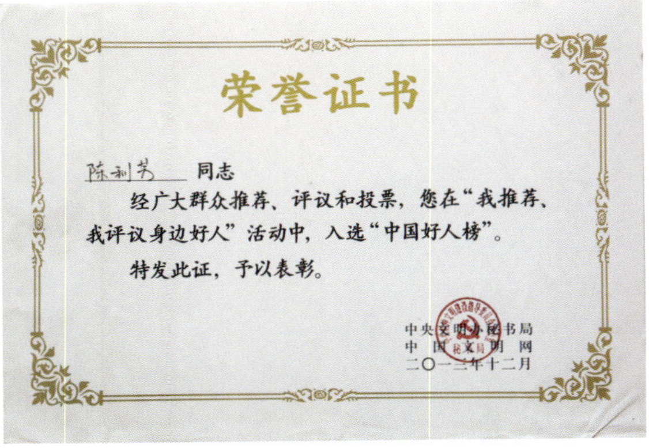

荣誉证书

陈利芳 同志

经广大群众推荐、评议和投票，您在“我推荐、我评议身边好人”活动中，入选“中国好人榜”。

特发此证，予以表彰。

中央文明办秘书局
中国文明网
二〇一三年十二月

荣誉证书

陈利芳 在2013年度苏州市苏州好人·百名文明市民标兵评选中，光荣当选，特发此证，以资鼓励。

苏州市精神文明建设指导委员会
二〇一四年一月

2014 年 5 月，村民陈利芳获中华全国妇女联合会颁发的“全国五好文明家庭标兵户”称号

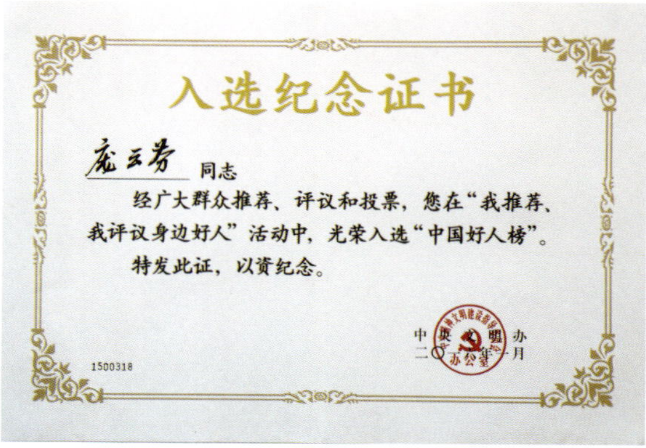

入选纪念证书

庞云芳 同志

经广大群众推荐、评议和投票，您在“我推荐、我评议身边好人”活动中，光荣入选“中国好人榜”。

特发此证，以资纪念。

1500318

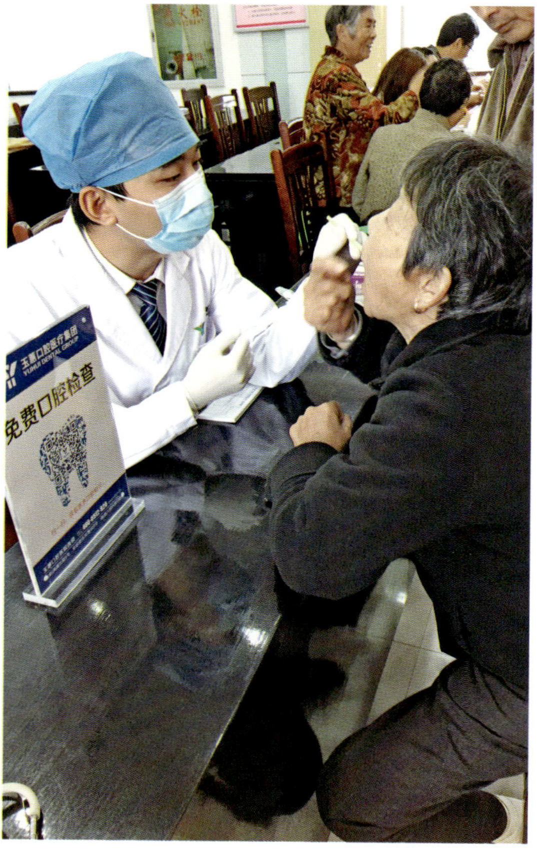

“威爱心”爱牙护理义诊

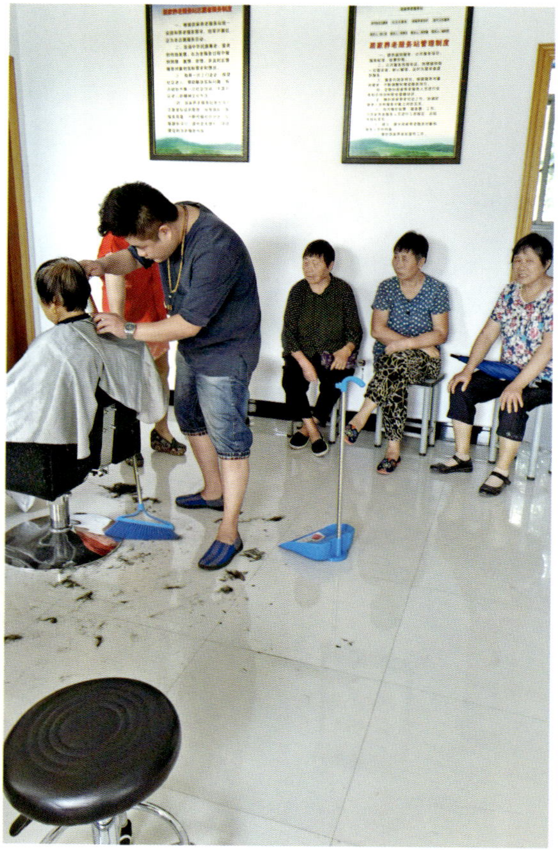

“威爱心”为居家老人义务理发

“威爱心”捐赠活动

扶贫助学座谈会

2015 年 3 月 28 日，“威爱心”桃园行 活动

学雷锋进社区 关爱老人健康活动

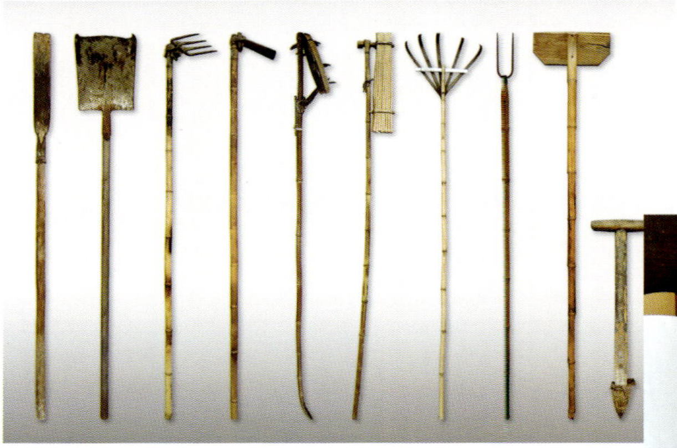

旧式农具

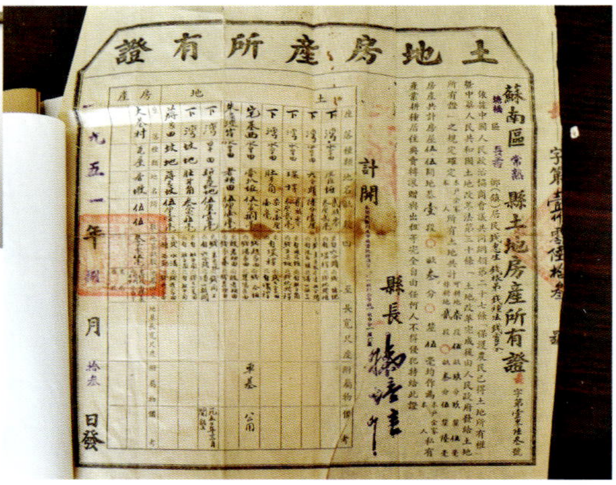

土地房產所有證

蘇南區常熟縣土地房產所有證

計開

縣長

一九五一年　月　日發

1951 年 8 月，金谷村民钱惠生、钱根弟、钱忠法、钱雪芬一家获颁的《苏南区常熟县土地房产所有证》证书

抬嫁妆

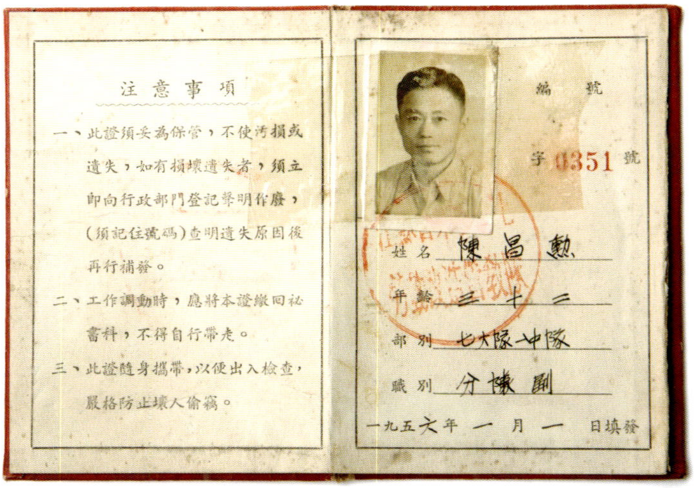
注意事項

一、此證須妥為保管，不使污損或遺失，如有損壞遺失者，須立即向行政部門登記聲明作廢，（須記住號碼）查明遺失原因後再行補發。

二、工作調動時，應將本證繳回秘書科，不得自行帶走。

三、此證隨身攜帶，以便出入檢查，嚴格防止壞人偷竊。

編號 字0351號

姓名 陳昌勳

年齡 三十二

部別 七大隊一中隊

職別 分隊副

一九五六年一月一日填發

金谷村老兵陈昌勋的工作证

金谷村老兵陈昌勋的解放战争纪念章

金谷村老兵陈昌勋的抗美援朝纪念章

老中医许济生（1911年—1989年）

2002 2003
文明村
苏州市精神文明建设委员会

实践科学发展 推进“两个率先”
先锋村
中共苏州市委员会
二〇〇九年六月

江苏省
民主法治示范村
江苏省依法治省领导小组
2012年12月

2010-2012年度
江苏省文明村
Civilized Village in Jiangsu Province
江苏省精神文明建设指导委员会
JIANGSU PROCINCE STEERING COMMITTEE
FOR IDEOLOGICAL ETHICAL ADVANCEMEAT

张家港市凤凰镇金谷村（朱家弄）
美丽村庄示范点
2013年度
苏州市美丽镇村建设领导小组
二〇一六年九月

苏州市村庄环境整治
先进集体
中共苏州市委员会
苏州市人民政府
二〇一三年四月

苏 州 市
规范化村（社区）人民调解委员会
苏州市司法局
二〇一三年一月

2006 2008
创建文明村工作先进村
苏州市精神文明建设指导委员会

绿色社区
苏州市人民政府
二〇〇六年六月

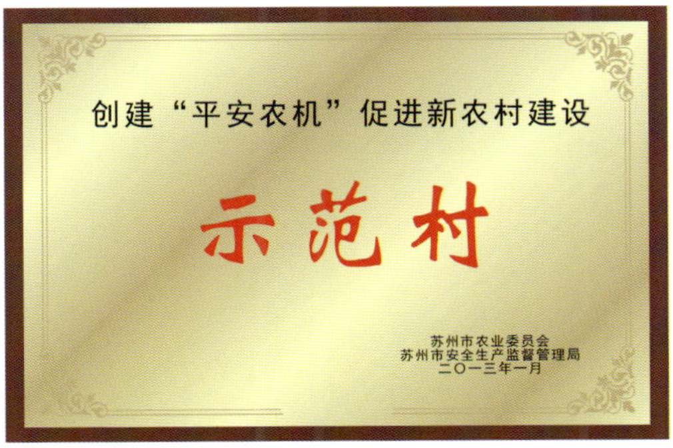
创建“平安农机”促进新农村建设
示范村
苏州市农业委员会
苏州市安全生产监督管理局
二〇一三年一月

苏州市建设社会主义新农村
示范村
中共苏州市委 苏州市人民政府
二〇一〇二月

凤凰镇金谷村朱家弄
三星级康居乡村
环境巨变 大家贡献 你我家园 共管共建
苏州省村庄环境整治推进工作领导小组办公室
江苏省住房和城乡建设厅
二〇一三年八月

示范社区
苏州省计划生育协会
二〇一〇年五月

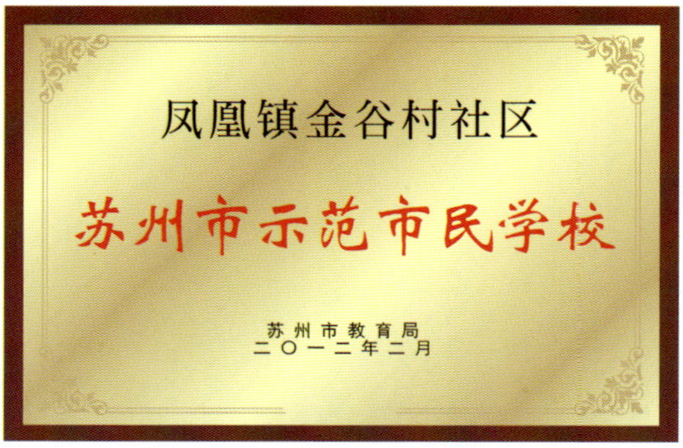
凤凰镇金谷村社区
苏州市示范市民学校
苏州市教育局
二〇一二年二月

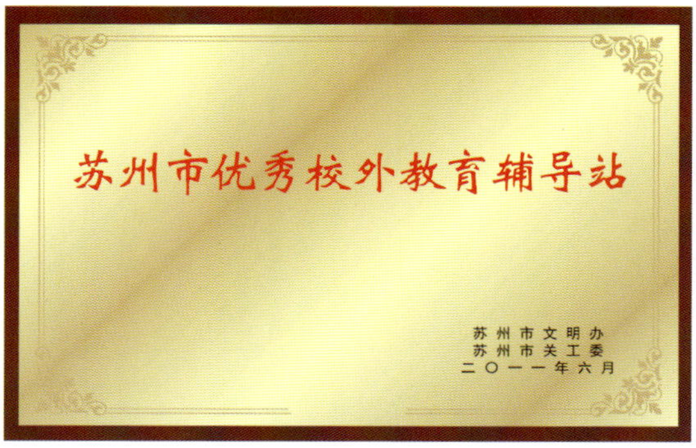
苏州市优秀校外教育辅导站
苏州市文明办
苏州市关工委
二〇一一年六月

证　书
张家港市凤凰镇金谷村：
经测评，你单位档案工作达到《江苏省机关团体企业事业单位档案工作规范》二星级标准。特发此证、
证书号：2E2010096
江苏省档案
2010年12月30日

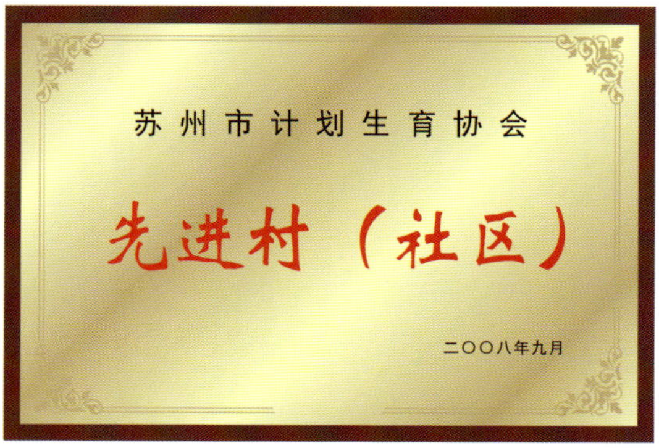
苏州市计划生育协会
先进村（社区）
二〇〇八年九月

二〇一一年度
苏州市充分就业村
苏州市就业促进工作领导小组

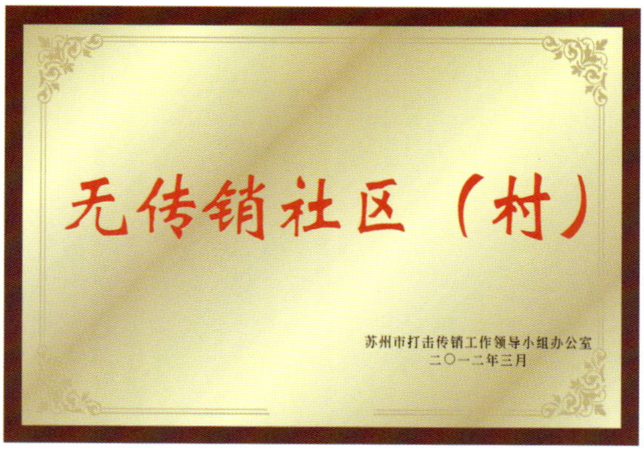
无传销社区（村）
苏州市打击传销工作领导小组办公室
二〇一二年三月

序一

曹福龙

2017年仲春，一部厚厚的《金谷村志》放在我的案头，这是修志人员用近两年时间辛勤劳作的结晶。数十万字的志稿，字里行间凝聚着浓浓的乡情。盛世修志，永彪千秋。欣闻此志已列入张家港市名村志系列丛书并即将出版，作为一个在外工作的“金谷人”，为之自豪。我想，这也是金谷父老乡亲的共同心愿，也是金谷村社会主义精神文明建设和文化建设的一项丰硕成果，可喜可贺。

拜读志书，眼前又浮现出金谷一步步发展的艰辛历程，心中又涌起一浪浪思乡波涛。张家港市凤凰镇金谷村是我的家乡，我从小就生活在这个地区，家乡一草一木的枯荣，一庄一景的变迁，总浮现在我的脑海里。故乡是一个人灵魂的轴和坐标。俗话说，乡音难改，乡愁难忘。无论走到哪里，乡音、风俗、风情、风物和世态沧桑都在我心中深深烙下印记，永不忘怀。新中国成立后，金谷的父老乡亲，用一双勤劳的双手，改变了“一穷二白”的旧貌，跳出了“高产穷队”的怪圈，描绘了一幅幅最新最美的画卷。特别是党的十一届三中全会改革开放以来，家乡面貌发生了翻天覆地的变化，农村经济欣欣向荣，社会事业蒸蒸日上，人民生活红红火火。每当看到家乡日新月异的变化，真是由衷高兴。

古人云：“观乎天文，以察时变，观乎人文，以化成天下。”浩繁的史册，见证着金谷村历史悠久、民风淳朴、文化底蕴深厚。然而，综观金谷历史，从无一部志书像《金谷村志》那样作系列记载，已出版的《沙洲县志》《张家港市志》和《西张镇志》，对金谷记载的仅是一小部分或某个章节。现在，金谷村党委、村民委员会承载责任，勇于担当，毅然设立机构，组织人员，编纂这部传世之作，这是一件大事、好事，令人欣慰。

历史是根，文化是魂，一脉相承，弥足珍贵。《金谷村志》比较全面地勾勒了千百年来的沧桑历程，论述了解放后政治、经济、文化和社会风土、民俗风情、礼仪风尚、民间风韵等各个方面的发展史实；尤其是记述了改革开放以来金谷的巨大变化和结出的累累硕果，系统反映了农村城乡一体化建设的新特点和新风貌，金谷的发展是江南水乡建设社会主义新农村的一个缩影。所以，《金谷村志》又是一部地情书，是教育后代爱家乡、爱集体、爱国家的乡土教材，也是一本家风家训教育的好读本，它能使我们全方位地感受家乡这片热土带给我们的心灵震撼，激励我们铸造辉煌的未来，共圆瑰丽的中国梦，将起到不可替代的重要作用。

金谷村民风朴实，人才辈出。在新中国成立后的各个历史时期，金谷老一辈的干部群众，奋发图强，艰苦奋斗，薪火相传，创造了一个个奇迹，描绘出一张美丽的金谷画卷。在改革开放的大潮中，金谷人民团结拼搏，勇于争先，创造了骄人的业绩，金谷更加飘香。这是金谷历史上有目共睹、不容辩驳的事实，作为家乡的一员，我再一次为之而高兴、骄傲。

"修志明道，以启未来。"《金谷村志》无疑是我们继续前进的宝贵财富，前慰故人，后惠晚辈。值此机会，我衷心地向家乡的父老乡亲表示热烈祝贺，向全力支持修志的仁人志士致谢。我深信，拥有敢于创大业精神和文化能量的家乡——金谷村，必将绽放更加亮丽、更加灿烂的文明之花，城乡之光。

谨以为序。

2017 年 3 月

（作者系苏州市委原常委、政法委书记）

序二

吉瑞庆

2016年国庆期间，我回金谷老家，村里的乡亲告诉我在编修《金谷村志》，我听后很高兴，期盼此书早日完成。时隔一年多，洋洋数十万字的《金谷村志》即将出版。拜读送来的志书征求稿后，作为亲眼目睹金谷发展变化的金谷人，勾起我缕缕乡思，借此书出版之际，我想说几句心里话。

一部村志，多年心血，百年变迁，一书概述。《金谷村志》经修志人员辛勤编纂，精心琢磨，终成志书。《金谷村志》的付梓出版，是金谷地区人民的一件大喜事，是凤凰镇全镇精神文明建设又一重要成果，她为读者了解金谷的历史和现状，提供了全面翔实的资料，值得庆贺。

盛世修志，彪炳史册，供后代千秋之鉴别，为子孙万代之长存，实是一件好事。我生在金谷，长在金谷，亲眼目睹各个时期金谷的发展变化。金谷虽处沿街近镇，但在解放前，农村经济落后，人民生活困苦，低矮的草房，泥泞的小路，弯曲的河塘，脏乱的环境，这就是小时候给我留下的金谷印象。中华人民共和国成立后，人民成了金谷的主人。在中国共产党领导下，金谷的父老乡亲在"一穷二白"的土地上建设自己的家园，发展农副业生产，解决了温饱，改善了居住条件。但由于时代的局限和"左"的束缚，境内基本上还处于"高产穷队"的景况。党的十一届三中全会后，在改革开放的大潮中，金谷打破单一的农业经济结构和集体经营模式，大力发展村队企业和第三产业。特别是邓小平南巡讲话后，金谷人民放开手脚大干快上，由内贸发展外贸，从田岸走向口岸，创办了全市第一家外商合资企业，夺得了村级经济效益全市第一的桂冠。90年代中期后，村办企业实行产权制度改革，金谷利用紧靠集镇的优势，招商引资，个私企业似雨后春笋般涌现，带动了境内第三产业的迅速发展。凤星、五联并入金谷村后，金谷又充分发挥三村地域的优势，建立工业开发区，创办农副业基地，建设高标准的美丽乡村示范点，使金谷更加焕发出新的活力和勃勃生机。每每看到金谷的变化，我都为家乡的发展感到骄傲。

“以史为鉴，可以知兴衰；以史为镜，可以明事理。”《金谷村志》是见证金谷成长发展的一份精神财富，起到刻录历史，反映现今的作用，她客观真实地略述了金谷的历史沿革，反映了金谷风风雨雨的昨天；她浓墨重彩地记述了金谷的发展变革，展现了美丽多彩的今天。《金谷村志》是一部不失为后代考证、研究金谷自然和社会发展的主要史料文献，对进一步认识乡情、探究发展规律具有无可替代作用，是一部进行爱国主义、社会主义和革命传统教育的乡土教材。

回眸今昔巨变，感悟时代发展，凝聚奋进力量。愿金谷的父老乡亲以史为鉴，发扬老一辈人的团结拼搏，艰苦奋斗的优良传统，同心同德，与时俱进，不忘初心，开拓创新，用勤劳和智慧创造金谷更加美好灿烂的明天。

愿金谷更加富强！

愿人民更加幸福！

2017年3月

（作者系张家港市原人大常委会副主任）

序三

陆惠东

时值春风拂柳，桃花吐蕾的阳春三月，散发着浓郁乡土气息的《金谷村志》即将和大家见面了，这是历史的记录时代的新篇，也是社会主义精神文明建设和文化建设的丰硕成果。此书融历史、当今为一炉，既有原汁原味的风土人情，又有凝练厚重的人文历史，既有对历史客观的描述，又有对现今事实的记录。《金谷村志》的出版，是全村父老乡亲的一件大事、喜事；它的面世，也是金谷村经济强村、文化立村、和谐兴村的一件好事、盛事。值此出版之际，我和大家一样感到高兴，为这部金谷的"百科全书"庆贺。

金谷，寸土寸金，谷丰物美，故名。金谷地处江南水乡，历史悠久，人文荟萃，英才辈出，清代有武生朱焕文、吉刘先等豪侠勇士；近代有庞柏渊、朱伯良、许济生等济世杰客。他们大多侠肝义胆，悬壶济世，极富文人禀质，他们的名字如同盛开金谷大地的璀璨花朵，永留芳香。金谷物产丰富，五业兴旺，出产的清水大米、弄里芹菜、水蜜桃、苏太猪肉、塘湾萝卜闻名江南。金谷素有兴学重教，勤耕苦读的传统，一代又一代的寒门学子，在负笈曳屐的求学路上，发扬刻苦、拼博的精神，深造于一所所高等学府，成为社会的佼佼者；一批又一批的农家子弟，走出柴门，经时代的考验和实践的锤炼，走上各级领导岗位，成为部门的"领头雁"。如今，金谷籍的高级知识分子、副镇、处级干部，更如雨后春笋，遍布天南海北，成为金谷的骄傲。千百年来，金谷人民世代在这块土地上繁衍生息，历经苦难曲折的斗争，终于在中国共产党领导下，探索出一条以农业为基础，大力发展工业经济和三产综合发展的农村经济发展的道路。尤其是改革开放的春风，使金谷这块土地更加生机勃勃，全村经济和社会事业发生了巨大变化，这不能不使人为之振奋，为之感叹！

《金谷村志》以辩证唯物主义和历史唯物主义的观点，坚持实事求是的原则，立足当代，通合古今，按方志体例，客观、科学、全面地记述三村合一前后，金谷有史以来的自然和社会状况，特别是中华人民共和国成立以后金谷人民在中国共产党领导下建设社会主义的艰难历程和伟大业绩，这是一部门类齐全，继往开来的社会主义新方志。《金谷村志》既富有强烈的时代特点，又具有鲜明的地方特色，对人民群众，特别是青少年来说，是一部难得的社会主义、爱国主义革命传统教育的乡土教材，更是一部“以史为鉴，可以知兴衰；以史为镜，可以明事理”的地情书，对于生长在这块土地上的子孙后代来说，又是一份珍贵的研究家乡的自然地理、人文历史和社会发展的客观翔实的史料。

阅志稿，世事沧桑览无遗；忆往昔，情思悠悠连广宇。在这极其艰辛、清苦的文化大工程中，编写《金谷村志》的全体人员，以强烈的责任心，倾尽全力，付出了心血。在《金谷村志》面世之际，我谨代表金谷村党委、村民委员会，对参与修志的老领导和各位老同志表示衷心感谢。

今天，历史的车轮已驶入一个崭新的发展时代，三村合一的金谷必将如虎添翼，展翅腾飞。我相信，勤劳、聪明的金谷人民，一定能用自己的智慧和双手，谱写更新更美的历史篇章，为实现伟大的中国梦而努力奋斗。

金谷的明天一定会更好！

2017 年 3 月

（作者系张家港市凤凰镇农村工作局副局长、中共金谷村委员会书记）

凡 例

一、本志以国务院《地方志工作条例》为指导，坚持辩证唯物主义和历史唯物主义相结合的方法，贯彻实事求是、存真求实的原则，力求全面、系统、客观地记述时限内金谷村的发展历程和变化情况，为存史、资政、育人服务。

二、本志上限尽力追溯，下限至 2015 年末。大事记、人物传延至 2016 年末。

三、本志记述的地域范围，以 2015 年末金谷村行政区划为限。

四、本志所述内容运用述、记、志、传、图、表、录等方志体裁，以志为主。全志语言采用现代汉语语体文。概述有叙有议，叙议结合，以叙为主；大事记、编年体和纪事本末体相结合；其余均以类系事，以时为序，只记事实，不作评述。

五、本志卷首有编审人员名录、地图、彩页、序、凡例、概述、大事记；专志各编为主体，横排门类，纵述史实；志余、编后记殿于末。专志设置坚持社会分工与科学相统一的原则，按自然、经济、政治、文化、社会五类，依次排列，取中小编模式，按编、章、节、目层次排列。本志共设 15 编 54 章 165 节，志尾设后记。

六、本志地名、政区及机构记述均用当时名称，必要时加注现名。一般用全称，用简称时在第一次使用全称时括注说明。凡未用全称的“省”“市”“县”“公社（乡、镇)”，均分别指江苏省、张家港市、沙洲县、西张公社（乡、镇）。

七、人物遵循生不立传的原则，收录金谷籍在地方上有重大影响或在社会发展等方面有较大贡献者，亦记载少数对地方经济社会发展并有较大影响的客籍人士；在世人物选择重要人士简介入志；一般人物若有突出事迹以事系人入志，部分知名人士列表入志；立传人物以卒年为序，简介人物以生年为序。

八、历史纪年，除 20 世纪外，都写明何世纪、何年代。20 世纪某年代可只写年代，新世纪指 21 世纪。本志所言“解放前”“解放后”的界限，以 1949 年 4 月 22 日张家港市全境解放为准；所言“新中国成立前、后”的界限，以 1949 年 10 月 1 日中华人民共和国成立为界；所言“党”又未指明何种党派，均指中国共产党。所言“建县前、后”以 1962 年 1 月 1 日沙洲建县为界。所言“建市前、后”以

1986 年 9 月 16 日张家港撤县设市为界。

九、文字标点、数字数据、计量单位等，均按国家规定的规范要求书写。有关统计数据，以统计部门为主。

十、本志资料来源于市、镇档案馆和村档案室档案、旧志以及有关图书、报刊、音像等历史资料。所有入志资料包括采访的口碑材料，均经考证核实选用，不再注明出处。

目　录

第二编 居 民

第三编 农村建设

第四编 交通·水利

第五编 经济综情

第六编 农 业

第七编　工　业

第八编 商贸服务业

第九编 党政群团

第十编 治安·军事·民政

第十一编 精神文明建设

第十二编 教育·文化·卫生·体育

第十三编 社会风土

概　述

金谷村位于张家港市南部，距市区12.5千米，距凤凰镇镇政府1000米。东与恬庄村相邻，南依凤凰山，西与双龙村毗邻，北与塘桥镇周巷村接壤。境内地势平坦，河道纵横，属典型的江南水乡。2015年末，全村区域面积为6.3平方千米，辖45个村民小组，在册居民1624户，总人口5106人。

境内古属吴地，旧属常熟县崇素乡，南沙乡。中华人民共和国成立前，属常熟县塘桥区。中华人民共和国成立后，属常熟县塘桥区。土地改革以后，境内分属常熟县塘桥区长寿乡、凤凰乡、中塘乡。1956年，常熟县行政区划调整，境内的东太平桥划入中塘乡，中塘乡的恒弄、金塘、路杨（部分）村，凤凰乡的五联村等划入长寿乡。1956年至1957年8月，分属长寿乡凤星一社（由双凤、恒星、许巷3个高级社合并）、金星二社、五联三社。1957年9月，调整区、乡设置，成立西张乡，境内分属西张乡一社、二社、三社。1958年9月，成立西张人民公社，撤销高级社建制，成立大队。境内分属西张公社一大队、二大队、三大队。1962年1月，沙洲县正式成立，西张人民公社划归沙洲县管辖，全境属沙洲县西张人民公社。1981年10月，西张地区以数字排列的大队分别更名，一大队改称凤星大队；二大队改称金星大队；三大队改称五联大队。1983年6月，境内3个大队分别改称凤星村、金谷村、五联村。1986年12月，撤销沙洲县，建立张家港市，境内属张家港市西张镇。1999年11月，凤星村并入金谷村。2003年8月，张家港市区划调整，原西张、凤凰、港口三镇合并，建立凤凰镇，全境属凤凰镇。2004年4月，五联村并入金谷村。至此，金谷村为三村合一的行政村。

金谷村地处江南水乡，山清水秀，气候温和，四季分明，光照充足，雨量充沛，无霜期长。年平均气温在摄氏15.3摄氏度，年平均雨量在1040毫米，平均无霜期为242天，夏、秋之交时有台风过境，属亚热带季风性湿润气候。全村池塘星罗棋布，河流纵横交错，沟渠如网，宜农宜牧，可林可渔。新西河、三干河穿村而过，为农田灌溉、淡水养殖、交通运输和人民生活提供了优越条件。金谷村农工副三业并举，全面发展，成就瞩目。至 2015 年末，全村实现工农业总产值 9.35 亿元，财政收入 791 万元，农民人均收入 28191 元。

地理位置优越 新西河、三干河流经境内，水路交通十分顺畅。陆路交通有自西向东的西塘公路、西妙路、凤恬路；自南向北的金谷路、凤星路；沿江高速公路穿境而过，陆路交通四通八达，直达沪、宁、苏、锡、常等大中城市。金谷村寸土寸金，谷丰物美，青山绿水。东片（凤星）有着十分丰富的土地资源、水资源，其中水田、旱地面积占全村总面积的 80%，这些丰富的自然资源储备为金谷村的发展奠定了坚实的基础。南部的五联片区，有凤凰湖、凤凰山，湖光山色、风景秀丽，是远近闻名的 AAAA 级旅游景区，一年四季游人如织。

农副业生产连年丰收 1958 年，水稻每亩单产 315 千克，三麦每亩单产 98 千克。1970 年，水稻每亩单产 415 千克，三麦每亩单产 200 千克。1976 年，水稻每亩单产 492 千克，三麦每亩单产 269 千克。1983 年实行家庭联产承包责任制后，不断调整农业产业结构，增加农业投入，狠抓科技兴农，耕作灌溉机电化，农业连年稳产高产。2015 年，全村三麦亩产 374 千克，水稻亩产 601 千克。境内多种经营以种植、养殖业为主，规模不断增加，品种逐年优化。其中养鱼、养猪、养鸡、养鸭和种植果蔬等朝着规模化和名、特、优方向发展。有千年种植历史的弄里芹菜、苏太猪肉等，被评定为苏州市名牌农产品，畅销苏南各地及上海市场。境内出产的凤凰水蜜桃，以皮薄、水多、汁甜而闻名，被评为江苏省优质农副产品。从 2000 年开始，弄里芹菜、凤凰水蜜桃等优质农产品连片种植，扩大面积，培育特色品种；苏太猪养殖也扩繁至千头，成为苏南最大的养殖基地；利用境内地理优势，发挥农民技术专长，发展一批种植、养殖特色专业户。至 2015 年，全村有特色种植、养殖专业户 120 多户。多种经营年收入达 1350 万元。

工业经济快速发展 旧时，境内就有“黄昏始织、三鼓方睡”之传统，纺纱织布，享誉百里。解放以后，虽处沿街近镇，但受“以粮为纲”的思想束缚，村办工业一片空白。1964 年，境内三大队率先建办砖瓦厂。1966 年，一大队、二大队相继建办砖瓦厂，三大队建办粮饲加工厂，队办企业增加到 7 家，产值 50 多万元。1970 年至 1975 年，一大队、二大队建办针纺厂、水泥制品厂等，至 1983 年，有队办企业 25 家，组办企业 10 家，产值 400 万元。1986 年，境内有村办企业 40 家，个体及村民小组企业 10 家，产值 1800 万元。1988 年至 1990 年，金谷村先后建办新天工程材料有限公司、常升丝网有限公司、新喜来电器有限公司等 3 家合资企业，创汇 200 余万美元。至 1997 年，境内有橡塑、建材、造纸、化工、纺织、电子等企业 60 余家，产值 4876 万元。1998 年，村办企业推行股份合作制改革，1999 年，全村实现工业产值 4976 万元。特别是三村合一后，金谷村的村办工业迅速发展，逐步走出了一条以村办工业为支柱，多层次、多门路的经济发展路子，尤其是以轻纺工业为主体的村办工业发展较快。至 2015 年末，全村有各类民营企业 96 家，职工 4110 人，工业总产值达 9.3 亿元。

历史文化底蕴深厚 金谷境内文化发达，人文荟萃。清至民国，有吉刘先、朱焕文、许济生、朱伯良等侠士良医；抗日战争与解放战争期间，一些进步青年投身革命，留下可歌可泣的故事；中华人民共和国成立后，不少金谷儿女参加抗美援朝，甘于流血牺牲；社会主义建设及改革开放时期，有许多金谷儿女刻苦学习、积极工作，成长为市、县（团）级干部及大学教授。据不完全统计，至 2015 年末，全村有中级职称以上的文化、教育、科技人员和副镇级以上干部 95 人。同时，境内还涌现了一批成就卓越的专家学者、劳动模范、能工巧匠。

人民生活不断提高 随着一、二、三产业的发展，全村居民收入逐步提高。1949 年，境内农民人均收入不足 20 元，1958 年人均收入 30 元左右，1962 年人均收入 68 元，1970 年上升到 96 元。中共十一届三中全会后，人均收入迅速增长，1985 年达 426 元，1990 年人均收入 1180 元，1994 年达 2980 元，1999 年达 5980 元，2006 年达 10304 元，2012 年人均收入 21972 元，2015 年人均收入达 28191 元。居民生活消费水平节节上升。农民居住条件得到了改善，从 50 年代的草房、平房到 90 年代的三上三下普通楼房，2000 年后，逐步发展成为全封闭的“庭院式”、别墅楼房。至 2015 年，人均居住面积达 75 平方米，有 30%左右居民进城镇买商品房居住。群众储蓄逐步上升，1999 年全村群众储蓄额达 1.5 亿元，2015 年群众储蓄额达 6.3 亿元，比 1999 年增加 400%。至 2015 年末，全村医保、社保，实现应保尽保，60 岁以上老人都拥有“三卡”，即医保卡、社保卡、老年卡，全村 98%以上的劳动力都参加新农保及相关社会保险，因病致贫，天灾人祸致贫的特困户，困难户生活都有保障，孤寡老人、残疾人员、孤贫儿童都得到政府和社会救助。

交通运输日益发达 70 年代前，农村交通运输主要依靠水上航运。70 年代，开通境内西凤公路、凤恬公路，接通 204 国道。80 年代，开通西张至栏杆公路。90 年代，开始陆续开通西塘公路，接通沙锡公路。2011 年，凤恬公路、西凤公路重新拓宽，西凤路更名为金谷路。结合农田基本建设，村级公路通到每个自然村，形成了纵横交错的交通网。境内至张家港市区有 226 路、212 路公交车。有 320 路、322 路公交车穿越境内及周边地区，上沿江高速公路、苏虞张一级公路只需几分钟。居民私家交通运输工具迅猛发展，至 2015 年末，全村拥有各种运输汽车 120 辆，总吨位 480 吨。境内 85%以上的农户拥有私家轿车，总数达 1200 辆。

文教卫生快速发展 农村体育、文化活动蓬勃开展，村部拥有老年活动室、图书室、乒乓室、棋牌室、篮球场、门球场、健身广场等，广场舞、文化娱乐活动丰富多彩。全村幼儿、中小学入学率达 100%，幼儿及小学生上学读书有校车接送。村里拥有金谷社区卫生室，实现了小病不出村、保健在家门，医疗条件大大改善。

1999 年，金谷村成为江苏省省级电话小康村。1999 年，全村开通有线电视 600 余户，2015 年，开通有线电视 1600 户，其中 70%的居民改装了高清电视。

新农村建设日新月异 2000 年起，境内加快村容村貌改造，2005 年后，加快新农村建设步伐，建成 5 个文明小区，农村面貌发生了翻天覆地的变化。金谷村、五联村分别获江苏省卫生村称号。朱家弄自然宅基被评选为省级 3A 级美丽村庄。至 2015 年，境内建成金谷社区、湖滨社区、北京庄别墅区、曹庄别墅区、凤凰绿郡等居民宜居小区。

勤劳、朴实、勇敢、聪明的金谷人，在党和政府的正确领导和关怀下，正豪情满杯、励精图治，努力把金谷建设成为一个村美、风正、民富、和谐的现代化新农村。

大事记

唐

武德七年（624），四月，颁行严格户籍法。按法常熟设12个乡，乡以下辖里、保、邻、户制。全境属崇素乡元阳里。

宋

朝廷为接发紧急公文，在常熟县西北以黄泗路为驿道，河阳山为驿站。在山之北设驿舍，故名“英舍”。

明

明末，清兵入关，原居南京的朱氏后裔避难入居境内。建宅成弄，因朱姓居多，原钱巷改名为朱家弄。

清

乾隆五十年间（1736～1796），境域民众为“灌溉、宣泄、通舟之利”，按田亩摊派资金，疏浚山东塘。

同治三年（1864），七月十六日，湘军主力“吉字营”占领南京，平定太平天国。朝廷以“打劫财富，屠城纵火”之过，勅命解散回籍。“吉字营”士官吉刘先率众落户境内建宅，取名吉家桥。

中华民国

1919 年，由里人庞柏渊等筹措资金，将原西林小学校址迁移到西张市东街李太堂南侧。

1922 年，西张市油坊业主王全保购八匹马力柴油机 2 台，在浅水浜拖带龙骨车灌溉。

1934 年，6～8 月大旱，70 天无雨，河浜干涸。

1937 年，农历十月十八日（11 月 20 日）夜，侵华日军入境，火烧朱家弄、钱家小桥自然村，并杀害村民 4 人。

1939 年，农历正月初六（2 月 23 日），侵华日军在河阳山北陶家湾杀害村民 7 人。

1944 年，建办精舍小学，教室设在精舍庵堂内。

1949 年，4 月 14 日，常熟县军政当局在西张市东街进行大搜捕，西张小学校长薛汝瑞被捕，沙洲虞西武工队联络员周鼎被杀害。

1949 年

4 月 22 日，西张地区宣告解放。

7 月 24 日，境内遭受狂风暴雨袭击，历时一昼夜，造成百年未有之灾情。

7 月 29 日，常熟县农民代表大会召开，境内各村随后组建农民协会。

中华人民共和国

1949 年

10 月 1 日，中华人民共和国成立，全境开展庆祝活动。

是月 14 日，常熟县人民政府召开各界人民代表会议，决议进一步开展剿匪肃特、反霸斗争、减租减息、生产救灾，继续支援前线和废除保甲制，建设新政权。

12 月，境内各自然村创办农民夜校，组织农民学习政治文化和教唱革命歌曲。

1950 年

8 月，土地改革运动开始，分三批进行，翌年 2 月，土地改革顺利完成。

10 月，全境开展抗美援朝，保家卫国的宣传教育，先后有 10 人参加志愿军，赴朝参战。

11月，常熟县人民政府调整区和乡镇的设置，并逐步废除保甲。境域各地分别属塘桥区的长寿、中塘、凤凰乡。分别属长寿乡的有戴巷、太平、许巷、西张市街村、金角、大巷；凤凰乡的有五联；中塘乡的有恒弄、金塘、路杨等行政村。

是月，开展镇压反革命运动，境内有2名反革命分子被镇压。

1951年

春，境内开始组建农业生产互助组。有长年互助组和临时互助组两种形式。

7月，开展爱国、增产、捐献飞机大炮运动，支援抗美援朝战争。

10月，全境完成颁发土地证工作。

11月，乡成立供销站，发动农民入股，每股1元。

1952年

2月，工商界开展反对行贿、反对偷税漏税、反对盗窃国家资产、反对偷工减料、反对盗窃国家经济情报的“五反运动”。

8月，太湖地区暴雨，长江发洪水，境内低洼地被淹，一周后水位退落。

秋，境内推广“祁建华速成识字法”，各夜校开展扫盲运动。

冬，长寿乡戴巷村、金角村修圩岸5400米，出动750人，共挑土方21600方。

1953年

2月，境内开展宣传贯彻《中华人民共和国婚姻法》活动。

5月，境内开展第一次人口普查，历时9个月。

冬，境内宣传贯彻粮油统购统销，对粮食实行计划收购及计划供应，动员农民卖粮。

1954年

春，全境农户参加农业生产互助组达80%左右。

9月15日，实行凭票供应棉布，每人每年计划布票2米。

是年，境内开始组建初级农业生产合作社（简称“初级社”）。

1955年

3月，农村开展粮食“三定”（定产量、定口粮、定征购）到户。是月，新版人民币发行，1万元旧币换成一元新币。

12月，国家实行“义务兵役制”，境内3个村有5名适龄青年应征入伍。

冬，贯彻中共中央毛泽东主席《关于农业合作化问题》的报告，境内90%以上农户参加“初级社”。

1956年

3月，常熟县的行政区域作较大的更动和调整，实行小乡并中乡，乡以下合作社代村。境内属常熟县长寿乡。

8月1日至2日，全境受强台风袭击，最大风力达10级，倒塌房屋数十间。

12月，按县规定，粮食、油料、生猪属国家统购，境内由乡供销站收购。

1957年

4月，境内的“初级社”（含联社）全部转为高级农业生产合作社，简称“高级社”，境内有恒星、双凤、许巷、金谷、五联等5个“高级社”。

9月，县实行撤区并乡，全境属西张乡。境域的恒星、双凤、许巷（部分）等高级社为第一社，金谷、许巷（部分）高级社为第二社，五联高级社为第三社。各社都建立党支部。

秋，高级社正副职干部集中乡政府参加整风运动，运用“大鸣、大放、大字报、大辩论”方式开展“反右”斗争。

是年，第二社在东水北桥东建砖瓦窑。第三社在河阳山北办林场。

1958年

3月，在西张市东街“洽成楼”创办西张农业中学。

7月，常熟县召开“贯彻总路线，稻棉超万斤”誓师大会，把“大跃进”推向高潮。境域各高级社为造肥、建繁殖场拆草房，迁小宅基，境内有10余个小宅基被拆除。

9月，全县以乡建社，建立人民公社，实行政社合一体制，西张人民公社下设生产大队、生产队，境域分别为“一”、“二”、“三”3个大队，分别统辖10个、6个、5个共21个生产队。

10月1日，举行西张人民公社成立大会。

10月，中共西张乡委员会改为中共西张公社委员会，境内3个行政村以大队为单位建立党支部。

是月，全公社实行全民皆兵，公社建立民兵团，大队建立民兵营，下设连、排、班的民兵组织。并且，全公社实行组织军事化，行动战斗化，生活集体化。是月，实行小村并大村。在“大跃进”高潮中各大队大炼钢铁，大办公共食堂。全境设21个生产队，办了24个食堂。全境男女老少都吃食堂。

11 月起，境内有 589 人先后参加跃进塘、望虞河水利工程建设。至翌年 5 月底结束。

是年，公社设邮电所，各生产大队队部接通电话。

是年，二大队的砖瓦厂由队办转为公社办。

1959 年

1 月，常熟县政府发动灭雀总体战，出现生产让路，学校停课现象，全民出动围歼麻雀。

4 月下旬，公社召开三级干部会议，贯彻中共中央“郑州会议”精神，纠正拉平分配的错误，下放权力，实行“三级所有、队为基础、按劳分配、自负盈亏”的政策，恢复以生产队为基本核算单位。

9 月，二大队在小桥头办民办金星小学，学生 25 名。

是年，三大队林场由队办转为公社办。

1960 年

2～4 月，境内党员汇聚西张公社开展以“反右倾斗争”为内容的整风运动，历时 3 个月。

3 月 29 日，全境 20 余名男女青年，响应国家支援边疆建设的号召，赴新疆安家落户。

8 月，公社传达贯彻中共中央关于“全党动手、大办农业、大办粮食”的方针，办工业采取“停、并、缩”等办法，职工回农业生产第一线。境内集中劳力大办农业。

是年，粮食减产，境内社员口粮不足，以瓜菜充饥（称瓜菜代）。

是年，境内部分社员因营养不良患浮肿病。

1961 年

1 月，常熟县召开县、社、大队、生产队四级干部会议，纠正“五风”（官僚主义、强迫命令、瞎指挥、浮夸风、共产风）和“一平二调”（把穷富拉平，劳力、财物统一调拨）的错误。据统计，全境被拆除民房 173 户，房屋 477 间（其中瓦房约占 16%），影响 630 多人的正常生活。

4 月，对“大跃进”以后平调社员的住房、家具和其他财物进行算账退赔。

7 月，公社召开会议，全面贯彻落实中央《农村人民公社工作条例（草案）》，简称“农业六十条”。会后，境内全面落实社员自留地等农村各项经济政策。实行三级所有生产队为基础的农村经济管理体制。

8月，常熟县政府宣布，人民公社取消分配上的供给制，停办公共食堂，同时补划社员自留地。

1962年

1月1日，沙洲县正式成立，全境属沙洲县管辖。

春，西张公社贯彻中共中央关于“调整、巩固、充实、提高”的八字方针，精简职工、集镇居民14人。7月1日，商业部门对棉布、鞋帽、食盐、豆制品、火柴等14种紧俏商品，实行平价、定量、凭证凭票供应。

9月5日至6日，14号台风过境，风力8～10级，连续下雨36小时，雨量达284毫米。境内戴巷等地受淹。

1963年

2月，境内开展社会主义教育，贯彻中共中央制定的《农业六十条》。5月，连续阴雨，境内三麦赤霉病发生严重。

是年，公社和生产大队先后建立贫下中农协会。

是年，境内开展厉行节约，反贪污盗窃，反投机倒把，反铺张浪费，反分散主义，反官僚主义运动。

1964年

1月1日，沙洲县人民广播站正式成立，并开始对全县、全公社广播。

4月，社会主义教育运动开始，全面开展“四清”（清政治、清思想、清经济、清组织）运动。

7月，境内开展第二次全国人口普查。

9月，全公社贯彻计划生育工作，境内有数名干部率先响应。

是月，三大队建办砖瓦厂，是西张公社第一个由大队建办的窑厂，当年投产。

是年，境内掀起学习毛泽东著作高潮。

1965年

1月，境内脑膜炎流行，持续一个月。

2月，境内全面学习贯彻中共中央《农村社会主义教育运动中目前提出的一些问题》（简称《二十三条》）。

是年，公社、大队二级干部大搞样板田、试验田、丰产田，境内“金星三队”为公社样板田。

1966 年

4 月，境内各生产队建立学习毛泽东思想小组。

5 月下旬，传达中共中央《五一六通知》精神。

6 月下旬，境内“文化大革命”展开。

8 月 6 日，境内出现罕见高温，最高气温达 38 摄氏度。

8 月 12 日，境内遭龙卷风袭击，少量房屋损坏。

8 月，境内“红卫兵”走上社会，掀起“破四旧”（旧文化、旧思想、旧风俗、旧习惯）高潮，到处砸碎旧招牌，焚毁古旧书画、文物等。随后农中、小学停课闹革命。

9 月，对地、富、反、坏、右、工商地主、小土地出租等部分家庭进行查抄“四旧”，境内 3 个村有 40 余户被查抄。

10 月，境内各大队张贴大字报，内容以“打倒走资派”“打倒保皇派”为主。

是月，在“踢开党委闹革命”风暴中，公社党政机关停止办公，一批干部揪斗靠边，境内各大队主要干部也被炮轰批斗。

是年，公社广播站建立，境内各家各户安装小喇叭。

1967 年

1 月，境内“造反派”进行夺权活动。

3 月，沙洲县人武部生产办公室成立。随后建立西张公社人武部生产办公室。执行公社管理委员会职能，主持全面工作。

是年，境内 3 个大队民兵营成为“抓革命、促生产”的领导组织。

1968 年

4 月 27 日，西张公社革命委员会成立，境内各大队建立革命领导小组。

4 月，公社建立“清队专案组”，境内 3 个大队都建立专案小组，开始清理阶级队伍。

5～6 月，在清理阶级队伍中，出现乱揪乱斗现象及“扩大化”倾向，随意审查部分党员、干部、教师及社员群众中“有历史问题的人”，境内被审查的有 86 人，非正常死亡的 11 人。

7 月，境内开展忠于毛主席、忠于毛泽东思想、忠于毛主席革命路线的“三忠于”活动。

8 月上旬，县革命委员会发出学生重返学校“复课闹革命”的通知，境内学校复课。

10月，开展知识青年“上山下乡”运动，除了本集镇吃商品粮的知青外，境内还接收了杨舍、塘桥、后塍、上海等地的知识青年、教师、职工等43人落户。

1978～1980年全部安排就业。

是年，公社把原二大队陈菜圩、小桥头（4、5、13、14生产队）合并成立“闯新生产队”，作为公社的农业生产样板方、丰产方。并购进全公社第一台“195”型手扶拖拉机。

1969年

2月，境内3个大队建立革命委员会，生产队成立革命领导小组。

4月，境内3个大队先后创办合作医疗卫生室。

是月，中国共产党第九次全国代表大会在北京召开，境内各村举行庆祝活动。

9月，境内公办小学下放给大队办，三大队小学戴帽办初中，农业中学转为全日制普通中学。教师下放当农民，农民进校任教，实行贫下中农管理学校，教师工资改为工分制。

1970年

2月，境内响应号召，开展“一打三反”（打击现行反革命，反对贪污盗窃、反对投机倒把、反对铺张浪费）运动。

7月12～18日，两次特大暴雨，境内戴巷等地受淹。

8月25日，《人民苏州报》三版刊发二大队党支部、革命委员会的体会文章《充分发挥贫下中农讲师团的作用》。

10月6日，全县农业学大寨万人现场誓师大会在塘桥公社召开。境内大队干部、生产队骨干赴“新千斤生产队”参加会议，学习三麦高产经验。

是年，境内推广双季稻三熟制。

是年，境内二大队崔家湾建电灌站，成为西张公社第一个农村电灌站。

1971年

4月，境内贯彻“深挖洞、广积粮”方针，发动群众搞“战备仓”，队队户户留储备粮。

7月，境内“红眼病”流行，经防治，8月下旬得到控制。

是年，境内传达中央专案组整理的《粉碎林彪反党集团反革命政变的斗争》材料，开展批林批孔整风运动。

1972 年

3 月，改革丧葬制度，全面推行火葬。结合平整土地、平坟地、填平低洼田及小河塘。

4 月 3 日，西张公社第一个工农兵大学生蒋逵良（一大队），被上海复旦大学录取。

是年，境内大搞平整土地，格田成方。

1973 年

7 月 23 日，《新华日报》二版刊发一大队的通讯《大寨路上新事多》。

9 月，境内组织学习《中国共产党章程》，进行开门整风，10 月底结束。

11 月，公社开挖新西河，境内 360 人参加开河工程。

是年，境内普及革命样板戏，一大队第 6 生产队排练的《沙家浜》，参加公社会演，并到各自然村及外地巡回演出。

1974 年

2 月，全面开展批林批孔运动。境内各大队组织群众以政治夜校为阵地，开展大批判。

3 月，二大队建办全社第一个队办水泥制品厂。

7 月 26～31 日，境内连续大雨，累计雨量 457.7 毫米。

12 月，贯彻中共中央 32 号文件精神，实行“晚、稀、少”计划生育政策，落实节育措施。

1975 年

春，境内整顿大队领导班子，批判“重副轻农”“重钱轻线（路线）”思想，要求端正社会主义态度，至 1978 年 11 月结束。

9 月 2 日，南黄海区域发生 5.3 级地震，境内有震感。

是年，境内开展“苦战一年变大寨”运动。各大队通高压电。

1976 年

1 月 8 日，国务院总理周恩来逝世，境内干部群众自发戴黑纱，沉痛哀悼。

4 月，境内开展“反击右倾翻案风”运动。

7 月 6 日，全国人大常委会委员长朱德逝世，境内干部群众佩戴黑纱哀悼。

7 月 14 日，《新华日报》四版刊发三大队党支部及时进行组织纪律教育的做法经验文章。

8月中旬，省、地、县相继发出地震紧急预报，境内普遍搭建简易防震棚。入夜，家家空室，棚棚满人，时间持续1月余。

8月，境内一大队第10生产队村民因造房到三丈浦装沙泥，遭遇河岸塌方，致1人死亡。

9月9日，中共中央主席毛泽东逝世，全境社员万分悲痛，以多种方式举行悼念活动。

11月，境内开展揭批王洪文、张春桥、江青、姚文元反革命集团群众运动。

12月，西张公社会同凤凰公社合建西凤公路，穿越境内2千米。于1978年2月通车。

是年，境内开展党的基本路线教育运动。

1977年

春，西张公社召开“农业学大寨”万人誓师大会，提出“向建成高标准大寨社进军”。

5月，境内居墩自然村殷家挖沼气潭时发现新石器遗迹。

夏，境内各大队试种杂交稻。

8月，境内开展争创民兵工作“三落实”（组织落实、政治落实、军事落实）先进单位和“五好”民兵活动。二大队被公社人武部评为先进单位。

是年，二大队建办水泥造船厂，生产10吨、20吨水泥船。

1978年

6月，公社组建落实政策办公室。境内复查“文化大革命”中冤假错案。落实有关政策。同时，对“文化大革命”前历次政治运动中处理的案件进行复查。

10月，二大队造船厂生产出长泾到无锡水泥客船1艘。

12月，调整提高农副产品收购价格，境内同步调整。

是年，境内7岁以下儿童实行计划免疫。

是年，西张中心小学迁移到张市集镇南部（境内二大队）。

1979年

1月4日，境内干部参加公社冬训，学习中共十一届三中全会公报。

2月4日，境内根据上级精神，对“四类分子”（地、富、反、坏）进行摘帽、纠错和对地主富农子女新定成分工作，至4月全部结束。

3月，境内在实行计划生育中提倡一对夫妻只生一胎。

1980 年

1 月 11～21 日，境内干部参加公社冬训，坚持实事求是，树立敢于带领群众治穷致富的思想。

是年，推广“除草醚”和“绿麦隆”农药，实行化学除草。

是年，二大队建办沙洲县钙塑制品厂。

1981 年

1 月底，大雪，境内供水、交通中断一星期。

7 月 27～29 日，公社召开第八次人民代表大会，大会宣布撤销公社革命委员会，恢复人民公社管理委员会。境内各大队革命委员会同时撤销，一、二、三大队分别改为凤星、金星、五联大队。

1982 年

2 月，境内开展打击经济领域中严重犯罪活动的斗争。

7 月，境内进行第三次全国人口普查工作，历时 1 年 5 个月。

9 月，全境落实以生产资料公有制为基础的家庭联产承包责任制。农民都承包“责任田”。种好“口粮田”和“饲料田”。

1983 年

5 月，进行农村体制改革，实行党、政、经分开，成立公社党委、人民政府、经济管理委员会。

7 月，撤销西张公社管理委员会，恢复西张乡人民政府。生产大队改为行政村，生产队改为村民小组。金星大队更名为金谷村。

10 月，取消棉布凭票供应。年末，境内农民开始在市镇设摊售货，后称个体工商户。

是年，境内开展以讲文明、讲礼貌、讲卫生、讲秩序、讲道德和心灵美、语言美、行为美、环境美为主要内容的“五讲四美”文明礼貌活动。

是年，境内各村都成立经济合作社。

1984 年

7 月，连续高温 17 天，气温超过 35 摄氏度。

9 月，全县普及初中教育，境内 93%的小学生毕业升初中。

11 月，成立西张派出所，境内各村设治安保卫委员会。

是年，撤销贫下中农协会。

是年，境内金谷村建办西张壁纸厂。

1985 年

4 月 30 日，境内许巷发生 1.2 级地震。

9 月 10 日，境内各村干部到学校与教师一起庆祝首个教师节。

11 月 25 日，许巷又发生 1.8 级地震。

是年，开始征收农村中、小学教育事业附加费。

是年，金谷村建办沙洲县造纸厂。

是年，由苏州博物馆和沙洲县文化馆在西张市西部老街，由庵浜至居墩进行部分发掘。出土文物有锛、斧、凿、钺等石器；罐、壶、杯、盆、盘等陶器；稻谷、木炭、兽骨等标本，还发现房基、灰坑、红烧土等建筑遗址。文化层厚度约 3 米，为新石器时代聚落遗址。

是年，境内原金谷村继续扩大装饰板厂规模，年工业产值达 1420 万元，创利润 309 万元，为全县 19 个工业千万元村之一，其中利润额居“千万元村”之首。

1986 年

2 月，西张乡开展整党活动，历时 6 个月，境内党员全部重新登记。

9 月 16 日，经国务院批准撤销沙洲县成立张家港市，全境属张家港市管辖。

10 月 20 日，经江苏省人民政府批准，西张为长江三角洲苏锡常经济开发区重点工业卫星镇。

11 月，境内各村分别召开第一届村民委员会代表大会，选举村民委员会主任、副主任、委员。

12 月 1 日，西张撤乡建镇。凤星、金谷、五联 3 个村属西张镇管辖。

是年，农业生产由指令性计划改为指导性计划，农民种田有了自主权。

是年，境内原金谷村村委大门重建，建筑别具一格，众人瞩目。

是年，境内原金谷村造纸厂从上海购进 2 台 350 匹马力的柴油发电机组，解决用电难。

1987 年

是年，境内各村安装程控拨号电话，结束电话长期靠手摇的历史。

是年，橡胶厂在境内建办第一家小型发电厂。

1988 年

5 月 3～4 日，境内连遭两次暴雨雷电袭击。油菜倒伏，部分房屋倒塌。

9 月，金谷村建办全镇第一家合资企业“张家港市新天工程材料有限公司”。

11 月 13 日，省委书记韩培信在苏州市委书记高德正、张家港市委书记王振明陪同下到金谷村视察，并题词“新天新貌”。

是年，境内各村人均收入超千元。

是年，境内连续 70 多天未下雨，为百年未遇的冬旱。

1989 年

5 月中旬，张家港市钙塑泡沫装饰板厂试制生产的一种新型建材产品——纤维增强硅酸钙板由江苏省建材工业总公司组织申报，通过省级技术鉴定，填补了省内空白。

是年，境内各村召开第二届村民代表大会，选举村民委员会主任、副主任、委员。

是年，开展评选“新风户”活动，至 1996 年，共评选 3 次达 680 户。

是年，金谷村建办全镇第一家台资企业——张家港市常升丝网有限公司。

1990 年

4 月，由合资企业张家港市新天 EM 工程系列材料有限公司试制生产的 EM 工程材料通过省级鉴定，填补了国内空白。

5 月，经苏州市、张家港市二级验收，境内“闯新生产队”电灌站为标准化电灌站。

9 月 27 日，金谷村与新加坡客商王乔丰合资建办张家港市新喜来电器有限公司，生产收音机、空气开关、音箱等产品。

是年，境内发展村办企业，全年建办 25 家企业。

是年，境内开展第四次全国人口普查工作，历时 1 年 3 个月。

1991 年

6 月 30 日至 7 月 2 日，境内遭特大暴雨袭击。加上长江水位猛涨，境内受淹农田 1000 多亩，100 多户住宅进水，村干部组织群众开展防洪排涝，生产自救。

是年，境内各村党支部举行换届选举。

是年，境内原五联村经江苏省民政厅批准，在河阳山北侧建办张家港市公墓河阳山墓区。

1992 年

3 月，境内各村走筑巢引凤之路，发展村级经济。

5 月，境内各村加强“三农”服务，添购大型农机具。

是年，西张镇成立外来人口管理办公室，境内各村均落实专人管理。

是年，金谷丰产示范方内，农户曹宗刚种植的小麦亩产达 506.5 千克，创造了西张历史之最。

1993 年

3 月，境域北部开始拓建镇北公路。

是年，境域部分区域建西张宾馆，拓宽金谷南路。

是年，境内各村开设市民文明学校，开展文明市民教育活动。

1994 年

2 月，金谷村在居墩（2 组）建热电厂。

6 月 30 日，境内各村党支部组织合唱队参加镇举办的“党在我心中”大合唱比赛。

7 月，境内连续高温日达 21 天，最高温度超 35 摄氏度。

1995 年

6 月，金谷造纸厂投资 80 万元建造的系列治理污水工程竣工投产。

10 月 1 日，穿越境内的镇北公路建成通车。

10 月，境内实行责任田与口粮田两田分开，各村种田专业户应运而生。全境有多种经营专业户 70 余户。

是年，金谷村被评为张家港市拥军优属先进单位、双文明单位、爱国卫生先进集体。

1996 年

2 月，金谷村被苏州市司法局授予人民调解先进集体称号。

3 月，境内党员干部传唱《干部廉政歌》。

是月，金谷村成为张家港市加强农村基层党组织建设，加快农村现代化建设示范村。

9 月，金谷村通过省级卫生村验收，成为西张镇第一个省级卫生村。

是年，金谷村成为全镇第一个省级电话小康村。

1997 年

5 月，西张镇在金谷北路建西张农贸市场，建造金谷大桥。

7 月，金谷村率先在全镇开展财务公开、民主管理活动。

是年冬，西张镇列入国家农业综合开发计划的“三高”农业示范区启动。境内五联、金谷建成千亩旱涝保丰收的“三高”农业示范区。

是年，金谷村投资 50 多万元，在居墩、吉家桥等自然村进行道路硬化、小区美化、村庄绿化。一年内建成 5 个文明小区。镇政府召开创建文明小区现场会，推广金谷村创建经验和做法。

是年，金谷村被评为江苏省文明村。

1998 年

3 月 19 日，境内下大雪，各村夏熟减产三成左右。

4 月 1 日，根据《张家港市股份合作制企业试行办法》，境内各企业开始实施转制。

9 月，境内各行政村发放农村集体土地承包经营权证书。

是年，鸷塘、五联两行政村在南塘梢划出 2500 亩农田列为国家级农业开发试点区。

是年，镇北公路更名西塘公路。

是年，妙峰纺织厂、凤凰制衣厂、金光电子等 6 家企业进驻金谷村。

是年，金谷村被评为张家港市双文明单位，并被评为苏州市现代化示范村。

是年，境内五联村成为省级卫生村。

是年，联合国科教文组织到境内五联村调查计划生育工作。

是年，金谷村被张家港市委、市政府评为民兵工作“三落实”先进集体。

1999 年

1 月 19 日，张家港市委、市政府动员全市人民深入开展创建全国文明城市活动。

1 月，金谷村被张家港市委、市政府评为计划生育先进集体。

11 月，凤星村并入金谷村。

是年，金谷村党支部升格建立党总支，下设 3 个党支部。

是年，金谷村实现工业产值 6420 万元，人均纯收入 5980 元，村集体经济总收入 250 万元。

2000 年

春，境内金谷村、五联村加大招商引资力度，引进企业 30 余家。

是年，金谷村被评为江苏省文明村。

是年，金谷村被苏州市妇联评为“四好”妇代会。

是年，境内开始进行全国第五次人口普查工作，历时 1 年 4 个月。

2001 年

春，境内开展访贫问苦活动，慰问 5 户特困家庭和 5 名困难老党员。

3 月 18 日，境内居民用上自来水。

12 月，境内开展“三个代表”教育活动，历时 3 个月。

是月，境内西张畜牧良种场，由省农林厅批准改为省苏太猪扩繁场。

是年，金谷村被张家港市委、市政府评为综合治理先进集体。

是年，境域建沿江高速公路西张段。拆迁农户 50 余户，大多数安置在北京庄小区。

是年，境内金谷村、五联村举行第六届村民委员会换届选举。

是年，苏州市司法局授予金谷村先进人民调解委员会称号。

2002 年

春，金谷村委召开老干部迎春茶话会，并召开私营企业主迎春座谈会。

9 月，境内金谷村举行党总支换届选举，五联村党支部进行换届选举。

是年，金谷村实现工业开票销售收入 2.5 亿元，村集体经济总收入超 350 万元，农民人均纯收入 7393 元。

2003 年

春，金谷村委会组织开展慰问困难户、孤寡儿童、困难党员活动。

3 月，金谷村被评为苏州市文明村。

4 月，境内开展预防“非典”工作，境内未发现感染者。

8 月，西张、凤凰、港口三镇合并建立凤凰镇，全境属凤凰镇管辖。

是年，金谷村开展筑巢引凤招商活动，引进 70 余家企业。

是年，村集体经济收入超 400 万元。

2004 年

3 月 3 日，凤凰镇召开村级机构调整会议，五联村并入金谷村，成立新的金谷村，区域面积扩大到 6.3 平方千米，辖 28 个自然村，45 个村民小组，1617 户 4900 人。

9 月 18 日，镇党校在村部召开村级分党校成立半年度小结会议，金谷村在会上作交流发言。

12 月 5 日，村第七届村民委员会举行换届选举。

12 月 16 日，召开村级党风廉政建设责任制落实情况汇报会，村主要领导作了个人述职述廉报告。

是年，全境开展“五星文明家庭”评选活动。

2005 年

春，境内开展慰问老党员、困难户活动。

5 月 4 日，村属企业奥润纸业举行办厂三周年暨天一铜业正式投产庆典活动，张家港市委书记曹福龙为天一铜业揭牌。

7 月 20 日，张家港日报社、张家港电视台“走遍乡村”栏目组到村采访及录制节目，是月 25 日刊登及播放。

7 月，境内凤星片自来水管道改造工作全面铺开，年底完成，共改造自来水管道 15000 米，总投资 18 万元。

8 月下旬，境内各村民小组长进行了以户代表签字为主的换届选举。

9 月～10 月，村党总支委员会、各支部成功换届选举。

11 月 24 日，金谷村创江苏省生态村，并通过综合验收。

11 月，境内开展“保持共产党员先进性”教育活动，历时 6 个月。

12 月，金谷社区被张家港市环境保护局评为绿色社区。

是年，境内蒋祁塘湾因塘桥镇建厂需要，有 17 户农家拆迁安置到金谷社区。

2006 年

1 月 1 日，国家取消农业税。

是月，村党总支决议，实行农村老党员补贴金发放。

春，全境开展访贫问苦送温暖为主要内容的干部下访活动。

3 月 17 日，选举出席镇第十次党代会代表。

4 月 20 日，市委宣传部组织开展的“文明百村行村村演”活动在金谷村拉开帷幕。

5 月 10 日，金谷村纪律监督委员会正式挂牌。

5 月，金谷村有线电视“户户通”工程全线完成任务。

6 月 9 日，金谷村人大代表向村民代表述职。

是月，总投资 1.5 亿元的新隆佳顺项目落户境内（塘湾东）。

7 月 8 日，金谷村召开股份合作社第一次代表会议，通过《股份合作社》章程，宣布村股份合作社成立，并选举产生董事会、监事会等领导成员。

8 月 17 日，中共中央组织部远程办委托省委组织部远程办对金谷村党员干部远程教育情况进行了验收，给出非常满意的评价。

9 月，金谷村村部搬迁到新建的办公大楼。金谷社区与金谷村党总支、村委会合署办公。

是月，结合村委乔迁之喜和欢庆第 9 个老年节，村邀请无锡群燕锡剧团到村演戏，共演出 22 场，丰富群众文化生活。

10 月，为加强党风政风建设，村制定出台了系列规章制度，并建一条廉政宣传廊。

11 月 16 日，市科协向村（社区）图书馆赠送图书近千册，并授予金谷社区科普协会牌子。

11 月，开展廉洁文化活动。苏州市司法局、张家港市纪委、市老干部局等部门及各方人士 100 余人到村（社区）参观。

12 月 8 日，苏州市电视台到村（社区）采访纪监委活动及廉洁文化活动情况。

12 月 17 日，金谷社区被评为苏州市绿色社区。

12 月 20 日，金谷村农机服务站通过张家港市示范农机服务站的考核验收。

12 月 28 日，南通市纪检监察局领导一行 10 人，在市镇领导陪同下到金谷村（社区）参观学习。

12 月 29 日，省卫生局领导到金谷村（社区）卫生服务站参观。

2007 年

1 月 26 日，市纪委、监察局会同市书法家协会在金谷村举行迎新春义务写春联、贺新年春联大奉送活动，受到广大村民的热烈欢迎。

2 月 7 日，《中国纪检监察报》编辑师长青在市、镇纪委领导的陪同下到金谷村采访纪检、纪监委工作开展情况。

2 月，金谷村被中共张家港市纪律检查委员会、张家港市监察局评为行政村纪监委工作先进集体。

4 月 18 日，境内天一铜业、新贝鞋业、中宝彩鸽 3 个非公企业党支部成立挂牌。

5 月 15 日下午，中纪委干部管理室副主任任建华等一行 10 人在苏州市纪委副书记、监察局长季忠正，张家港市纪委书记庄中秋陪同下，到村调研考察。

6 月 13 日，《中国纪检监察》杂志社记者及有关人员 5 人到村（社区）考察调研。

6月，新农村信息化村工程全面落实。金谷村村委会网站全面开通。

7月26日，中纪委研究室一行到村（社区）考察调研。

8月2日，村党总支分别为龙利鑫等5个非公企业党支部挂牌。

8月21日，全市“双带”现场会在金谷村（社区）举行。

9月22日，举办村、企迎国庆、庆中秋联欢晚会。

9月29日，苏州市纪委、信访等部门到村（社区）对信访工作作专题考察调查。

9月29日，召开金谷村工会与村属企业组建工会联会成立大会。

10月7日，江苏省体育强镇验收组到村（社区）考察验收。

10月13日，镇党务工作现场会在金谷村召开。

10月28日，金谷村第八届村民委员会换届选举。

11月6日，长江流域优秀民间文化巡演团到村（社区）演出。

11月13日，苏州市委副书记杜国玲到村（社区）考察调研。

12月7日，市委十七大报告宣讲团到村（社区）宣讲十七大精神。

12月18日，《中国纪检监察报》记者在省纪委宣教办主任陪同下到村（社区）参观采访。

是年，境内居墩2个村民小组及原金谷村老村委、村工业小区全部拆迁，台商建温泉山庄。

是年，金谷村实现经济总收入14.95亿元，人均纯收入11540元。

2008年

1月14日，金谷社区经市民政局验收达五星级社区标准。

1月15日，凤凰镇万人大巡防启动仪式在村（社区）广场举行。

2月20日，江苏省电视台在市纪委领导陪同下到村（社区）采访廉政建设党员干部事迹及制作电视节目。

2月26日，山东省德州市德泉区纪检干部一行5人到村（社区）参观。

2月，金谷村党总支被张家港市委、市政府评为“三个文明”（物质文明、精神文明、生态文明）先进基层党组织。

3月11日，江苏省纪委廖主任到村（社区）调研纪检监察工作。

4月25日，上海市南汇区南汇镇纪委一行6人到村参观。

5月8日，组织村老干部到浙江嘉兴南湖、西塘参观考察一天。

5月22日，市文明办组织的科普宣传、知识讲座、专家义诊、送药下乡等活动在金谷村举行。

6月，金谷村被苏州市会评为“实践科学发展，推进‘两个率先’”先锋村。

6月17日，张家港市权力公开现场会在金谷村（社区）召开。

6月～9月，境内党员干部开展“我为百姓做了什么”回头看学习教育活动。

7月15日～26日，无锡市锡剧团到金谷村（社区）广场演出。

8月21日，江苏省廉政专栏到村拍电视专题片。

9月，金谷村组织中秋、重阳节活动及组织法颁布10周年纪念活动、科技知识竞赛等活动。

9月，金谷村被苏州市计划生育协会评为计划生育先进村。

10月10日，村党总支委员会换届选举。

10月21日，境内“张家港市苏太猪扩繁场”党支部挂牌。

11月5日，张家港市广播电台就村级权力公开工作到村采访。

秋，境内党员干部、各企业捐钱捐物，为四川地震灾区献爱心。

冬，境内遭雪灾，党员干部开展抗灾自救活动。

是年，金谷村被江苏省环境保护委员会办公室评为绿色社区。

2009年

2月13日、18日，《姑苏晚报》记者，苏州电视台综合频道栏目组分别到金谷村，采访和拍摄境内吴永清家庭夫妻患难与共、相濡以沫的事迹。

3月20日，广东省考察团一行15人到村参观。

4月11日，广东省佛山市顺德区考察团40人到村参观。

4月23日，苏州市人民政府副市长邱梅岭到村指导工作。

6月10日，省纪委常委顾星到村（社区）调研农村基层党风廉政建设情况。

6月，金谷社区被中共苏州市委、市政府评为和谐示范社区。

9月，境内党员干部开展学习实践科学发展观活动，历时半年。

10月6～15日，邀请地方剧团到村（社区）广场连演10场传统戏。

10月22日，金谷村土地股份合作社成立。

10月23日，张家港市委组织部到村调研基层党建工作。

10月28日，省学习实践活动第二巡视组到村（社区）调研指导。

11月2日，省学习实践活动第三巡视组到村（社区）调研指导。

11月3日，黑龙江省牡丹江市纪委一行8人到村参观考察。

11月21日，中纪委信访室副主任赵建明一行到村（社区）考察。

11月26日，《新华日报》记者就民主理财管理情况到村（社区）访谈。

是年，全境种植桃树200余亩。

2010 年

2 月，金谷村被苏州市委、市政府评为苏州市建设社会主义新农村示范村。

春，村委会慰问全村老干部、老党员、困难户。

夏，全面开展社会主义新农村建设。

9 月，村党总支换届选举。

10 月，因开挖凤凰湖需要，境内五联村唐家巷、大树巷宅基 44 户农户动员拆迁。

11 月 8 日，金谷村进行第九届村民委员会换届选举。

11 月，境内开始进行全国第六次人口普查工作。

12 月，金谷村被张家港市法制宣传教育领导小组评为“五五”普法先进集体。

是月，金谷村市民学校被张家港市社区教育领导小组评为示范市民学校。

冬，村委对 40 余户拆迁户进行慰问。

2011 年

春，村干部给全村贫困户、困难老党员送温暖。

春，因新农村建设需要，境内原五联村后巷里、史家桥、交界桥宅基开始第二批拆迁动员。整个五联村除路西自然宅基（34 组、44 组）外，全部拆除。

7 月，金谷村被中共张家港市纪律检查委员会评为张家港市农村基层党风廉政建设示范村。

8 月，境内拆迁户第一批 40 余户分到新房，安置到双龙花园和金谷社区居住。

冬，境内原五联村工业小区内所有企业（共 10 家）动员拆迁。

是年，境内金谷社区获张家港市文明社区标兵称号。

2012 年

2 月，金谷村被江苏省依法治理领导小组评为省民主法治示范村。

春，金谷村全面开展访贫问苦送温暖活动。

5 月，全面实行村干部分片包管、做好各生产队、社区管理服务工作。

10 月，境内开展“廉政大讲堂”教育活动。

是月，境内开展“网上村委会”便民活动。

是月，金谷村党总支升格为金谷村党委。

是月，金谷村被中共张家港市委宣传部、市精神文明建设委员会办公室、市哲学社会科学界联合会、市全民阅读活动推进委员会办公室评为张家港市全民阅读优秀书香村。

冬，组织党员干部开展冬训学习活动。

是年，村委会配合镇上做好境内200余户村民的拆迁工作。历时一年半，基本完成。

2013年

1月，金谷村被苏州市司法局评为规范化村人民调解委员会。

是月，境内拆迁的100多户第二次分到新房。

是月，金谷村创建“平安农机”促进新农村建设示范村（苏州市级）。

4月，金谷村获苏州市村庄环境整治先进集体称号。

5月，因市三干河南延工程建设需要，境内有30户农户拆迁安置。

8月，金谷村党委进行换届选举，成立新的党委领导班子。

11月，金谷村村民委员会进行第十届村委会换届选举，产生新的领导班子。

是年，金谷村26组村民陈利芳被中央文明办评为中国好人。

是年，金谷社区创建成苏州市社区商业示范社区。

2014年

2月，党员干部开展党的群众路线教育实践活动，学习历时7个月。

3月11日，江苏省、苏州市妇联领导一行10余人到金谷村，看望中国好人“五好”标兵户陈利芳家庭。

4月30日，镇居家养老爱心服务志愿者首次到金谷村为老人理发。

10月15日，省人大常委会副主任蒋宏坤视察朱家弄自然村，对村庄的合理规划、优美的环境给予肯定。

12月2日，江苏和乔科技股份有限公司在北京人民大会堂召开新闻发布会，宣告新三板上市。

2015年

1月，金谷村获江苏省首批水美乡村。

是月，境内取消对老党员发放补贴金的规定。

2月4日，金谷村与韩国企业现代威亚公司社区结缘仪式在村会议室举行。

4月，金谷村10组村民庞云芬被中央文明办评为中国好人。

5月，境内因环境污染问题，苏太猪扩繁场拆除。

8月初，村党委讨论决定组织《金谷村志》编纂，8月下旬全面启动。

9月29日，安徽宿州市流动人口计划生育区域协作工作站成立，在金谷村挂牌。

11 月 27 日，召开金谷村社区股份合作社第三届社员代表大会，产生新一届理事会、监事会。

2016 年

3 月，韩国企业现代威亚公司“威爱心”捐赠仪式在村部会议室隆重举行。

5 月 7 日，金谷村党委组织党员参加党员远程教育活动，并规定每月 2 次（每月第 1 个星期六和第 4 个星期六）。

5 月 14 日，村党委召开全体党员大会，进行“两学一做”动员（学习党章、学习习近平总书记系列讲话，做合格党员）。同时选举出席镇党员代表大会代表 4 名。

6 月 25 日，村党委召开全体党员大会，庆祝建党 95 周年。邀请凤凰镇党校副校长上重温入党誓词、争做合格党员党课。

7～8 月，连续高温 35 天，是百年不遇的高温天气。

8 月 30 日，金谷村党委召开党委换届选举动员会，推荐村党委班子成员候选人名单。

9 月 24 日，金谷村召开党委换届选举大会，产生新的党委领导班子。

11 月 25 日，金谷村村民委员会进行第十一届村委会换届选举，产生新的领导班子。

12 月，金谷村选民选举产生张家港市第十四届人民代表大会代表 2 名；选举产生凤凰镇第十九届人民代表大会代表 3 名。

第一编 建置区划·自然环境

金谷村位于张家港市凤凰镇东南部，毗邻西张镇区，村名以境内自然村金谷落而得名。1999 年 11 月，凤星村并入金谷村，2004 年 4 月，五联村并入金谷村。金谷村东临恬庄、双塘村，南接凤凰山，西连双龙村，北与塘桥镇接壤。村委会驻金谷小区。全境面积达 6.3 平方千米，其中水域面积 0.99 平方千米，山地面积 0.19 平方千米。至 2015 年末，境内有耕地面积 1217 亩，下辖 45 个村民小组，有 25 个自然村，村民 1624 户 5106 人。全村经济总收入 9.35 亿元，人均纯收入 28191 元。境内水陆交通便利，沿江高速公路和西塘公路横贯东西，镇级公路贯穿全境各自然村，新西河与三丈浦纵横交叉。

境内地面多为质地粘重的老冲积物，海拔大都在 3～7 米之间，戴巷、沉叉（又名陈菜圩）为 2.5 米左右，大部分田块平坦，略有小块凸地或凹地，田块旁有小河小潭，便于灌溉。历史上遇旱、水源紧缺，靠“天落潭”水润禾苗。境内土地肥沃，气候宜人，灌溉便利，物产丰富，历来有“鱼米之乡”的美称。

第一章 建置区划

历史上，金谷村全境长期属常熟县管辖。1958 年 10 月，常熟县西张人民公社成立，撤销高级社建置成立 10 个大队，1 个联社。境内为一大队、二大队、三大队。1962 年 1 月，沙洲县正式成立，3 个大队改属沙洲县西张人民公社，结束了长期属常熟县的历史。随之，一大队改称凤星大队、二大队改称金星大队、三大队改称五联大队。1983 年 4 月，撤西张人民公社管理委员会，成立西张乡人民政府，大队改称村，凤星大队更名为凤星村，金星大队更名为金谷村，五联大队更名为五联村。1986 年 12 月，西张撤乡建镇，成立西张镇人民政府，金谷全境属西张镇。2003 年 8 月，西张、凤凰、港口三镇合并成立凤凰镇，金谷全境属凤凰镇管辖。直到 2015 年未变。

第一节 建置沿革

金谷村行政区划始见于唐代。据《中国通史》载：“唐武德七年（624）四月颁行严格户籍法，‘四家为邻，五邻为保，百户为里，五里为乡’。”境内属常熟县崇素乡元阳里。宋代，宋宝佑二年（1254）《琴川志》记述，“县内九乡分辖五十个都，一百五十八个里，一百七十八个村，境属崇素乡八都元阳里英舍（精舍）、水北、张市等村”。元代常熟县的区划未变。明代，常熟县为9乡45个都，后期又划为85个区，境属八、九、十都及八、九区，时区中心是西张市刁庄桥（后改名太平桥），境属元阳里精舍保、水北保、下澳保，南金里北庄保、南庄保、张市保。清代中叶属常熟县南二场八都三图、四图、五图，丰一场九都九五图。据《常昭合志》记述，“八都三图坐落张市”。西林寺统田6070亩。八都四图坐落张市、石塘、大树（儒）巷，统田5488亩。八都五图坐落木香棚、英（精）舍、鸷塘，统田3141亩。九都九五图坐落太平桥，统田荡3632亩。

清宣统二年（1910），推行地方自治，境内属塘桥乡、凤凰山乡。1912年，常熟县仍为35个乡。境域中朱家弄、路西、陆家高头、野塘湾、交界桥，属三塘乡。五联村5个自然村属西义乡，其他自然村属塘桥乡。

1929年，实行区乡制，以区辖乡，境域各自然村分属浦城区的塘桥乡、三塘乡，凤凰区的凤凰山乡。

1934年4月，常熟县分15个区，区以下百户以上村庄为乡，不足百户联合邻村为乡，百户以上街市为镇，不足的编入乡，境域属第四区（塘桥区），各自然村分属绿杨乡、西义乡、张市乡。

抗战时期境域属虞西行署，各自然村分属三塘乡、塘桥乡、凤义乡（凤凰与西义合并）。1941年，常熟县划分为8个区及260个小乡，境内各自然村分属张市镇、西徐市镇、绿杨乡。

抗战胜利后，1946年5月，对区以下的乡镇进行扩并，划为82个乡镇，境域自然村分别属西义乡和三塘乡、长寿乡。1948年5月，由82个乡镇再缩并为57个乡镇，境域自然村分别属三塘乡、长寿乡和西周乡。1949年2月，常熟县改划为6个区分辖57个乡镇，境域各自然村分别属练塘区西周乡和塘桥区三塘乡、长寿乡。

中华人民共和国成立后，境域各自然村都属塘桥区，但仍分属三塘乡、长寿乡和西周乡。

1950年3月，常熟县调整区和乡镇的设置，废除保甲制，县在乡以下建立了行政村。境内28个自然村分别组建了戴巷、太平、许巷、金角、大巷、恒弄、金塘、路杨（部分）、五联9个行政村以及西张市集镇街村的部分。其中戴巷、太平、许巷、金角、大巷、街村属长寿乡；恒弄、金塘、路杨属中塘乡；五联属凤凰乡。

1950 年 8 月开始土改，1951 年 3 月土改结束，土地分配完毕，4 月至 7 月颁发土地证。1956 年，因常熟县的行政区划调整，境内长寿乡的东太平桥划入中塘乡。中塘乡的恒弄、金塘、路杨（部分）等村，凤凰乡的五联村划入长寿乡。

1956 年，合作化浪潮席卷全国，境内先后建办许巷、戴巷、太平、恒弄、金塘、大巷、金角、后巷、唐家巷、大树巷、史家桥等 11 个初级社。1957 年，初级社合并为高级社，境内成立恒星（恒弄、金塘合并）、双凤（戴巷、太平合并）、许巷、金星（许巷部分、金角、大巷合并）、五联（后巷、唐家巷、史家桥、大树巷合并）等 5 个高级社。

1957 年，长寿乡同栏杆乡合并为西张乡，境内属西张乡管辖。是年，境内恒星、双凤、许巷三个高级社合并为凤星第一社，金星社改称第二社，五联社改称第三社。

1958 年 10 月，撤销塘桥区，以乡为单位建立人民公社，实行政社合一体制。西张人民公社正式成立，撤销高级社建制，境内第一社改称一大队，第二社改称二大队，第三社改称三大队。1962 年 1 月，沙洲县正式成立，西张人民公社划归沙洲县管辖。全境属沙洲县西张人民公社。

1981 年 10 月，以数字排列的大队分别更名。其中一大队改称凤星大队，二大队改称金星大队，三大队改称五联大队。1983 年 5 月，撤西张人民公社管理委员会，成立西张乡人民政府，各大队改为行政村，生产队改为村民小组。凤星、五联两个大队改称凤星村、五联村，金星大队更名为金谷村。

1986 年 9 月，经国务院批准，撤沙洲县，建张家港市。全境属张家港市西张乡。10 月，西张撤乡建镇，成立西张镇人民政府，全境属西张镇。

1999 年 11 月，凤星村并入金谷村。

2003 年 8 月，西张、凤凰、港口三镇合并，成立凤凰镇，全境属凤凰镇。

2004 年 4 月，五联村并入金谷村。

金谷地区行政村发展演变一览表

表 1—1

2015 年行政村名	撤并时间	1983 年政社分开时行政村名	1981 年 10 月至 1983 年 4 月	1958 年 10 月至 1981 年 9 月	1957 年高级社名	1956 年高级社名	1950 年 2 月至 1956 年 3 月村名
金谷村		金谷村	金星大队	二大队	金星二社	金星社	长寿乡： 金角村 大巷村（部分） 街村（部分） 许巷村（部分）

续表 1—1

2015 年行政村名	撤并时间	1983 年政社分开时行政村名	1981 年 10 月至 1983 年 4 月	1958 年 10 月至 1981 年 9 月	1957 年高级社名	1956 年高级社名	1950 年 2 月至 1956 年 3 月村名
	1999 年 11 月	凤星村	凤星大队	一大队	凤星一社	恒星社 双凤社 许巷社	长寿乡： 许巷村（部分） 太平村 戴巷村 中塘乡： 恒弄村 金塘村（部分）
	2004 年 4 月	五联村	五联大队	三大队	五联三社	五联社	凤凰乡： 五联村 中塘乡： 金塘村（部分） 路杨村（部分） 长寿乡： 大巷村（部分）

第二节 境 界

清代至民国期间境域、境界已无从考证。

1949 年 10 月，中华人民共和国成立后，境域东至老三丈浦河，南至河阳山北麓，西靠西张集镇区，北接塘桥乡与金巷里相邻。

1958 年 10 月，西张人民公社成立后，境内一大队（凤星村）境域东靠老三丈浦河与港口镇立新大队相邻，南接港口镇新桥村，西与二大队（金谷村）接壤，北连塘桥镇李王村。二大队（金谷村）境域东邻一大队（凤星村），南与三大队（五联村）、鸷塘村相邻，西连接西张镇区、双龙村，北靠塘桥镇。三大队（五联村）境域东邻港口镇新桥村，南沿河阳山北麓，西接石塘浜与鸷塘村相邻，北靠山东塘和金谷村（二大队）接壤。

2004 年，三村合并后的金谷村境域东至老三丈浦河与凤凰镇恬庄村、双塘村毗邻，南沿河阳山北麓，西靠凤凰镇双龙村、西张集镇区，北与塘桥镇周巷村、何桥村相邻。至 2015 年，境界未变，全村区域面积 6.3 平方千米。

第三节 行政区划

清代至民国年间，境内金谷、凤星、五联村均属常熟县。

中华人民共和国成立后，境内金谷属常熟县塘桥区长寿乡，凤星属常熟县塘桥区中塘乡、长寿乡（部分），五联属常熟县塘桥区凤凰乡，中塘乡（部分），长寿乡（部分）。

1950年2月至1956年3月，境内有恒弄、金塘、戴巷、太平、许巷、街村、金角、大巷、路杨、五联等10个村。1956年，分别改称恒星社、双凤社、许巷社、金星社、五联社。1957年，改称凤星一社、金星二社、五联三社。1958年10月，西张人民公社成立。全境为西张公社一大队、二大队、三大队。1981年10月，改称凤星大队、金星大队、五联大队。1983年5月，撤西张人民公社管理委员会，成立西张乡人民政府，公社改称乡，大队改称村，各大队改称凤星村、金谷村、五联村，生产队改称村民小组。1999年11月，凤星村并入金谷村。2004年4月，五联村并入金谷村。三村合并后至2015年，全境共有45个村民小组。

1950年2月～1956年3月境内行政区划一览表

表1—2

区名	乡名	行政村名	所属自然村名	村长	农会主任
常熟县塘桥区	中塘乡	恒弄村	朱家弄	朱关中	朱丙贤
		金塘	陆家高头　新陈家湾　张家湾	易关元	陆金松
		路杨	路西　交界桥	曹全	陈泉宝
	长寿乡	戴巷	戴巷　杨树头　蒋祁塘湾　陈家湾　葛家湾　崔家湾	戴保庆	肖同保
		太平	太平桥　秦家宕　长房庄　钟家宕	钟大保	吴新男
		许巷	许巷　崔家桥　吉家桥　平家宕　张家宕　杨家宕　高家老宅	许珍保	徐留飞
		街村	张市东街	夏士奇	张和生
		金角	金角落　陈家湾　小桥头　刘家宕　陈菜圩（须家宕　曹家宕　蔡家宕　孙家宕）	钱和生	陈关金
		大巷	水北　大巷垠　前后居墩　朱家湾	杨生保	朱关奇
	凤凰乡	五联	大树巷　后巷里　唐家巷　史家桥　施家巷　杨家宕	施文华	钱小元

1999 年境内各村行政区划一览表

表 1—3

村名	村民小组个数	村民小组分布情况（所属自然村庄）
凤星村	19	朱家弄（8、9、13 组）　陆家高头（10 组）　新陈家湾（18 组）　戴巷（3 组）　杨树头（4、16 组）　陈家湾（2 组）　太平桥（6、19 组）　秦家宕（7 组）　长房庄、钟家宕（14 组）　许巷（1 组）　崔家桥（11 组）　蒋祁塘湾（5、12、17 组）　葛家湾（15 组）
金谷村	14	张市东街（6 组）　小桥头（4、14 组）　居墩（2、8 组）　吉家桥（7、10 组）　金谷落、陈家湾（3、9 组）　陈菜圩（须家宕、曹家宕）（5、13 组）　水北（1、11、12 组）
五联村	12	路西（1、11 组）　史家桥（2、3 组）　后巷里（4、5、12 组）　唐家巷（6、7 组）　大树巷（8、10 组）　交界桥（9 组）

2004 年 4 月三村合并后金谷村境内行政区划一览表

表 1—4

村名	片区名	村民小组数量	村民小组分布情况（所属自然村庄）
金谷村	凤星片	19	朱家弄（22、23、27 组） 新陈家湾（32 组）　葛家湾（29 组） 陆家高头（24 组）　戴巷（17 组） 杨树头（18、30 组）　陈家湾（16 组） 太平桥（20、33 组）　秦家宕（21 组） 长房庄、钟家宕（28 组）　许巷（15 组） 崔家桥（25 组）　蒋祁塘湾（19、26、31 组）
	金谷片	14	张市东街（6 组）　小桥头、蔡家宕（4、14 组） 吉家桥（7、10 组）　金谷落、陈家湾（3、9 组） 陈菜圩（须家宕、曹家宕）（5、13 组） 水北（1、11、12 组）　居墩（2、8 组）
	五联片	12	大树巷（41、43 组）　唐家巷（39、40 组） 后巷里（37、38、45 组）　史家桥（35、36 组） 路西（34、44 组）　交界桥（42 组）

第四节　行政村、金谷社区、村民小组

一、凤星村

凤星村东靠老三丈浦与港口镇相邻，南接新桥村与五联村，西与金谷村接壤，北连塘桥镇。村委会设立境内戴巷蔡家宕、凤星小学旁。境属面积 2.6 平方千米，下辖19个村民小组，18个自然村落。1998年，时有665户2300人，耕地面积2300亩，农业机械总动力483千瓦，农业总产值664万元。凤星村远离镇区，原来交通不便，70年代开始建办帆布、羊毛衫、小化工等村企业，至1997年，先后建办帆布、拼线、加弹羊毛线、织带、小化工等6个村办厂，产值120万元。由于缺少人才和经营不善，企业发展缓慢，到1998年，村办企业已关、停、并、转，境内仅有9家私营企业，产值1200万元。全村人均纯收入5439元。

中华人民共和国成立初，境内有常熟县中塘乡恒弄、金塘村，长寿乡的戴巷、太平、许巷（部分）村。1956年3月后均属长寿乡。是年，建3个高级社（双凤、恒星、许巷）。1957年，由双凤、恒星两个社中各取一字合并成立凤星高级社。1958年，西张人民公社成立，编为一大队，1962年1月，划归沙洲县。1981年，改称凤星大队。1983年，政社分设改称为西张乡凤星村。1986年11月，撤乡建镇后属西张镇。1999年11月，并入金谷村。

二、金谷村

位于凤凰镇西张集镇周围，东邻凤星村，南与五联村、莺塘村相邻，西连接西张镇区、双龙村，北靠塘桥镇。金谷村以境内自然村金谷落而得名。村委会设立在金谷南路。境属面积2.06平方千米，下辖14个村民小组，有10个自然村落。1998年，有526户1944人，耕地面积1454亩。农业机械总动力800千瓦，农业总产值422万元。金谷村靠近镇区，水陆交通方便，村办工业起步早，从60年代至80年代，前后建办20余家企业。1985年，建办壁纸厂，扩大装饰板厂，生产的壁纸、钙塑装饰板总产量占全国的50%以上。是年，全村工业总产值1402万元，利润309万元，为全县19个工业千万元村之一，其中利润额居千万元村之首。1988年，建办张家港市第一家合资企业“张家港新天工程材料有限公司”。后又建办“张家港市新喜来电器有限公司”“常升丝网有限公司”等合资企业。1998年，全村有私营企业19家，工业总产值2591万元，经济总收入4182万元，人均纯收入5614元。2003年，全村工业总产值2.59亿元，经济总收入2.7亿元，人均纯收入7393元。2015年，全村经济总收入9.35亿元，人均纯收入28191元。

中华人民共和国成立初，境内属常熟县长寿乡，1956年，金星高级社成立，1958年，西张人民公社成立时编为二大队，1962年1月，划归沙洲县，1981年，改称金星大队，1983年4月政社分设时，更名西张乡金谷村。1986年11月，撤乡建镇后属西张镇。

1996年，金谷村被评为江苏省卫生村，1997年，被评为苏州市加强村级组织建设、加快集体经济发展示范村。1998年，获得江苏省电话小康村、苏州市文明村、江苏省文明村等荣誉称号。1999年11月，凤星村并入金谷村，2004年4月，五联村并入金谷村。

三、五联村

位于西张镇东南，距镇区约2千米。东邻港口镇新桥村，南沿河阳山北麓，西接石塘浜与鹭塘村相邻，北靠山东塘和金谷村接壤。境内面积1.64平方千米，村委会设在大树巷船舫浜村办工业区内。境内有路西、交界桥、史家桥、后巷里、唐家巷、大树巷等6个自然村落。2003年，全村有318户1065人，设12个村民小组，一个林场，耕地面积1277亩，农业机械总动力336千瓦，农业总产值400万元，私营企业12家，工业产值2465万元，经济总收入2865万元，人均纯收入7300元。

村名由1950年原凤凰乡的5个自然村联合建五联村而来。1956年，常熟县行政区划大调整时并入长寿乡。历史上属崇素乡元阳里。其中山东塘东（下称塘东）属路西保，山东塘西（下称塘西）属精舍保。1946年，塘东属三塘乡，塘西南部属西市乡，北端属长寿乡。解放后，境内分属中塘、凤凰、长寿三个乡。1956年，合并为长寿乡五联村。1958年，成立人民公社编为西张公社三大队。1962年划归沙洲县，1981年改称五联大队，1983年政社分设时，改称西张乡五联村，1986年11月，撤乡建镇后属西张镇。2003年8月，三镇合并成立凤凰镇，改称凤凰镇五联村，2004年4月，并入金谷村。

四、金谷社区

金谷社区位于金谷村陈菜圩内，紧靠村委会驻地。2003年初，镇政府为实施张家港市二级路网工程建西妙路，同时为妥善处理建造苏虞张一级公路和扩建韩国工业园工程中的拆迁安置，及加强小城镇建设需要，将圩中周边的原耕地270亩征用，其中西妙路用地面积31.5亩，公路南建商品房，公路北建安置房。至2003年8月，已有双龙村的王家巷、南京庄、北彭家、西墙门的金家泾部分，西参村的杨家巷、薛家宕等自然村的135户拆迁户迁入安置，每户占地面积0.5亩，房屋建筑面积250平方米。统一建造小别墅。后又有五联村、凤星村、金谷村预拆迁的30余户村民自建小别墅和连体别墅入住，建有161套小别墅房，形成金谷社区。社区内建有占地面积3000余平方米的小公园。2010年，凤凰镇规划扩大社区范围，在西妙公路南侧、村委会驻地北侧、西张农贸市场北侧葛家湾等3个地方，先后建造商品房59幢1368套。至2014年，已有凤凰、西张、港口等地1000多户拆迁户入住金谷社区，还有100余户外地人购房入住，至2015年末，金谷社区已入住1310户，其中本镇外村615户，外镇本市购房36户，外省市购房83户，金谷村安置576户，总人口3903人（男2040人，女1863人），其中外来人员611人。

社区商业设施完备，业态比较齐全，服务质量、技能水平较高。商业网点较多，至2015年，社区内有各类商业网店115家，总面积12552平方米，人均商业面积3平方米。2014年，西张农贸市场划给金谷社区管理，更能满足社区居民的购物需求。

2004年8月，金谷社区委员会成立。2006年9月与金谷村合署办公。2009年，单独设立办公室，单独组建领导班子，由金谷村任命社区主任、书记及工作班子成员。

社区内有小公园、门球场、篮球场、乒乓球室、健身广场等娱乐场所和设施，每年都要开展各种文艺活动，如放电影、文艺演出，举办各种体育比赛，组织村民健身活动，跳广场舞等。

2006年，社区被评为苏州市绿色社区，2007年，被评为张家港市健康教育先进社区，2008年至2011年，被江苏省环境保护委员会评为绿色社区，2010年，评为苏州市科普文明示范社区，2011年，被评为张家港市文明社区标兵。2012年，成功创建了苏州市社区商业示范社区。

五、村民小组

第1村民小组　2015年，有村民45户130人，组长曹建明。1961年，称二大队第1生产队。1983年，改称金谷村第1村民小组。1999年，凤星村并入后称金谷村（西）1组。2004年，三村合并后编为金谷村第1村民小组。位于金谷村水北宅基。解放前农民生活贫困，家家住草房，解放后，通过土改、合作社，特别是改革开放后发生了翻天覆地变化，家家住楼房，生活水平大提高。村民农忙种田，农闲搞副业，部分劳力进厂上班，有的从事第三产业。1986年，有耕地面积118.7亩，社员自留地11亩。随着形势的发展，建设的需要，至2015年已无耕地，村民从事第二、三产业的70人，居住面积人均80平方米。

第2村民小组　2015年，有村民46户139人，组长陈忠良。1961年，称二大队第2生产队。1983年，改称金谷村第2村民小组。1999年，凤星村并入后称金谷村（西）2组。2004年，三村合并后编为金谷村第2村民小组。位于金谷村居墩宅基。该组靠近集镇，80年代开始，因镇、村二级办厂，建水产场、敬老院，做公路等需要先后占用村民小组不少土地。至1986年，有耕地100.7亩。社员自留地16.5亩。村民除了部分从事三产外，主要从事农业生产。70年代后，部分劳力进入工厂上班，有2人在外办厂当业主。2008年，因台商开发温泉山庄需要，村民住房全部拆除，村民安置到金谷社区居住。2015年，村民从事第二、三产业76人，人均居住面积85平方米。原宅基自然消亡。

第3村民小组　2015年，有村民71户186人，组长戴金良。1961年，称二大队第3生产队。1983年，改称金谷村第3村民小组。1999年，凤星村并入后，称金谷村（西）3组。2004年，三村合并后编为金谷村第3村民小组。位于金谷落宅基。

该组是大组，人口、耕地较多，村民主要从事农业生产，粮食产量是金谷村最高的组。1986 年，有耕地 238.5 亩，社员自留地 22 亩。70 年代后，部分劳力进厂上班。有的从事三产，有 2 人在外办厂当业主。境内在 60 年代开始，镇村二级几次在此搞农业丰产方。进入 21 世纪后，种植桃树 100 亩（村里种），租给台商 100 多亩地搞农业生态园。至 2015 年，有耕地面积 43 亩。村民从事第二、三产业 86 人，全组建筑面积 1.54 万平方米，人均居住 62 平方米。

第 4 村民小组　2015 年，有村民 44 户 123 人，组长曹正云。1961 年，称二大队第 4 生产队。1983 年，改称金谷村第 4 村民小组。1999 年，凤星村并入后称金谷村（西）4 组。2004 年，三村合并后编为金谷村第 4 村民小组。位于金谷村小桥头。1986 年，有耕地面积 131 亩，社员自留地 11.8 亩。进入 21 世纪后，因镇村建设需要（建西妙路、金谷小区），境内耕地逐年减少。至 2015 年，已无耕地面积，村民从事第二、三产业 50 人。人均居住面积为 65 平方米。

第 5 村民小组　2015 年，有村民 26 户 93 人，组长曹正云。1961 年，称二大队第 5 生产队。1983 年，改称金谷村第 5 村民小组。1999 年，凤星村并入后称金谷村（西）5 组。2004 年，三村合并后编为金谷村第 5 村民小组。位于陈菜圩的须家宕。村民主要靠农业种田为主，70 年代后，部分劳力进厂上班。1986 年，有耕地面积 75.5 亩，社员自留地 7.7 亩。2003 年，为镇上拆迁户安置的需要，耕地被镇上征用建曹庄别墅区和小公园。至 2015 年，境内无耕地面积，村民从事第二、三产业 42 人。人均居住面积为 65 平方米。

第 6 村民小组　2015 年，有村民 122 户 275 人，组长钱和娣，是金谷村最大一个村民小组。1961 年，称二大队第 6 生产队。1983 年，改称金谷村第 6 村民小组。1999 年，凤星村并入后称金谷村（西）6 组。2004 年，三村合并后编为金谷村第 6 村民小组。位于张市东街，境内还有高家老宅、平家宕、张家宕等宅基。紧靠集镇。解放前有几十个门店及客户经营、做生意，开办酒店、杂货铺、饭馆、茶馆、米行、染印店、铁匠店等。还设有看病的诊所。建有比较有名的“洽成楼”，1972 年拆除。由于沿街近镇，从事第二、三产业的有 170 人，有 2 人在外办厂当业主。1986 年，有耕地面积 131.4 亩，社员自留地 31 亩。2002 年，沿江高速公路拆迁户安置，建小别墅用耕地 50 亩，2011 年，建拆迁户过渡房用地 20 亩，境内有橡胶厂、水泥厂（已拆除）等企业。至 2015 年，无耕地面积，人均居住面积 60 平方米。

第 7 村民小组　2015 年，有村民 40 户 111 人，组长杨梅大。1961 年，称二大队第 7 生产队。1983 年，改称金谷村第 7 村民小组。1999 年，凤星村并入后称金谷村（西）7 组。2004 年，三村合并后编为金谷村第 7 村民小组。位于吉家桥，镇区北面。1986 年，有耕地面积 136.8 亩，社员自留地 11.3 亩，村民主要从事农业，农忙种田，农闲做手工搞副业，1970 年以后，部分村民进入社队企业上班。1991

年，建西塘公路，2000 年，沿西塘公路两侧陆续建厂占用耕地面积。至 2015 年，仅有耕地面积 13 亩。村民从事第二、三产业 71 人，有 4 人在外办厂当业主。人均居住面积 65 平方米。

第 8 村民小组　2015 年，有村民 36 户 109 人，组长陈忠良。1961 年，称二大队第 8 生产队。1983 年，改称金谷村第 8 村民小组。1999 年，凤星村并入后称金谷村（西）8 组。2004 年，三村合并后编为金谷村第 8 村民小组。位于居墩宅基，属沿街近镇。1986 年，有耕地面积 118.2 亩，社员自留地 12.9 亩。90 年代开始，镇村二级因办厂，建水产场，还有公路建设等需要占用大量耕地。至 2008 年，该小组无耕地，后因台商建温泉山庄之需，村民房屋全部拆迁，安置在金谷社区居住。2015 年，人均居住面积 100 平方米。村民从事第二、三产业 56 人，原宅基自然消亡。

第 9 村民小组　2015 年，有村民 46 户 140 人，组长戴金良。1961 年，称二大队第 9 生产队。1983 年，改称金谷村第 9 村民小组。1999 年，凤星村并入后称金谷村（西）9 组。2004 年，三村合并后编为金谷村第 9 村民小组。位于金谷村陈家湾。1986 年，有耕地面积 126.5 亩，社员自留地 11 亩。后来因建拆迁安置房、农贸市场、西妙路建设等占用境内耕地，至 2015 年，耕地面积 45 亩。村民从事第二、三产业 65 人，有 3 人在外办厂当业主。人均居住面积 62 平方米。

第 10 村民小组　2015 年，有村民 45 户 115 人，组长杨梅大。1961 年，称二大队第 10 生产队。1983 年，改称金谷村第 10 村民小组。1999 年，凤星村并入后称金谷村（西）10 组。2004 年，三村合并后编为金谷村第 10 村民小组。位于吉家桥。1986 年，有耕地面积 123 亩，社员自留地 11.5 亩，后来因建西塘公路和村里招商引资办工厂占用耕地。至 2015 年，耕地面积 16 亩，村民从事第二、三产业 65 人，人均居住面积 62 平方米。

第 11 村民小组　2015 年，有村民 34 户 109 人，组长曹建明。1961 年，称二大队第 11 生产队。1983 年，改称金谷村第 11 村民小组。1999 年，凤星村并入后称金谷村（西）11 组。2004 年，三村合并后编为金谷村第 11 村民小组。位于水北宅基。1986 年，有耕地面积 101.2 亩，社员自留地 11.8 亩，90 年代后，因建高速公路、安置房等建设需要占用耕地，至 2015 年，已无耕地。2011 年，因新农村建设需要，有 23 户房屋拆迁安置在金谷社区和湖滨社区居住，村民从事第二、三产业有 52 人，人均居住面积 80 平方米。

第 12 村民小组　2015 年，有村民 37 户 111 人，组长曹建明。1961 年，称二大队第 12 生产队。1983 年，改称金谷村第 12 村民小组。1999 年，凤星村并入后称金谷村（西）12 组。2004 年，三村合并后编为金谷村第 12 村民小组。位于水北宅基。1986 年，有耕地面积 99.5 亩，社员自留地 10.5 亩，后因各种建设需要，至 2015

年，已无耕地面积。村民从事第二、三产业52人，人均居住面积65平方米。

第13村民小组 2015年，有村民33户96人，组长曹正云。1961年，称二大队第13生产队。1983年，改称金谷村第13村民小组。1999年，凤星村并入后称金谷村（西）13组。2004年，三村合并编为金谷村第13村民小组。位于陈菜圩的曹家宕等。1986年，有耕地面积99.1亩，社员自留地11.1亩。90年代后，因市镇建设需要和建造安置房、西妙公路等需要，至2015年，已无耕地面积。村民从事第二、三产业45人，有1人在外办厂当业主。人均居住面积65平方米。

第14村民小组 2015年，有村民40户127人，组长曹正云。1961年，称二大队第14生产队。1983年改称金谷村第14村民小组。1999年，凤星村并入后称金谷村（西）14组。2004年，三村合并后编为金谷村第14村民小组。位于小桥头、蔡家宕宅基。1986年，有耕地面积118.5亩，社员自留地11.2亩，从90年代开始因各种建设的需要占用土地，至2015年，境内无耕地。村民从事第二、三产业60人，人均居住面积65平方米。

第15村民小组 2015年，有村民32户97人，组长许多华。1961年，称一大队第1生产队。1983年，改称凤星村第1村民小组。1999年，并入金谷村后编为金谷村第15村民小组。位于原凤星村许巷。1986年，有耕地面积138.8亩，社员自留地12亩。进入90年代后，因筑公路和办工厂需要，大量耕地占用，至2015年，耕地面积21亩。从事第二、三产业的55人，有3人在外办厂当业主。人均居住面积60平方米。

第16村民小组 2015年，有村民40户124人，组长钱进才。1961年，称一大队第2生产队。1983年，改称凤星村第2村民小组。1999年，并入金谷村后编为金谷村第16村民小组。位于原凤星村陈家湾。1986年，有耕地面积120.6亩，社员自留地12.4亩。村民主要从事农业，农忙种田，农闲搞家庭副业（横机加工、运输等）。进入70年代后，部分劳力进入社队企业上班。90年代后，因办厂和道路建设需要占用不少耕地，至2015年，耕地面积38亩，从事第二、三产业70人，有2人在外办厂当业主。人均居住面积58平方米。

第17村民小组 2015年，有村民57户165人，组长戴建华。1961年，称一大队第3生产队。1983年，改称凤星村第3村民小组。1999年，并入金谷村后编为金谷村第17村民小组。位于原凤星村戴巷。中华人民共和国成立初期设戴巷村。境内地势低洼常有洪灾发生。1958年后，境内蔡家宕建办凤星小学、建大队办公室，70年代后大队办企业。1986年，有耕地面积158.5亩，社员自留地16.5亩，至2015年，还有耕地117亩，是金谷村耕地面积最多的一个村民小组，由外地大农户承包种植，从事第二、三产业98人，人均居住面积60平方米。

第18村民小组 2015年，有村民30户86人，组长吴二保。1961年，称一大队第4生产队。1983年，改称凤星村第4村民小组。1999年，并入金谷村后编为金谷村第18村民小组。位于原凤星村杨树头。境内村民除从事农业外，家庭副业起步早，有40台横机搞加工，有3人搞运输。1986年，有耕地面积97.6亩，社员自留地10.5亩，90年代后，因修公路、办企业占用部分土地，至2015年，有耕地39亩，从事第二、三产业46人。有1人办厂当业主，人均居住面积60平方米。

第19村民小组　2015年，有村民22户81人，组长吴元芳。1961年，称一大队第5生产队。1983年，改称凤星村第5村民小组。1999年，并入金谷村后编为金谷村第19村民小组。位于原凤星村蒋祁塘湾。村民主要从事农业，境内旱地较多，农户有种植蔬菜到农贸市场出售的习俗。1986年，有耕地面积78.8亩，社员自留地8.4亩，90年代后因做公路办工厂需要占用土地，至2015年，耕地面积17亩，从事第二、三产业38人，有2人在外办厂当业主。人均居住面积75平方米。

第20村民小组　2015年，有村民37户114人，组长吴培成。1961年，称一大队第6生产队。1983年，改称凤星村第6村民小组。1999年，并入金谷村后编为金谷村第20村民小组。位于原凤星村太平桥。中华人民共和国成立初期设太平村。1977年，分出一大队第19生产队，在60～70年代期间为凤星村的农业样板队。1986年，有耕地面积124.2亩，社员自留地13.5亩。至2015年，耕地面积100亩。由外地大农户承包种植，从事第二、三产业55人，有4人在外办厂当业主。人均居住面积65平方米。

第21村民小组　2015年，有村民26户83人，组长尹金保。1961年，称一大队第7生产队。1983年，改称凤星村第7村民小组。1999年，并入金谷村后编为金谷村第21村民小组。位于原凤星村黄泥墩（秦家宕）。1986年，有耕地面积86亩，社员自留地8.2亩。由于地处偏僻，至2015年，仍有耕地面积82亩，由外地大农户承包种植。从事第二、三产业42人，有1人在外办厂当业主。人均居住面积58平方米。

第22村民小组　2015年，有村民34户118人，组长陈炳才。1961年，称一大队第8生产队。1983年，改称凤星村第8村民小组。1999年，并入金谷村后编为金谷村第22村民小组。位于原凤星村朱家弄。境内是弄里芹菜的产地，不少农户种植芹菜。1986年，有耕地面积105.6亩，社员自留地11.5亩。进入21世纪后，被定为保留村庄。2010年以后，通过整治，成为江苏省三星级美丽村庄。至2015年，有耕地面积3亩，从事第二、三产业的45人，有4人在外办厂当业主，人均居住面积65平方米。

第23村民小组　2015年，有村民49户250人，组长朱关书。1961年，称一大队第9生产队。1983年，改称凤星村第9村民小组。1999年，并入金谷村后编为金谷村第23村民小组。位于原凤星村朱家弄。中华人民共和国成立初期设恒弄村，是有名的弄里芹菜产地。1986年，有耕地面积175.7亩，社员自留地24亩，2010年，通过整治被评为江苏省三星级美丽村庄。2001年后，境内种桃树，绿化种树，修公路等占用部分耕地。至2015年，有耕地面积24亩。从事第二、三产业的130人，有3人在外办厂当业主，人均居住面积65平方米。

第24村民小组 2015年，有村民33户133人，组长戴祥妹。1961年，称一大队第10生产队。1983年，改称凤星村第10村民小组。1999年，并入金谷村后编为金谷村第24村民小组。位于原凤星村陆家高头。1986年，有耕地面积157.7亩，社员自留地15亩，2005年后，搞村庄绿化道路建设占用部分土地。至2015年，耕地面积84亩。由村农机服务队种植。从事第二、三产业67人，有3人在外办厂当业主。人均居住面积60平方米。

第25村民小组 2015年，有村民28户108人，组长许多华。1961年，称一大队第11生产队。1983年，改称凤星村第11村民小组。1999年，并入金谷村后编为金谷村第25村民小组。位于原凤星村崔家桥。1986年，有耕地面积113亩，社员自留地5亩，90年代后，西塘公路两侧建办了许多私营企业，占用了部分土地。至2015年，耕地面积36亩。从事第二、三产业57人，有2人在外办厂当业主。人均居住面积55平方米。

第26村民小组 2015年，有村民37户115人，组长吴元芳。1961年，称一大队第12生产队。1983年，改称凤星村第12村民小组。1999年，并入金谷村后编为金谷村第26村民小组。位于原凤星村蒋祁塘湾。村民以农为主，境内旱地多，有30%的农户种蔬菜往农贸市场出售。1986年，有耕地面积129.5亩，社员自留地14.5亩。90年代后，西塘公路两侧办厂占用部分土地。2015年，仅有耕地面积69亩，由种田大户承包种植。从事第二、三产业46人，有2人在外办厂当业主。人均居住面积75平方米。

第27村民小组 2015年，有村民32户95人，组长陈炳才。1961年，称一大队第13生产队。1983年，改称凤星村第13村民小组。1999年，并入金谷村后编为金谷村第27村民小组。位于原凤星村朱家弄。是有名的弄里芹菜的产地。1986年，耕地面积108.1亩，社员自留地11.5亩。该组亦属保留村庄，是江苏省三星级美丽村庄。至2015年，有耕地面积57亩，从事第二、三产业43人，有2人在外办厂当业主。人均居住面积60平方米。

第28村民小组 2015年，有村民30户106人，组长尹金保。1961年，称一大队第14生产队。1983年，改称凤星村第14村民小组。1999年，并入金谷村后编为金谷村第28村民小组。位于原凤星村黄泥墩（长房庄、钟家宕）。1986年，有耕地面积135.7亩，社员自留地11.5亩。由于该组地处偏僻，至2015年，还有耕地面积107亩，由大农户承包种植，从事第二、三产业45人。人均居住面积58平方米。

第 29 村民小组　2015 年，有村民 36 户 108 人，组长钱进才。1961 年，称一大队第 15 生产队。1983 年，改称凤星村第 15 村民小组。1999 年，并入金谷村后编为金谷村第 29 村民小组。位于原凤星村葛家湾。1986 年，有耕地面积 124.3 亩，社员自留地 12.5 亩。90 年代后，因建办工厂及道路建设占用部分土地，至 2015 年，耕地面积 41 亩。从事第二、三产业 61 人，有 2 人在外办厂当业主，人均居住面积 60 平方米。

第 30 村民小组　2015 年，有村民 32 户 108 人，组长吴二保。1961 年，称一大队第 16 生产队。1983 年，改称凤星村第 16 村民小组。1999 年，并入金谷村后编为金谷村第 30 村民小组。位于原凤星村杨树头。1986 年，有耕地面积 97.6 亩，社员自留地 12 亩。进入 90 年代后，因建厂及道路建设需要占用部分土地，至 2015 年，耕地面积 17 亩。村民从事第二、三产业 42 人，人均居住面积 60 平方米。

第 31 村民小组　2015 年，有村民 39 户 114 人，组长吴元芳。1961 年，称一大队第 17 生产队。1983 年，改称凤星村第 17 村民小组。1999 年，并入金谷村后编为金谷村第 31 村民小组。位于原凤星村蒋祁塘湾。1986 年，有耕地面积 105.1 亩，社员自留地 13.5 亩。2003 年，因塘桥镇办厂需要，有 17 户拆迁安置在金谷社区居住，至 2015 年，无耕地面积。村民从事第二、三产业 52 人，人均居住面积 90 平方米。

第 32 村民小组　2015 年，有村民 27 户 91 人，组长戴祥妹。1961 年，称一大队第 18 生产队。1983 年，改称凤星村第 18 村民小组。1999 年，并入金谷村后编为金谷村第 32 村民小组。位于原凤星村新陈家湾。1986 年，有耕地面积 87.8 亩，社员自留地 6.5 亩。至 2015 年，仍有耕地面积 73 亩，由村农机服务队种植。村民从事第二、三产业 55 人，有 1 人在外办厂当业主。人均居住面积 62 平方米。

第 33 村民小组　2015 年，有村民 26 户 87 人，组长吴培成。1977 年，称一大队第 19 生产队。1983 年，改称凤星村第 19 村民小组。1999 年，并入金谷村后编为金谷村第 33 村民小组。位于原凤星村太平桥。1986 年，有耕地面积 73 亩，社员自留地 6.5 亩。至 2015 年，有耕地 46 亩，由大农户承包种植，村民从事第二、三产业 40 人，有 1 人在外办厂当业主，人均居住面积 60 平方米。

第 34 村民小组　2015 年，有村民 23 户 85 人，组长邹永生。1961 年，称三大队第 1 生产队。1983 年，改称五联村第 1 村民小组。2004 年 4 月，并入金谷村后编为金谷村第 34 村民小组。位于原五联村路西巷。1986 年，有耕地 88 亩，社员自留地 8.65 亩。村民主要从事农业，90 年代后，土地逐年减少，至 2015 年，耕地面积 56 亩，大部分承包给外地人种植蔬菜。村民从事第二、三产业 45 人，有 1 人在外办厂当业主，人均居住面积 78 平方米。

第 35 村民小组　2015 年，有村民 29 户 104 人，组长邹永生。1961 年，称三大队第 2 生产队。1983 年，改称五联村第 2 村民小组。2004 年 4 月，并入金谷村后编为金谷村第 35 村民小组。位于原五联村史家桥。1986 年，有耕地 120.6 亩，社员自留地 12.3 亩，2002 年，建沿江高速公路，18 户拆迁安置在北京庄别墅区居住，2011 年，因新农村建设需要，全部拆迁安置在金谷及湖滨两个社区居住，至 2015 年，耕地面积 26 亩。村民从事第二、三产业 45 人，人均居住面积 85 平方米。原宅基自然消亡。

第 36 村民小组　2015 年，有村民 33 户 115 人，组长王兴保。1961 年，称三大队第 3 生产队。1983 年，改称五联村第 3 村民小组。2004 年 4 月，并入金谷村后编为金谷村第 36 村民小组。位于原五联村史家桥。1986 年，有耕地 137 亩，社员自留地 13.3 亩。村民以农为主，有 2 户渔民。2011 年，因新农村建设需要，农户全部拆迁安置在金谷和湖滨两个社区居住，村民从事第二、三产业 55 人，有 2 人在外办厂当业主。人均居住面积 85 平方米。原宅基自然消亡。

第 37 村民小组　2015 年，有村民 19 户 69 人，组长王兴保。1961 年，称三大队第 4 生产队。1983 年，改称五联村第 4 村民小组。2004 年 4 月，并入金谷村后编为金谷村第 37 村民小组。位于原五联村后巷里。1986 年，有耕地 67.2 亩，社员自留地 6.9 亩。2011 年，因新农村建设需要全部拆迁，居民安置在金谷和湖滨 2 个社区居住，村民从事第二、三产业 38 人，人均居住面积 85 平方米。原宅基自然消亡。

第 38 村民小组　2015 年，有村民 32 户 130 人，组长王兴保。1961 年，称三大队第 5 生产队。1983 年，改称五联村第 5 村民小组。2004 年 4 月，并入金谷村后编为金谷村第 38 村民小组。位于原五联村后巷里。1986 年，有耕地 129.5 亩，社员自留地 12.8 亩。2011 年，因新农村建设需要，该组农户全部拆迁，村民安置在金谷和湖滨两个社区居住。村民从事第二、三产业 57 人，人均居住面积 85 平方米。原宅基自然消亡。

第 39 村民小组　2015 年，有村民 25 户 96 人，组长唐正刚。1961 年，称三大队第 6 生产队。1983 年，改称五联村第 6 村民小组。2004 年 4 月，并入金谷村后编为金谷村第 39 村民小组。位于原五联村唐家巷。1986 年，有耕地 126.2 亩，社员自留地 11.5 亩。1971 年，境内建南塘梢电站。1998 年，列入国家级农业开发试点区。2011 年，因开挖凤凰湖，建凤凰山风景区，该组农户全部拆迁，村民安置到金谷和湖滨两个社区居住。村民从事第二、三产业 63 人。人均居住面积 85 平方米。原宅基自然消亡。

第 40 村民小组　2015 年，有村民 34 户 127 人，组长唐正刚。1961 年，称三大队第 7 生产队。1983 年，改称五联村第 7 村民小组。2004 年 4 月，并入金谷村后编为金谷村第 40 村民小组。位于原五联村唐家巷。境内原有一座庙宇（刘神庙），解放后拆除。1986 年，有耕地 142.8 亩，社员自留地 12.7 亩。村民以农为主。2011

年，因开挖凤凰湖，建凤凰山风景区，该组农户全部拆迁，村民安置在金谷和湖滨两个社区居住。村民从事第二、三产业 65 人，人均居住面积 85 平方米。原宅基自然消亡。

第 41 村民小组　2015 年，有村民 20 户 83 人，组长钱关德。1961 年，称三大队第 8 生产队。1983 年，改称五联村第 8 村民小组。2004 年 4 月，并入金谷村后编为金谷村第 41 村民小组。位于原五联村大树巷。1986 年，有耕地 84.3 亩，社员自留地 8.7 亩。2011 年，因开挖凤凰湖，建凤凰山风景区，农户全部拆迁，村民安置在金谷和湖滨两个社区居住。村民从事第二、三产业 40 人，有 8 人在外办厂当业主，人均居住面积 90 平方米。原宅基自然消亡。

第 42 村民小组　2015 年，有村民 25 户 88 人，组长钱关德。1961 年，称三大队第 9 生产队。1983 年，改称五联村第 9 村民小组。2004 年 4 月，并入金谷村后编为金谷村第 42 村民小组。位于原五联村交界桥。境内旧时有庙宇（三观堂）一座，60 年代拆除。1986 年，有耕地 92.9 亩，社员自留地 9.17 亩。2011 年，因市里开挖三干河及新农村建设需要，农户全部拆除，村民安置在金谷和湖滨两个社区居住。村民从事第二、三产业 53 人。人均居住面积 90 平方米。原宅基自然消亡。

第 43 村民小组　2015 年，有村民 23 户 92 人，组长钱关德。1961 年，称三大队第 10 生产队。1983 年，改称五联村第 10 村民小组。2004 年 4 月，并入金谷村后编为金谷村第 43 村民小组。位于原五联村大树巷。中华人民共和国成立前，境内有 1 户开磨坊，中华人民共和国成立后，村民主要从事农业。1964 年，大队在境内办砖瓦厂，1966 年，办加工厂，70 年代，境内陆续办企业，成为村（大队）工业区。1986 年，有耕地 93.8 亩，社员自留地 10.4 亩。2011 年，因开挖凤凰湖，建凤凰山风景区需要，农户全部拆迁，村民安置到金谷和湖滨两个社区居住。村民从事第二、三产业 58 人，人均居住面积 90 平方米。原宅基自然消亡。

第 44 村民小组　2015 年，有村民 26 户 98 人，组长邹永生。1961 年，称三大队第 11 生产队。1983 年，改称五联村第 11 村民小组。2004 年 4 月，并入金谷村后编为金谷村第 44 村民小组。位于原五联村路西巷。1986 年，有耕地 129.7 亩，社员自留地 11.1 亩，至 2015 年，耕地面积 78 亩，其余种植桃树、蔬菜等经济作物及挖鱼塘等。村民从事第二、三产业 42 人，有 2 人在外办厂当业主，人均居住面积 76.5 平方米。

第 45 村民小组　2015 年，有村民 19 户 64 人，组长王兴保。1977 年，称三大队第 12 生产队，是全村最小一个村民小组。1983 年，改称五联村第 12 村民小组。2004 年 4 月，并入金谷村后编为金谷村第 45 村民小组。位于原五联村后巷里，1986 年，有耕地 67 亩，社员自留地 6.6 亩。2011 年，因新农村建设需要，农户全部拆迁，村民安置在金谷和湖滨两个社区居住。村民从事第二、三产业 28 人，人均居住面积85平方米。原宅基自然消亡。

1961～2015年金谷村历任生产队（村民小组）长、会计一览表

表1—5

组别	现任组长	原属地			历任队（组）长	历任会计名单
		大队（村）	队（组）	自然村		
1	曹建明	金谷	1	水北	曹根和、钱藕根、钱仁兴、曹金元、孙满生	钱金兴、曹乾石、钱洪元、曹根祥
2	陈忠良	金谷	2	居敦	钱栋安、钱德保、钱建平、钱开明	钱宗教、钱金才、钱忠法、钱梅英
3	戴金良	金谷	3	金谷落	杨才保、杨松林、陈宗保、陆明保、陈龙保	杨关明、杨祖尧、陈宗保、陆凤英、陈关虎、陆凤珠
4	曹正云	金谷	4	小桥头	钱关通、杨根兴、钱六保	钱关明、徐福林
5	曹正云	金谷	5	陈菜圩（须家宕）	须祖标、蔡龙龙、须仲贤、	须永法、曹金伦
6	钱和娣	金谷	6	东街、平家宕、张家宕、高家老宅	钱良才、钱正才、高阿大、钱正祥、张金良、许石田、高永林	高 飞、高云庆
7	杨梅大	金谷	7	吉家桥	钱元保、倪进保、吉祥根、徐留年、许留金、吉祖生	钱如兴、吉树根、杨慕德、徐留年
8	陈忠良	金谷	8	居墩	钱元庆、瞿凤兴、钱建新、钱关清	钱利生、钱丽华
9	戴金良	金谷	9	陈家湾	陈祖发、陈仁保、陈阿福	杨祖尧、戴金良
10	杨梅大	金谷	10	吉家桥	许发保、吉瑞庆、吉阿大	吉瑞庆、吉仁良
11	曹建明	金谷	11	水北	钱利根、曹忠才、钱士昌、顾正芳	顾正芳、孙满生

续表 1—5

组别	现任组长	原属地			历任队（组）长	历任会计名单
		大队（村）	队（组）	自然村		
12	曹建明	金谷	12	水北	钱洪发、钱德明、杨建新、周林生	朱正庆、杨炳元
13	曹正云	金谷	13	陈菜圩（曹家宕）	曹元长、曹元德、孙保根	曹福龙、曹金球
14	曹正云	金谷	14	小桥头	钱锦标、徐建中、陆兴根	徐士中、钱云达
15	许多华	凤星	1	许巷	许多华、王建中、许永琴、许立新、许珍保、许福根	许金生、钱掌生、许明郎、许进华
16	钱进才	凤星	2	陈家湾	周阿大、杨正明、陈元保、吴建刚	杨　环、吴　刚
17	戴建华	凤星	3	戴巷	肖林保、戴永清、戴保庆、蔡正明、戴关庭、戴永兴、戴祖民	戴岳保、戴胜民、戴锦石、戴忠法
18	吴二保	凤星	4	杨树头	吴金祥、贡三保、肖掌兴、吴祖生	吴凤石、肖关仁
19	吴元芳	凤星	5	蒋祁塘湾	张关明、陈毛毛、马台保	陈三郎、瞿仁发
20	吴培成	凤星	6	太平桥	吴新男、吴炳根、吴金虎、吴炳元、王正元、吴忠尧、吴金龙、吴忠明	黄永根、钱正才、黄德元、吴忠尧
21	尹金保	凤星	7	秦家宕	秦云生、秦保林、秦德保、秦仁林	尹金保
22	陈炳才	凤星	8	朱家弄	朱仁青、朱全华朱世元、朱关大朱友才、朱关兴朱永昌	朱建国、朱洪乾、朱友才
23	朱关书	凤星	9	朱家弄	朱庆保、朱卫生、朱正明、朱文高、朱永良、陈卫康	朱堂生、朱仁书、朱祖发、陈龙龙、宋利国

续表 1—5

组别	现任组长	原属地			历任队（组）长	历任会计名单
		大队（村）	队（组）	自然村		
24	戴祥妹	凤星	10	陆家高头	陆阿兴、陆进才、王元保、陆仁良、陆永彪	陆如元、陆进才、李冬来、徐建平
25	许多华	凤星	11	崔家桥	余培培、张建明、许星华	顾关龙、顾阿才、钱元昌
26	吴元芳	凤星	12	蒋祁塘湾	吴根元、吴培保、吴祖恒、吴仁福、吴瑞庆、吴正芳、吴建青	吴建青、宋红英、吴维英
27	陈炳才	凤星	13	朱家弄	朱友来、钱胜良、朱仁良、朱关中、朱仁林	朱金保、陈炳才、朱世根、朱启云
28	尹金保	凤星	14	长房庄、钟家宕	陈小龙、王弟弟、王留保、钟田才、蒋满保	钟士明、程正华、陈叙发
29	钱进才	凤星	15	葛家湾	葛培洪、王元保、陆琴芬、葛锦标	葛正球、肖永兴、许小华
30	吴二保	凤星	16	杨树头	肖同保、吴培林、辛毛毛、吴仲林	肖华保、辛正球
31	吴元芳	凤星	17	蒋祁塘湾	沈根大、陆和尚、马五大、沈关彪、沈根金	沈世根、沈高明、沈关彪
32	戴祥妹	凤星	18	新陈家湾	蔡忠元、陈保全、蔡仁元	蔡忠元、陈正元
33	吴培成	凤星	19	太平桥	王正兴、张仁元、吴忠明、肖金元	黄德元
34	邹永生	五联	1	路西	邹南保、邹根球	谢秀英、邹士坤、邹永坤
35	邹永生	五联	2	史家桥	谢金元、张卫生、张建官、张小良	张卫生、张建官、张友刚
36	王兴保	五联	3	史家桥	张关根、张卫兴	谢如玉、钱锦发
37	王兴保	五联	4	后巷里	王竹生、王根松、钱根保、徐国良、施掌兴、王正龙	王月明、钱卫龙

续表 1—5

组别	现任组长	原属地			历任队（组）长	历任会计名单
		大队（村）	队（组）	自然村		
38	王兴保	五联	5	后巷里	施小二、钱建华、俞关华、徐仁弟	钱士良、钱仁发
39	唐正刚	五联	6	唐家巷	陈小二、庞仁保、钱士祥	唐招根、唐秀珍、钱玉英、唐龙保
40	唐正刚	五联	7	唐家巷	汪世世、唐仁金、陈建龙、钱培兴、唐正华	唐仁金、钱培兴
41	钱关德	五联	8	大树巷	张保根、杨根元、张根保	杨根元、朱寒松
42	钱关德	五联	9	交界桥	王阿全、钱金保	王仁华、于根元、张益明
43	钱关德	五联	10	大树巷	朱恒保、何元祥、朱建新、朱岳祥	朱永元、朱仁祥、赵正明
44	邹永生	五联	11	路西	黄掌兴、邹林生、邹保庆	邹小明、邹汉炎
45	王兴保	五联	12	后巷里	王正刚	王桂生

说明：（1）村民小组长不是每组一个，一般 1～4 个组设组长 1 人。
（2）2004 年三村合并后，村设联队会计，1～14 组会计戴金良、杨建新，15～33 组会计沈关彪、钱正云，34～45 组会计钱卫龙、陆志刚。

第五节　自然村（宅基）

朱家弄　位于镇区东边，距村委会驻地 2.1 千米，东临古三丈浦，南靠港口镇白泾岸和五联村的路西巷，西接陆家高头，北毗黄泥墩。2015 年，村庄占地面积 5.05 万平方米，建筑面积 2 万余平方米，有 3 个村民小组。

庄前大泾河形似一条龙，先由钱姓建宅，明末清兵入关，朱元璋后裔逃出南京，避驻入庄，后因朱姓居多，建造民宅呈“田”字形状，该庄人员出入于“田”中弄堂，故称朱家弄。中华人民共和国成立初有 61 户，1958 年“大跃进”年代，又有陈、孔、蔡姓等开始迁往。朱家弄历史上就有种植水芹菜的传统，种植的水芹菜具有嫩茎（俗称白头）长、叶柄青、口感脆、香味浓、存放时间久等特点。家家户户种植芹菜，每到初冬，村庄四周的水田里葱绿一片。弄里芹菜在江南一带较有盛名。2010 年，凤凰镇、金谷村投入资金，对朱家弄按美丽村庄建设要求进行改造整治，疏通河道，绿化环境，铺设路道，被江苏省评为三星级美丽村庄。

许巷　位于西张镇东北，距村委会驻地约 1.5 千米，东接陈家湾自然村，南靠崔家桥自然村，西临贝顺橡胶制品有限公司，北靠西塘路。2015 年，村庄占地面积 1.28 万平方米，建筑面积 5200 平方米，有 1 个村民小组。

明代，由今江阴市北涸的许姓迁入建庄，故名许巷。后因招赘落户等有了黄、钱、高、张等姓，2015 年，住户中许姓占 80%。中华人民共和国成立初，该地设许巷行政村。

陈家湾　位于西塘公路南，南横泾北，距村委会驻地 1 千米。东靠杨树头自然村，西接崔家桥自然村。2015 年，村庄占地面积 1.46 万平方米，建筑面积 6500 平方米，有 1 个村民小组。

该庄由 11 个姓氏聚落成庄，其中陈姓占四分之一。村庄以中华人民共和国成立前陈姓乡绅得名。

崔家桥　位于西张镇区东，距村委会驻地 1 千米。由村旁崔家桥得名。东邻陈家湾自然村，南沿南横泾，西靠贝顺橡胶制品有限公司，北邻许巷。2015 年，村庄占地面积 1.64 万平方米，建筑面积 7000 平方米，有 1 个村民小组。

葛家湾　位于西张镇区东，距村委会驻地约 1 千米。东邻戴巷自然村，南沿南横泾，西邻崔家桥自然村，北邻陈家湾自然村。2015 年，村庄占地面积 1.48 万平方米，有 1 个村民小组。该庄由葛、钱、李、张、许等 10 个姓氏聚落成庄。因村庄沿塘，其中葛姓超过半数，故名葛家湾。

戴巷　位于原凤星村中心。距村委会驻地 1.4 千米。东邻太平桥自然村，南沿扁滩泾，西邻陈家湾自然村，北接杨树头自然村。2015 年，占地面积 2.3 万平方米，建筑面积 9540 平方米，有 1 个村民小组。

该庄由苏北迁入的戴姓初建，故名戴巷。宅东有落马桥，有戴姓 40 户，蔡姓 10 户，还有徐、肖、余等姓。

20 世纪，凤星村在戴巷蔡家宕设大队办公室。建办凤星小学及村办企业数家。2000 年后，凤星小学搬迁，有数家民营企业进驻戴巷。村民开办棋牌室、菜场、饭馆数家，并设有小商品商店、卫生室、老年活动中心等。

杨树头　位于西张镇区东北，距村委会驻地约 1 千米。东靠蒋祁桥塘，南邻戴巷自然村，西接陈家湾自然村，北连蒋祁塘湾。2015 年，村庄占地面积 2.86 万平方米，建筑面积 1.18 万平方米，有 2 个村民小组。

境内地势低洼，常遭水涝，遍植杨树防灾。传说清乾隆帝下江南路过此地，看见 2 只大鸟（说是凤凰）躲在一棵大杨树下，视为吉祥之地。以后肖、吴姓始祖迁入，靠南横泾建宅，以树为志，故名杨树头。1956 年，组织农业生产合作社时，取名双凤社。

蒋祁塘湾　位于西张镇区东北角，距村委会驻地约 2 千米。东沿老三丈浦，南靠太平桥，西邻杨树头自然村，北接塘桥镇周巷村。西塘公路穿越其湾。2002年，村庄占地面积5.2万平方米，建筑面积2.1万平方米，有3个村民小组。2002年因塘桥镇办厂需要，有17户搬迁，安置在金谷社区居住。

据《常昭合志》载："东横塘附近还有常蜞塘。"明洪武十二年定制，由"常蜞"变为"蒋祁"。蒋祁里设蒋灵明王。后浚拓三丈浦时改变其浦道成弯曲，以停靠船舶，改名为"下澳保"。该地东与北有三丈浦环抱，中有南北向河塘入浦。跨河塘架桥，称"蒋祁桥"。河塘遂名"蒋祁桥塘"，傍河村落遂名为"蒋祁塘湾"。蒋祁塘湾包括桥塘二畔的3个自然村，塘东靠北由吴姓建"吴家宅基"，宅内40户均姓吴。靠南有"陈家宕"，陈姓在22户住户中占10户，其次张姓有5户。塘西靠北有"沈家宕"，沈姓在32户住户中占17户。2002年，沈家宕在西塘公路北，因塘桥镇维达集团建厂需求拆迁。

黄泥墩（秦家宕、长房庄、钟家宕） 位于三丈浦西，距村委会驻地约2千米，南靠朱家弄自然村，北邻太平桥。2015年，村庄占地面积3.3万平方米，建筑面积1.1万平方米，有2个村民小组。

黄泥墩旧时为墓地。据《常昭合志》载："黄泥墩"在太平桥南，墩小而土色纯黄，非人力所堆积。旧时，是塘桥庞姓家族墓地，墩边是庞钟璐曾祖之墓，墩东南有清光禄大夫刑部尚书庞钟璐的墓地。在60年代大搞平整土地时已平掉，不再有泥墩。今有9个姓氏聚落成庄。程姓建的名"程家宕"。秦姓建的名"秦家宕"，钟姓建的名"钟家宕"，王姓、蒋姓建的名"长房庄"。旧时达官贵人一般都一尸多墓。解放后，当地一些青年为建造篮球场球架，在黄泥墩挖棺取木材，结果挖到了"庞探花"（庞钟璐）的灵柩，运回生产队制作篮球架，结果构成了盗墓案。

陆家高头 位于长寿塘北，距村委会驻地1.2千米。东邻朱家弄自然村，西靠金谷落自然村，北接新陈家湾自然村。2015年，村庄占地面积1.7万平方米，建筑面积6900平方米，有1个村民小组。

该庄由陆姓始建，同时所处地势较高，故名陆家高头。原由王、陈、徐、魏、易等姓氏聚居，今陆姓住户仍占半数。旧时徐家开设油坊榨油，四周农户收获油菜籽后都去"徐家油车"加工打油，名气较大。

新陈家湾 位于雷公潭西，三面环水。距村委会驻地1.5千米。南靠陆家高头自然村，隔河是戴巷自然村。2015年，村庄占地面积1.2万平方米，建筑面积4400平方米，有1个村民小组。该庄原有陈姓居住，地处偏僻，地多人少。1958年，人民公社化后，大队动员部分群众迁入。为有别于前，故称"新陈家湾"。如今陈、蔡两姓各占其半。

太平桥 位于镇区东，距村委会驻地2千米，该庄以邻近的太平桥得名。南邻黄泥墩自然村，西靠戴巷（蔡家宕）自然村，北沿三丈浦西岸，西北毗连陈家湾自然村。2015年，村庄占地面积4.3万平方米，建筑面积1.6万平方米，有2个村民小组。现有11个姓氏聚落成庄。其中始祖湖南迁移来的吴姓居半，故庄西部又称"吴家宕"。其次是黄姓、顾姓较多。历史上有神庙"猛将堂"。1999年，西张服装厂在该庄前建办苏太猪扩繁基地。

水北　位于西张集镇南，距村委会驻地约1.5千米。东沿水北塘（今新西河部分），东南接石塘浜，西南靠西林浜、西凤公路，北邻居墩塘。2015年，村庄占地面积4.68万平方米，建筑面积1.86万平方米，有3个村民小组。该自然村原有居民150户，是个大村落。2002年，建沿江高速公路时，有13户农户搬迁。2011年，因新农村建设需要，又有18户农户搬迁，分别安置到金谷社区和湖滨社区居住。

水北处于西林浜之北而得名。村庄四周环水，庄东往金谷落，旧时有东水北桥，到精舍有水北桥，向南有牛潭桥，向北有居墩桥。初有奚浦钱姓，武进曹姓聚落成庄。如今这二姓仍占村庄住户的60%以上。除此还有周、张、孙、奚、吴、杨、顾、朱等姓氏，孙姓是亲属关系迁往，杨姓是大巷垠并入，还有张、吴姓渔民迁住。该庄在清嘉庆年间钱姓曹姓建有砖瓦大房，并有通道"旺家弄"供人出入。据说咸丰年间太平军募兵，村民反抗，曾打死过一个太平军小头目，村庄被太平军烧毁，后搭建的都是草房，所以在解放前水北无瓦房，传说是"荷叶地"，建了瓦房要沉塌。庄西南有西林寺（在咸丰年间被太平军拆毁），庄西庄北还有杨、张、奚姓等居住的大巷垠、张家宕自然宅基，1958年"大跃进"时拆除。

陈菜圩　位于西张市镇东，现金谷村委会驻地。东依油车潭，南沿横港，西沿新西河（旧称水北塘），北沿南横泾。2015年，村庄占地面积5.58万平方米，建筑面积2.7万平方米，有2个村民小组。

陈菜圩，地面高程为吴淞零点的4.5米以下，四周环水，中间还有木渎潭、镬底潭、高家潭、竖头泾。沿家小河等，河汊较多。旧时，水利失修，时常沉淹。旧称沉汊圩，以后延呼为陈菜圩。

1952年8月苏南暴雨，太湖水涨，长江洪峰，内外相冲一夜成涝，陈菜圩沉淹一周。1953年，境内组织劳力300多人，加固圩岸2400米。1968年上半年，圩内4个生产队联合起来改造渠道田块，称"闯新生产队"。20世纪末，建"闯新农场"以机电排灌、机械收种，确保农业生产发展。进入21世纪后，随着市镇建设，道路建设（西妙路），拆迁安置小区建设等需要，境内大部分耕地已不复存在。

圩内村落有须家宕、曹家宕、孙家宕、蔡家宕、陈家湾部分。大姓氏有陆、钱、曹、孙、徐、须、朱、易等，还有一些市镇职工因临近街坊，其家属落户在圩内。

小桥头　位于张市塘（亦称水北塘）与横港交汇处。临近西张镇，距村委会驻地200米。2015年，村庄占地面积1.6万平方米，建筑面积7400平方米，有2个村民小组。

小桥头又名钱家小桥，由钱姓家族始建故得名。1937 年 11 月，日寇侵略入境时，桥南 10 余户人家的房屋都被日军烧毁。

金谷落　位于西张市集镇东南，距村委会驻地 500 米，四周环水，西南依张市塘，东北沿横港。2015 年，村庄占地面积 3.84 万平方米，建筑面积 1.54 万平方米，有 2 个村民小组。

该庄古属元阳里水北保，庄后横港以外属南金里南庄保，是南金里边缘外的旮旯，故称“金旮旯”。历史上，以农为本，该处水利条件较好，积造自然肥料方便，这里的农民重视农业，精耕细作，是西张地区的高产区，又称金谷落。该庄以杨姓为主，另有陆姓、陈姓等姓氏。

吉家桥　位于西张市镇北，距村委会驻地 1.5 千米，东邻许巷自然村，南沿西塘公路，西沿张市塘，北邻塘桥镇金巷村。2015 年，村庄占地面积 3.6 万平方米，建筑面积 1.35 万平方米，有 2 个村民小组。

该庄初由崔姓等始建，后由福山朱扈墩北杨家迁往，至今还有一地方称崔家湾。清同治三年（1864），湘军吉字营攻克了太平天国的“天京”（南京）。清廷为保祖业，责成汉人曾国藩遣返大部分湘军回乡归农，其中湘军吉刘先迁往并落户建庄院、造桥。因桥处于路的要道，众称“吉家桥”。吉刘先落户后，常习武骑马射箭，后习武之地今称“马路丘”。

东街　位于西张镇区之东，距村委会驻地 300 米。东与许巷自然村相接，南沿南横泾，西沿张市塘，北挨西塘公路。2015 年，村庄占地面积 18.5 万平方米，建筑面积 7.8 万平方米，有 1 个村民小组。另有 2002 年沿江高速公路拆迁安置的农户 37 家。

东街，始建于明代。万寿桥与中心街相接。南沿船舫浜（70 年代填平今为贝贝路），由桥向东 150 米处，旧有李太堂、观音堂，庙南有西林小学，北有后潮河，河南有民国年间庞姓建乾丰恒米厂和孙姓住宅，街道南侧有 29 间门面房，北侧有 50 间街面房。其中“洽成楼”较有名气。解放前，有居民 28 户，130 多人。解放后，“洽成楼”先后设过长寿乡政府办公地，西张商业供销社，西张农业中学等。（注：“洽成楼”由栏杆桥的陆洽成、号简庵、又称良晓租用庞姓的房屋开布庄、木行而得名。）1978 年起，随着乡镇企业的发展和市镇建设的需要，东街有了大的发展，其中建橡胶厂占地面积有 10 万平方米，拆迁户安置房小别墅占地面积 3.45 万平方米。

路西　位于西张集镇东南，距村委会驻地约 2.5 千米，东与原港口镇新桥村相邻，南接交界桥自然村，西靠史家桥自然村，北靠朱家弄自然村。2015 年，村庄占地面积 2.82 万平方米，建筑面积 1.24 万平方米，有 2 个村民小组。是原五联村唯一保留的村庄。

该庄因处于原港口镇的白泾岸西（亦称路）故名路西。始祖由常熟市小山的邹姓和大和（今冶塘镇大河）双水车的范姓迁入。1958 年“大跃进”中，原张家湾、朱家湾拆迁户并入该庄，发展成邹、范、许、张、黄、徐等10余个姓氏。

居墩 位于西张镇南金谷路两旁，靠横塘。是原金谷村村委会驻地。横塘两岸有住户。东临水北塘，南靠水北自然村，北连西张镇区。2002年，村庄占地面积4.3万平方米，建筑面积1.7万平方米，有2个村民小组。进入21世纪后，因沿江高速公路建设及台商建温泉山庄的需要，于2008年，将80户农户住房全部拆迁，居民安置到金谷社区居住，村庄消亡。

该庄于18世纪初由鹿苑奚浦钱姓南迁择址建宅，旧时，土墩四周环水，南有横塘，东有桑树潭，西北是菱泾浜，为此取名“居墩”。1968年，部分农户搬迁到菱泾浜外建宅，又称前后居墩。2008年，80多户村民中钱姓56户，占66%。

史家桥 位于西张镇区南，距村委会驻地2.5千米。东沿山东塘，南沿杨树浜，西连后巷里自然村，北靠后浜泾。2002年，村庄占地面积3.5万平方米，建筑面积1.26万平方米，有2个村民小组。

该庄由庄东史家桥得名。庄后有尼姑庵，明嘉靖三十年（1551）左右，遭倭寇掠夺，庄毁人亡。灾后由武进的张、谢两姓迁入建庄。传说张姓始祖是剃头人，谢姓始祖是卖糖者，分别建张家墙门、谢家墙门。张姓靠东，谢姓位西。至今还流传着“张剃头，谢卖糖”的称呼。庄前由西向东至史家桥，建有巷路。

该庄在2002年沿江高速公路建设及2011年新农村建设中，村民住房全部拆除，村民被安置在北京庄别墅区、金谷社区、湖滨社区3个地方居住，村庄消亡。

后巷里 位于西张镇区南部，距村委会驻地2.5千米，东连史家桥自然村，南接唐家巷自然村，西邻石塘浜。2002年，村庄占地面积3.9万平方米，建筑面积1.58万平方米，有3个村民小组。

该庄处于精舍庵堂之北，故称“后巷里”。明代嘉靖前，由屈姓居住，遭倭寇掠劫，屈姓庄毁人亡，至今留着庄东南的“屈家坝”。灾后，分别有明代处士钱洪，刑部主事钱泮的后裔（始祖均系奚浦钱氏）沿庄前门前河先后建墙门。句容迁入的王姓沿庄后底泾建宅。庄中还有鸷山迁入的徐姓、施姓定居。解放前，庄前有两家茶馆。庄西是官路，西边有“大王堂”。1958年“大跃进”中又迁入朱、陆、许等姓。

该庄在2011年因新农村建设需要，村民住房全部拆迁，村民被安置在金谷社区、湖滨社区两个地方居住，村庄消亡。

唐家巷 位于西张镇区南端，距村委会驻地2.5千米。东连大树巷自然村，南靠河阳山，西沿石塘浜，北连后巷里自然村。2002年，村庄占地面积3.23万平方米，建筑面积1.3万平方米，有2个村民小组。该庄于明代嘉靖时有殷姓、陶姓居住，因遭倭寇掠劫，殷、陶两姓及村庄毁亡，至今庄西北河潭仍称“殷家潭”，庄西南河湾称“陶家湾”。灾后，庄东重建“精舍庵堂”，并有常熟支塘唐姓迁往建宅。据《常昭合志》载为“英舍”，后人又称“唐家巷”。庄前有陈姓定居。抗战期间，精舍庵堂中设有小学，抗战胜利后学校迁入唐氏宗祠。中华人民共和国成立后，将唐姓地主家仓库改为精舍小学。后五联村办公室曾一度设在学校旁，成了五联村活动中心，一直延至70年代。

2011年，该庄因建凤凰山风景区及开挖凤凰湖的需要，村民住房全部拆迁，村民被安置在金谷社区、湖滨社区两个地方居住，村庄消亡。

大树巷　位于西张镇区东南，距村委会驻地2.5千米。东邻交界桥自然村，南沿河阳山，西北靠唐家巷自然村。2002年，村庄占地面积2.2万平方米，建筑面积近10000平方米，有2个村民小组。

历史上，该庄四周有护宅河，宅中大树参天，故称“大树巷”。明代倭寇掠劫前是崔姓庄园，后只留庄前河潭为“崔家漤”。灾后，由徐姓、朱姓迁入建宅。以后还有赵、何等姓迁入。民国初，有朱姓建砖瓦墙门，徐姓建草房园子。1958年“大跃进”中，原杨家宕拆迁入庄。还有原为唐姓看坟的黄姓搬往。

该庄在2011年因建凤凰山风景区，开挖凤凰湖及新农村建设的需要，村民住房全部被拆迁，村民安置在金谷、湖滨两个社区内居住，村庄消亡。

交界桥　位于西张镇区东南，距村委会驻地2.5千米。山东塘东畔，东与原港口镇河阳坟接界，南倚河阳山东麓，北邻路西自然村。2002年，村庄占地面积1.3万平方米，建筑面积5000平方米，有1个村民小组。

该庄得名于交界桥。《常昭合志》载：肖氏家祠在山东塘湾“交界桥”，桥东垛古有隋代（惠民王）赵显的神庙，庙北还有“三观堂”，庙后是“肖氏家祠”占地约10亩，庙东北有港口许庄湾的王姓，朱庄桥的钱姓聚落成庄，亦称“王家宕”。

该庄于2002年沿江高速公路建设和2011年开挖三干河南延工程的需要，村民房屋全部拆迁，村民安置在金谷、湖滨两个社区内居住，村庄消亡。

朱家湾　位于山东塘南畔，该庄由大树巷迁往的朱姓始建，故名朱家湾，该自然村有北涸赤岸迁入的陆姓，许巷迁入的许姓，渔民奚姓等9户组成。中华人民共和国成立初，属长寿乡大巷村，1956年，并入五联村，1958年，村庄被拆除，村民分别并入到后巷里、史家桥、交界桥等自然村。

张家湾　位于山东塘畔，与朱家湾对隔，原属中塘乡金塘村，1956年，并入五联村。1958年，农户全部搬迁到路西、交界桥等自然村。

杨家宕　位于山东塘畔，南靠河阳山。庄上有杨、张两姓共3户。原为肖姓看山，1958年，并入大树巷自然村。

施家巷　位于石塘浜东南畔，由施姓始建，故得名。解放前有施、钱、王姓等5户。1952年土改后，增添了谢、汪等4户。1958年，分别并入唐家巷、后巷里自然村。

崔家湾　位于陈家宕自然村西。庄上有陆、张、吴、顾姓等6户，1958年，并入太平桥自然村。

闯新生产队　1968 年，西张公社党委为适应当时以粮为纲、大办农业的需要，建立一个公社农业样板示范方，选择在二大队陈菜圩内，由当时 4、5、13、14 等 4 个生产队合并成立闯新生产队。时任队长钱锦标，会计蔡华保。耕地面积 465 亩。合并后组织劳力大搞土地平整，格田成方。有时任公社主要领导蹲点指导，购进了当时全公社第一台手扶拖拉机，建立电灌站，对当时全公社农业起到了示范作用。至 1972 年，根据形势的需要，“闯新”又重新分队，恢复原有的 4 个生产队（4、5、13、14），闯新生产队成为历史。

五联林场　位于河阳山北侧。1958 年，三大队组织劳力在山脚下平坟垦荒种植经济作物。1960 年，在河阳山东面由公社接管成立西张公社林场，占地面积约 100 亩。1966 年，三大队在河阳山西侧建办林场，占地面积约 60 亩。称三大队林场，后改称五联林场。主要搞种植业（花木、果树、桑树、蔬菜等经济作物），养殖业（兔、羊、猪、蚕等），后又开糖坊、豆腐坊。还增添机器设备开办小型菜油加工厂。1991 年，经省民政厅批准建立张家港市公墓河阳山墓区，在山坡上建墓地。2002 年，原西张镇林场划归五联村管理，成立了张家港市河阳山花卉苗木基地，并继续扩大建墓范围，至 2013 年，已建有墓穴 2700 多个。2004 年 4 月，五联村并入金谷村，五联林场属金谷村管理。历年来，五联林场对村级经济作出了很大贡献，对山林防火、绿化等工作起了很大作用。2013 年，因凤凰山风景区的发展需要，林场单位终止，只留几人配合搞好山林防火及墓地的后续管理工作。

第二章　自然环境

第一节　成　陆

金谷村位于张家港市区南部，凤凰镇区中心地带，是长江三角洲的一个组成部分。50 年代，从西部的长山经杨舍、东莱、鹿苑、西旸一线附近有一条土高岗，即长江的古江岸，也叫天然坝和海坝（旧时居民称长江为内海），以该条古江岸线为界分为南北两个部分，金谷村属南部。为长江三角洲的古代沙咀区，成陆年代约 7000 年以上，是海相河相沉积平原。

第二节　地质、地貌

金谷村地处下扬子准地台，远在 5.7 亿年前，尚处在浅海之中。3.5 亿年前受底壳强烈震荡、海侵、海退频繁时为滨海，时为陆地。1.8 亿～1.4 亿年前的“燕山运动”及新构造运动的冲击和荡涤，使此地产生了一系列东向褶皱和断裂。据《苏州市志》载：境内位于锡——虞中断末的“顾山、鸷山、河阳山—福山背斜”和塘桥（隐伏）背斜之间。南北二背斜间为质地黏重的老冲积物，地势略高，微有起伏。多数地段海拔为4.5～7米，少数地段达7.5～8米。俗称高田地段。同时留下不少天落潭，如境内的陈菜圩、大水渠、庙泾等。

据《苏州市志》载：下扬子台的褶皱构造断层错综叠加，破坏了岩体的整体性，刚性强度大减低，地质块体接角点甚多，受力点不易集中，这就决定了境内地质构造不易积累巨大的能量，而是以中心地窖的形式予以释放。

境内南高北低，南有河阳山，北有陈菜圩。河阳山俗称凤凰山，位于金谷村南部，距西张镇区3.5千米，山体主峰高86米，占地面积约1000亩，其中境内占有284亩。山上有“秀峰”“仙人洞”“陆状元读书台”“永庆寺”等名胜古迹。陈菜圩地势低洼，旧称“沉汉圩”，地面高程为吴淞零点的4～5米上下，四周环水，旧时经常发生水灾。境内还有位于太平桥西的“黄泥墩”，是自然形成而不是人工堆积而成的。清光绪二年（1876）闰五月初八，刑部尚书庞钟璐（俗称庞探花）病逝塘桥，葬于该地。

第三节　气　候

境内四季分明，雨量充沛，气候温和，无霜期长，是典型的海洋性气候。年平均日照2088小时，占可照时数的47%。年降水量平均1034.3毫米，年雨日平均122.3天。年平均温度15.2摄氏度。1月份平均温度2.5摄氏度，7月份平均温度27.5摄氏度。风向夏季多东南风，冬季多西北风，夏秋之交有台风过境，平均每年1.9次。

划分四季标准：现代科学以候（5天一候）平均温度的不同作为划分四季的标准。凡候温升到22摄氏度以上为夏季，候温降到10摄氏度以下为冬季，候温介于10～22摄氏度之间是春季或秋季。境内四季的具体时间为：每年4月3日至6月14日，日平均温度在10～22摄氏度之间为春季，长达73天；6月15日至9月17日，日平均温度在22摄氏度以上为夏季，长达95天；9月18日至11月17日，日平均温度在10～22摄氏度之间为秋季，长达61天，是四季中为期最短的一个季；11月18日至第二年的4月2日，日平均温度低于10摄氏度为冬季，长达136天。

一、四季气候特征

春季，是冬、夏季风交替的季节，温度逐步回升，但不稳定。进入春季后，仍常有冷空气侵袭，寒潮天气平均每10年有2～3次。立夏前后平均温度上升到15摄氏度以上。春季由于夏季风兴起，瑗湿空气活跃，与北方来的冷气流相遇形成锋面雨。这期间，降雨日和雨量都显著增加。

夏季，炎热多雨。夏初又是梅雨期的开始。出梅（每年7月7日）后进入了盛夏，7月平均气温27.5摄氏度，夏季降水量约占年降水量的五分之二。夏季常出现两种截然不同的天气系统，即初夏的梅雨天气和盛夏的伏旱天气。梅雨天气云量多，日照少，温度和气压低，连续降雨，相对湿度大。梅雨天气每10年有7～8次。伏旱天气云量少，日照强，温度和气压迅速增高，偶有阵发性降水，相对湿度较小。伏旱天气每10年出现5～6次。枯梅连伏旱的天气每10年出现1～2次。

秋季，是冬季风取代夏季风的过渡季节。9月中旬寒潮开始南下，天气稳定少变，常形成风力微弱、阳光灿烂、秋高气爽的天气特征。但有些年份进入秋季后，夏季风未退，而冷气流频频南下，冷热空气争雄激荡及受台风影响，形成秋季连续阴雨。每10年出现2次左右。

冬季，由于受到冷空气的频繁侵袭，气温明显降低，在一次冷空气侵袭之后，往往有一个天气转晴、气温回升的过程，有“三日寒”“四日暖”的交替变化。这种变化一般7天至10天就有1次，每交替1次，气温就要下降1次。24小时内降温大于10摄氏度，最低气温低于5摄氏度的寒潮天气，20年共发生54次，平均每年2.7次。境内在冬季分别受到西北、正北、东北3个方面的冷空气侵袭，其中东北向冷空气南下，往往形成雨雪天气，西北、正北的冷空气侵袭，是干冷天气。冬季中，1月最冷，月平均温度约2.5摄氏度。

金谷地区二十四节气的气候特征一览表

表1—6

序号	节气	气候特征	序号	节气	气候特征	序号	节气	气候特征
1	立春	春风化雨 万物苏醒	9	芒种	芒类作物 成熟留种	17	寒露	气温降低 早晚添衣
2	雨水	细雨绵绵 滋润大地	10	夏至	夏天正至 夜短日长	18	霜降	开始降霜 四野茫茫
3	惊蛰	春雷惊醒 冬眠动物	11	小暑	初伏前后 开始炎热	19	立冬	冬季开始 北风乍起
4	春分	季节交替 昼夜各半	12	大暑	赤日炎炎 天如流火	20	小雪	初见雪花 山川秀丽
5	清明	气候回升 天气渐暖	13	立秋	秋季开始 气温下降	21	大雪	大雪纷飞 银装素裹
6	谷雨	雨量增多 谷类窜长	14	处暑	炎热过去 天高气爽	22	冬至	数九严寒 日短夜长
7	立夏	夏季开始 天气渐热	15	白露	夜间较凉 水气凝露	23	小寒	已是寒冬 腊梅绽放
8	小满	夏熟作物 饱满渐熟	16	秋分	秋季中间 昼夜平分	24	大寒	最冷季节 天寒地冻

二、气温

1960～2015年，境内年平均气温为15.2摄氏度，年际间变化不超过1摄氏度。夏季最高月平均温度与冬季最低月平均温度相差25摄氏度，7月份最热，1月份最冷。春季平均气温为13.7摄氏度。3月降温大于10摄氏度的强冷空气平均每年一次。4月降温大于7摄氏度的中强冷空气平均每年1.8次。日平均温度稳定通过10摄氏度、12摄氏度的初日分别是4月5日和4月12日。

夏季平均气温达26.1摄氏度。7月平均气温为全年最高，达29.97摄氏度。1971年7月平均气温达31.7摄氏度，极端最高温度39.4摄氏度。1968年、1988年、1994年持续高温25天以上，2013年，持续高温47天，极端最高气温达41摄氏度。一般年景高于35摄氏度的天数平均每年占6.7天，其中7月占3.8天，8月占2.9天。

秋季平均温度17摄氏度。日平均温度稳定通过12摄氏度、10摄氏度的终日分别是11月9日和11月17日。降温大于10摄氏度的强冷空气，平均每年在11月出现1.1次。冬季平均温度3.6摄氏度。1月是全年最冷的月份，最低气温低于零下5摄氏度的天数平均每年有8天，其中12月有2.1天。低于0摄氏度的，平均每年有51天，其中12月有18天，1月有18天，2月有15天。极端最低气温零下11.3摄氏度，出现在1969年2月6日。

每年11月至来年4月，境内往往会受到寒潮侵袭，24小时内降温10摄氏度以上，并伴有偏北大风，最低温度在零下5摄氏度以下。平均每年发生3次。

三、降水

金谷地处亚热带季风性温润气候，雨水充足。平均年雨日122.3天，降水量1034.3毫米。春季雨量占全年总量的26%，夏季占42%，秋季占23%，冬季占9%，其中8月最多，12月最少。雨日最多达159天（1980年），最少91天（1978年），降水量最多达1296.8毫米（1979年），最少为640毫米（1978年）。4月～9月（从春播到秋收）的半年降水量为742.7毫米，占全年总降水量71.5%。

夏初梅雨期，平均降水量202.8毫米，约占年降水量的五分之一。1960～1999年平均梅雨期22天，雨日14.8天，约占年雨日的八分之一。入梅在6月16日，出梅在7月7日。21年中正常梅雨约占五分之三，丰梅年约占五分之一，最大梅雨量502.4毫米（1970年）。枯梅年约占五分之一，梅雨量少于100毫米，其中空梅年1次，雨量46.7毫米（1978年）。

1960～2015年，冬季降雪天数平均每年为6.3天。其中12月为0.3天，1月为2.6天，2月为2.7天，3月为0.7天。最多年份为17天（1968年12月至1969年3

月），最少的年份为 1 天（1976 年），1971 年为空白。积雪日数平均每年 3.5 天，最多 17 天（1977 年）。最大的雪是 1984 年 1 月 17～18 日，降雪量为 80.8 毫米，积雪厚度为 56.7 毫米。2008 年阴历年底，连续两场大雪，降雪量为 100.5 毫米，积雪厚度为 64.8 毫米。

四、日照

1960～2015 年，年平均实际日照时数为 2088 小时，占可照时数的 47%，年最多日照 2429.2 小时（1967 年），年最少日照为 1804 小时（1970 年）。

1960～2015 年境内平均月日照时数和日照百分率一览表

表 1—7

月份	1	2	3	4	5	6	7	8	9	10	11	12	全年合计
平均日照小时	148.4	132.7	152.7	164.1	181.3	174.3	220.6	246.3	172.5	182.3	155.1	157.7	2088
占可照时数（%）	47	42	41	42	43	41	51	60	47	51	49	51	47

五、霜期

境内初霜期一般始于 11 月 9 日，于次年 4 月 4 日终霜。1960～2015 年，初霜期最早的是 1972 年（10 月 22 日刚进入霜降），终霜期最早的是 1976 年（3 月 21 日进入春分）；初霜期最迟的是 1965 年（11 月 26 日小雪内），终霜期最迟的是 1962 年（4 月 18 日清明末期）。初霜早迟相差 35 天，终霜早迟相差 28 天。全年平均无霜期为 231 天，最短无霜期是 1972 年（共 195 天），最长的无霜期是 1977 年（共 257 天），最短与最长相差 62 天。

六、风

境内处于东部季风区，四季风向变化较大。春季和夏季是南方暖湿空气逐渐增强的季节，风自海洋吹向大陆，故多东南风；秋季和冬季是北方冷空气逐渐增强的季节，风自大陆的西北方吹向东部，故多偏北风。全年以东南风为最多，西南风为最少。年平均风速每秒 3.9 米，寒潮和台风过境时间风速较大。过境台风，平均每年 1.9 次，1967、1968 年未出现台风。台风过境时，瞬时风速每秒 25 米。

第四节　水　系

境内湖、浦、塘、河、泾纵横贯通，交织成网，水域面积58.37万平方米，占全境总面积的30%。有湖泊1个（凤凰湖），大小河道56条（含浦、塘段）。其中市级河道1条（段），镇级河道4条（段），村级河道51条（含段）。

一、凤凰湖

该湖于2012年5月开工，2013年10月竣工，总投资12800万元。位于境内原五联村，东至三干河，南至凤恬路，西至湖滨路，北至凤凰大道，总面积500亩。其中水域面积近300亩。分凤凰湖、陶然山水、野境湿地、凤堤漫步四部分主景。有凤凰台、台地广场、游船码头、钓鱼台、桃花岛、伴月广场、荷花池、东入口广场、湿地、烟雨台等景点；内有桥梁5座、厕所3座、观景台9处及4个休闲广场等主要设施。湖畔建有游览车道2924米、人行道490米、木栈道300米、登山道484米、162个小车位以及7个旅游巴士车位。并安装灯具808套，安装音箱60套，安装探头16只。

二、市级河道

三丈浦　南起港口河阳桥，北至沿铁塘与四干河相接。全长11千米，是古代一条通江主干河。境内段位于金谷村东，流经蒋祁塘湾至朱家弄，长约3千米。全浦设计底宽三丈，故称三丈浦。宋代景佑元年（1034），苏州知府范仲淹上书宰相，具言水利，浚三丈浦。1936年，该浦有常熟私营轮船“义新”班通航，并延至解放后。以后因年久失修，如今河道已多处淤塞。

三、镇级河道

长寿塘　西起栏杆桥塘经陆家桥、李庄桥、石龙桥、长寿桥（吉家桥）、崔家桥、蒋祁桥通三丈浦，全长10千米。境内约3千米。由吉家桥改名长寿桥后，塘名为长寿塘。

山东塘　位于境内五联村，上通河阳桥，境内过交界桥、史家桥至水北，连接水北塘（后称张市塘），境内长4千米，面宽20米，底高0.5米，底宽6米，水域面积120亩。此塘据明万历三十四年（1606）黄四浦巡检司孙应登《报三丈浦枝河完工呈》载：“开浚山东塘连蔡舍塘，常蜞塘（蒋祁塘）接连积善塘（后称长寿塘）。”现已纳入市三干河南延工程范围内。

水北塘　该塘南接山东塘，北至吉家桥接蔡舍塘，境内长2千米。明代时，西张成为集镇改名为张市塘，20 世纪 70 年代浚通新西河后，成为新西河一部分。今已纳入市三干河南延工程范围内。

新西河　于 1973 年底至 1975 年拓浚。全长 8.89 千米，西起二干河，过周家桥经新西河 8 号、10 号、7 号、中桥、6 号、5 号、育才桥、新西河大桥、金谷大桥、新西河 3 号桥、西妙桥、新西河 1 号桥，至朱家弄接三丈浦，境内长约 4 千米。现有部分段已纳入市三干河南延工程范围内。

四、上浜河

金谷地区本是江海陂湖之地。古临海，后滨江。历代水利兴废无常。至清后期依然旱涝频繁。历史上农田灌溉一直靠肩挑人提和龙骨水车。清乾隆二十七年(1762)，设江苏布政使驻苏州。布政使为缓解遇旱水源紧缺，鼓励民间多筑坝蓄水，支塘被截段为上浜河。上浜河主要功能为蓄水灌溉，同时能养鱼放鸭和种菱，为农田积肥，故境内的上浜河星罗棋布，至 1949 年，上浜河有 200 多条。

50 年代，即用机船灌溉，境内有杨树浜、石塘浜、居墩前的横塘等，都设有机船戽水的码门。为了支塘上截上浜河，历史上还留下来不少土坝名。如原五联村有杨树浜坝、前园泾坝，与石塘共建的石塘坝，金谷村水北后的酱缸坝等。至 2000 年，境内的上浜河大多被填塞，平整为农田。至 2015 年，上浜河仅存 30 余条，上浜河上的土坝消亡。

第五节　土　壤

全境属古老冲积土区与新老冲积土区的过渡地带。土壤类别较复杂，分布也少有规律。按民间传统称呼，有黄泥土（含铁屑黄泥、山黄泥）、乌山土、小粉白土、夜潮土（塘泥沙）等。黄泥土属潴育型水稻土，是高产土壤。境内黄泥土占总面积的 80%以上。小粉白土属漂洗型水稻土，是低产土壤之一，一般均有障碍层，有的全层粉砂含量较高，土壤肥力低于水稻土平均水平，境内只有少数地方有，占总面积的 5%。境内乌山土面积很少。夜潮土境内只有原凤星村有部分，占总面积的 5%左右。山黄泥土只有境内河阳山脚下才有。

新中国成立后，于 1959 年、1981 年 12 月至 1982 年 5 月 15 日，曾先后两次组织人员进行土壤普查。在第二次土壤普查时，根据《江苏省第二次土壤普查技术规程》，全乡组织 30 名专业人员分东、西两片进行普查。发现土壤中严重缺磷、缺钾。1983 年，境内开始实施磷肥、钾肥、多元素复合肥，改良土壤。1985 年，提倡秸秆还田，于增加土壤含氮量。至 2015 年末，境内秸秆还田面积达 100%。

第六节　自然灾害

由于大自然的异常变化，主要是气候、海潮的变化，往往造成各种自然灾害。

一、旱灾

夏季只要连续3旬的旬雨量小于20毫米，便有旱象发生。秋季连续3旬以上旬雨量小于10毫米，就会形成秋旱。

高温干旱多发生在梅雨期后，这是在强副热带高压控制下形成的。1934年，入夏后无雨干燥、天热，常出现36摄氏度以上高温，农田大部分龟裂，高田无从取水插秧，受旱面积达80%以上，上浜河干涸无水。从1959～2015年的56年中，发生夏旱的有1959年、1961年、1966年、1971年、1978年、1994年共6次。1959年、1978年气温大于35摄氏度的日数都在15天以上。连续5旬的旬雨量不足20毫米。1971年6月6日～8月4日，连续40天，每天最高气温都在30摄氏度以上，是1934年以后干旱时间最长的一次，高田旱情严重，农作物基本停止生长。

秋旱较夏旱为多。平均2～3年发生一次。据记载，发生秋旱的有1960年、1962年、1964年、1966年、1967年、1969年、1972年、1978年、1983年、1988年、1995年。

1988年10月下旬～1989年1月上旬，连续70多天干旱，小麦、油菜播种后未下过雨，影响生长，是历年罕见的冬旱。

1994年5月～8月9日，境内遭汛期特大干旱，超过35摄氏度的持续高温天气近30天。2008年7月6日，最高气温达到38.5摄氏度。

二、暴雨

日雨量大于50毫米的称暴雨。多发生在梅雨期和台风季节。1949～2015年，共出现过118次暴雨，平均每年1.6次。最早的出现在4月8日（1968年），最迟的出现在11月9日（1972年）。暴雨出现比较集中的是6月、7月和8月。日雨量超过100毫米以上的特大暴雨，20年中共发生过14次。

1949年6月下旬起连续半月大雨。7月24日6号台风过境，大风暴雨相交一昼夜，境内淹没农田近3000亩，倒塌房屋百余间，牲畜死亡甚多。

1954年5～7月，境内降雨700多毫米，8月25日台风袭击降暴雨100多毫米。境内抽水机船全部投入排涝，同时组织群众抢修圩岸，筑坝挡水，不少农田受淹。1962年9月5～6日，14号台风登陆北上，穿越太湖过境，6日一天降雨247毫米，境内陈菜圩、戴巷等地受淹农田近2000亩，其中10个生产队水淹过膝。1963年5

月7日午夜～9日清晨，36小时内境内降雨128毫米，夏熟作物普遍受涝。1974年7月26日晚，遭大风暴雨袭击，风力7～8级，降雨量达219毫米，28～29日又遇10级大风，降雨124毫米，30日晚～31日上午再遇大雨，雨量97毫米。26～31日累计雨量458毫米，受淹农田近千亩。1991年6月30日深夜暴雨连续6小时，全境内涝成灾。7月1日～6日持续暴雨，雨量358毫米，内河水暴涨5.1米，超过正常水位2米。境内戴巷、杨树头、陈莱圩等宅基一片白茫茫，低处水深过腰，淹没农田1500余亩，10余家村办企业停产。全境50余方鱼塘淹没，所养鱼逃窜外塘不计其数，牲畜死亡严重。

1993年8月12日，特大暴雨降水量达105毫米。1994年10月9日～10日，27小时降水量达264毫米，境内农田受淹近千亩。1999年6月28日～30日，两次暴雨总降水量达158.4毫米。

2001年6月23日～24日，受2号台风影响，36小时雨量达138.8毫米。2003年7月5日～7日，降水量超过200毫米，境内部分农田受淹。2005年8月6日～7日，受9号台风外围影响，最大降水量151.4毫米。2015年7月内连续三次下大暴雨，降雨量达855毫米，境内农田三次受淹，金谷社区有60%居民家屋内进水，境内有30%村民家中被淹，损失非常严重。

三、淫雨

连续阴雨的天气称淫雨。主要发生在春季、初夏（梅雨）和秋季。这种雨日较长，雨量偏多的连续阴雨天气，对农作物的生长都有不同程度的危害。1960年～2015年，春季阴雨日超过15天，雨量超过100毫米的有21年。

1969年7月初～18日连续下雨，雨量311毫米，使秋熟作物受涝严重，有些田块重新改种，还诱发了稻瘟病。1975年秋季，3个月中出现5次连续阴雨，其中11月2日～16日阴雨达15天，导致秋播湿耕烂种。1980年梅雨早到，夏收期间阴雨连续20多天，造成烂麦，损失严重。据记载，梅雨期雨量在200毫米以上的有1960年（236毫米），1967年（221.7毫米），1969年（351.7毫米），1970年（502毫米），1971年（258.7毫米），1974年（316毫米），1975年（453.7毫米），1979年（227.8毫米），1980年（328毫米），几乎每2年一次。秋季雨量一次超过100毫米的有1973年。1977年连续下雨6天，雨量173.7毫米，1996年连续阴雨半个月，雨量130毫米。1999年6月7日～7月下旬，连续梅雨达45天，为历史少见。2015年11月初～24日，连续阴雨18天，成熟水稻不能及时收割，推迟到11月27日收割。小麦播种时间推迟1个月。

四、台风、龙卷风

台风　6～10 月为台风季节，其中 7～9 月为最多。影响境内的台风大多数是从上海、浙江一带登陆，受外围影响。境内平均每年有 1～2 次受台风影响。严重的伴有大雨和十级以上的大风。从 1960 年～2015 年共出现 73 次。其中成灾较大的有 1960 年的 7 号台风，最大风速为每秒 20 米，雨量 122 毫米。1962 年 9 月上旬（5、6 日）的 14 号台风，最大风速为每秒 26 米，雨量达 247 毫米。境内秋熟作物被淹，有民房仓库遭受破坏，损失较大。1977 年 9 月 10 日 8 号台风，从沿海转向北上危及境内，金谷地区遭受正面袭击。最大风力达 11 级，兼有暴雨，雨量 173.7 毫米，11 日下午风力由 8 级转为 10.5 级，连续 3 天降雨达 310 毫米。台风使境内部分群众的房屋受损，同时造成公路、交通、广播、邮电、通讯和供电一度中断。1987 年 7 月 26～28 日，7 号台风过境，最大风力 9 级，伴有暴雨达 120 毫米。1989 年 8 月 4 日，14 号台风过境，最大风力 9 级，雨量 80 毫米。1997 年 8 月 19 日，11 号台风过境，最大风力 11 级，雨量 66 毫米。2005 年 8 月 6～7 日，受 9 号台风“麦莎”外围影响，最大风力 10 级，降雨量达 151 毫米。

龙卷风　是一种小范围的强烈旋风，是从积雨云盘旋下垂的一个漏斗状云体。有时触及地面或水面，可造成严重破坏。从 1966 年至 2015 年，境内有记载的龙卷风发生 3 次，分别是发生在 1966 年 8 月 11 日、1976 年 4 月 22 日和 1990 年。其中发生于 1966 年的龙卷风造成的灾害最为严重。境内有几十户农民的房屋有不同程度受损，其中 2 户全部倒塌。农作物受害。

五、冰雹

冰雹一般出现在春夏之际，由强对流天气引起。常伴有雷电、大风、暴雨及龙卷风等恶劣天气。据 1959～2015 年气象资料统计，平均每年发生一次冰雹。一般灾害性不大。1981 年 5 月 1 日晚 9 时 30 分左右，境内遭受暴风雨和冰雹的袭击，风力 7～8 级，部分小麦倒伏，损失一成左右。油菜被打得折枝断茎，损失二成以上。该冰雹大的如鸡蛋、小的如汤圆，是历史罕见的。

六、低温冻害

低温冻害在春秋冬三季均有发生，以冬春为主。每年秋冬、冬春之交易受北方强冷空气的侵袭。据气象部门提供的 1959～2015 年资料表明，境内受强冷空气侵袭的有 78 次，其中秋季为 16 次，冬季为 38 次，春季为 24 次。多的年份（1970 年、1978 年）有 5～6 次，1964 年出现 1 次，1973 年、1975 年均未出现。强冷空气第一次出现最早的是 1970 年 10 月 5 日，出现最晚的是 1969 年 4 月 15 日。秋季低温是后季稻抽穗扬花时期的重要灾害。1972 年、1977 年、1980 年正遇上低于 20 摄氏度气温，影响灌浆，致使后季稻大面积瘪谷翘穗，产量锐减，个别田块甚至颗粒无收。冬季寒潮冰害对越冬作物的危害最大。1962 年 12 月 14 日～1963 年 2 月初，50 余天未下雨，表土干达 6～7 厘米。气温从 1963 年 1 月初降到 0 摄氏度，直至 2 月初未回升，平均温度为零下 1 摄氏度左右。最低温度达零下 9 摄氏度，赤地冰冻，深 3～6 厘米，大风吹刮持续 20 天，使绿肥、油菜、蚕豆等农作物受害严重，冻死率为 15%～80%不等。1977 年 1 月 31 日的极端最低温度降到零下 11.2 摄氏度，前后积雪 14 天，麦子、油菜等越冬作物严重受害。春季低温危害农作物的时段是 3 月下旬～5 月上旬，主要影响水稻育苗。据 1959～2015 年气象资料记载，4 月下半月 24 小时降温 8 摄氏度以上的较强冷空气平均每年一次。5 月上旬极端最低气温降至 3～8 摄氏度，对农作物影响很大。1979 年，春寒低温严重影响三麦返青春发，三麦亩产减收 30 千克左右。1980 年，秋季寒流袭击，低温造成水稻灌浆不足，产量严重减少。1998 年 3 月 19 日晚上，全境下春雪，最低气温降到零度以下，夏熟严重减产。1999 年 3 月 16 日下午 4 时，又是一场春雪，雪量中等，持续 2 年的春雪是少有的。2008 年 1 月 25～28 日，境内遭强降雪，为历史上罕见的特大雪灾，地面积雪 31 厘米。树木断枝，境内有部分房屋倒塌，西张农贸市场屋顶也倒塌，麦苗、猪棚、羊棚和蔬菜大棚栽培设施受到较大损失。

七、地震

根据《苏州市志》历史地震记载：苏州地区自隋开皇二十年（600）十一月至 20 世纪末，发生震级 3.25 级以下的有感地震 85 次。1949 年 10 月 1 日以来，据江苏地震台网的记载，境内有震感的地震 10 次，其中震感较强的有 1979 年 7 月 9 日溧阳发生的 6 级地震，1984 年 5 月 21 日南黄海发生的 6.2 级地震。境内原凤星村的许巷于 1985 年 4 月 30 日发生 1.2 级地震，上述地震均未造成人员伤亡和财产损失。

1976 年 7 月唐山大地震后，8 月 18 日，西张公社各级召开紧急会议，要求全民防震、抗震，境内所有农户都搬出住房，搭防震棚居住，历时近 1 个月。结果地震没发生，造成一场虚惊。

第三章　自然资源

第一节　土地资源

1980 年，全境 3 个村总面积 6.3 平方千米，耕地面积 5252 亩，旱地 247 亩，农民自留地 227 亩。1983 年～2013 年，共征用、租用土地 3976 亩，其中交通用地（公路、三干河）505 亩，建凤凰山风景区开挖凤凰湖 500 亩，新农村建设、农民住宅（建安置小区）用地 1320 亩，市镇建设、建办工厂用地 800 亩，种植蔬菜、果园（桃园）、农村绿化用地 851 亩。2014 年，因种植蔬菜大棚、果树租用土地 59 亩。至 2015 年末，境内耕地面积为 1217 亩。

境内的黄泥土历史上可制砖瓦和生产水泥用。

第二节　水资源

金谷全境地处江南水乡，位于太湖走廊，又属长江水系，水资源十分丰富。至 2015 年，境内水域面积为 780 亩（含凤凰湖在内）。据气象部门资料统计，近 20 年，年平均降水量 1034.3 毫米，年平均水面蒸发量为 1396 毫米，境内大小河塘成为天然水库，储水量丰富。

境内地下水资源极为丰富。从 20 世纪开始，随着工业的发展，深层地下水开采量与日俱增，深水井密度每平方千米 1 口左右，导致地下水位下降，水位埋深达到 30 米至 45 米。境内部分地区出现不同程度的地面沉降，至 1997 年，累计沉降 0.3 米～0.6 米不等。1996 年起，张家港市开始加强地下水资源管理，至 2000 年，地下水累计上升 1.55 米。从 2001 年开始，全境开展地下水限产工作，封填深水井。至 2003 年末，全境 3 个村完成深水井的封填停产工作。

第三节　常见野生动植物

野生动物

哺乳类　狗獾、水獭、黄鼠狼、野兔、仓鼠、田鼠、家鼠、刺猬、蝙蝠、野猫。

鸟类　灰喜鹊、麻雀、黄雀、老鹰、野鸡、野鸽、斑鸠、猫头鹰、啄木鸟、家燕、画眉、白头翁、翠鸟、野鸭、相思鸟、八哥。

爬行类　乌龟、甲鱼、壁虎、四脚蛇、蝮蛇、火赤练蛇、秤星蛇、水蛇、青梢蛇。

两栖类　青蛙、癞蛤蟆、青鱼、鲫鱼、泥鳅、黑鱼、黄鳝、土婆鱼、鳑鲏鱼、鳜鱼、草鱼、鲢鱼。

昆虫类　蟋蟀、纺织娘、蝼蛄、螳螂、松毛虫、蜜蜂、白蚁、蚂蚁、稻螟、萤火虫、白蜡虫、金龟子、盆屎虫、天牛、蝗虫、蚊子、黑蚱、苍蝇、蝉、知了、蜻蜓、地鳖虫、河蟹、螃蜞、百脚、蚂蟥等。

野生植物

分布于境内山地、河边、村前屋后空地的野生植物主要有纤维类：水烛（蒲色草）、芦苇、牛筋草、灯芯草、朴树、榔榆、野桑树。淀粉类：水葱、三棱根、石蒜、野菱、金缨子等。药用类：蒲公英、白茅根、菖蒲、芦根、马齿苋（酱辫头）、益母草、节节草、何首乌、枸杞、马兰头、野菊、金钱草、莲子草、土人参、紫茉莉等。

第四章 生态环境建设

第一节 环境质量

金谷地区一向以山清水秀著称。中华人民共和国成立以后，随着农业广泛使用化肥、农药，70 年代始，社队办工业兴起。对河道、空气造成污染。80 年代起，乡镇企业迅速发展，对周边环境造成重度污染，特别是一些污染严重的漂染、化工、纸浆、建材等企业，废水直排河道，毒气粉尘排放天空，生态环境遭到严重影响。境内环境污染主要来自大气、水体以及噪声污染。

大气污染 60 年代开始，境内 3 个大队都建土窑制砖瓦。70 年代，公社在张市东街建办水泥厂。80 年代，金谷村建办造纸厂、热电厂，位于东街的橡胶厂也办热电厂，境内 3 个大队办企业，都有锅炉。据有关方面统计，全境最多时年耗煤近 4 万吨，年排放二氧化碳约 1200 吨。此外热电厂的排污，还有沿江高速公路、西塘、西凤、凤恬等公路的机动车来往频繁，也使境内的二氧化碳和一氧化碳增加，造成大气污染。

水源污染 50 年代始，农村中普遍使用露天粪缸，粪便时常流入河中。随着农业生产发展，逐步增加使用化肥、农药，农田排水直接流入河道。70 年代，社队工业兴起，化工、造纸、织造、电镀、橡胶、乳胶企业生产中的各种工业污水排入河道。人口的增长，使生活污水量增加，河道内还有各种漂浮物，还要承受上游排泄来的污水。大量排入的污水得不到净化，致使境内从 90 年代开始，河塘水色呈黑，味臭且带菌，鱼虾逐渐消亡，河水不可使用。进入 21 世纪，境内加强环境治理力度，水域水质明显好转。

噪声污染 境内的环境噪声，主要有 70 年代社队企业柴油机发电的马达声，90 年代热电厂的排污声，2000 年后的交通噪声。

第二节 环境整治

境内环境污染主要来自工业“三废”（废水、废气、废渣），生活污染，畜牧业和农业污染。新中国成立后，较长时期内县、市、乡镇均未设专业的环境监测机构。80 年代前，只有县卫生防疫部门，派人不定期下乡村对部分河道、水井进行水质监测。后县成立环境保护局。1984 年，乡建立环境保护所。90 年代初期开始，张家港市全面推行城乡统一的环保标准，对基层进行考核。

从 1985 年开始，境内对化工、造纸、皮革、纺织、漂染等企业的“三废”和位于境内的西张水泥厂、贝贝橡胶厂的热电厂、金谷村热电厂的烟尘、粉尘进行治理。如金谷村造纸厂的废水治理，该厂是 1986 年元旦投产，1992 年，增设多园网多缸扳机，年产量达 7000 吨，日均用水量 950 吨。1994 年，实施废水治理，投资 75 万元委托苏州市技改环保工程公司，承接废水治理，实现了造纸废水基本全闭路回用（后在 2008 年停办）。再如位于张市东街的西张水泥厂，因噪声粉尘污染严重，于 1997 年停办。

此外，境内于 1995 年开始投资 50 万元（不含上级拨款在内）治理内河，清除污泥 75000 立方，清除外沟土方 25000 立方。为了保持河道整洁，村里组织 8 人专业队伍，打捞河内漂浮物。90 年代开始，为了确保村庄环境卫生，道路清洁，每个村民小组均有 1 人打扫卫生。境内建有公共厕所 5 座，建垃圾收集房 60 座。

2002 年，全面贯彻第五次全国环境保护会议精神。村里提出“既要金山银山，又要绿水青山”的口号，坚持污染防治与生态建设并重，大力加强环境治理力度。2004 年始创建省级生态村，通过努力工作，于 2005 年通过省级考核、调研，并申报国家环保总局通过考核验收，被评为省级生态村。2015 年，境内自来水入户率 100%，禽畜粪便综合利用率 100%，村庄绿化率 23.8%，荒地绿化率 97.2%，河堤、道路绿化率 89%，农田林网化率 83.7%，病虫草害综合防治技术覆盖率 100%。亩均农田有机肥使用量 1.2 吨，生态型户厕率 95%，无公害、绿色有机农产品基地占农田面积比例 65.2%，秸秆综合利用率 100%，可再生资源入户率 27.6%，全境空气质量达国家二级标准，环境噪声均值 55.5 分贝。

第二编 居 民

中华人民共和国成立前，境内总人口948户3207人，人口中有几十个姓氏。中华人民共和国成立后，境内人口逐年增加，特别是1964年后，境内人口有较大幅度增长，至2015年末，境内有姓氏125个，居民1624户5106人，绝大多数为汉族，少数民族仅有6人。姓氏中钱姓最多252户761人，占总人口的14.9%，朱姓144户450人，占总人口的8.8%，陈姓112户341人，占总人口的6.7%，吴姓93户278人，占总人口的5.4%，陆姓82户245人，占总人口的4.8%。

境内人口性别比例，据2000年第五次人口普查统计数据，男性为2400人，女性为2680人，女性多于男性。

中华人民共和国成立前，境内大多数人不识字，为文盲或半文盲。中华人民共和国成立后，通过扫除文盲和大力发展教育事业，境内人口的文化素质逐年提高。据1964年第二次人口普查统计，境内人口的文化程度有所提高，全村4221人中有大中专生2人，高中25人，初中174人，小学436人，60岁以上文盲、半文盲1519人。2015年末统计，境内人口中有大学本科生284人，大专生360人，中专生178人，中等技校以上学历822人，占人口总数的16.1%。

中华人民共和国成立前，境内除少数地主、富农外，广大人民群众生活贫困。中华人民共和国成立后，境内人民生活水平逐年提高。1958年，人均纯收入为30元左右。60年代，人均纯收入为75元左右。1970年，人均纯收入96元。中共十一届三中全会后，人均收入迅速增长。1985年，人均收入达438元，2012年，人均纯收入达21972元，2015年，人均纯收入达28191元。

第一章 人 口

第一节 人口总量

晋代以后，因战乱迁移、出任为官或受雇开垦等原因，外来人口开始入境落户。有的繁衍至今，也有的断代。如境内五联村的史家桥。明清以后，境内人口逐渐增多，一般从事农田耕种。

中华人民共和国成立前，境内总户数948户，总人口3207人。1949年，中华人民共和国成立后，全境总户数988户，总人口3307人，其中男性1580人，女性1727人。据2000年全国第五次人口普查统计，全境总户数1542户，总人口5080人，其中男性2400人，女性2680人。“文化大革命”中，有上海、无锡、苏州、杨舍等地的插队知青在境内安家。80年代后，随着乡镇企业的发展，外来人口数量逐渐增多，一些外地男女青年在境内落户。90年代后，随着第二、第三产业的发展，江苏北部、安徽、河南、四川、浙江、广西、贵州、湖北等地有132名青年男女在境内落户，人口迅速增长。至2015年末，全境有居民1624户，总人口5106人，其中男性2474人，女性2632人。农业人口4700人，非农业人口406人。

金谷村境内1949～2015年户籍人口一览表

表2—1

年份	总户数（户）	总人口（人）			总人口中当年（人）		出生率（%）	死亡率（%）
		合计	男	女	出生	死亡		
1949	988	3307	1580	1727	81	25	2.45	0.7
1956	1050	3682	1740	1942	74	28	2	0.76
1962	1135	4175	2040	2135	58	30	1.12	0.72
1963	1152	4133	2056	2077	29	27	0.7	0.65
1964	1138	4221	2111	2110	83	22	1.97	0.52
1965	1201	4366	2083	2283	82	13	1.88	0.3
1966	1198	4487	2187	2300	98	18	2.18	0.4
1967	1198	4487	2260	2227	88	25	1.96	0.56
1968	1210	4567	2227	2340	120	16	2.63	0.35

续表 2—1

年份	总户数（户）	总人口（人）			总人口中当年（人）		出生率（%）	死亡率（%）
		合计	男	女	出生	死亡		
1969	1220	4836	2402	2432	53	12	1.1	0.25
1970	1270	4997	2427	2570	131	25	2.62	0.5
1971	1266	5082	2509	2573	138	37	2.71	0.73
1972	1266	5106	2506	2600	74	28	1.45	0.55
1973	1297	5145	2530	2615	79	31	1.54	0.6
1974	1340	5185	2550	2635	74	32	1.43	0.62
1975	1390	5202	2550	2652	64	29	1.23	0.56
1976	1410	5260	2580	2680	72	30	1.37	0.57
1977	1436	5379	2650	2729	99	31	1.84	0.58
1978	1500	5427	2670	2757	83	37	1.53	0.68
1979	1500	5449	2680	2769	62	39	1.14	0.72
1980	1537	5425	2690	2735	51	40	0.94	0.74
1981	1544	5449	2673	2776	50	41	0.91	0.75
1982	1544	5450	2674	2776	41	38	0.75	0.7
1983	1599	5467	2714	2753	50	35	0.91	0.64
1984	1599	5467	2714	2753	33	42	0.6	0.77
1985	1615	5520	2720	2800	49	45	0.88	0.82
1986	1697	5799	2848	2951	53	51	0.91	0.88
1987	1561	5463	2700	2763	72	52	1.32	0.95
1988	1544	5449	2673	2776	74	41	1.36	0.75
1989	1544	5439	2663	2776	79	43	1.45	0.79
1990	1692	5468	2668	2800	66	45	1.21	0.82
1991	1690	5478	2668	2810	60	42	1.1	0.77
1992	1678	5459	2700	2759	66	40	1.21	0.73
1993	1634	5453	2680	2773	54	39	0.99	0.72
1994	1670	5451	2680	2771	58	38	1.06	0.7
1995	1691	5382	2600	2782	49	38	0.91	0.71
1996	1651	5366	2600	2766	38	40	0.71	0.75
1997	1558	5347	2590	2757	34	41	0.64	0.77
1998	1539	5251	2490	2761	32	43	0.61	0.82

续表 2-1

年份	总户数（户）	总人口（人）			总人口中当年（人）		出生率（%）	死亡率（%）
		合计	男	女	出生	死亡		
1999	1530	5205	2480	2725	41	42	0.79	0.81
2000	1542	5080	2400	2680	41	41	0.81	0.81
2001	1529	4775	2316	2459	32	37	0.67	0.77
2002	1636	4725	2292	2433	25	38	0.53	0.8
2003	1624	4884	2369	2515	41	42	0.84	0.86
2004	1617	4900	2377	2523	41	43	0.84	0.88
2005	1614	4986	2448	2568	23	46	0.92	0.92
2006	1616	4987	2419	2568	28	40	0.57	0.8
2007	1621	4988	2420	2568	32	38	0.64	0.76
2008	1621	4985	2420	2565	27	37	0.54	0.74
2009	1624	5078	2463	2615	25	40	0.49	0.79
2010	1624	5094	2470	2624	23	48	0.45	0.94
2011	1661	5060	2454	2606	31	39	0.61	0.61
2012	1661	5068	2458	2610	28	34	0.67	0.67
2013	1624	5072	2460	2612	32	52	0.63	1.03
2014	1624	5110	2478	2632	19	41	0.37	0.8
2015	1624	5106	2474	2632	25	41	0.49	0.8

第二节 人口构成

民族构成 境内民族情况比较单一。据全国第五次人口普查，全境汉族人口5080人，少数民族6人。其中瑶族2人、朝鲜族1人、土家族3人。至2015年末，境内汉族人口5100人，少数民族6人。

年龄结构 据2000年第五次人口普查统计，境内人口呈少年人口减少，老年人口增长趋势。0～5岁247人，6～14岁552人，15～64岁4694人，65岁以上555人。至2015年末，境内超过60岁的老人1582人，其中超过70岁的448人，超过80岁的202人，超过90岁的30人（男10人，女20人），百岁老人2人（男1人，女1人）。60岁以上老人占总人口的31%。

文化结构 历史上，境内文盲、半文盲占大多数。解放以后，人民政府重视人民文化生活水平的提高，组织大规模扫盲运动，普及义务教育，人口文化结构发生了深刻变化，文盲、半文盲都以老年人为主。据第二次人口普查统计，境内 4221 人中有大专生 2 人，高中生 25 人，初中生 174 人，小学生 436 人，60 岁以上文盲半文盲 1519 人。至 2015 年末，境内 5106 人中有大专以上文化 644 人，高中及中专以上文化 1332 人，初中文化 1162 人，小学文化 898 人，60 岁以上文盲、半文盲 350 人。

职业结构　历史上境内无人口职业统计，农村除少数小手工业者外大都是农民。近 40 年中，随着镇村工业的发展，特别是改革开放以后，人口职业结构发生了深刻的变化。至 2015 年末，全村纯农劳动力下降至总劳力的 4%，从事第二、第三产业的劳力升至总劳力的 80%左右。丧失劳动能力的占 12%左右。

2015 年金谷村 90 岁～99 岁老年人一览表

表 2—2

姓名	性别	年龄	常住地址	姓名	性别	年龄	常住地址
钱仁保	男	94	金谷村 1 组	朱桂男	女	93	金谷村 23 组
钱金云	男	91	金谷村 1 组	朱关丙	男	94	金谷村 23 组
曹元和	男	91	金谷村 1 组	黄桂娣	女	90	金谷村 25 组
庞永明	男	91	金谷村 3 组	钱彩生	女	90	金谷村 25 组
陆世云	男	90	金谷村 3 组	朱世根	男	95	金谷村 27 组
孙金娣	女	91	金谷村 4 组	郑苓保	女	91	金谷村 28 组
许金娣	女	91	金谷村 6 组	蒋月媛	女	95	金谷村 29 组
庄爱妹	女	91	金谷村 6 组	许翠保	女	97	金谷村 29 组
徐明保	女	90	金谷村 9 组	钱惠英	女	92	金谷村 36 组
肖梅娣	女	93	金谷村 13 组	徐小岐	男	97	金谷村 37 组
陆彩金	女	90	金谷村 14 组	金菊妹	女	91	金谷村 38 组
戴金妹	女	92	金谷村 16 组	陈小二	男	90	金谷村 39 组
陈元生	男	95	金谷村 19 组	杨照	女	91	金谷村 41 组
徐桂媛	女	91	金谷村 21 组	王小妹	女	93	金谷村 42 组
许小英	女	93	金谷村 21 组	周小妹	女	92	金谷村 45 组

附百岁老人简介：

杨根生 男，金谷村3组，农民，种田为生，生于1915年9月，2015年100岁。从小是聋哑人。22岁结婚，共生3个儿子，2个女儿，63岁时老伴病故。98岁时生活还能自理，在自家周围活动。他本人性情温和，无精神负担，不喝酒、不吸烟，生活很有规律，饮食从不挑剔，以蔬菜为主，很少吃肉。他一生除了在1958年因吃不饱得过浮肿病外，无其他疾病。很少进医院打针吃药。杨根生在2016年11月10日病故，终年101岁。

张祥妹 女，金谷村37组人。生于1912年，2015年103岁。原和97岁丈夫徐小岐单独居住，100岁时生活还能自理。她一生生育2个儿子，从未患过大病，很少看病吃药，饮食从不挑剔，性情温和，从不发脾气。张祥妹在2016年7月25日病故，终年104岁。

第三节 人口控制

历史上，人们受传统观念的影响，境内农村男女普遍结婚早，生育多，间隔密，出现人口盲目增长。

中华人民共和国成立初期，曾偏面宣传当“光荣妈妈”和“人多力量大”“多子多福”等。以后随着生活水平的提高，医疗卫生条件的改善，人口增长迅速。1960～1962年三年困难时期，人口下降。1963年，境内共出生29人，出生率仅为0.7%，1963年后，出现解放后第二个生育高峰期。1964年，境内出生率上升到1.97%。1968年，境内出生120人，出生率高达2.63%。1971年，全村出生138人，出生率高达2.71%（是境内出生率最高的一年）。1986年，境内人口达5799人，净增1666人，23年中平均每年增72.5人。

为了控制人口的增长，党和政府重视人口的控制，开展计划生育。1964年3月，西张公社成立计划生育委员会，“文化大革命”开始被迫停顿。1971年冬，公社成立计划生育小分队，1975年，成立计划生育领导小组。1973～1985年，各村（大队）由村书记或支部委员、妇女主任、团支部书记、民兵营长、乡村医生组成计划生育领导小组，开展计划生育工作。

1971年冬，贯彻中共中央49号文件精神，境内大力宣传晚婚晚育和落实节育措施。1974年12月，沙洲县召开计划生育工作会议，贯彻中共中央32号文件和“晚、稀、少”的生育政策，提倡男25周岁，女23周岁以后结婚，两个孩子之间要相隔4年以上。每对夫妇生育两个孩子，都要订晚婚和节育计划。1975年，境内人口出生率降到1.23%。1975～1978年，境内连续4年人口自然增长率一直徘徊在0.9%左右。

1978年9月，中共中央发出69号文件，提出一对夫妇生育“最好一个，最多两个”的要求。1979年，江苏省革命委员会发布《关于计划生育若干问题的暂行规定》，提出“优先安排一胎，严格控制二胎，坚决杜绝三胎”的要求。同年9月，县革委召开由县、公社、大队三级干部参加的全县计划生育工作会议，并制订和颁布了《沙洲县计划生育若干问题的暂行规定》，明确奖惩条件，促进计划生育。1980年，金谷全境一胎率达72%，独生子女领证率73%，人口出生率下降到1%。人口自然增长率下降到0.62%。

1980年9月25日，中共中央发出《致全体共产党员共青团员的公开信》，号召全国人民一对夫妇只生一个孩子。1982年，沙洲县人民政府制定了《计划生育实施细则》，境内以报告会、黑板报、画廊、刊物、文艺演出等形式，常年坚持宣传教育、免费为已婚育龄妇女提供避孕药具和节育手术，定期检查，建立计划生育指导站负责计划生育工作的管理和指导，建立岗位责任制，对境内负责计划生育的干部实行百分考核。认真落实奖惩政策，主要有独生子女奖励政策，育龄妇女节育手术经济补助政策，超计划生育罚款政策，困难者经济补贴等，从而使计划生育被广大群众所接受。

1983年，乡计划生育办公室负责人改称计划生育助理，负责日常工作，政府分工一名副乡长具体负责计划生育工作，村、厂都建立计划生育领导小组，村民委员会主任分管计划生育工作，妇女干部兼管计划生育工作。1990年，村民小组和企业车间都设立计划生育宣传员或辅导员，全境有65名计划生育宣传员和辅导员，形成了村、村民小组、企业车间三级工作网。对生育一胎的颁发独生子女证，1983年，境内育龄妇女领独生子女证的有368户，领证率达92.5%，1984年，领独生子女证400户，达98.5%。1996年开始，境内小孩出生率逐年下降，人口出现负增长。至2015年，全境有758户育龄妇女只生一个小孩，独生子女领证率达100%，计划生育率达100%。全境人口出生率为0.49%，人口死亡率为0.8%，人口自然增长率为负0.31%。

市、乡医务部门对计划生育技术人员加强业务培训，并建立了计划生育并发症防治协作网。村里还建办人口学校，开展婚育新风进万家活动。2015年，村计划生育工作人员为3人。

1976～2015年境内计划生育四项手术实施一览表

表2—3 单位：人

年份	其中					年份	其中				
	结扎	上环	取环	终止妊娠	合计		结扎	上环	取环	终止妊娠	合计
1976	10	32	10	12	64	1996	2	32	24	8	66
1977	33	80	23	18	154	1997	3	26	26	6	61
1978	18	92	20	19	149	1998	4	29	42	12	87
1979	16	116	22	21	175	1999	2	23	63	18	106
1980	14	78	18	62	172	2000	—	25	28	5	58
1981	12	48	23	45	128	2001	1	16	12	4	33
1982	7	68	—	98	173	2002	—	24	27	3	54
1983	8	91	—	89	188	2003	1	18	11	2	32
1984	11	65	—	91	167	2004	—	23	14	2	39
1985	—	93	—	95	188	2005	—	27	8	3	38
1986	—	98	—	92	190	2006	—	22	24	2	48
1987	—	112	—	102	214	2007	2	29	31	3	65
1988	—	103	—	94	197	2008	1	22	34	6	63
1989	—	101	—	82	183	2009	2	35	22	2	61
1990	—	99	—	68	167	2010	2	22	23	2	49
1991	—	94	—	28	122	2011	1	19	24	—	44
1992	—	32	—	23	55	2012	—	17	38	—	55
1993	—	18	—	21	39	2013	—	16	20	3	39
1994	—	22	14	18	54	2014	—	5	3	1	9
1995	—	16	22	16	54	2015	—	7	10	13	30

第四节 外来人口管理

1985年以后，境内村办企业不断发展，一大批农村劳动力成了离土不离乡的亦工亦农人员。随着经济的不断发展，村内劳动力供不应求，招收外地劳力进企业打工，城镇外来人口急剧增加。至2010年，境内有来自苏北、湖南、安徽、广西、四川、贵州等地的外来务工人员5918人。外地工的增多，外来人口的管理服务工作成为亟待解决的一大课题。1998年，镇成立外管办，村里配备人员协同外管办做好管理工作。用开放、包容、平等的理念，善待外来人员，实现外来人口市民本地化管理，落实外来人口与常住人口的同宣传、同管理、同服务，为外来人口免费计划生育技术服务及其他服务，协助解决外来人口在就学、就医、子女入住、入学、贫困救助等方面的困难，维护外来人员的合法权益。

境内外来人口多数来自乡村和贫困地区，人口素质相对较低，外管办加强教育，优化服务。2000 年～2015 年，对外来工积极开展法制教育、交通安全知识辅导，提高他们的道德水准，增强遵纪守法的观念，预防违法行为的发生。同时，外管办加强外来人口服务管理工作，做到人来登记，人走注销。随时掌握变动的情况，对于出租户进行动态管理，建立辖区内外来人口现居住地户籍服务管理信息定期核查制度。在基本摸清外来人口底数的基础上，分离出高危人群，实行重点管理、信息管理、私房出租户管理、计划生育管理等。

第二章 姓 氏

第一节 姓 氏

古代姓氏有别，姓表血统，氏则表职官（爵号、国号、官职），表居地（居住地、封地），表职业等。同一姓可衍分许多氏。今日的姓大都来自古代的氏，姓氏的贫富，表明了一个地方的历史悠久。

中华人民共和国成立初，境内姓氏只有几十个，解放后的 60 多年，境内人口姓氏大幅度增长。据 2015 年末统计，全村姓氏达到 125 个，其中钱姓最多 761 人，占总人口的 14.9%，朱姓第二位 450 人，占总人口的 8.8%，陈姓第三位 341 人，占总人口的 6.7%，吴姓第四位 278 人，占总人口的 5.4%，陆姓第五位 245 人，占总人口的 4.8%。

大姓：2015 年，境内各社区前五位大姓为凤星社区朱姓 83 户，人口 365 人，吴姓 94 户，人口 238 人，戴姓 40 户，109 人，许姓 25 户，135 人，陈姓 40 户，130 人。金谷社区钱姓 148 户，396 人，陈姓 59 户，111 人，杨姓 46 户，92 人，陆姓 33 户，95 人，吉姓 37 户，108 人。五联社区钱姓 44 户，130 人，邹姓 37 户，95 人，张姓 35 户，83 人，王姓 30 户，87 人，唐姓 27 户，69 人。

2015 年金谷村居民姓氏一览表

表 2—4

姓氏	人数（人）	占比（%）	姓氏	人数（人）	占比（%）	姓氏	人数（人）	占比（%）
钱	761	14.9	黄	53	1	庞	4	0.08
朱	450	8.8	李	52	1	刘	3	0.06
陈	341	6.7	周	50	0.9	俞	3	0.06
吴	278	5.4	辛	49	0.9	倪	3	0.06
陆	245	4.8	秦	48	0.9	薛	3	0.06
张	210	4.1	孔	40	0.78	盛	3	0.06
许	185	3.6	须	36	0.7	卢	3	0.06
杨	162	3.2	魏	34	0.7	柳	3	0.06
王	152	3.1	何	32	0.63	董	3	0.06
戴	119	2.3	贡	25	0.5	吕	3	0.06
吉	118	2.3	易	24	0.5	宋	3	0.06
邹	116	2.3	钟	22	0.43	谭	3	0.06
蔡	116	2.3	范	20	0.42	杭	3	0.06
曹	112	2.2	赵	12	0.23	姚	3	0.06
唐	108	2.2	孟	10	0.2	庄	3	0.06
程	106	2.2	奚	8	0.16	姜	3	0.06
高	98	1.9	瞿	6	0.12	邓	3	0.06
葛	96	1.9	缪	6	0.12	浦	3	0.06
沈	90	1.8	夏	6	0.12	郭	3	0.06
谢	75	1.5	叶	5	0.1	章	3	0.06
肖	70	1.4	汪	4	0.08	于	3	0.06
蒋	69	1.4	郑	4	0.08	管	2	—
徐	68	1.4	陶	4	0.08	虞	2	—
孙	66	1.4	林	4	0.08	崔	2	—
马	57	1.3	彭	4	0.08	石	2	—
顾	56	1.3	殷	4	0.08	欧	2	—
施	54	1.3	潘	4	0.08	樊	2	—

续表 2—4

姓氏	人数（人）	占比（%）	姓氏	人数（人）	占比（%）	姓氏	人数（人）	占比（%）
季	2	—	相	2	—	仝	1	—
韦	2	—	苏	2	—	司	1	—
候	2	—	仲	2	—	曲	1	—
鱼	2	—	纪	2	—	卓	1	—
屈	2	—	华	2	—	承	1	—
曾	2	—	史	2	—	沙	1	—
韩	2	—	丁	2	—	阚	1	—
常	2	—	田	2	—	乔	1	—
江	2	—	单	2	—	查	1	—
罗	2	—	邵	2	—	梁	1	—
杜	2	—	严	2	—	卞	1	—
诸	2	—	汤	2	—	闵	1	—
任	2	—	贾	2	—	—	—	—
龚	2	—	洑	1	—	—	—	—
袁	2	—	毛	1	—	—	—	—
胡	2	—	时	1	—	—	—	—

2015 年境内各社区前五位姓氏一览表

表 2—5

村名	姓氏	户数	人数	姓氏	户数	人数	姓氏	户数	人数	姓氏	户数	人数	姓氏	户数	人数
凤星	朱	83	365	吴	94	238	戴	40	109	许	25	135	陈	40	130
金谷	钱	148	396	陈	59	111	杨	46	92	陆	38	115	吉	37	108
五联	钱	44	130	邹	37	95	张	35	83	王	30	87	唐	27	69

2015 年金谷村各村民小组主要姓氏一览表

表 2—6　　单位：个

组名	户数	主要姓氏	占比（%）	组名	户数	主要姓氏	占比（%）
1	45	钱(19) 曹(16) 张(3)	84	3	71	杨(40) 陆(11) 陈(9)	84.5
2	46	钱(36) 潘(2) 曹(2)	87	4	44	钱(35) 徐(3)	86.3

续表 2—6 单位：个

组名	户数	主要姓氏	占比(%)	组名	户数	主要姓氏	占比(%)
5	26	须(8) 易(4) 钱(3)	57.7	26	32	吴(34)	91.4
6	122	高(30) 钱(16) 张(15)	50	27	32	朱(17) 孔(4) 陈(3)	75
7	40	吉(19) 许(6) 徐(5)	75	28	30	蒋(6) 王(6) 陈(6)	53.5
8	36	钱(10) 殷(8) 宋(4)	61	29	36	葛(16) 李(3) 钱(3)	61
9	46	陈(34) 钱(4) 杨(2)	87	30	32	肖(14) 辛(7) 吴(6)	84.3
10	35	吉(18) 许(10) 徐(5)	94.3	31	39	沈(19) 马(9) 陆(5)	84.6
11	34	曹(12) 钱(8) 孙(3)	62.2	32	27	陈(14) 蔡(9)	85
12	37	钱(15) 周(9) 朱(4)	75.7	33	26	黄(9) 吴(5) 陈(3)	65.3
13	33	孙(12) 曹(9) 朱(5)	78.8	34	23	邹(21)	91.3
14	40	陆(20) 蔡(10) 徐(5)	87.5	35	29	张(19) 谢(6)	86.2
15	32	许(16) 黄(2) 高(2)	62.5	36	33	谢(15) 张(6) 钱(3)	72.7
16	40	陈(8) 沈(5) 周(6)	47.5	37	19	徐(5) 王(5) 施(4)	73.7
17	57	戴(40) 蔡(4) 徐(3)	82.5	38	32	钱(11) 王(5) 施(4)	62.5
18	30	肖(11) 吴(6) 贡(3)	66.7	39	25	唐(9) 陈(6) 钱(7)	96
19	22	陈(9) 张(4) 吴(3)	72.7	40	34	唐(17) 陈(6) 钱(4)	79.4
20	37	吴(23) 顾(6)	78.3	41	20	朱(9) 杨(3)	60
21	26	秦(10) 程(8) 蔡(4)	84.6	42	25	王(7) 张(5) 钱(4)	64
22	34	朱(31)	91	43	23	朱(7) 何(3) 钱(3)	56.5
23	49	朱(35) 陈(6) 钱(2)	87.8	44	26	邹(15) 范(2) 许(2)	73.1
24	33	陆(13) 陈(11) 王(5)	87.8	45	19	王(10) 钱(6)	84.2
25	28	许(9) 顾(8) 钱(3)	71.4	—	—	—	—

第二节 大姓简介

境内钱姓是第一大姓。钱氏始祖早年居住在常熟福山，后隐居鹿苑奚浦。据《鹿苑钱氏支谱》和文征明《志》云：钱�、钱洽、钱泮葬于姚塘茔，由上场钱氏后裔监护。据《重修常昭合志·金石志》记载：乾隆三十七年（1772），知县刘沅勒石云：奉布政司牌开，西林寺生员（第二十七世）钱昉于康熙（顺治）间舍宅建造，并供其祖明光禄寺卿泮神主奉祀。刘知县为平息“僧俗觊觎”173亩捐田，“彼此互控不已”而勒石。“俗”指西林寺周围的钱氏后裔，即上场、居墩、水北的钱氏尚志堂。同时，据《重修常昭合志·尚义堂》记载，境内另一支奚浦钱氏后裔散布于西张大坝、黄泥坝、朱家弄一带。

中华人民共和国成立后，境内钱氏后裔主要分布在水北、居墩、后巷里、朱家弄等地。至2015年末，全村有钱姓252户，占总户数的15.5%，人口761人，占全村总人口的14.9%。主要居住在金谷小区、湖滨社区等几个自然宅基，部分居住在张家港市区等地。

境内朱姓是第二大姓。明末清兵入关，朱元璋后裔由南京逃出避难入居境内一个村庄，后因庄上朱姓居多，故改称朱家弄。历经几百年的发展，朱姓不断繁衍，至2015年末，全村朱姓有144户，占总户数的8.9%，人口有450人，占全村总人口的8.8%。主要居住在境内朱家弄宅基，还有部分居住在金谷社区、湖滨社区、张家港市区等地。

第三章　婚姻、家庭

第一节　婚　姻

中华人民共和国成立前，境内通行早婚，男十八娶亲，女十七出嫁。中华人民共和国成立后的1950年，中央人民政府颁布第一部婚姻法，规定婚龄为男20周岁，女18周岁，早婚现象基本得到控制。70年代，国家贯彻计划生育，晚婚晚育政策，地方政府一度提出男25周岁，女23周岁和男女双方相加满50周岁才允许结婚的政策。1980年，全国人大颁布第二部婚姻法，规定婚龄为男22周岁，女20周岁。1950年前，境内青年结婚无须办理结婚登记手续。婚姻法颁布后，要求符合结婚条件的男女双方，均须由双方共同到当地婚姻登记部门办理婚姻登记手续，领取结婚证，其婚姻受法律保护。夫妻闹离婚，男女双方也必须到当地婚姻登记部门办理离婚手续。但是在境内农村中由于受几千年封建思想的影响，从1950年至1978年，青年人结婚领取结婚证的夫妻较少，除部队现役军人，地方机关工作人员外，一般农民夫妻大多数不领结婚证。直至80年代后，境内青年人结婚都要去民政部门办理结婚登记，领取结婚证。进入90年代，由于社会文明程度逐步提高和人们对婚姻观念的转变，男女结婚的年龄逐步增大，年满25周岁以上的男女青年还不结婚，有的要到28周岁才结婚。2000年以后，已婚青年男女的道德观、家庭观出现新变化，导致离婚率和再婚率逐年上升。他们中间有的是因为感情不和，有的是因为经济问题，有的是因为家庭纠纷，有的是受外界不良风气的影响喜新厌旧、贪图享乐等等。

2000～2015 年，境内结婚登记 345 对，离婚 87 对。

第二节　家　庭

中华人民共和国成立前，多子多福，人多力量大的传统观念束缚着人们的思想。境内 6 人或 6 人以上的大家庭较普遍，许多人家出现三世同堂、四世同堂，几十口人一起生活的大家族。民国时期，由于经济衰退，家庭的经济能力减弱，家庭子女与父母分离逐渐增多，每个家庭成员随之减少。中华人民共和国成立后，国民经济得到发展，人民生活逐步改善，通过反封建教育，宗族观念逐渐淡薄，加上一部分人外出工作等因素，家庭成员结构发生变化。70 年代以后，随着生产、生活方式的改变，计划生育工作的深入开展，家庭结构趋向小型化。据统计，1975 年，境内每个家庭成员平均为 3.77 人。1986 年，每个家庭的平均成员为 3.54 人，1995 年，每个家庭平均成员下降至 3.18 人，2015 年，每个家庭平均成员下降至 3.14 人。家庭组成人员大多为父母和一个独生子女。2015 年，全村由于经济发展，小型化家庭逐年增多，住房条件不断改善，许多家庭子女结婚后和老人分居生活，出现很多 2 个老人居住的家庭。由于子女结婚和外出工作等因素，出现了许多单个孤老独居家庭。至 2015 年，全境四世同堂的人家仅有 20 户左右（如：陈叙法、朱文高、朱云发、徐小岐、庞永明、许正祥等家庭），老人独居的有 300 多户（其中老年丧偶独居的有 150 户，男性少，女性多）。

第四章　人民生活

中华人民共和国成立前，境内人民生活十分贫穷，正常年景每亩水稻产量在 300 千克左右，中农生活尚可，贫雇农则“糠菜半年粮”。遇到天灾人祸，更加难以度日。1934 年夏天，发生旱灾，境内河塘干涸，稻苗枯死绝收，农民生活十分艰难，送女当童养媳，送儿当放牛郎等是普遍现象。农民为了活命，不得不向地主、富农租田，俗称“包三担”。贫苦农民受尽剥削，加上苛捐杂税，不少农民倾家荡产，外出谋生。中华人民共和国成立后，境内人民生活逐步好转。1975 年，农民年人均收入 109 元。中共十一届三中全会以后，党的改革开放政策调动了广大农民的生产积极性，1983 年，境内实行家庭联产承包责任制，农民年人均收入 363 元。1984 年，随着农业生产的发展和改革的深入，队办企业也迅速发展，农村剩余劳动力进入工厂务工，农民收入提高。据统计，1985 年，境内农民进入乡、村企业务工的人数占全大队总劳力的 45%，农民年人均收入 426 元。1986 年以后，镇、村企业不断发展壮大，农民进厂务工逐年增多，经济收入不断增加，农民生活逐步改善。1988 年，人均收入 958 元，1998 年，人均收入 5614 元，2008 年，人均收入 12949 元，2012 年，人均收入 21972 元，2015 年，人均收入达 28191 元。

第一节 农民收入及消费

中华人民共和国成立前，农民生活水平低下，不少贫困农民过着"糠菜半年粮"的生活。中华人民共和国成立后，人民翻身当家做主人，生活逐渐改善。特别是中共十一届三中全会以后，农村推行家庭联产承包责任制，发展乡镇工业，允许农民经商办企业，农民生活水平明显提高。进入 90 年代，境内经济迅速发展，人民生活水平芝麻开花节节高，逐步走向小康生活。21 世纪后，农村生活城市化，境内农民衣着讲品牌，饮食讲营养，住上新楼房，出门坐电瓶车、小汽车。2015 年，境内 95%的农户银行都有存款，85%的农户家中购买小轿车，98%的农户家中电冰箱、电视机等家电一应俱全，过上富足安稳的生活。

农民收入 1949 年，境内农民人均收入约 30 元，1960 年，人均收入 75 元左右，1970 年，人均收入 96 元。十一届三中全会以后人均收入迅速增长，1985 年，人均收入 426 元，2012 年，人均收入达 21972 元，2015 年，人均收入达 28191 元。

收入来源 1978 年前，农民收入来源主要靠农业生产收入，小部分靠社队工业和家庭副业、小手工业等收入。1980 年改革开放后，农民的生活来源主要是进企业的上班工资收入、家庭副业收入及耕地、房屋的租金收入。1990 年以后，一部分有经济头脑的农民外出经商做生意，赚大钱，或承包种植、养殖业。至 2015 年，境内有 220 个个体工商户、种植、养殖专业户，靠开商店，从事服务业和搞养殖、种植、运输业等增加收入，年收入比一般农户要高 2 至 5 倍多。另外，60 周岁以上老年人，还有各种养老保险退休金，各种社会保障和各级政府的补助金等收入。

1958～2015 年金谷全境内历年人均分配水平一览表

表 2—7 单元：元

并村前								三村合并后金谷村		备注
年份	凤星	金谷	五联	年份	凤星	金谷	五联	年份	分配水平	
1958	32	23.7	25.9	1960	78	76	76	2004	8440	2004 年五联并入金谷村。
1959	76	70	70	1961	87	104	99	2005	9325	—

续表 2—7 单元：元

并村前								三村合并后金谷村		备注
年份	凤星	金谷	五联	年份	凤星	金谷	五联	年份	分配水平	
1962	65	68	70	1983	352	363	398	2006	10304	—
1963	66	66	67	1984	226	297	302	2007	11540	—
1964	83	82	89	1985	378	426	438	2008	12949	—
1965	84	86	89	1986	678	750	758	2009	14300	—
1966	81	82	99	1987	812	908	980	2010	15875	—
1967	80	82	115	1988	832	958	980	2011	18528	—
1968	81	82	110	1989	902	1080	1125	2012	21972	—
1969	80.7	86	97	1990	1092	1180	1275	2013	24169	—
1970	84	96	104	1991	1402	1520	1538	2014	26103	—
1971	113	132	134	1992	1708	1890	1920	2015	28191	—
1972	112	121	124	1993	2368	2506	2570	—	—	—
1973	112	118	122	1994	2878	2980	3560	—	—	—
1974	112	110	123	1995	3732	3120	4249	—	—	—
1975	101.5	102	109	1996	4705	5050	5279	—	—	1999 年凤星并入金谷村
1976	102	112	112	1997	5194	5466	5403	—	—	—
1977	103	115	118	1998	5439	5614	5545	—	—	—
1978	144	145	147	1999	—	5980	5920	—	—	—
1979	156	165	167	2000	—	5980	5900	—	—	—
1980	182	198	192	2001	—	6631	6554	—	—	—
1981	222	178	207	2002	—	7018	6934	—	—	—
1982	272	298	289	2003	—	7393	7300	—	—	—

消费　中华人民共和国成立前，境内农民生活贫困，平时缺少吃穿，因而消费水平低下。中华人民共和国成立初期至 70 年代中期，由于政治运动频繁，境内经济虽有发展，人民生活水平有所提高，但只是维持在温饱水平上。据初步统计，1975 年，农民年人均消费 30 元左右。1978 年，中共十一届三中全会以后，中央的工作重点转移到经济建设上，村办工业迅速发展。1979 年，农民年人均消费 53 元，主要消费开支家庭伙食及添置衣服。80 年代初，农村实行家庭联产承包责任制，农业生产结构得到调整，村民多数进入镇、村办企业工作，第三产业迅速发展，农民生

活水平和消费水平同步提高。1989 年，农民年人均消费 500 元，主要用于改善生活及住房条件。少数农户为建房耗尽积蓄甚至超前消费。1990 年后，境内农民除了吃住方面的消费水平提高外，在购买高档家用电器方面的农户比比皆是，空调、冰箱、电饭锅、电瓶车等逐步进入普通农民家庭。1999 年，农民年人均消费 1500 元。2000 年后，境内农民不但吃讲营养，穿讲漂亮，住讲宽敞外，95％的农户还有存款，其中 85％农户购置私家轿车。2010 年，农民年人均消费 3500 元，主要消费添置新衣及购买高档电器。至 2015 年，农民年人均消费 7500 元，其中青年人消费要高出人均 1 至 2 倍。境内农民生活和消费已步入小康水平。

2000～2015 年金谷境内居民消费一览表

表 2—8

年份	汽车（辆）	摩托车（辆）	洗衣机（台）	电冰箱（台）	油烟机（台）	空调（台）	彩电（台）	电脑（台）	电话（台）	手机（部）	电瓶车（辆）	自行车（辆）	热水器（台）
2000	80	588	432	580	278	800	1382	82	1480	580	450	1280	480
2001	112	627	576	622	292	1012	1480	148	1510	690	620	980	524
2002	138	754	612	678	308	1344	1535	278	1542	880	950	748	578
2003	170	528	698	742	327	1580	1624	292	1542	1080	1280	628	636
2004	178	430	767	812	478	1638	1980	340	1583	1390	1860	479	712
2005	186	398	835	893	588	1878	2020	382	1594	1680	2250	418	789
2006	198	242	918	924	632	2010	2270	458	1602	2100	2670	389	824
2007	214	225	1120	1012	918	2132	2568	518	1628	2880	2780	324	932
2008	282	203	1298	1258	760	2302	2812	549	1632	3350	2860	310	1002
2009	370	187	1402	1302	824	2408	2872	612	1632	3600	2900	278	1142
2010	530	175	1492	1378	878	2532	3020	648	1600	3800	2980	268	1202
2011	705	172	1548	1412	923	2602	3048	708	1510	3900	3020	252	1370
2012	788	168	1627	1498	985	2720	3052	759	1470	4080	3130	240	1440
2013	925	160	1712	1568	1032	2830	3070	804	1370	4190	3278	208	1580
2014	1028	160	1744	1602	1120	2872	3088	828	1310	4200	3478	192	1692
2015	1200	160	1798	1680	1280	2900	3188	864	1210	4380	3690	180	1776

第二节　住　房

中华人民共和国成立前，境内每个自然村中70%的农户住草房，每户一般为2～3间，进深5～6米，开间3～4米，檐高2.6米。土木或土竹结构，稻草盖顶。也有少量小瓦、砖木结构的房屋，有的外墙青砖，内墙土坯，全瓦或草接瓦盖顶，房屋格局与草房相仿。只有少数地主、富户为三间两院堂瓦房，多的为三间四院堂瓦房。

中华人民共和国成立后至60年代初期，住房条件基本保持原状。1964年起，境内3个大队先后建造土窑制砖瓦，少数农户以柴草兑换砖瓦，把草房改建成瓦房。70年代初期，社队规划建新村，少数农户翻建新房。1979年，境内五联第1组（路西巷，现属金谷村34组）农户邹根元建楼房。1980年以后，农户建造新房逐年增多，其中有30%的农户建造楼房。80年代，农民建房时，小工由乡邻帮忙，不计报酬，只需支付建房材料费用和匠人工资。进入90年代，建房材料高档，结构新颖，价格上涨，匠人工资递增，造价增加。90年代中期，一般楼房造价每平方米在200元以上。

1998年，随着新农村建设规划的实施，农民住房讲究宽敞、明丽、漂亮，住房规格也逐步向高档、雅致发展，室内开始用墙纸、墙布、瓷砖、大理石装饰，并配有卫生间、洗浴房等设施。门窗用钢窗或铝合金窗。是年，金谷3组农民陈永元建别墅式楼房一幢，造价8万元左右，开了境内建造农家别墅的先河。2000年后，有条件的农户开始建造独门独院的小别墅，每幢小别墅造价10万～13万元。至2015年末，全村农民自建别墅60幢，18000多平方米。每幢别墅的造价30万～40万元。

据统计，1983年，境内农户有楼房523间，平房5282间，草房474间。1987年，农户有楼房2215间，平房4613间，草房110间。1995年，农户有楼房4147间，平房974间，草房7间。1998年，农户有楼房6011间，平房623间。1999年，农户有楼房9749间，平房329间。2002年，境内人均居住面积达60平方米。2002年后，境内有400多家农户拆迁，被政府安置到金谷社区、湖滨社区、北京庄别墅区等安居房居住。同时，有200多户村民到张家港市区或周边大城市购买商品房。至2015年末，境内99%的农户住上楼房，有的住上小别墅，有的农户一家有几套房屋，全境人均居住面积为75平方米。

第三节　饮　食

中华人民共和国成立前，境内农民以麦、米为主食，辅以少量杂粮，元麦的吃法是将其磨成细颗粒，俗称麦粞，或轧成麦片；小麦可以磨成面粉，也可以和大麦、元麦一样，加工成麦片。当时，大米是珍贵的食粮，只有地主、豪绅、富商才能终年享用，烧粥烧饭。中等水平以上人家用米加麦片烧饭，或用米加麦粞烧粥。再穷一点的人家用麦片代替米加麦粞烧饭煮粥。有的连麦片也吃不起，只能吃全麦粞饭、全麦粞粥。当时境内流传着这样的顺口溜："富人一仓粮，穷人一缸酱，一坛咸菜可度荒。"农民在夏季、秋季自制豆酱、面酱，腌制咸菜以备常年食用。传统家常菜有咸菜豆瓣汤、毛豆炒咸瓜丁、黄瓜、茄子；常年吃的点心有糯米糕团、南瓜饼、馄饨、米粽等。但绝大多数农民勤俭节约，平常不做不吃这些高档食品，到逢年过节做些尝鲜。农民诚实好客，虽穷也要装面子，家里来了亲戚朋友，到镇上割肉沽酒，做团饼，包馄饨，热情款待。

中华人民共和国成立初期，大米稍有增加，但仍旧以麦为主。食法有所变化，除早晚两餐吃麦粞粥外，中午改吃麦片饭（麦片加米煮成），质软可口。1963 年起，国家增加人均粮食定量，减少统购，归还农民自留地，开放粮油等国家统购统销物资以外的集市贸易，市场供应种类日趋增加，主要有蔬菜、禽蛋、鱼等及凭票供应的猪肉。人们饮食条件好转。1965 年，一般家庭都是早、晚喝稀粥，中午吃米饭。并配以南瓜、山芋等粗粮。农民很少买鱼、肉，一日三餐以家种蔬菜为主。农民一餐能吃 1 千克米饭。70 年代中期，国家增加大米供应量，农民放开肚皮吃饱饭，有些家庭开始一粥二饭，隔三岔五买些鱼肉改善生活。80 年代后，农村实行家庭联产承包责任制，取消粮食统购统销，实行粮食开放等政策，农民生产的粮食，在完成国家定购任务后，均由自己支配，人们对粮食的需求得到满足。1990 年，家家有存粮，餐餐白米饭。2000 年以后，人们收入水平提高，从吃饱转向吃好，农民的饮食发生变化。家庭鱼肉蛋类食品增加，吃粮减少，平均每人每天 0.5 千克左右。2010 年以后，境内农田由大农户承包，农民出钱买粮，家庭食用副食品增多，平均每人每天 0.4 千克。2015 年，人们喜食粗粮及营养品，食用大米量减少，平均每人每天 0.35 千克。

五六十年代，菜肴以蔬菜为主，难得开荤鱼肉。80 年代至 90 年代，荤素各半，鱼、肉、鸡、蛋已成桌上家常菜肴，平均每餐 4 道菜。逢年过节或亲朋交往，菜肴丰富，热闹非凡，餐桌上 6～8 道菜。2000 年，农民餐桌更加丰盛，每餐 8～10 道菜。红白喜事待客，冷盆、热炒，间有点心、甜食，再加大菜全鸡全鸭，每餐 16～20 道菜。2005 年，饮食花样翻新，餐桌浪费严重，一些家庭请客进饭店或酒楼，菜肴高档多样，山珍海味及点心、甜食满桌。辅以名酒、高档饮料。2010 年，由于暴饮暴食营养过剩，境内"三高"（高血压、高血脂、高血糖）患者及肥胖病激增，人们对饮食改变观念，一日三餐以清淡素蔬为主。2015 年，一般 4～5 口家庭餐桌上二荤二素一个汤，提倡"光盘"行动。

保健滋补品，旧时一般人家不敢问津。80 年代后，生活好转，农民购买保健滋补品送礼、敬亲、探病人之用。90 年代后，则已为劳动人民普遍服用。2000 年，因市场上保健滋补品鱼龙混杂，假货较多，失去诚信，境内村民买者锐减。2015 年，有少量村民购买保健滋补品孝敬老人或赠送亲友。

时令饮食繁多，一年之中，年初一吃年糕、团圆、馄饨，元宵节吃元宵、团子、馄饨，清明时节吃青团子，立夏尝“三鲜”，端午吃粽子、咸鸭蛋，夏至吃馄饨，中秋节吃月饼、糖烧芋艿，重阳节吃重阳糕，十二月初八吃腊八粥，廿四夜吃馄饨、团子，大年夜吃年夜饭等等。时令饮食之风延至今日。

第四节 服 饰

中华人民共和国成立前，境内农民穿衣是“新三年、旧三年，缝缝补补又三年”，“大大穿新，二二穿旧，三三穿点破零筋”。广大贫困农民只能穿补丁衣服，少数贫穷人家一件衣服替换穿着。民国初期至 20 年代，境内衣着，男性以长衫为主，低领，大开襟，有胡桃结钮扣 6 粒，内襟有一长方形口袋。随着季节冷暖变化，长衫分别罩皮袍、棉袍、夹袍，其样式均与长衫相仿。夏季则单穿一件长衫，富裕人家的长衫料子多为丝绸，也有香云纱作料子，取其质薄且凉爽。地主、士绅等穿长袍，外面还罩以马褂，俗称“长袍马褂”。

30 年代起，男性开始穿中山装，学生穿学生装，少数人家穿西装，劳动人民为方便干活，以穿青布中式短衫短袄为主，叠腰裤。境内农民还习惯性在衣服外面来一条具有保暖防污作用的深色褶裙。30 年代初至 40 年代末，民众的衣料逐渐以棉布为主，时兴斜纹布、卡其、线呢、花格布等。农民依旧是中式对襟衫，老年士绅也依然是长袍马褂。冬季，富裕男子穿呢料长袍或西装大衣，贫苦民众则大多穿粗布棉袄棉裤。

中华人民共和国成立后，长衫、马褂逐渐被淘汰，叠腰裤也被西裤所代替。50 年代初，蓝、灰列宁装，乌克兰衫，翻领棉大衣等苏俄式服装相继流行，当时为机关干部、学生教师普遍穿着。至 60 年代，中山装、青年装、春秋两用衫成为人们常服，颜色为蓝色和藏青色。农民中，仍有穿土布、着旧式衣裤的。“文化大革命”期间，草绿色军便服成为人们尤其是年轻人争相竞穿的服装，绸衣、缎服几乎绝迹。因其时买布要凭定量供应的布票，所以面料一般选用质地较耐穿的卡其布、的确良。款式、色调均较简单。80 年代起，服装面料转向以化纤织物为主，丝绸、毛呢需求大增，棉织品退居次位。冬天穿毛线编织衫、羊毛衫、滑雪衫、夹克衫、羽绒服、猎装、呢大衣、裘皮或者人造裘皮大衣等。夏天穿针织汗衫，汗背心，的确良衬衫。

西装短裤，还有的男青年穿花布衬衫。中青年穿西装长裤。青年人一度穿喇叭裤，后改穿直筒裤、牛仔裤。许多人穿西服，系领带，穿传统的中山装者逐渐减少。进入 21 世纪后，休闲装流行。据统计，2015 年，境内一般男青年喜穿名牌服装，每年人均服饰消费 2500 元，最高的达万元。

民国时期，女子的常服为宽袖滚边的大袄短袄，叠腰，外围百褶裙。有些中青年女子则穿旗袍，式样为直领，右开大襟，紧腰身，衣长至小腿，两侧开叉，高低不一，开襟处一般有镶、嵌、滚等工艺服饰。不同季节有长、中、短之分，单、夹之别。冬天，一些富家女子在旗袍外罩绒线外套或呢大衣。时髦女子则穿西装裤、短棉袄。民国后期，开始穿海花绒旗袍、皮毛大衣等。

妇女春季穿白色或者月白色肚兜，也称兜肚，外面穿均匀大襟立领。青年妇女喜欢穿花布衫，中年妇女以深浅士林蓝布衫居多。裤子多为短脚裤，裤长仅及膝下，多用印花布缝制。夏季服装面料以棉布、夏布为主，富家女子也有丝绸、生丝质地的，普通穿白色，浅士林布和淡色花布短衫，少数人穿夏布短衫和马夹。短裙的质料有丝、棉、麻 3 种。冬天穿棉袄，视家庭经济条件而已，分别选用较柔软的布料或者丝绸做面料，内絮棉花或丝绵、驼线。棉袄罩衫，用土布、线呢、卡其布等较厚实的深色布料缝制。中青年妇女冬天加穿夹裤，老年妇女穿棉裤。

中华人民共和国成立后，旗袍被淘汰，中式大袄短袄改成对襟短袄，叠腰裤改为西式紧腰有袋长裤。境内仍有不少人穿土布衣，着旧式衣裤。“文化大革命”中，女青年、女学生与男子一样，流行穿草绿色军便服。花衣、裙子匿迹。

80 年代以后，境内妇女衣着质量普遍提高，款式多样化。90 年代后期更甚。夏天，光是裙子就有连衫裙、喇叭裙、百褶裙、背带裙、套裙、一步裙、直筒裙、旗袍裙、围裙、裙裤等 10 余种。初冬，流行女式西装、羊毛衫、各式毛衣编结衫、滑雪衫、羽绒衫、呢大衣、裘皮或人造裘皮大衣等。裤子有西式长裤、喇叭裤、直筒裤、牛仔裤等。进入 21 世纪，境内农民穿着趋向多样化，而且讲究色彩、质地、款式，追求新潮。据统计，2015 年，境内女青年每年人均服饰消费 3000 元，最高的达万元。

一、鞋

旧时，境内民众一般均穿“千层”布底鞋，式样大致有并梁尖头，小圆口、方口、松紧口鞋。雨天则穿油钉鞋。仅有少数男女穿皮鞋。有些妇女穿绣花鞋、搭襻鞋。农民平时穿布鞋和草鞋。冬季，除穿蚌壳式棉鞋外，不少人都喜欢穿芦花鞋，也称蒲鞋。一些士绅平时穿缎制船鞋，冬天穿高帮棉鞋。随着橡胶工业的发展，浅口、中高统橡胶套鞋逐步取代油钉鞋和油钉靴。中华人民共和国成立后，流行胶鞋，又称跑鞋、解放鞋，男女皆穿。70年代塑料工业兴起后，塑料底布鞋逐步取代布底鞋。80～90年代，鞋子种类日趋多样化，有各种塑料鞋、橡胶鞋、牛皮鞋、猪皮鞋、牛筋底鞋、登山鞋、旅游鞋、运动鞋等。2000年后，妇女普遍穿中跟、高跟皮鞋。夏季大多穿各种质地的凉鞋、拖鞋，也有的穿沙滩鞋。冬季一般穿棉皮鞋、保暖鞋，穿芦花鞋的已少见。2015年，女的穿长靴，男的穿保健鞋。

二、帽

中华人民共和国成立前，境内劳动人民一般夏季戴草帽，冬季戴布帽、罗宋帽、汤灌帽、毡帽，雨天戴笠帽。老年妇女戴蚌壳帽，亦有戴盆型绒线帽。学生戴学生帽或绒线帽。士绅、富豪戴西瓜皮帽、礼帽、鸭舌帽、裘皮帽。中华人民共和国成立后，瓜皮帽和礼帽被遗弃，流行解放帽，夏天戴荷边草帽。“文化大革命”时期流行草绿色军帽。80年代至2015年，帽型繁多。夏天有遮阳的草帽、太阳帽、钓鱼帽，冬天戴鸭舌帽、东北帽、皮帽、绒线帽、滑雪帽等，部分老年人仍喜欢戴罗宋帽。

三、袜

中华人民共和国成立前，境内农民多用布做袜套。20年代起开始穿棉纱袜。中华人民共和国成立后，大多穿中筒或短筒袜。60年代开始，流行尼龙袜和锦纶丝袜。80年代起，女青年开始穿长筒丝袜。2000年以后，丝袜、棉袜讲究色彩、质地及款式。2015年，盛行棉织短袜，穿着舒适。特别是妇女的袜子，色彩鲜艳，款式新潮多样。

第五节 出 行

中华人民共和国成立前，境内农村道路弯曲狭窄，通道宽度不足1米，都是泥土路，高低不平，下雨后道路泥泞，坑坑洼洼，十分难行。五六十年代，人们出行都靠双脚步行，很不方便。村民出远门去常熟、无锡、上海等地，必须步行到塘桥或栏杆桥集镇乘汽车或轮船。

60年代初，农村泥道难行，人们出行走水路，手摇农船是主要交通工具。1970年，手摇农船改装成挂桨机船，人们坐着挂桨机船出门办事。1972年，境内道路开始改造，各地结合水利建设，修筑灌水渠道，道路取直拓宽，行路日渐方便。1973年后，农村道路加宽，自行车成为主要交通工具，农户家家购买，一度成为紧俏商品。尤其是上海产“永久”“凤凰”牌很难买到，无锡产“长征”，常州产“金狮”牌相对好买一点，但都要凭券供应。1975年，五联交界桥村民王关仁第一个购买一辆“飞燕”牌摩托车，大家感到新奇。80年代，自行车普及，人们出行骑车，不再坐船。1988年，境内村办企业发展壮大，村民生活水平大大提高，境内所有主干道路（通往各自然村），铺设成碎石路、石子路，交通更为方便，农民购买摩托车增多。90年代以后，境内所有道路（通往各村民小组、各家各户），都浇成水泥路，出行更为方便，交通工具增多、更新，摩托车、电瓶车、电动自行车等进入寻常百姓家庭。2000年，自行车被电瓶车替代，每户至少有1～2辆电瓶车，有些富裕家庭开始购买私家汽车。2010年以后，农家购买小轿车增多，农民坐着轿车出门旅游、购物、走亲访友。2015年，境内出行十分方便，道路四通八达，家家都把汽车开到自己家门口。境内道路有金谷路、西塘路、西妙路、凤恬路、凤星路等。市212路公交车、226路公交车穿境而过，320路公交车还开到朱家弄。村民外出十分方便，出远门只需几分钟就能上高速。至2015年，全境拥有私家小轿车1200辆。最多一户有5辆小轿车，最高档的轿车在110万元。村民不用半小时就能到张家港市中心。

第五章　社会保障

第一节　养老保险

一、城镇职工养老保险

中华人民共和国成立前，境内无工商企业。一些为私营主打工的农民，到年老体弱丧失劳动能力时，业主往往给予为数不多的解雇费后回家。中华人民共和国成立后，党和政府十分重视职工的养老问题，逐步修订了相关的职工保险条例。1995年3月，执行《张家港市城镇职工养老保险暂行办法》。镇办企业（大集体单位）职工纳入城镇社会养老保险范围。2002年12月，西张镇贯彻执行《张家港市所有企业及其职工纳入城镇社会养老保险管理的意见》，在三年过渡期内统一参加城镇社会保险，使农民工享受了城镇职工同等待遇，同时将农村村级基层自治组织视作企业单位纳入城镇社会保险范围。境内部分人员办理了农保转城保的手续，享受城镇职工养老保险待遇。2009年，根据张政发16号文件《张家港市关于调整农村社会养老保险有关政策意见》及张政发 17 号文件《张家港市关于调整征地农民社会保障有关政策的意见》，农村中农民可出钱购买工龄，参加城镇职工养老保险（参加者交费 36000 元，加医疗保险 22000 元），全村有 682 人参保。2010 年，张政发 41 号文件《张家港市城保扩面工作实施意见》出台后，农村中又有不少村民出钱（54000 元/人）购工龄参加城保，全村有 480 人参保。2011 年，张政发 43 号文件《张家港市城乡养老保险并轨实施意见》出台后，又有村民 412 人参加城镇养老保险。至 2015 年末，境内参加城镇职工养老保险 3518 人。

二、农民基本养老保险

1986 年 12 月，西张地区实施企业养老保险制度，在集体企业固定和合同工人中实行退休费用社会统筹制度，金谷村企业职工 360 人率先参保。1988 年 3 月，开始实施农村合作退休保养，以保障老年人基本生活为目的，建立城乡一体化的农村养老保险制度。1992 年 1 月起，根据国家民政部文件精神，社会养老保险工作全面推开，《西张镇农村养老保险细则》规定，凡不吃国家供应商品粮的农村人员，包括农民、乡村企业职工、民办教师及其他农村户口劳动者，均可自愿投保。养老保险费采取个人缴费为主，集体补贴为辅和国家政策扶持的办法筹集，境内有 1600 人参加农民养老保险。1993 年，全镇推行使用职工养老保险手册。1995 年 3 月，贯彻《张家港市城镇职工养老保险暂行办法》，实现农村养老保险新老办法接轨，改称农民基本养老保险。至 2015 年末，全境参加农民基本养老保险 501 人。

三、基础养老金及尊老金

2003 年 12 月 31 日，张家港市政府发文对男年满 60 周岁，女年满 55 周岁，未享受养老保险待遇的户籍居民每月发 80 元，称老年农（居）民社会养老补贴，现改称基础养老金，境内有 680 人享受。至 2015 年，不满 80 周岁每月发 200 元，80 周岁以上每月发 230 元。

农村中年龄超 80 周岁以上老人每月发 50 元，超过 90 岁以上的老人每月发 200 元，称尊老金。由民政部门按月发放。

第二节 医疗保险

旧时，境内无劳动保险，工厂职工生老病死，工人在年老丧失劳动力时，业主就将其打发回家，不管其生活，农村实行保险更是遥不可及。

一、职工医疗保险

1997 年 11 月，市政府颁发实施《张家港职工医疗保险暂行办法》。《办法》中规定，医疗保险的缴费比例为职工上年度工资总额的 12%，其中个人缴费比例为 1%。在职职工建立个人医疗账户，职工个人医疗账户基金用完后，由医疗保险统筹基金支付。医疗保险费用实行由单位和社保基金结算中心共同管理的两级管理体制。

1999 年 4 月，市政府颁发实施《张家港市职工医疗保险办法与国务院医改制度逐步接轨的意见》。2004 年 4 月，出台《张家港市城镇职工医疗保险办法》。《办法》规定，参保人员符合规定的以个人账户（IC 卡）核定金额为限额。参保人员因患特定病种发生的符合规定的门诊费用，全年个人基金账户用完后，2000 元（含）以内部分在职职工可由统筹基金报销 70%，退休人员报销 85%，2001 元及以上的不予报销。参保人员住院，在支付起付钱后，统筹基金和参保人员实行分段按比例负担。个人分段负担比例为；超过起付钱至 10000 元，在职职工自费 20%，退休人员自费 10%。10001～20000 元，在职职工自费 16%，退休人员自费 8%。20001 元以上部分，在职职工自费 10%，退休人员自费 5%。参保人员年累计统筹基金支付额，以张家港市上年城镇职工社会平均工资收入的 4 倍为封顶线。2001 年 7 月 1 日起，单位缴费比例提高 1%，个人账户计入比例提高 1 个百分点，住院自付比例降低 4 个百分点，总体保障水平提高。2002 年后，市政府不断调整医疗保险待遇支付标准，以减轻参保人员的医疗费用负担，真正体现医保政策向大病、重病倾斜的原则。至 2015 年末，境内参加城镇职工医疗保险 2550 人，占城保人数的 92%左右。

二、大病医疗互助

1995 年，市政府颁发《张家港市大病风险合作医疗制度实施意见》，推行大病风险合作医疗制度。以镇为单位建立大病风险基金。在合作医疗总基金中单独划出一定的经费，作为大病风险基金，以镇为单位核算，全镇统筹，用于解决重病大病患者全年医药费超过 1000 元以上部分的补偿。参保人员收费每年每人 40 元，采用自愿参加的原则，一开始，境内参保率在 60%～70%，以后每年增加。大病患者药费起报点为 1001 元，限报点为 10000 元，最高补偿为 5400 元，以后逐年提高。2001 年 7 月 1 日起，大额医疗费用社会互助基金封顶线由 4 万元增加到 5 万元，报销比例由 80%提高到 90%。

三、农村合作医疗保险

1969 年，为贯彻“把医疗卫生工作重点放到农村去”的批示精神，改变农村长期缺医少药的状况，在上级的统一部署下，境内各大队都成立了合作医疗卫生室。

建立农村合作医疗制度。其形式为“队办队管”，即有大队自筹资金，自己筹办、自己管理。每人筹集资金 1.5 元（由生产队公益金支付），社员有病原则上到大队卫生室诊治，较重的病转公社医院，疑难杂症到县医院就诊。

70 年代，社员进队办企业工作只是解决劳动力出路问题，目的为生产队增加收入，提高社员分配水平。职工在厂劳动时发生工伤，除基本工资照旧享受外，医疗费可向厂里报销。因病发生经济困难则有集体补助。1977 年，西张公社成立合作医疗管理委员会。合作医疗改为社队联办，四级负担（公社、大队、生产队及社员个人）。每人每年上缴基金 3.5 元（公社、大队、生产队各 1 元，社员个人 0.5 元）。大队合作医疗实行“队办社管”，后改为“村办乡管”。凡在大队卫生室就诊和到公社医院门诊就诊，医药费在大队基金中报销，凡在公社医院住院和转上一级医院治疗，医药费用在公社基金中报销。自行投医者概不报销，如遇特大病情，报销最高限额为 3150 元。进入 90 年代，农村合作医疗步入改革、完善、发展和提高的阶段。1992 年，全镇实行福利风险型合作医疗制度。按照“低水平、广覆盖、保基本”的原则，合作医疗基金以参加者集资为主，集体补助为辅。1994 年，筹资标准为农村每人 20 元，同时，镇政府从地方财政收入中拿出部分经费用于合作医疗。村民门诊就医，每次报药费限额为 5 元，农村人员每年最高报销额不得超过 40 元，超过的不予报销。从 1996 年起，积极探索医疗保险制度改革，合作医疗基金筹集标准不断调整，建立以大病统筹为主的农村合作医疗制度。2002 年，农村每人缴 30 元，门诊就医，农村人员年限报 60 元。住院治疗农村人员年限报 420 元，当时参保人员在 70％左右。2004 年，开始推行新型农村合作医疗制度。

四、新型合作医疗

2004 年 1 月 1 日，市政府颁布《张家港市新型合作医疗实施意见》。在全市范围内统一实行新型合作医疗制度，扩大参保范围。凡是符合条件参加新型合作医疗的村民，都可以参加。至 2015 年，境内有 2550 人参加新型合作医疗。参保率达 100％。个人缴费标准逐年提高，2015 年个人缴费 210 元，其余由市、镇二级财政出资。对于参加保险的村民看病报销金额也是逐年增加，至 2015 年，凡是参加新型合作医疗的村民到社区卫生室就诊的药费每次限报 25 元，到外地看病就诊的药费每次限报 15 元，门诊就医药费全年限报金额是 500 元。如果住院治病，医药费报 65％左右，医疗费用补偿限报点由 30000 元提高到 50000 元，最高补偿额为 35200 元。对符合补偿范围的 5 万元以上医疗费用，按 50％的比例补偿。

第三编　农村建设

中华人民共和国成立前，境内各自然村庄农民住宅分布杂乱。竹木泥土结构的草房占60%，砖木结构的瓦房（平房）仅占40%。并且瓦房大多数是落椽瓦，非常简便。房屋低矮，卫生排水设施不配套，垃圾、露天粪缸、污水到处可见，道路狭小泥泞。

六七十年代，农村建设缓慢。农民住宅均为平房，其中草房占很大比例。进入80年代，随着村办工业兴起，农村建设得到发展。境内住宅部分翻建成楼房，农村道路也由泥路逐步发展到碎石路。与此同时，境内开挖3口深井，自建水塔，村民用上深井水。90年代以后，农村各项建设与社会事业同步发展。至1999年，全境3个行政村的所有自然村的道路全部铺设成水泥混凝土路面。2000年后，全境农村所有主次干道全部硬化，水泥路通到各家各户。

进入21世纪后，因沿江高速公路修建、镇区扩展、凤凰山风景区建设、凤凰湖开挖及三干河南延工程建设等需要，境内有476户农户拆迁，由镇集中安置到金谷社区、曹庄别墅区、北京庄别墅区、湖滨社区等小区内居住。至2015年末，全境自然村数由原来的28个减少至20个，建成文明小区4个。

第一章　农民住宅

第一节　农房建设

1949年前的农民住宅，一般为清代、民国年间所建，大多是土木结构冷摊瓦芦菲平房。贫困农户则是毛竹梁泥垛墙茅草房，境内农民草房的比例占60%。如水北自然宅基80多家农户都是草房。少数富户（地主、富农）住高厅瓦屋，前5间中5

间，其中3间厅堂，有的左右两厢房对厅有墙门头，后进还有5间房。40年代，境内张市东街就有大户人家建砖木结构的二层楼，取名“洽成楼”。

中华人民共和国成立初期，农民住宅仍比较简陋。60年代初，随着生产的发展，生活逐步改善，少数人家开始翻修平房，屋檐增高至2.5米。60年代中期，境内3个行政村先后建土窑，生产砖瓦，大部分生产队制造砖坯、瓦坯，社员可以用稻、麦草换取砖瓦。再加上有部分农民因老房破旧，或孩子长大成人急需成家分居。农民翻建房屋逐渐增多，新建了一批砖瓦结构平房，格式都是7架至8架3间1栋的平房。70年代后，公社建轮窑，办水泥厂，建预制场。农村大队成立泥水木作协会，贯彻对匠人不留饭只记工分政策。境内各自然村出现了建房热，拆旧建新的户数逐年增加，特别是草房翻瓦房，普遍建七路头、水泥行条的砖瓦平房，大屋场前或一侧允许再建2间小屋，用于养猪、羊、兔等牲畜，檐高增至3米左右。中共十一届三中全会以后，农村经济有了新的变化，境内就有少数农户开始由平房改建楼房，住宅结构也由原来的砖木结构，发展为砖混水泥结构。1981年，有10户农民建造“三上三下”楼房。1983年，全境有135户农户建造楼房，当时只能在原宅基上翻建，每户限3间，并且结构简单，只是平房上再加了1层，一般都没有卫生间。80年代后期，建造楼房的农户越来越多，原宅基已不能满足需求，由村里生产队统一规划，指定地方，安排农户建房，建房户必须申请经过上级批准，取得“准建证”才能施工。农宅结构以三上三下二层，一厢房为主，房屋开间普遍加宽至3.8～4米，前后进深一般在7～8米，也有达11米。楼房高度一般在7米左右，对房屋基础标高也有了新的要求，开始采用架空水泥板作地坪的结构方法来替代填土。住房注重通风采光，窗户增多增大。一般在正屋前建有外走廊，厢房屋顶为平顶阳台，增加了使用面积。少数经济条件宽裕的农户，外墙使用贴面材料，室内讲究装饰，上做吊顶泥墁，墙壁刷涂料或贴壁纸或装三合板墙裙，楼地面油漆花纹地板，安装钢窗或铝合金门窗，户内照明电灯、电气埋设暗线装置、暗闸开关，配置吊灯、吸顶灯、壁灯等。室内建有贴瓷砖的卫生间，内装浴池、抽水马桶、洗脸盆等。2000年，境内有少数经济富裕的农户建造小别墅。至2002年，全村1558户农民建造楼房，占全村农户总数的98%，人均居住面积达66平方米。至2015年，境内有68户农民建造小别墅。其中朱家弄自然村有15户。

2002年金谷村居民居住面积一览表

表3—1

宅基名称	占地面积（平方米）	建筑面积（平方米）	人均居住（平方米）	户数	人口	所属村民小组
朱家弄	50500	20000	57.8	125	346	金谷村22、23、27组

续表 3—1

宅基名称	占地面积（平方米）	建筑面积（平方米）	人均居住（平方米）	户数	人口	所属村民小组
许巷	12000	5200	62	35	84	金谷村 15 组
陈家湾	14600	6500	64.3	40	101	金谷村 16 组
崔家桥	16400	7000	62	33	113	金谷村 25 组
葛家湾	14800	6800	60.7	33	112	金谷村 29 组
戴巷	23000	9540	60	61	159	金谷村 17 组
杨树头	28600	11800	59.5	59	197	金谷村 18、30 组
蒋祁塘湾	52000	21000	73.4	103	286	金谷村 19、26、31 组
黄泥墩（钟家宕、秦家宕）	33000	11000	58	68	190	金谷村 21、28 组
陆家高头	17000	6900	60	40	115	金谷村 24 组
新陈家湾	12000	4400	60.2	25	73	金谷村 32 组
太平桥	43000	16000	59.7	83	268	金谷村 20、33 组
水北	46500	18600	60	92	310	金谷村 1、11、12 组
居墩	43000	17000	60	80	285	金谷村 2、8 组
陈菜圩	55800	27000	62	121	436	金谷村 5、13、14 组 4、9 组（部分）
小桥头	16000	7400	61	34	122	金谷村 4、14 组（部分）
金谷落	38400	15000	56	84	256	金谷村 3 组、9 组（部分）
吉家桥	36000	13500	60	68	226	金谷村 7、10 组
东街	185000	25260	78	92	321	金谷村 6 组
路西	28200	12400	76.5	55	162	五联村 1、11 组
史家桥	35000	12600	62.4	62	202	五联村 2、3 组
后巷里	39000	15800	71	74	223	五联村 4、5、12 组
唐家巷	32300	13000	70.6	68	184	五联村 6、7 组
大树巷	22000	10000	79	49	126	五联村 8、10 组
交界桥	13000	5000	75.8	23	66	五联村 9 组

第二节　农民居住小区

70年代中期，境内农民集中居住区开始建设。1977年，境内凤星大队在第6生产队（太平桥）率先规划建设农民集中居住区，时称出宅的新农村。当时有22户社员拆除原有老屋，搬出老宅基建在规划区内，规定每户3间平房同时可建辅房1间，建房资金由农户自己承担。

进入80年代后，农村中翻建楼房户逐年增加。由于有些老宅基内不适宜建楼房。再加上有些农户子女长大成人要分家居住，须出宅建楼房，为此，境内各行政村及生产队均重新规划面积，新建住宅区。境内共规划22个集中居住点，先后有320户农民在集中居住点建房。

90年代后，境内各村开始鼓励农民翻建楼房，至2002年，全境翻建2层至3层楼房的农户有1558户，占总户数的98%。大多数农户按图施工，无图施工和泥灰砌筑空斗墙的状况较少。新建楼房砖混结构，有前后阳台或转角阳台，农村住房朝着“标准不高水平高，造价不高质量高，占地不多环境美，虽是农舍功能好”的目标发展。

进入21世纪后，随着镇实施行政村撤并，韩国工业园建设，城乡一体化建设和沿江高速公路、苏虞张一级公路建设，凤凰山风景区建设、开挖凤凰湖、市三干河南延工程、西妙路建设等用地需要，境内8个自然村搬迁，土地被征用，对自然村拆迁农户集中安置。2002年至2015年，境内先后建成4个农民安居小区。即位于张市东街的北京庄别墅区，安居37户；位于陈菜圩内的曹庄别墅小区，安居161户；金谷社区建5层商品房59幢。湖滨社区建有9层的小高层26幢，5层商品房67幢。小区内环境优美，绿化率达40%以上，建有小公园、中心休闲广场、健身娱乐活动场所等。区内设管理服务中心。各小区有村卫生保洁队、绿化管护队、治安值班联防队等。

从2013年开始，对于未拆迁的保留宅基允许农户翻建楼房。有些原有的楼房已破旧，加上子女长大成人需成家，家庭经济比较富裕的农户，拆掉老楼房就地翻建小别墅。至2015年，全境有25户农户批准翻建小别墅。每幢别墅造价在35万元左右，每户房屋面积在300平方米左右。

第三节　拆迁安置

2001年，境内沿江高速公路建设开工，农民拆迁安置开始。该高速公路经境内段2000米，拆迁农户47家，优先安排张市东街宅基地建小别墅，后称北京庄别墅区。主要以政府补贴，由农民自建，建筑面积每户 250 平方米左右，当时造价每幢 10 万元左右。

2004 年，因塘桥镇维达集团建办新厂区需要，境内蒋祁塘湾 17 家农户拆迁，被安置在金谷社区居住。2007 年，因台商开发温泉山庄需要，境内居墩宅基 78 户农户拆迁，安置在金谷社区、湖滨社区居住。2008 年，因西凤公路拓宽需要，境内居墩 6 户农户拆迁，安置在金谷、双龙社区。2010 年 10 月，因开挖凤凰湖需要，境内大树巷、后巷里、史家桥、唐家巷、水北等自然宅基 138 户农户拆迁，安置在金谷、湖滨社区。2011 年 4 月，因城乡一体化建设需要，境内交界桥、唐家巷、后巷里、水北等自然宅基 144 户农户拆迁，安置在金谷、双龙、湖滨社区。2013 年 3 月，因市三干河南延工程需要，境内吉家桥、东街、曹庄等自然宅基 26 户农户拆迁，安置在金谷社区、湖滨社区居住。

2005 年，有些农户因住房紧张，原宅基又不允许翻建，按政策规定，全境有 15 户村民同意预拆迁，安排到陈菜圩建造连体别墅，每户 2 间 3 层，当时造价在 25 万元左右，房屋面积 350 平方米左右，由村民自建。至 2012 年，境内共计拆迁农户 471 户，面积 117750 平方米，至 2015 年末，拆迁户基本安置结束。每户一般分到 2～3 套住房（大户 140 平方米，中户 120 平方米，小户 100 平方米，老年房 60～80 平方米），另配有一只 20 平方米左右的车库。

2001～2015 年金谷村村民拆迁安置一览表

表 3—2

拆迁时间	拆迁原因	拆迁户所在地	户数	建筑面积（平方米）	安置地方
2001 年	沿江高速公路建设	史家桥 水北、居墩	47	11750	北京庄别墅区（张市东街）部分建在水北及居墩
2004 年	塘桥镇维达集团厂房	蒋祁塘湾	17	4250	金谷社区
2005 年	预拆迁	境内有关宅基	15	3750	曹庄别墅区（陈菜圩）
2007～2008 年	台商投资建温泉山庄	居墩	78	19500	金谷社区 湖滨社区
2008 年	西凤路拓宽	居墩	6	1500	金谷社区
2010 年 10 月	开挖凤凰湖	大树巷、后巷里、史家桥、唐家巷、水北	138	34500	金谷社区 湖滨社区

续表 3—2

拆迁时间	拆迁原因	拆迁户所在地	户数	建筑面积（平方米）	安置地方
2011 年 4 月	城乡一体化建设	交界桥、唐家巷、后巷里、水北	144	36000	金谷社区 湖滨社区
2013 年 3 月	市三干河南延工程	张市东街 交界桥　吉家桥	26	6500	金谷社区 湖滨社区

第二章　公用事业

第一节　用水、用电

一、用水

民国期间，村中水井甚少，群众多饮用河、塘水，常致肠道传染病流行。据载，1942 年，境内有 3 个自然村发生过霍乱。

中华人民共和国成立后，人民政府组织开展爱国卫生运动。1962 年，全境开展“二管五改”（管水、管粪、改厕所、改畜圈、改水、改灶、改环境卫生）工作，河、塘水质有所改善。1978 年，随着化肥、农药使用量的增加，河、塘水污染逐年加剧。1979 年，生产队挖置公井，农民饮用井水。据 1983 年统计，全境饮用井水户达 85％以上。1991 年，境内 3 个行政村先后建水塔挖深井，大部分社员吃上深井水。1999 年，实施张家港市东区区域供水工程，镇村二级筹资 640 万元，是年 6 月，动工铺设主干道 13000 米，支管道 7138 米。2000 年 5 月 20 日，全境农民饮用加工处理好的长江水。至 2015 年，金谷 100％农民都饮用长江水。

二、用电

民国时期，境内村民晚上通常用棉油盏、蜡烛照明。50 年代，改用火油灯、美孚灯照明，遇上婚丧喜事则用一种充气的燃油汽油灯照明。

60 年代中期，随着队办工业的发展，境内五联村等有些地方用柴油机自发电，少数农户用上不定时供应的电。1970 年 3 月，由塘桥变电所架通境内崔家湾建西张镇第一座电灌站，西张镇区用上高压电。1971 年，由恬庄变电所架通五联村的南塘梢电灌站，专供农业生产的灌溉和脱粒，西张地区第一次用上高压电。生产用电的电力线路基本沿村主干道竖杆架空设置，全境各生产队都通电，通电电线杆为方形水泥杆。1976年，成立西张用电管理站，境内3个村都配备1名大队电工负责1个大队的用电工作。电线通到各家各户，由于供电量不足，用电高峰时常断电，村民用电极不正常。1985年，各村都添置发电设备，凤星添置200千瓦、金谷添置800千瓦、五联添置300千瓦的发电机组。各村民小组用上自发电，确保全村照明用电，缓解用电紧张状况。同时，各村变电所都装有高低压开关，在高压电停电时，各村自发电接入，保证农户及企业用电，自行解决电力能源。90年代，金谷村办小型热电厂，容量达2500千伏安。电源除供应本村企业用电、百姓照明外，多余电源还输送外地。

1990年，用电站对村里实行用电统一管理，定期对各村、厂电工进行培训，对线路进行检查。对用电设施进行改造，统一将电表移至规定地方，统一管理。特别是农忙季节，加强安全用电检查。1991年至1992年，境内3个行政村投资20多万元，创建用电标准村。

1998年，境内3个村都投入10万～20万元，对各村民小组的农用电线进行更新加粗改造。2001年上半年，全境进行农网改造。对低压线、高压线、进户线、变压器等分别进行扩容。变压器由原来的6台增至69台，总容量17490千伏安。电网改造后，电压增强电力稳定，大大改善了村民的生活质量。至2015年末，全村共有变压器69台，总容量达17490千伏安，其中1个企业（恒运公司）安装4台变压器，总容量达1530千伏安，从而确保了境内工农业用电和农民生活用电的需要。

电费收取标准：1987年的电价，农业用电（灌溉、脱粒、粮饲加工）每度0.06元，工业用电0.083元，工业照明用电每度0.185元，农民生活用电每度0.19元。1987年后，随着煤炭铁路运输的调价，电费也相应调整。1992年，农业用电每度0.125元，工业用电每度0.483元，工业照明用电0.565元，农村生活照明每度0.195元。2015年，工业用电每度0.834元，农业用电每度0.49元，生活照明用电每度0.528元。

进入21世纪，生产、生活用电日益增加。2015年，全村年用电量达2554万度（千瓦时），其中张家港市生达（恒运）纺织品有限公司全年用电量为354万度（千瓦时）。

2015年金谷村境内专变用户一览表

表3—3

编号	名　称	容量 KVA	编号	名　称	容量 KVA
1	张家港市天源光伏科技开发有限公司	80	16	张家港市金顺毛条厂	160
2	张家港市创宏针织品有限公司（三进）	200	17	张家港市鑫源纺织有限公司	200

续表 3—3

编号	名　称	容量KVA	编号	名　称	容量KVA
3	张家港市金时利非织布工艺制品有限公司	80	18	张家港市彩鸽毛纺有限公司	315
4	张家港市翔隆纺织有限公司	400	19	张家港市光明电器制造有限公司	250
5	张家港市润达服饰	80	20	张家港市金惠业针纺有限公司	80
6	张家港市申信橡胶	315	21	张家港市芝阳纺织有限公司	250
7	张家港市世晨工艺制品有限公司	80	22	江苏和乔科技股份有限公司	250
8	张家港宏飞纺织有限公司	250	23	张家港市振鑫纺织有限公司	315
9	张家港平江铝型材有限公司（原生达）	315	24	张家港市宏利印刷有限公司	200
10	张家港市龙利鑫针纺有限公司	400	25	张家港市理想针织有限公司	80
11	张家港大鹏工具有限公司	80	26	张家港市富士润滑油厂	80
12	张家港市神鸟机电制造有限公司	80	27	张家港市凯盛汽车修理厂	80
13	张家港市西张金明塑料模具厂	80	28	张家港市生达纺织品有限公司（恒运）	1530
14	张家港市鹏博机械制造有限公司	250	29	张家港市宇强针织有限公司	1430
15	张家港市凤凰镇松保塑料厂	80	30	江苏金钰特耐唐科技有限公司	500

2015 年金谷村境内农村用电综合变一览表

表 3—4

编号	名称	容量KVA	编号	名称	容量KVA
1	凤星葛家湾变（西站）	200	19	凤星下头泾变（北站）	200
2	凤星西站 1＃变	100	20	凤星中站 1＃变	100
3	许巷变	200	21	陈家湾变	200
4	许巷 1＃变	160	22	凤星变	400
5	许巷 2＃变	200	23	戴巷变	200
6	肖家湾变	400	24	凤星八组变	200
7	凤星杨树头变（中站）	315	25	黄泥墩变	400

续表 3—4

编号	名称	容量 KVA	编号	名称	容量 KVA
8	金谷北站变	400	26	黄泥墩 5＃变	50
9	金谷北站 6＃变	100	27	秦家宕	30
10	曹家宕变	250	28	凤星北站 3＃变	100
11	金谷落变	200	29	路西巷变	200
12	金谷三组变	315	30	路西巷 1＃变	100
13	金谷三组 1＃变	315	31	凤星八组 1＃变	315
14	闯新变	800	32	水北变	315
15	金谷北站 1＃变	400	33	居墩岸路灯变	200
16	凤星季家堂变（东站）	160	34	吉家桥变	400
17	凤星东站 2＃变	400	35	吉家桥 1 号变	160
18	凤星朱家弄变（南站）	315	36	闯新 1 号变	200

第二节　沼气利用、油气供应

一、沼气

1973 年，境内推行“茶壶形土坑式沼气池”，虽有建池方便、成本低等优点，但质量差、易跑水、易塌方，使用寿命仅一两年。后改进为“圆形二合土池”。1975 年起，境内先后在凤星、金星、五联等地推广沼气池。当时各生产队都积极开挖沼气池，每只沼气池容积 10 立方米，为圆形活动盖水压式结构，造价 170 元。生产沼气用于做饭和照明。境内基本每个生产队都有几户开挖试用，但使用沼气的农户不到 10％。1980 年，公社沼气办公室对各大队沼气使用进行调查，病态池、报废池占多数，完好池正常使用也较少。1981 年，境内沼气不再推广，沼气池自然消失。

二、油气

境内无加油站，集体、个人的车辆使用汽油、柴油均需到附近加油站加油。

境内是张家港市农村中居民使用液化气燃料较早的地区之一。1986 年 6 月，境内已有 6 户人家使用泰州炼油厂提供的液化气。1993 年，张家港市机关液化气站在西张设供应点。1998 年，凤凰镇有一位个体老板在境内原五联村南塘梢建办液化气站。1999 年，境内 50％农民使用液化气。至 2015 年，境内各居住小区内的居民

100%使用液化气，同时还有20%的农户使用天然气（境内5个居住小区都安装了天然气管道）。

第三节 电 话

中华人民共和国成立前夕，境内通电话拍电报须到常熟电报局办理。中华人民共和国成立初期，只有乡政府所在地通电话。1953年，电信业务得到发展。1954年，邮政开办长途电话、农村电话和电报等。1958年，西张邮电所成立后，设电话总机，有业务员2人。1968年，境内各大队都安装电话机。电报仍以电话传送方式进行。80年代后期，原有的竹竿、木杆明线电话线均被水泥杆架空塑料电缆、地下电缆所代替，交换机改为共电式电话交换机，1983年，金谷村率先在村部安装共电式电话交换机，部分村民小组及村分厂装有电话。但凤星、五联村只有几部电话机，农户家中安装电话机的也不多。进入90年代，改为纵横自动电话交换机。1992年5月，开通程控电话。1996年，建微波塔一座，电信方面形成了无线寻呼网、信息服务网和数字数据网等网络。是年，境内累计装机380部，金谷村首先成为省级电话小康村。进入21世纪后，境内农户基本家家装电话机，至2004年末，全境1592户农户安装电话1560部，装机率达98%。后因几次拆迁和手机的普及，农户家中装电话机减少。至2015年，全境共装程控电话1080部，拥有手机3200部。

第四节 公共设施

一、公共建筑

1980年前，境内农村公共设施仅为村部办公用房及2～3间不等的村合作医疗卫生室，这些公共设施大多以砖瓦平房为主，少量混凝土结构平房，高度3～4米，凤星、金谷、五联3个村有公共建筑面积1000平方米，总投资15万元。全境45个生产队（村民小组）都有仓库场地及仓库屋，少的队3间，多的队6间，共有房屋225间，建筑面积6300平方米，场地面积13500平方米。场地用于生产队稻麦堆放和脱粒，队屋存放化肥、农药及拖拉机、生产用具等。同时也是当时社员、村民活动的场所。80年代，实行家庭联产承包制后，各村民小组的仓库屋、仓库场作用越来越小，有的因建设需要拆除，有的出租给外地人居住，也有的出租给私人办企业等。

90年代初，境内农村公共设施以建造二层砖混结构楼房为主。至1999年，境内3个村兴建公共建筑5幢（其中2幢为平房），用于村办公（原五联村墓区办公室）和村合作医疗室、老年活动室等。总面积4300平方米，总投资215万元。

2004年三村合并后，金谷村在境内西妙路北侧建造四层高的大楼1幢，建筑面积3200平方米，总投资480万元。主要用途是村部办公用房，大小会议室，村合作医疗卫生室，文体活动室，图书馆，阅览室，乒乓室，老年活动室，健身房等，还有部分出租私营业主。

二、健身广场

1983年前，境内没有健身广场，平时以仓库场为活动场地。2006年以后，全境建有综合健身广场3个，总面积2800平方米，其中金谷村村部建有标准化篮球场1个，还有各种健身器材。原凤星村朱家弄、陆家高头、北京庄小区均建有健身活动的小广场。

三、景观绿化带

2002年，境内在曹庄别墅区内建造小公园，占地面积5000平方米左右。东西向的沿江高速公路金谷段长2千米，两侧绿化带宽10～40米不等，种植各类树木花草50余种，20万余株，绿化总面积147亩。境内还有南北向的西凤路和金谷路，东西向的凤恬路和镇北路，两侧绿化景观带美化亮丽，季季有花。村级公路凤星路、华芳路两侧绿化带宽10米左右，种植各种花木，西妙路两侧绿化成荫，花木品种多，花色全，成了一道美丽的风景线。

四、村道路灯

1990年之前，境内没有路灯，村民长期在晚上摸黑走路（上下班）。90年代后，随着集镇建设和道路建设的加快发展，在境内穿过的公路两边都安装路灯。进入21世纪后，境内先后建有4个居住小区，小区内都装有路灯。2015年，东西向的西妙路、镇北路、凤恬路，南北向的金谷路两侧都安装上路灯。

第四编　交通·水利

中华人民共和国成立前，境内道路都是田间小道，纵横阡陌，狭窄弯曲，雨天泥泞难行。70 年代，镇村之间铺设沙石路。70 年代中期，境内修建至凤凰、恬庄、西塘市等公路，汽车直达市区。至 2008 年，先后修建了西凤、西塘、凤恬、西妙、金谷等公路，沿江高速公路穿境而过。至 2015 年，境内有 212、226、320、322 等 4 条公交线路，总长度达 1 万余米。

50 年代，境内田块七高八低，水利设施落后，农田排灌主要靠三丈浦、长寿塘、蒋祁塘等内河塘水。这些河道弯曲浅狭，径流不畅，少雨时易干旱，多雨时易成涝。60 年代后，重视农田水利建设，发动群众兴修水利，建造桥梁，共疏浚塘河 3 条，建桥 4 座。80～90 年代，境内疏浚河道 10 余条，建桥 5 座。至 2015 年末，全村共疏浚村组河道 55 条，水土方 383751 立方米，建造桥梁 12 座。

第一章　交　通

第一节　公　路

中华人民共和国成立前，境内农村道路狭窄、弯曲，雨天泥泞不堪。中华人民共和国成立后，农村主干道拓宽至 1 米左右。1968 年，开始在闯新队修筑机耕道，通行手扶拖拉机。1974 年，大队各生产队为农田灌溉建地下渠道，面上铺设沙碎石，可通行手扶拖拉机。1975 年，大队按公社规定，各生产队的机耕道统一宽 2 米，坡比 1：5。此时，大队贯通各生产队的机耕道。1976 年，凤星、金谷、五联派出劳力，修建西凤公路，1978 年 2 月通车。途经境内的东街、居墩、水北自然村，至牛腾桥，全长 2 千米。1978 年，大队派出劳力修建凤恬公路，途经境内的凤凰山小林场、唐家巷、交界桥等，全长 3 千米。至 1980 年，境内修建公路 5 千米，修筑机耕道 14 条，动用土方 35000 立方米，全长 15 千米。

一、村级、镇级以上公路

1981 年起，沿西凤、凤恬等主干道，乡村支道建设向两侧辐射，通往大队的道路铺设碎石、黄沙。90 年代起，镇村两级共同筹资，各行政村负责建造村域的路基，镇财政担负修筑路面。凤星、金谷、五联 3 村修建路基 10 千米，实现村与村道路连接。1993 年，修建西塘公路东段、西张至妙桥路口公路，接通 204 国道，途经境内的吉家桥、东街、贝贝公司、凤星、太平桥等地，全长 5 千米。1995 年，凤星、金谷、五联以乡村主干道为纲，修筑连接各自然村、组的道路。1999 年至 2001 年，各村主干道的道路基本上都扩展到 8 米，路面由原来的碎石沙土路改为沥青或混凝土水泥路。境内铺浇许巷至戴巷、新西河 2 号桥至朱家弄，路西至西张林场 3 条村级公路，全长 3750 米，宽 8 米。至 2015 年，境内有许巷至戴巷、新西河 2 号桥至朱家弄、路西至西张林场 3 条村道。有金谷公路、凤星公路、西妙公路、西凤公路、西塘公路、凤恬公路、华纺南公路、沿江高速公路金谷段等 8 条公路，总长度达一万多米。市公交 212 路、226 路、320 路、322 路等 4 条汽车路线穿越境内，停靠 10 余个站点，村部至市区乘坐汽车只需 20 分钟。

许巷至戴巷村公路 水泥路面，宽 4 米，长 1000 多米。

新西河 2 号桥至朱家弄宅基村公路 水泥路面，宽 8 米，长 1730 多米。

路西宅基至西张林场村公路 水泥路面，宽 8 米，长 1420 米。

西塘公路 位于境内北部，西起金谷路，东至 204 国道，境内全长 3 千米，宽 27 米，两侧辅道各宽 3 米，沥青混凝土路面，二级公路标准。

西凤公路 位于境内西南部，北起居墩，南至凤凰，境内全长 1 千米，宽 22 米，沥青路面，中间穿越沿江高速公路。

凤恬公路 位于境内南部，始建于 70 年代，2010 年开始，重建高标准公路，西起凤凰湖，东至交界桥，境内全长 2 千米，路面宽 22 米，两侧绿化景观带，沥青路面。

西妙公路 建于 2003 年，位于金谷村中心部位，西起金谷路，东至戴巷，境内全长 1 千米，路面宽 23 米，沥青路面，两侧是金谷社区、村民委员会所在地。

华芳南路 位于境内东北部，北起塘桥华芳，南至西塘公路，境内全长 800 米，路面宽 21 米，水泥路面。

金谷路 位于村部两边，是西张街道商业区，境内全长 1 千米，沥青路面。

凤星路 位于境内东部，北起西塘公路，南至交界桥，境内全长 2.1 千米，路基宽 9 米，沥青路面，接通凤恬路。

沿江高速公路金谷段　位于境内南部，全长 2 千米。是境内连接上海的高速公路。

为方便群众出行，境内在金谷路、西妙路、西塘路、西凤路、凤星路等路段，设金谷、凤凰镇政府、嘉泰、金谷社区、橡胶厂、北京庄小区、凤星、凤凰山、永庆寺、朱家弄等 10 余个公交站点。

二、村组道路

中华人民共和国成立前，境内村组道路均为泥路，人们在阡陌纵横的田岸出行，路宽不足 1 米，雨天泥泞难走。1958 年开始，各大队逐步加宽道路。80 年代起，逐步铺上碎砖碎石路面。90 年代后，开始改建成水泥路，但路面狭窄。2000 年后，金谷村加大对村组道路建设的力度，修建村部到各自然村的水泥路。2005 年，每个自然村（宅基）的水泥路进行拓宽改造，凤星、金谷、五联 3 个村主干道路面拓宽至 8 米，铺浇到各个自然村组的路面拓宽至 4 米。凤星村铺浇水泥路面 60170 平方米，金谷村铺浇水泥路面 19200 平方米，五联村铺浇水泥路面 31800 平方米。

金谷村境内村组道路一览表

表 4—1

行政村名	组名	道路通向	水泥路面积（平方米）
凤星	15、25、16、29、17	村委—凤星路	14200
	18、30、19、26、31	村委—凤星路	5860
	20、23、太平桥	村委—港口立新	5740
	24、32	村委—朱家弄	4000
	21、22、23、27、28	村委—凤恬路	5478
	村主干道	村委—凤星路	2480
金谷	1、11、12、水北	村委—西凤路	3200
	6、7、10、吉家桥	村委—西塘路	6400
	3、9、金谷落	村委—西妙路	400
	4、5、13、14、闯新	村委—西妙路	30000
	2、8、居墩	村委—西妙路	200
五联	35、36、37、38、45	村委—凤恬路	7080
	38、39、40	村委—凤恬路	8760
	41、43	村委—凤恬路	3680
	35、42	村委—凤恬路	3590
	34、44	村委—凤星路	4500
	43、村委旁	村委—凤恬路	4350

第二节 航 道

境内航道均为内河航道。中华人民共和国成立前，航道弯曲淤塞，航行不畅。中华人民共和国成立后，人民政府十分重视内河航道建设，70 至 80 年代，结合农田水利建设，多次对航道取直疏浚。1995 年后，航道设有专管员维护河道卫生，打捞漂浮物。至 2015 年，境内有长寿塘、张市塘、三丈浦、新西河等航道。

一、长寿塘

东西走向，是 70 年代前境内内河的主要航道，枯水期底宽 2～3 米，水深约 1.5 米，全长约 12 千米，属 8 级航道，通航能力 5 至 10 吨，西起栏杆桥北，经过陆家桥、马家桥、李庄桥、石龙桥，过长寿桥（又名吉家桥）、崔家桥、落马桥，入蒋祁塘，过蒋祁桥，入三丈浦。

二、张市塘（又名水北塘）

在石龙桥的肖家塘接长寿塘，过万寿桥，陈菜圩桥，在金谷村的钱家小桥处分流。一支过钱家小桥入横港，在戴巷东过落马桥，入蒋祁塘。另一支续向南，过东水北桥，汇入石塘浜，绕朱家湾接山东塘，过史家桥、交界桥、港口河阳桥入三丈浦。枯水期底宽 2 至 3 米，水深 1.5 米上下，属 8 级航道，通航能力 5 至 10 吨。

三、三丈浦

北起塘桥过肖家桥，经蒋祁塘，过太平桥、秦家宕，接港口河阳桥。境内全长 4000 米，属 8 级航道。中华人民共和国成立后，经人民政府疏浚后，60 年代通客轮常熟、无锡班。

四、新西河

位于境西，西起栏杆桥，东至金谷村朱家弄、秦家宕，入三丈浦。属 7 级航道，枯水期底宽 6 米，水深 1.5 米，通航能力 40 吨以上。80 年代通客轮无锡班。

第三节 桥 梁

旧时，境内桥梁除史家桥、太平桥、吉家桥、万寿桥、牛潭桥、居墩桥石桥外，其余桥梁多是木桥。由于年久失修，农村桥梁“三根木头两根滚（动），两头系起烂草绳”，大多通行不便。70 年代中期，在修筑机耕路中，改建和新建了一批水泥拱形桥梁。1980～2000年，建有三丈浦河太平桥、金谷桥、崔家桥、牛潭桥、居墩桥、蒋祁桥、落马桥、史家桥、吉家桥、向阳桥、东水北桥、交界桥等。进入21世纪后，镇人民政府将社会事业列入政府工作的重要议程，除新建部分农桥外，组织有关部门对全境农桥进行逐桥检查，并视损坏程度，分轻重缓急，分期进行维修改造。资金分别由市、镇、村三级分担。该新建和改造的桥梁，均为钢筋混凝土拱桥和板梁桥。至2015年，境内有新西河一号桥、二号桥、三号桥、胜利一号桥、二号桥、太平桥、金谷落桥、崔家桥、蒋祁桥、落马桥、吉家桥、水北桥、横港桥、酱缸坝桥、北宅桥、钱家小桥等20余座。

一、公路桥梁

朱家弄桥　位于金谷村朱家弄，跨新西河。1974年，建砖拱桥。1999年，改为双悬臂混凝土桥，桥长21米，宽6米，桥面荷载10吨，向南接五联村公路。

新西河二号桥　位于西张镇西妙路，跨新西河。1976年5月，建砖拱桥。2000年重建，桥长增至27米，宽增至20米，建成后此桥改称西妙桥，荷载15吨。

崔家桥　位于许巷前，跨长寿塘，距金谷村村委会驻地约1千米。旧时由崔姓建造，故名崔家桥。本是种田小桥，后属西张到塘桥的要道。60年代，改建为砖拱桥，长15米，宽1.6米，1980年废。后于2015年3月又重建该桥。桥长15米，宽9米，为平板桥，荷载10吨。

新西河三号桥　位于西张镇东街，跨新西河连接贝贝路。古时该桥为石桥，名万寿桥。1975年，改造市镇时因市河拓宽重建，改为砖拱桥。桥长23米，宽6米，荷载5吨，2015年，因河道加宽重建双悬臂混凝土桥，桥长28米，宽8米，荷载10吨。

胜利一号桥　位于原鸷塘村与金谷村之间，在原西林寺址跨鸷塘。1976年，建西凤公路时建石墩混凝土平板桥，桥长6米，宽8米。2002年，改建桥面，桥增宽为20米，2012年，因西凤公路拓宽，桥又增宽至28米。荷载15吨。

胜利二号桥　位于金谷村居墩，跨横塘。1976年初建，桥长6米，宽8米，是石墩水泥平面桥。2002年改建，桥面增宽至20米。2012年，因西凤公路拓宽，桥面增宽至28米，荷载15吨。

二、村级机耕农桥，人行桥

太平桥　位于金谷村东片太平桥自然村，跨三丈浦，是古桥。据《常昭合志》载：从前是木桥，因水路要道，又受潮水冲击，桥墩不牢固，经数度重修，后改建为石桥时，定名称太平桥。中华人民共和国成立初，石桥又倒塌曾经中断。为此，原太平村东部划入中塘乡。1985年，改建为砖拱桥，桥长18米，宽3米。

金谷落桥　位于金谷村东片陆家高头，又名陆家小桥。旧时，是金谷落向东出入通道，故名金谷落桥。始是木桥，1977 年，改建为砖拱桥。80 年代，通轻便车时桥梁又作了加固。桥长 17 米，宽 5 米，是连通金谷落同朱家弄宅基的要道。

新西河一号桥　位于原凤星村朱家弄，跨新西河，1974 年，建砖拱桥，桥长 23 米，宽 3 米。

横港桥　位于金谷村金谷落，跨越横港，由航道得名。1990 年，建砖拱桥，桥长 15 米，宽 3 米。初为机耕道，后通轻便车，连接陈莱圩与金谷落。2008 年重建，桥长 15 米，宽 8 米。

水北桥　曾称光明桥。位于金谷村与五联村之间，跨越石塘浜，由所在自然村水北得名。1970 年，改建为砖拱桥，时由五联村修建。故曾一度改名为光明桥。桥长 15 米，宽 2.5 米，能通轻便车辆。2001 年，建沿江高速公路时重建，恢复水北桥旧称。

吉家桥　位于西张市镇北，跨长寿塘。是清代湖南籍吉姓人建庄后建的种田桥，故称吉家桥。又名长寿桥。初是木架桥，后为石桥。1980 年，改建为砖拱桥，桥长 15 米，宽 2 米。

北宅桥　位于金谷村陈家湾北宅基，跨越长寿塘支流。有所在自然村得名。旧时为人行农桥，木结构。1974 年，改建为砖拱桥，桥长 11 米，宽 2 米。

酱缸坝桥　位于金谷村水北宅基北 200 米处，跨横港，初时为木桥。70 年代，改建为砖拱桥。桥长 10 米，宽 2 米。

钱家小桥　位于金谷村陈莱圩东南角，跨越横港，由当地钱姓所建而得名。初是小木桥，1968 年，改建为水泥平板桥。桥长 4.5 米，宽 1.2 米。

三、消亡桥梁

交界桥　位于原五联村村委会驻地前，跨山东塘。《常昭合志》有载。清乾隆六十年（1796）拓浚山东塘后，由萧姓始建。桥东属元阳里路西保，桥西属元阳里精舍保。故名交界桥。清代中叶，桥东属南二场九都，桥西属八都，直到 1956 年前，仍是属不同的乡辖。1978 年，凤恬公路通车设招呼站时，误写为“高界桥”。如今桥东建造了沿江高速公路高架桥。交界桥、高界桥、高架桥三者的称呼反映了时代的变迁和社会的发展。至 2011 年，因三干河南延工程建设需要，桥被拆除。

前园泾桥　位于原五联村史家桥南，建于清康熙年间。因跨越山东塘的前园泾得名，原是木桥。1983 年，改建为砖拱桥。桥长 17 米，宽 2 米。2011 年拆除。

牛潭桥　位于金谷村水北南，跨鹭塘（其中所在河段又称西林寺塘），初建于清顺治年间，原是石桥。桥长 15 米，宽 1.5 米。1941 年夏，国民党“忠救军”郭墨涛部与日伪军仲炳炎、杨春华部勾结，盘踞于周家码头、西徐市、鹭山一线，牵制新四军的抗日活动。农历七月初五，新四军六师 7 个连分 3 路合击，激战 4 小时，“忠救军”、伪军被击败溃逃时，将桥北桥墩炸毁。据《常昭合志》载，西徐市北出陆路有“牛潭桥”，“居塘（墩）桥”抵西张市。该桥是旧时西徐市通往西张市的要道。中华人民共和国成立后，该桥曾数次修复，仍为石桥。1978年，修通西凤公路后拆除。

万寿桥　位于西张镇长寿路，跨张市塘（又名水北塘），始建于明代。《常昭合志》载：“西张墅有大桥名万寿。”是石桥，接通东街。1975年，拓浚新西河时拆除，后建新西河3号桥替代。

居墩桥　位于金谷村居敦，跨横塘，由桥墩边的村庄得名。始建于清顺治年间，是座古石桥。30年代，岸水机船出入不便，改为石墩木板桥。《常昭合志》载：“西徐市出陆路有牛潭桥，居塘（墩）桥，抵西张市。”该桥自古是交通要道。桥长4.5米，宽1.2米，70年代废。

蒋祁桥（又名西塘桥）　位于金谷村蒋祁塘湾，跨越蒋祁塘。由明代置蒋祁里得名。初为木桥，1975年，改建为砖拱桥，桥长17米，宽2.3米。1993年，修西塘公路时拆除。

东水北桥　位于金谷村水北东，故名。跨越水北塘，建于清代，是座木桥。桥长20米，宽1米，70年代废。

落马桥　位于金谷村东片戴巷，原凤星村村委驻地旁，跨越蒋祁塘。该桥始建于清代，木结构桥。60年代，改为砖拱桥。桥长13米，宽1.6米。传说，清道光二十五年（1845），庞钟璐赴京赶考，参加礼部举行的会试，过桥时，看见桥墩边有两只龟叠在一处，便下马回府，认为不祥之兆。其父知道后说，这是吉祥之事，可中“状元”。于是，庞钟璐又回京城会考，结果中了“会元”。事实上，会试第一名只能是会元。殿试，才有可能中“状元”。自此，该桥取名为落马桥。据《常昭合志》载：清雍正二年，福山港至乌沙港建九座“马桥”。三丈浦建第六座“马桥”，是否指此桥，待考。该桥于90年代修村级道路时废。

史家桥　位于原五联村，跨越山东塘，该桥由明代嘉靖年间史姓建造，故名。嘉靖三十年（1552），遭倭寇掠劫，庄毁桥亡。灾后，由武进的张、谢两姓迁往建庄。清嘉庆三年（1798），由里人谢尔恭经办，重建为石桥，改名为金隆桥。但里人还叫史家桥。2002年，修建沿江高速公路时拆除。

许家小桥　位于原凤星许巷，因自然村名称许家小桥，原是人行小木桥，是吉家桥到许巷的通道。1991年，修建镇北路时拆除。

新桥　位于金谷村陈菜圩，须家宕边上跨张市塘。旧时是人行木桥，是通往西张市的要道桥。桥长15米，宽1.5米。70年代，开挖新西河时拆除。

南水北桥　位于水北宅基南，跨越水北塘，桥长20米，宽1.5米，是人行木桥，原是五联村到张市的通道，50年代废。

石塘坝桥　位于原五联村唐家巷西，跨越石塘浜，是石塘到五联村的通道。桥

长15米，宽不足1米，是人行木桥，后因年久失修，50年代废。

易家小桥 位于原凤星村陆家高头，是一条人行小木桥。60年代废。

向阳桥 位于西张镇长寿路，跨新西河，“文化大革命”后期建，故名。是砖拱桥，供原西张手工业联社及贝贝橡胶厂职工出入。1985年，桥面改为钢板，桥长19米，宽1.2米。2002年拆除。

2015年金谷村全境桥梁一览表

表4—2

序号	桥名	所在地	类型	结构	备注
1	朱家弄桥	朱家弄	公路桥	水泥桥	—
2	新西河二号桥	西妙路	公路桥	水泥桥	现称西妙桥
3	崔家桥	许巷	公路桥	水泥桥	—
4	新西河三号桥	张市东街	公路桥	水泥桥	—
5	胜利一号桥	牛潭桥	公路桥	水泥桥	—
6	胜利二号桥	居墩	公路桥	水泥桥	—
7	太平桥	太平桥	机耕农桥	水泥桥	—
8	金谷落桥	陆家高头	公路桥	水泥桥	村级公路桥
9	新西河一号桥	朱家弄	机耕农桥	砖拱桥	—
10	横港桥	金谷落	村级公路桥	水泥桥	—
11	水北桥（曾称光明桥）	水北前	村级公路桥	水泥桥	—
12	吉家桥	吉家桥	机耕农桥	砖拱桥	—
13	北宅桥	陈家湾	人行桥	砖拱桥	—
14	酱缸坝桥	水北北	机耕人行桥	砖拱桥	—
15	钱家小桥	钱家小桥	人行桥	平板桥	—
16	交界桥	交界桥	古桥	砖拱桥	2011年拆除
17	前园泾桥	史家桥	古桥	砖拱桥	2001年拆除
18	牛潭桥	水北南	古桥	石桥	1978年拆除
19	万寿桥	张市东街	古桥	石桥	1975年拆除
20	向阳桥	张市长寿路	消亡桥	砖拱桥	2002年拆除
21	居墩桥	居墩	古桥	砖拱桥	1975年拆除
22	蒋祁桥	蒋祁塘湾	古桥	砖拱桥	1993年拆除
23	东水北桥	水北东	古桥	木桥	70年代废
24	落马桥	戴巷	古桥	砖拱桥	90年代废
25	史家桥	史家桥	古桥	砖拱桥	2000年废

续表 4－2

26	许家小桥	许巷	消亡桥	木桥	1992 年废
27	新桥	须家宕	消亡桥	木桥	1975 年废
28	南水北桥	金谷落南	消亡桥	木桥	50 年代废
29	石塘坝桥	唐家巷	消亡桥	木桥	50 年代废
30	易家小桥	陆家高头	消亡桥	木桥	60 年代废

第四节　交通运输工具

交通运输工具，主要分人工运输和机械运输两种。70 年代前，境内的运输工具是以人力运输为主，80 年代以后，人力运输逐渐为现代机械运输所替代。

一、人力交通运输

板车（榻车）　大多数为木质车身，少数铁质车身。车身长 2 米左右，宽 1 米左右，载重近 1 吨，装货后要用人力拉。该车始于 70 年代。80 年代，境内有板车 80 辆，实行家庭联产承包责任制后，村民为拉粮方便，还可在空余时间外出搞运输，故大部分家庭都备有该车。至 2015 年，全村有板车 35 辆。

自行车　是一种轻便的代步及运输工具。60～70 年代，人们用自行车搭客载货、卖棒冰等，全境有 11 人从事该行业。1990 年后，自行车成为人们出行的主要工具，全境有自行车 2500 辆。至 2000 年，自行车数量逐年减少，逐步被电瓶车、摩托车代替。

船　有木船、水泥船两种。1956 年，境内蒋祁塘湾里有木船 1 艘（5 吨）从事载货运输。60 年代后，开始使用钢丝混凝土结构的水泥船，其优点是价廉、易保养、使用周期长等。吨位有 5 吨、10 吨、30 吨等。70 年代，境内 45 个生产队都有水泥船，主要转运稻、麦、化肥、装氨水、积肥、跑运输等。1985 年，境内公路筑成后，水路运输逐步被陆路运输替代。2000 年后，木船、水泥船消失。

木帆船　又称客航船，既装货又载客。中华人民共和国成立前后，该船是来往于乡村和市镇的交通工具。1960 年以后，逐步演变成载货销货为主，载客为辅。进入 80 年代后被淘汰。

二、机动交通运输

70 年代开始，境内机动交通运输工具逐步发展，除挂桨机船外，机动车有拖拉机、汽车、摩托车等。

机帆船 70年代开始，在水泥船尾梢上加装螺旋桨推进器，用柴油动力机带动行驶（称机帆船），1980年，境内有机帆船40余艘。90年代后逐步消失。

轮船 除客运外还兼货运。民国至中华人民共和国成立后，境内三丈浦、长寿塘分别开通常熟、无锡航班。80年代后航班停运。

拖拉机 最初为手扶拖拉机，用于耕作。后把车厢配挂跑运输，全境有30余辆，90年代后，逐步减少。

汽车、摩托车、电动车 是当代陆路交通运输的主要工具。90年代开始，陆路交通运输有轿车、面包车、卡车、小货车、摩托车、电动车等。至2015年，全境有轿车1200辆，面包车150辆，卡车10辆，小货车10辆，摩托车、电瓶车3000余辆。

三、货运

境内水路交通以新西河、长寿河、三丈浦为主。中华人民共和国成立后至70年代末，粮食、煤炭、黄砂等大宗货物，主要靠机帆船、轮船水运。

1980年，政策允许个体户搞运输，乡、村个体运输业迅速发展。境内个体运输大多为挂桨机船、水泥船。运输方式均为自揽货源，自由经营，随处停靠，机动灵活，成为运输业一支重要力量。至80年代末，全境有40余艘个体机帆船搞货运。90年代后，随着村级公路的贯通，拖拉机、挂斗机、汽车的发展，水上运输开始减弱。至2000年，水上运输基本绝迹。

第二章 水 利

中华人民共和国成立前，境内土地高低不平，河网凌乱，长江边无节制闸，随潮涨落。由于小农经济，内河道相互分隔，宣泄不畅，往往旱涝成灾。1934年，旱灾最为严重。境内的绝大多数池塘干涸，有的塘底发白。村民为车水、翻水吃尽苦头。

中华人民共和国成立后，特别是沙洲建县后，人民政府发动群众有计划、有步骤地进行群众性的水利工程建设，拓浚河塘，兴修水利，农民积极参加，境内水利设施明显改善，农田旱涝保收。1959～1983年，全境先后出动5000余劳动力，参加三丈浦塘、望虞河塘、张家港塘、新西河、新沙河、新市河、东横河、二干河、华妙河、锡澄运河、太浦河等河道的开挖疏浚工程建设。

1990～2000年，境内河道开始清淤、拓宽、排水畅通，并结合农田丰产方建设，增加水利配套设施。至2015年末，境内形成了河田配套、排灌畅通，旱涝保收的水利体系。

第一节 河道整治

一、乡、村级河道疏浚

民国时期，境内河道弯曲，狭窄淤浅，水不成系，河不成网，水旱灾害频频发生。中华人民共和国成立后，对境内的河道进行了截弯取直，拓宽疏浚，河道的排水量畅通。特别是1958～1995年，乡（镇）、村有规划有步骤地进行河道整治。先后拓宽、疏浚长寿塘、新西河、山东塘、蒋祁塘、横港等7条河道，全长50余千米。2000年以后，境内每年投入100余万元，加强对长寿塘、新西河、山东塘、蒋祁塘、横港等河道的清淤及管理维修，保持河道清洁。至2015年末，境内河道形成相互配套、排灌畅通、河道清洁的水利体系。

二、村组河道疏浚

境内河道除乡（镇）、村主河道外，还有许多散布于村宅四周的小河塘、浜、汊、潭。解放初期，境内有塘、河、浜、汊、潭76条。1958～1965年，平整土地时填埋小塘河、浜、潭15条。其中3大队在70年代填埋河、潭5条，造田20亩。至80年代末，境内有河、塘、浜、潭56条。实行家庭联产承包责任制后，村组河道的疏浚相应滞后。90年代后，结合吨粮田建设和乡村大环境整治，疏浚河道呈现高潮，境内3个村疏浚村组河道10余条。2002年5月，自《张家港市村组河道管理暂行办法实施意见》实施后，掀起一个疏浚村组塘河的热潮。针对农村费改税后兴办公益事业筹资难度较大的实际情况，市委、市政府对村组河道疏浚和管理实行以奖代补政策，每疏浚1立方米，市财政奖1元，镇政府同时配套奖励1元。市水利部门制定《张家港市2002年度村组河道疏浚工作实施细则》，组织对村组河道疏浚审核、检测，验收土方补贴结算。至2015年，境内共疏浚村组河道55条，水土方383751立方米（含开挖新西河土方在内）。

三、村组河道管理

为保持境内河道畅通整洁，1995年，村设专人清理河塘漂浮物。2014年开始，村设立“河长制”长效管理河塘制度。对每条河道设立专管员，负责清除河道的漂浮物及垃圾，保证河道干净整洁，清水长流。至2015年，境内有河道专管员6人。

第二节 水利工程建设

根据人民政府统一安排，境内凤星、金谷、五联3个村组织农民参与外地水利工程建设（挑塘）。1959年～1983年参加外地水利工程15批次，疏浚、开挖望虞河、三丈浦、张家港河、奚浦塘、新西河、二干河、新沙河、华妙河、东横河、锡澄运河、太浦河、新市河等12条河塘，派出农民工5378人。1983年以后，境内农民不再直接参与水利工程建设，由各级政府统一安排，组织人力、物力、财力搞水利建设。

历年参加外地水利工程一览表

表4—3

年份	工程名称	参加民工人数
1959年	望虞河水利工程	580人
1960年	境内三丈浦塘工程	220人
1968年	张家港河工程	280人
1969年	奚浦塘工程	250人
1973年～1975年	新西河工程	450人
1972年	二干河工程	380人
1972年	新沙河工程	400人
1979年	华妙河工程	650人
1981年	东横河工程	720人
1982年	锡澄运河工程	750人
1982年	太浦河工程	100人
1983年	新市河工程	620人

第三章　农田水利

第一节　灌　溉

20世纪前，境内农田灌溉主要依赖人力、畜力。1926年后，逐步发展戽水机船灌溉，但境内80%的农田靠人力车水灌溉，特别是少数高田仍沿用人力车逐级上水，俗称“盘水”。长期以来，农田灌溉成为农民的一件心事，一些稻田常因供水不足而造成粮食歉收。如遇大旱年，农民为抢水带来各种纠纷，矛盾不断。1939年后，柴油紧缺，柴油车大部分改装成木柴车。抗战胜利后，戽水机船稍有增加。境内凤星村朱家弄朱家和金谷村孙家宕的孙家就拥有机船3艘。至1949年，全境农田机灌占总面积的20%。

中华人民共和国成立后，整顿戽水业，扶持置机户正当经营，提高灌效，扩大灌溉面积。农业合作化后，解除了农户间因川灌、漫灌走失肥效的纠葛，使能机灌上水的田都实行机灌。1959年，境内五联村（三大队）南塘梢建机灌站1座，修干渠、支渠1200米，灌溉面积700亩。1970年，境内崔家湾建西张公社第一座电灌站；1972年，境内南塘梢、雷公潭建电灌站，逐步发展电力灌溉。1985年，境内农田全部实现灌溉机电化。

一、人畜力灌溉

境内灌溉工具原来使用人力或牛力水车。水车由车轴、车厢、戽板、眠牛、车桁、石盖（搁置车轴转动共2只组成）等组成。车轴有四人轴、六人轴两种，境内大多以六人轴为主，车身长度以戽板计算，一般有11、13、15、17、19、23张等多种。境内因属纯稻区，大多用17张以上长水车，戽板由车键相接，似“龙骨”，用于提水。灌溉时以6人、8人、9人档运作，6人档在劳动时可停车休息片刻，8人档俗称8转6，按筹码转数，其中2人轮流休息，9人档俗称“9个转”，按筹码转数，其中3人轮流休息，按劳动强度，8转6最为辛苦。牛车则要加上墩芯、盘面。一部人力车日灌溉面积在5～7亩。一部牛车日灌溉面积10亩左右。内塘水源不足的地方要从外塘河翻水，塘翻塘，沟翻沟，几度上水。私有制时，内塘上水田有规定（一条内塘规定几块田上水）。因此，一旦发生旱情，几块田的农户就得请人帮助“抢水”。1962年，境内有人力水车100部，牛力水车22部，人畜力灌溉2800亩。至1969年，人畜力灌溉基本绝迹。

二、机械灌溉

1926年，境内始用柴油机灌溉。凤星朱家弄朱家和金谷孙家宕孙家分别购进柴油机装在木船上，流动灌溉，日军侵略中国，柴油奇缺，柴油机改成木柴机，每台机灌溉500亩左右，每灌溉1亩收取稻谷18～25千克。1954年，由乡政府牵头成立联营组，定期、定浜、定码门，以水泵功率大小统一安排，联合承包灌溉。农业合作化后，部分农业生产合作社开始自购戽水机。1956年，西张抽水站成立，有21艘机船分到各村有码门的地方抽水。1959年，境内有五联村南塘梢灌溉站。人民公社成立后，各农业生产合作社的小排灌站合并，开始修建灌溉渠道。至1969年，境内95%的农田用机械灌溉。

三、电力灌溉

1970年，在境内二大队崔家湾建西张公社第一座电灌站。1972年，公社将南塘梢、三家村、白禾泾等机灌站改建成电灌站，并新建雷公潭电灌站，全公社电力灌溉面积 1.27 万亩，境内灌溉面积 3500 亩。1973 年后，机器灌溉改电力灌溉的步子不断加快。到 1985 年，累计用于发展电灌事业的投资约 110 万元，全境有电动机 95 台，水泵 60 台，电灌站 10 座，加上流动电灌及 70 亩、80 亩田块的小型电灌站，基本普及电力灌溉。1999 年以后，再次对农网改造，建合格电灌站、地下排灌设施等。2010 年，因大部分耕地不再种植水稻，境内都以小型电灌站为主。至 2015 年，境内共有 25 个小型电灌站，灌溉面积 1200 亩。

第二节　田间沟渠

50 年代初，境内基本无灌溉渠道。1958 年以后，随着机灌站的发展，渠道工程逐渐兴起。1959 年，境内南塘梢建灌溉站，建干渠 1 条，支渠 2 条，总长 1200 米，灌溉面积 700 亩。

1962 年后，各大队自办机灌站。1970 年，有的生产队开始购买柴油机用于戽水、脱粒。境内有金星闯新队、金星 3 队、凤星 6 队购买柴油机、拖拉机。1972 年以后，各生产队购买拖拉机，既戽水、耕地，又脱粒。1980 年，境内排灌动力中有柴油机 12 台，农用拖拉机 58 辆。1990 年初，原有的灰土渠道逐步以水泥管取代。1991 年，由市、镇、村三级投资 15 万元，改造金谷村陈菜圩闯新电灌站，用水泥板建造明沟排灌两用渠道 3000 多米。原五联村南塘梢电灌站建渠道 2500 米。翌年 5 月，上述两个电灌站经苏州市和张家港市两级验收，被评为标准化电灌站。

1995 年后，渠道工程发展迅速，一般一座固定机灌站或电灌站有渠道千米以上，长的几千米以上。2000 年，境内金谷村金谷落、凤星村朱家弄灌区改造电灌站及修筑永久性渠道 4988 米。2001 年，西张镇获得市水利建设先进镇称号。金谷村被评为水利建设先进村。2002 年，境内 3139 亩农田排灌系统有沟渠 6500 米，基本能做到旱涝保收的沟渠配套。

电灌站发展后，管理人员由乡镇负责培训，生产队电工由大队培训。实行联产承包责任制后，村民小组机电灌溉均由专人负责管理。

第三节　农田建设

一、土地平整

农业合作化前，境内粮田高低不一，大小不均，大块田 4～5 亩，小块田仅 0.2～0.3 亩。村组小河塘星罗棋布。合作化以后，逐年把部分小田块合并。1958 年，境内开始垦荒地、荒坟、竹园，填小河浜，扩大耕地面积。1970 年起，大搞平整土地，格田成方，块块“自立门户”坧灌，坧排。自 1970 年冬至 1971 年春，全境出动劳力1800人，填平小河塘20条，平整土墩、坟地1000处，平整土地2000余亩。扩大耕地面积168亩。1973～1978年，全境农田以新西河为中枢，田块南北向长90～100米，宽17米为坵，5坵为块，设排灌渠道、置机耕路，田块根据地势地形，采取高低分开，内外有别，排灌分享，为建成吨粮田奠定基础。

1997年，全镇按照土地中长期规划，划定永久性保护农田，冻结非农业用地一年，镇投入220万元平整土地，兴修水利，境内金谷、五联两个村平整土地500亩。至1998年，全境4965亩农田，80%建成两亩一块，走向一致，格田成方、沟渠配套、排灌分开、旱涝保收的高产稳产田。进入21世纪后，境内耕地面积逐年减少，土地平整基本停止。

二、吨粮田、丰产方、农田示范区

吨粮田、丰产方、农田示范区建设基础工程始于60年代，按照排得快、灌得好、降得下、易管理的农田规格化要求，从改造低产田入手，大搞平整土地和格田成方，重新调整河、沟、田、路、站的布局，将原来大小不一，高低不一的田块分隔成同一方向，两亩一块的格子化农田，连片的格子田成为吨粮田、丰产方、农田示范区的雏形。

吨粮田 吨粮田是旱涝保收田、高产稳产田建设的继续和发展。在平整土地，改造低产田的同时，注重农田排灌条件，治理水土流失，有计划地实施旱改水工程。1985年，境内各大队开始建立吨粮田，总面积1300亩。在建设吨粮田的基础上，各大队根据外地先进经验，对吨粮田实行一改三结合：即把明渠改为暗渠；结合平整土地，格田成方；结合大搞灌排分开，做到块块“自立门户”，坵灌，坵排；结合调整社员自留地（插花地），建设标准化机耕道，路旁植树绿化。1986年～2002年，全境共建吨粮田2300亩，其中改造低产田约400亩。至2015年末，全村有吨粮田1000亩。

丰产方、农田示范区 1963年，西张公社在境内金谷落（二大队3队）建成150亩丰产方示范区。由时任公社主要负责人带领机关干部会同群众参与，大搞平整土地，格田成方。针对原来沟系状况，实行渠道重新开挖，田间沟系按标准需求配套，工程完成后，为全公社起了示范带动作用。1968年，境内成立闯新生产队（由4、5、13、14生产队合并），建成400余亩的丰产示范方，为公社的农业样板队。90年代，境内建办闯新农场、凤星农场，累计投资70多万元，新建电灌站2座，农桥1座，渠道3000米，铺砂石路1200米，水泥路700米，农田绿化花木0.4万株，建成450亩丰产方、农田示范区。

1998年，镇、村投入1000余万元，继续复垦土地4000余亩，新增耕地320亩，其中3000亩丰产方被列入国家级农业开发试点区。建成丰产方农田4800亩。至2015年末，境内耕地建成高产、稳产农田近千亩。大部分由种田大户承包耕种，100亩左右由村农机服务队种植。丰产方、农田示范区已不存在。

第五编　经济综情

中华人民共和国成立前，境内一直是自给和半自给的单一农业经济。农作物产量低而不稳，林、牧、渔副业也很落后。工业一片空白，农民收入低下，生活贫困，大部分农户连温饱也无法解决。

中华人民共和国成立以后至1956年，国民经济开始恢复并开展有计划的经济建设，基本完成了对生产资料私有制的社会主义改造。1957年，是中华人民共和国成立以后经济工作效果最好的年份之一。1958年开始的“大跃进”，忽视了客观的经济规律，造成了不少损失。1961年，三麦产量比1959年减产26%。水稻产量分别比前两年减产13%和11%，导致了1959～1961年的国民经济严重困难。经过三年调整，境内经济逐步恢复。1965年，粮食总产比1962年增长60%。“文化大革命”开始以后，境内只抓粮、油、猪，农民只能在集体耕地上耕作，搞单一农业经济，地方优势不能发挥，商品经济得不到发展。1964年至70年代初，境内开始兴办社队工业，建办砖瓦、石棉、粮食加工等企业。1970年后，社队工业纷纷上马，进入发展阶段。中共十一届三中全会后，调整农村政策，实行农村经济体制改革，境内农村实行了家庭联产承包责任制，大量富余劳动力转移出来，为镇、村工业发展创造了有利条件。1985年至1995年，境内凤星村建办6家企业，金谷村建办19家企业，五联村建办8家企业。3村合计建办33家企业。1995年，金谷境内社会总产值达6553万元，其中工业产值达5189万元，比1978年增长近10倍。90年代后期开始，根据中央关于经济体制改革的要求，镇、村企业逐步实行产权制度改革。该政策的贯彻实施极大调动了企业的积极性，促进了全村经济持续高效发展，加快了全村社会生产总值的快速增长。1999年，凤星村并入金谷村，2004年，五联村并入金谷村，2015年，三村合一后的金谷村地区生产总产值达9.35亿元。

中华人民共和国成立初期，由于境内经济不发达，没有设立专门的经济管理机构。1962年成立沙洲县后，境内逐步建立经济管理制度，配备了管理人员。80年代后，统计、审计、经济合作社、股份合作社等逐步完善规范，至2015年，境内经济管理全部实现规范化。

第一章　经济总量

第一节　总产值

1962年，境内工农业总产值50.18万元，1978年，工农业产值达156.03万元，是1962年的3.1倍。

1998年，境内工农业总产值达4182万元，是1978年的26.8倍。

1999年，境内工农业总产值达6420万元。至2015年末，全村工农业总产值达9.35亿元，是1999年的14.6倍。

1962～2015年金谷村地区总产值构成一览表

表5—1

年份	地区总产值（万元）	各业产值				年份	地区总产值（万元）	各业产值			
		农业（万元）	占比（%）	副业、工业及其他收入（万元）	占比（%）			农业（万元）	占比（%）	副业、工业及其他收入（万元）	占比（%）
1962	50.18	48.84	97	1.34	3	1976	118	91.17	77.3	26.83	22.7
1963	51.91	49.53	95.5	2.38	4.5	1977	122.04	74.26	60.8	47.78	39.2
1964	70.98	66.72	94	4.26	6	1978	156.03	103.31	66.2	52.72	33.8
1965	86.9	81.66	93.3	5.24	6.7	1979	165	105.11	63.7	59.89	36.3
1966	90.66	81.97	90.5	8.69	9.5	1980	175.75	99.68	56.7	76.07	43.3
1967	80	67.43	84.3	12.57	15.7	1981	135.71	86.97	64.1	48.74	35.9
1968	81	67.72	83.6	13.28	16.4	1982	195	105.24	54	89.76	46
1969	83.58	76.04	91	7.54	9	1983	381.4	81.54	21.4	299.86	78.6
1970	90.9	77.06	84.8	13.84	15.2	1984	941	141.98	15.1	799.02	84.9
1971	102.52	87.8	85.5	14.72	14.5	1985	1752	122.3	7	1629.7	93
1972	92.29	79.37	86	12.92	14	1986	1820	140.88	7.8	1679.12	92.2
1973	113	95.42	84.4	17.58	15.6	1987	1912	126.87	6.6	1785.13	93.4
1974	122.06	89.16	73	32.9	27	1988	2028	134.87	6.6	1893.13	93.4
1975	117.35	83.07	70.8	34.28	29.2	1989	2048	135.75	6.6	1912.25	93.4

续表 5—1

年份	地区总产值（万元）	各业产值				年份	地区总产值（万元）	各业产值			
		农业（万元）	占比（%）	副业、工业及其他收入（万元）	占比（%）			农业（万元）	占比（%）	副业、工业及其他收入（万元）	占比（%）
1990	2400	557	23.2	1843	76.8	2003	27019	1130	4.2	25889	95.8
1991	2686	553	20.6	2133	79.4	2004	30160	1240	4.1	28920	95.9
1992	3080	462	15	2618	85	2005	48347	1257	2.6	47090	97.4
1993	6647	491.86	7.4	6155.14	92.6	2006	106458	1188	1.1	105270	98.9
1994	6858	524.7	7.7	6333.3	92.3	2007	149520	1248	0.8	148272	99.2
1995	6553	1364	20.8	5189	79.2	2008	132900	1210	0.9	131690	99.1
1996	6186	1044	16.9	5142	83.1	2009	80185	1280	1.6	78905	98.4
1997	5131	1087	21.2	4044	78.8	2010	98315	847	0.9	97468	99.1
1998	4182	1243	29.7	2939	70.3	2011	103295	512	0.5	102783	99.5
1999	6420	1168	18.2	5252	81.8	2012	88570	501	0.6	88069	99.4
2000	6420	1105	17.2	5315	82.8	2013	94487	492	0.5	93995	99.5
2001	8987	904	10	8083	90	2014	88874	489	0.6	88385	99.4
2002	16781	923	5.5	15858	94.5	2015	93535	498	0.5	93047	99.5

第二节 产业结构

境内产业结构总的趋势是从单一的农业经济向现代工业和第三产业发展。20 世纪 60 年代前，一直以农业为主，农业产值约占地区生产总值的 95％以上。1949 年到 1969 年产业结构一直维持着第一、三、二产业的排序（第一产业指农业、副业等，第二产业指工业、建筑业等，第三产业指商业服务业、流通领域行业等）。

70 年代后，社队企业逐步兴起，第二产业快速发展，工业产值逐年增加，第二产业所占地区生产总值的比例超过第三产业，位居第二位，产业结构按第一、二、三产业排序。

1985 年，第二产业产值占地区社会生产总产值的 42％，至 2000 年，第二产业产值占地区社会生产总产值的 78％以上。2004 年起，境内第二产业发展步伐加快，第二产业值占地区社会生产总值的 82％。凤星、金谷、五联三村合一后，全村实现工业产值 2.8920 亿元，工业产值远远超过第一产业和第三产业。产业结构变为第二、三、一产业排序。

2015年，第二产业、第三产业占社会生产总值的99%以上，第一产业产值仅占0.5%左右。

第三节　经济效益

一、工业经济效益

70年代末期，境内的村办企业进入了发展阶段，并有了一定的资本积累，经济效益得到了提高。1986年，金谷村的工业产值超过1600万元，比70年代末期增长了32倍以上。利润达319万元，增长50倍以上。2015年，全境工业产值超过9亿元，比1995年增长56倍以上。

21世纪以来，境内工业迅猛发展，经济效益大幅度提高，工业经济量的扩张向质的提高全面转变，质量效益稳步提高，量质并举，可持续发展能力不断增强，固定资产逐步增加。2002年，全村固定资产原值为348.07万元，2005年为390.53万元，2010年为597.26万元，至2015年末，固定资产原值提升为2103.51万元，工业利润大幅增长。1980年，全村利润为120万元，1994年为380万元，2015年，利润为815万元。利税总额逐年递增，至2015年，境内利税总额3500万元，村可用财力791万元。

二、农业经济效益

农业合作化以后，党和政府十分重视农田水利基本建设，积极推广农业科技，农作物产量逐步上升，农业经济效益逐步提高。

1957～1970年，全村农民年人均分配收入一直徘徊在60～90元之间。1982年，农村实行家庭联产承包责任制后，调动了农民种田的积极性。农村实行产业结构调整，取消双季稻种植，扩大经济作物的种植面积，大力推广科技种植，不断提高农业机械化水平，境内形成了农民承包耕地、村里配套服务的双层机制，农业用工量从过去的每亩100多工逐步降至不足20工，生产效益大幅度提高。1988年，境内农业总收入557万元，年末农民人均收入928元，是1978年的6.4倍。

90年代后，金谷村紧紧围绕“农业增效，农民增收，农村稳定”的目标，进一步调整农业产业结构，发展规模经营，实施科技兴农，使农业逐步向“高效农业、特色农业、生态农业”的方向发展，并取得了明显成效。2015年，全村实现农村经济总收入9.35亿元，其中农业收入498万元，全村人均纯收入28191元，是1990年的23.9倍。

第二章 经济综合管理

第一节 土地管理

中华人民共和国成立后，境内消灭封建土地所有制，使土地变为农民个体所有，再经过农业合作化，建立土地集体所有制。

1962～1966年，征用土地均由沙洲县人民委员会审批，其中道路与河道的基本建设等为征用土地的重点项目。1967～1977年，县属单位的大项目工程，用地由沙洲县革命委员会审批，小项目工程用地先后由沙洲县民政局生产指挥组和计划委员会负责审批。社队工业用地不多，均未经审批。80年代初，乡镇办企业大幅增长，建设用地急增，乱占滥用耕地频繁发生。1981年7月20日，沙洲县人民政府颁布《关于农村土地管理暂行规定》，明确企业、事业单位需要建房用地须单位申请，公社讨论，报县计委审批，发给基建执照后方可动工。但这一规定未能实行。1985年11月，沙洲县人民政府又颁布《关于加强土地管理的通告》，规定凡乡镇企业用地，均需由用地单位向所在乡（镇）的村镇建设办公室申请，经乡（镇）人民政府审查核实，报县土地管理办公室批准后方可使用。1987年5月，市政府发出《关于对全民、大集体、乡（镇）、村、队办企业，事业单位非农业用地补办手续的通知》，要求凡是非法占地的单位必须补齐手续，使集体建设用地全部纳入土地管理，杜绝乱占滥用耕地现象。1996年，为规范用地，西张镇清丈了境内3个村1500余户村民宅基地。是年7月，境内对超面积用地户作了经济处罚。

一、土地登记

1988年，西张镇开始土地申报登记工作，国有（集体）土地的使用单位和个人，经审查合格，发给《国有（集体）土地使用证》和《宅基地使用证》。1989年开始土地变更登记，2001年6月，镇换发土地证书，村里每家每户分别领到了宅基地使用证和土地证书。

二、住宅建设用地管理

中华人民共和国成立初期至1957年前，农民可在自有宅基地上建房，没有宅基地的，由农业生产合作社安排地基。1958 年，建立人民公社后，农民建房需用耕地的，须经生产大队、公社和县计划委员会批准。1963 年，境内贯彻江苏省委规定：社员造房尽量利用旧有宅基地，占用集体耕地，须经社员大会讨论，由县人民委员会批准。1965 年 5 月，贯彻省人民委员会规定，个别社员建房，确无宅基地和闲散土地可以利用的，可经本人和所在生产队社员同意，在各自自留地上建造。以后，大队采取社员用耕地建房，以同等面积的自留田抵换的办法。1970 年，乡镇企业用地增加，由县、公社统一规划，确定地点建厂房。1975 年，社员建房宅基地由公社统一审批。1981 年，县政府规定："分配给社员的宅基地、自留地、饲料地和承包的耕地，只有使用权，没有所有权"，"不准出租、买卖和擅自转让，不准在承包地、自留地和饲料地上建房，农村建新房坚持统一规划和审批手续"。

1982 年，县政府规定农村农户建房宅基地面积为人均 0.04～0.07 亩，一般每户宅基地为 0.25 亩，人口众多户每户不超过 0.35 亩。1983 年，村里规定建房为 1 子 3 间（3.8 米次间、中间 4 米）。1985 年，改为每户不超过 0.24 亩。境内村民建房统一做到：建房户按规定提出申请，报村民委员会核定，送乡镇级批准方可建房。1989 年，农民建房必须做到地基、高度、檐高、进深、开间朝向 5 个统一。1991 年 10 月，农村村民建房使用耕地按规划选址后，由市土地管理局按用地标准审批；使用非耕地建房（包括老宅基翻建）由镇土管所踏勘，经市土地管理局签发同意后，由镇人民政府审批。1993 年 5 月，市土地管理局和市建委联合发文，严格控制在非规定区兴建别墅住宅楼。1994 年下半年起，所有农户建房（包括老宅基翻建）都须经市土地管理局踏勘审查批准，新房建造后，老房在规定期限拆除。1998 年，全面复核清查原有农村宅基地使用情况，重新审批登记，换发新的集体土地使用证、中华人民共和国国有土地使用证。

2004 年 6 月，市政府出台《张家港市农村房屋预拆迁实施意见》，规定凡规划控制区域范围内农村村民宅基地的房屋，申请新建、翻建、扩建的一律实行预拆迁，采用定销房安置或自建。2005 年 7 月起，全境急需建房户，凡不在规划点上的农村居民，不得在原地新建、翻建、扩建住宅，如需建房必须进入规划保留村或新规划的农村集中居住区，在规划保留村内的村民可以自建独立式住宅。在新规划的农村集中居住区由镇村集体按规划，由建房户自建（统一图纸）别墅房或联体别墅。急需建房户建房资格证由镇和市国土资源局负责认定。是年，境内农户新建、翻建、扩建都按以上规定严格执行。2005～2008 年，村部在上级主管部门的配合下，强行拆除了全村 10 户人家的违章建筑，维护了土地国策。

2013 年后，根据市政府的有关规定，不在规划区域内的自然村庄，如有农户因子女婚嫁，原房屋急需新建、翻建的可在原有宅基上建造统一标准的别墅，但必须要按规定办理审批手续，批准后方可重建。至2015年，境内已有25户在原有屋基上新建别墅式公寓房。

三、土地（农田）保护

1995年，国家建设部确定了“城市现代化，乡村城市化”的目标。1996～1997年，贯彻市委、市政府《关于进一步加快土地规模经营的意见》，全村耕地实行农户承包制。1998年，为稳定和完善农村土地承包关系，在明确农户土地承包权的基础上，及时对全村农户、农业人口发放了耕种口粮田和责任田的土地承包证书。为了强化农业基础设施建设，推动农村经济发展，促进农业和农村现代化，2002年，建立镇、村、组三级基本农田保护网络，始终贯彻“十分珍惜，合理利用土地和切实保护耕地”的基本国策；坚持强化责任、守住基本农田；积流开源，开展土地整理；着力节流，不断强化集约用地。

四、土地补偿

中华人民共和国成立初期，土地补偿由征地、被征地单位协议作价，政府没有统一标准。60年代，境内办砖瓦厂，制坯取土用地的土地面积为各大队根据实际占用面积采取队与队之间调整补偿。70年代起，县（市）政府为了确保征地和被征地双方利益，相继出台了一系列征地标准。80年代，村办企业用地补偿为每亩每年200元。90年代后期，租用补偿为每亩每年600元。2000年以后，每亩租用土地补偿费逐年递增。至2015年，被租用的土地补偿费为：工业用地每亩每年1万元；道路绿化每亩每年1300元；开挖凤凰湖租用土地为1300元；大农户上交承包土地费为每亩每年1050元；其他用地租金为1000元。土地补偿费每年按规定分给每个村民。

进入80年代后期，因国家建设需要，对农村部分耕地征用，实行经济补偿。1989年，确定征地补偿费为每亩3577.2元。1992年，征地补偿费提高到每亩4800元。1993年，征地单位除向被征地单位支付国家规定的补偿外，还视情况适当增加3项费用：地上附着物补偿每亩1500元内；征地后人均耕地在0.5亩以下的，补粮差每亩5000元以内；当年度的农业税补偿。以后对于征用土地的补偿规定不断变更，补偿的标准也不断提高，以确保失地农民的经济收入和生活的保障。

五、农业人口的安置

60～70年代，征用土地时由社队农副业、企业安排劳动力。80～90年代起，对耕地全部被征用或征地后人均耕地不足 0.1 亩（含 0.1 亩）的生产队，经核实批准后撤销生产队建制。被撤销生产队的原有农户，全部转为非农业户口或城镇户口，有关劳动力按规定安置或实行保养。境内 5、6、13、14 组 221 户农民因土地征用，经核实批准所有农户于 2013 年全部按规定办理安置。

1992 年起，对于被征用土地的村民小组，由当地镇政府按规定安置征地工进入市属企业工作。

2005 年起，征地撤组后被安置的农业人口，按照《张家港市征地补偿和被征地农民基本生活保障暂行办法》规定，实行基本生活保障；第一年龄段（不满 16 周岁者）人员一次性领取 5000～10000 元的生活费；第二年龄段（男 16～45 周岁，女 16～35 周岁）人员建立被征地农民保障个人账户，其金额标准为 2000 元的安置补助费及耕地补偿费的 70%，到达法定退休年龄后按月享受最低退休待遇，也可以领取 3 万元左右一次性生活补助费；第三年龄段（男 46～59 周岁，女 36～54 周岁）人员，每人每月领取 180 元的生活补助费；第四年龄段（男 60 周岁以上，女 55 周岁以上）人员每月领取 420 元征地保养金，也可以一次性补 3 万元左右生活费。

六、土地灭荒

2003 年，上级政府提出限期解决土地抛荒问题，对征而未用的非农建设用地督促用地单位尽快动工建设；预计 1 年内不用而又可以耕种并收获的，应要求恢复耕种；已有 1 年以上未能动工建设，预计 1 年内不用而又可以耕种并收获的，可以收回土地使用权。2004 年，对闲置 1 年以上的非农建设用地收取每亩 200 元的荒芜费；对闲置 2 年以上的依法无偿收回，重新配置利用。对闲置的老宅基地复耕灭荒，对沿江高速公路工程所闲置的零星土地，按户人口统一划分，鼓励村民积极耕种。境内从 70 年代至 2015 年，共复耕老宅基地 3 处，新增耕地 15 亩。翻耕复垦老窑基 8 座及荒墟地 400 亩，鼓励村民积极耕种。至 2015 年，境内无抛荒、半抛荒情况。

第二节 统计、审计

一、统计

60～70 年代，境内各村没有正规的定期报表制度。特别是“大跃进”时期，许多报表的统计数据严重失实。“文化大革命”开始，统计工作受到严重影响，断断续续。1976 年起，统计工作恢复。1981 年开始，境内各村随着工业企业的发展，相应配备了兼、专职统计人员。1998 年实行股份制后，统计人员逐步减少。第一、二、三产业等3个产业18小类的统计项目及有关经济指标数据由各村主办会计（财务科长）兼职负责上报。

二、审计

1996年，境内成立了村务公开和民主理财小组。村务公开领导小组组长由村书记担任，民主理财小组组长由村主任担任，各组相应配备3～4个组员。村务公开时间：1996年当年底公开一次，1997、1998两年每半年公开一次，1999年下半年起，每季度公开一次（季后15天内公布）。专项业务可以根据需要及群众要求随时公布。2005年，民主理财小组成员重新调整，直接由村退休老干部和村民代表组成。具体工作每季度开展一次民主理财，负责审核监督村财务运行，并对群众关注的热点随时公布，做好理财台账，让村级经济运行、重大事项收支及民生实事工程在村民的监督下运行。至2015年，村务公开率达100%。

第三节　村级经济管理

1983年5月，遵照中央和省有关经济体制改革精神，西张人民公社改为西张乡人民政府，凤星大队改为凤星村，金星大队改为金谷村，五联大队改为五联村。3个村合并后成立党总支、党委、村民委员会及经济合作社。

1983年，成立凤星村经济合作社、金谷村经济合作社、五联村经济合作社，各村设社长1名，副社长1～2名。

1999年，境内各村实行村务公开，并成立村务公开领导小组，由党支部书记任组长，成员5人；成立民主理财小组，组长由村民委员会主任兼任，成员5人。

2006年7月，凤凰镇人民政府下发《关于同意金谷村的经济合作社改组成社区股份合作社的批复》，金谷村经济合作社改组成金谷社区股份合作社。同年，召开金谷社区股份合作社首届社员代表大会第一次会议，选举金谷股份合作社第一届董事会，监事会成员，并召开董事会，监事会会议，选举徐群芳为董事长、杨丽琴为监事长。原经济合作社自行终止。

2015年11月27日，召开金谷社区股份合作社第三届社员代表大会，选举产生新一届理事会、监事会成员。陆惠东任理事长，杨丽琴任监事长，徐卫、杨景春、杨晔志、朱凯为理事会成员，徐仁弟、钱惠龙为监事会成员。

金谷村社区股份合作社设置股份为5317股。

2015年，年终分配时每股股金分配为30元。

1983～2006 年境内各村经济合作社领导班子成员及 1958～2015 年历任大队（村）会计财务科长一览表

表 5—2

村名	历任社长	历任副社长	历任大队（村）会计、财务科长
凤星村	许卫东　朱建秋	吴忠尧　程正华 戴永石　陈雷	陈松保　戴同吉 朱金保　吴建中 戴忠法
金谷村	徐群芳　钱士忠	钱银才　卢曙明 杨金虎	曹正元　许正祥 杨永兴　钱忠法 高金芬
五联村	钱仁兴 张建官 孟建华	唐月兴　邹建国 邹根元　钱关德 钱建明	谢永如　王阿根 朱永元　邹小明 张益明　徐仁弟
三村合并后金谷村	徐群芳	邹根元　孔仁兴 周建华　钱惠龙	高金芬　杨景春

2008～2015 年金谷村村务公开、民主理财小组成员一览表

表 5—3

村务公开小组			民主理财小组		
组长	副组长	组员	组长	副组长	组员
高永林	朱永元	高阿大 杨根元 朱文高 邹保明 陈宗保	朱永元	—	陈宗保 高阿大 杨根元 邹保明

2006～2015 年金谷村社区股份合作社领导成员一览表

表 5—4

届数	时间	组织名称	组成人员		监事会组成人员	
			负责人	成员	负责人	成员
第一届	2006～2011 年	董事会	徐群芳	陆惠东　朱仁祥 高金芬　孔仁兴 张益明　邹根元	杨丽琴	徐仁弟 钱惠龙
第二届	2011～2015 年	董事会	陆惠东	徐　卫　朱仁祥 杨景春　孔仁兴	杨丽琴	徐仁弟 钱惠龙

续表 5—4

届数	时间	组织名称	组成人员		监事会组成人员	
			负责人	成员	负责人	成员
第三届	2015 年 11 月	理事会	陆惠东	徐　卫　杨景春 朱　凯　杨晔志	杨丽琴	徐仁弟 钱惠龙

2014 年金谷村社区股份合作社农户享有股权一览表

表 5—5

组别	社员人数	1998 年确权对象（股数）	2014 年 12 月户籍人员（股数）	合计	组别	社员人数	1998 年确权对象（股数）	2014 年 12 月户籍人员（股数）	合计
1	126	58	63	121	24	128	63	64	127
2	133	71.5	66	137.5	25	122	57	61	118
3	209	103	105.5	208.5	26	122	64.5	61	125.5
4	141	72.5	70.5	143	27	103	52	51.5	103.5
5	90	47.5	45	92.5	28	108	54.5	54	108.5
6	334	160.5	167	327.5	29	116	61.5	58	119.5
7	126	67.5	63	130.5	30	116	53.5	58	111.5
8	113	61	57	118	31	114	53	57	110
9	142	68	70.5	138.5	32	90	39.5	45	84.5
10	130	59.5	65	124.5	33	85	43.5	42.5	86
11	110	51	55	106	34	76.5	43	38	81
12	115	53	57.5	110.5	35	106	56	53	109
13	96	52	48	100	36	112	63	56	119
14	129	66.5	64.5	131	37	69	34	34.5	68.5
15	98	54	49	103	38	123	64	61.5	125.5
16	127	60	63.5	123.5	39	96	45	48	93
17	170	90.5	85	175.5	40	129	58	64.5	122.5
18	89	51	44.5	95.5	41	85	41.5	42.5	84
19	80	38	40	78	42	84	44	42	86
20	125	65.5	62.5	128	43	93	45	46.5	91.5
21	99	46	49.5	95.5	44	91	50	45.5	95.5
22	122	59.5	61	120.5	45	68	34	34	68
23	166	87.5	83	170.5	—	—	—	—	—

第六编 农 业

在长期的封建社会里，境内大量土地为少数地主占有，农业生产水平低下。全境以水稻、三麦、油菜为主要农作物。旧时，由于农业生产方式落后，设施陈旧，抵御自然灾害的能力弱，农业收成较低。民国时期，一般水稻亩产 200 千克左右，麦子亩产 60 千克左右。农民劳动一年，除交租纳税外所剩无几。碰到自然灾害，土地“十年九荒”，老百姓过着温饱无着的生活。常常是“糠菜半年粮”。

中华人民共和国成立以后，经过土地改革，农民当家做主。紧接着农村中又掀起了农业合作化高潮，1956 年，实现农业集体化，基本完成了农业改制。同时，大力推广农业科学技术，选用良种，使用化学肥料、实行科学种田，提高耕作质量，使农业生产得到很大发展。1958 年 9 月，成立人民公社，搞平均分配，办食堂，社员吃饭不要钱。在“大跃进”和人民公社化运动中，出现了高指标、瞎指挥和“共产风”，使农村的生产力受到严重破坏，加上自然灾害的侵袭，造成连续三年的暂时经济困难。1962 年以后，按照中共中央制定的《农村人民公社工作条例草案》规定，人民公社实行公社、大队、生产队“三级所有，队为基础”，各负盈亏的三级核算。恢复社员自留地、竹园地，鼓励农民发展家庭副业。通过纠正错误倾向，调动了社员的积极性，农业生产得到恢复发展。

1966 年开始的“文化大革命”，由于推进“以粮为纲”和一系列“左”的政策，把社队办厂、种瓜、种菜和个体经济当作资本主义进行批判、限制或取缔。当时称“割资本主义尾巴”。十年中，境内的粮食产量在不断增长，但经济收入处于徘徊不前的状态。人民生活水平有所下降。

1982 年底，境内全面实行家庭联产承包责任制。农民有了生产经营的自主权和劳动力的支配权，解决了分配中的平均主义和“大锅饭”，生产积极性充分调动起来，农村经济开始全面振兴。

1994 年，境内全面实行“两田制”。农民只种口粮田，其余为责任田，并将责任田成片承包给有一定资本的种田能手，实行土地规模经营。1999 年开始，全境在抓好常规农业的同时，大力发展多种经营，调整农业产业结构。农业综合效益日益提高。至2015年末，全村耕地面积1217亩，其中小麦种植面积1170亩，水稻种植面积1217亩。粮食总产124.6万千克，小麦亩产374千克；水稻亩产601千克。农业总产值498万元。

第一章　农村生产关系变革

第一节　封建土地私有制

一、土地占有

中华人民共和国成立前，境内土地为私有制，农村两极分化严重。据解放初统计，凤星、金谷、五联3个村共有耕地5980亩，境内88%以上的贫苦农民拥有的耕地仅占总耕地面积的42%。大部分农民不得不租种地主、富农的土地来维持生活。再加上战争、苛捐杂税、自然灾害、瘟疫和盗匪抢劫等，农民生活比较困难，广大贫困农民每年人均口粮只有75千克左右。有的农户被生活所迫卖儿卖女，有的让未成年子女外出帮地主、富农家看牛、做佣人等。

二、地主、富农对农民剥削方式

地租　佃户一般都有田面权，田面可以抵押转让。地租都是秋后缴纳，每亩租金为糙米6斗～1石1斗，一般为八九斗（每斗合9千克），称为大租。没有田面权的佃户，增缴小租，每亩5～8斗，大都为5斗，称为双租田。

放高利贷　是地主富农又一残酷剥削穷苦农民的手段。高利贷的名目称“一粒半头”，借一石米至秋后还1.5石，限期不得超过4个月。

麦换米　初夏，农民在缺粮时向地主、富农借米1石，折算成2石麦，秋季时麦价与米价相等。因此，农民还时要2石米，即借一还二。

豆饼换米　初秋，如果农民缺农本，向地主、富农借豆饼（每担折合4斗米）；秋收时，豆饼价升值，每担豆饼要按6斗米计算，再加50%利息。

雇工　无地农民到地主、富农家当长工，一般在春节前到农历七月半。每年一个正常劳动力只有2石至3石米的劳动报酬。看牛者（童工）一年只得1石2斗米。有的只有1石米左右。一个正常劳动力的报酬，如以全年计算的话，上半年得2石米，下半年得1石米（因上半年的劳动强度高，下半年劳动强度低一些）。

印子钱　亦称“折子钱”。放债人限借债人分期归还，每次还债都要在预立的折子上盖一个印。例如借10元钱，放债人先扣鞋袜费1元，借债人到手只有9元。借期不超过2个月，有的甚至仅几天，实行利上加利，称为“早顶对，夜子分”。放“印子钱”的，大都是地痞流氓。

卖青棵 农民遇到突然灾祸，借贷无门，于是当稻、麦还未成熟就低价出卖，其价为当时稻麦价格60%～80%，待成熟后交货。

哈牛皮 1个人工换地主的牛去耕一亩地，6个人工换牛戽一亩地的水。这种不等价的交换，实际上也是一种剥削制度。有的农民向地主借钱买牛，每年要给地主戽6亩水，还要租种3亩地，每年每亩缴租米9斗。

第二节 土地改革

1950年初，境内开始土地改革（以下简称“土改”），按照依靠贫雇农，团结中农，孤立富农，打击地主的土改政策，于10月全面展开。翌年3月，土地分配完毕，10月颁发土地证。在“土改”中对照政策标准，划分成八类成分。生产资料一无所有，全靠做长工，出卖劳动力勉强维持生活的划为雇农；有少量土地和宅基地，每年自给不到一半，另种租田和外出打短工或做长工为生的划为贫农；全部自耕地，自耕地总数按全家人口计算，超过人均数的划为中农；除全部是自耕地，且有大型生产农具（耕牛、水车）等外，在农忙季节还临时雇佣短工的划为富裕中农；靠剥削的总收入低于自身劳动投入一倍以下，且这部分剥削的收入因劳动力不足而出租部分土地后获得的划为小土地出租者；靠剥削的收入超过自己劳动收入一倍以下的划为富农；靠剥削的收入超过自己劳动收入一倍以上的划为半地主；全靠剥削为生的划为地主（地主中有恶霸地主、一般地主和开明地主之分）。

境内土地改革在工作队的具体指导下，分3个阶段进行。第一阶段，（1950年10月）宣传发动。境内各个小乡分别成立土地改革委员会，通过冬学民校组织农民学习“土改法”，广泛宣传发动，同时统计常住户口和田亩数，摸清地主、富农“四大财产”（即土地、房屋、家具及大中型农具）的基本情况，全面进行土地登记，并对地主富农的财产封查，查清黑田，评定阶级成分，经区委批准后出榜公布。第二阶段，（1951年2～3月）为组织实施阶段，发动农民诉苦，斗地主。确定分田标准（先得户每人留2亩左右其余需分出，既得户基本不动，后得户每人分进1.08亩左右），没收地主的“四大财产”，然后出榜公布，最后抽签分田。第三阶段，（1951年4月）为土改复查阶段，主要复查“五大标准”（人口、房屋、土地、生产资料、剥削程度），查有否漏划成分，有否包庇现象，有否打击报复行为，有否隐匿地主逃亡，有否侵犯贫下中农利益，同时镇压不法地主（境内有2人），巩固土改成果，最后召开大会，颁发土地证。

土改时期境内阶级成分一览表

表 6—1

序号	阶级成分	户数	占总户数%
1	雇农	18	1.82
2	贫农	721	73
3	中农	176	17.8
4	富裕中农	28	2.83
5	富农	12	1.21
6	地主	12	1.21
7	半地主	2	0.2
8	小商	4	0.4
9	渔民	3	0.3
10	机船户	1	0.1
11	职员	4	0.4
12	小手工业	1	0.1
13	小土地出租	6	0.6

第三节　农业合作化

一、互助组

中华人民共和国成立前，民间素有拌工习惯，以工换工或以人力、畜力互换。中华人民共和国成立后，在共产党的“组织起来发展生产”的号召下，广大农民生产积极性空前高涨，在原来拌工的基础上组织临时（农忙季节）互助组。1952 年春，人民政府发动群众开展大生产运动，临时互助组开始向常年互助组过渡。互助组一般有 8～9 户，自愿组合，农具、耕畜劳力协商安排、调剂使用，种植作物由各家自定、产品收获由各家所有，自负盈亏。组内设组长 1 人，记工员 1 人。境内有一个长年互助组由于办得好，被上级奖励一匹马。至 1954 年，境内互助组有 50 个（其中临时互助组 22 个）。

二、初级农业生产合作社

1954 年春，试办初级农业生产合作社。是年，对粮食、油料、棉花等实行统购统销，对农业合作社是一个极大的推动。建立初级农业生产合作社坚持自愿报名，自由结合，入社退社自由的原则，保持贫农占绝对优势。耕地根据土质好坏评级入股，大型农具（水车、小车、罱泥船、耕牛）折价入社，生产统一经营，成本按股投资，每股6～8元不等。劳动作业，划分作业组、实行定额评工记分，干部带头劳动。收益分配实行“土劳分红”即农业纯收入，扣除积累，25%～40%按入股分配，60%～75%按工数分配。每个初级社都有1～2名党员，设正副社长、会计、社务委员若干人。在长寿、民主、翻身3个乡试办初级社中，境内双凤社是其中之一。1955年，境内的凤星、金星、五联等村都建立起初级农业生产合作社。一般是每一个自然宅基建一个初级社。建社之初，境内大多数初级社、社委和社员团结合作，精耕细作，夏熟产量明显比互助组高，因此，农户积极参加初级社。但在办初级社的过程中也有过波折。还有的初级社管理不善，评工、分粮常发生争吵。1956年春，普遍进行整社，调整社委骨干，初级社得到巩固发展，境内共办初级社11个。

三、高级农业生产合作社

1956年3月，农业合作化的浪潮席卷全国，初级社相继并成高级社。高级社一般是以几个初级社或几个自然村合并建立，设正副社长、会计、管理委员若干人，建有党、团、妇女、民兵等组织，下设几个生产队。土地、耕畜及其他大型农具都归高级社集体所有，实行社会主义性质的按劳分配。

高级社将生产资料有偿转为集体所有，由合作社统一经营，统一核算，取消土地分红，全面实行按劳分配。高级社制定常年生产计划，按不同的农活制定不同的生产定额，劳力、耕畜、大型农具肥料等调配均有具体安排，生产以社为单位统一经营，对生产队推行“四固定”（固定劳力、土地、耕牛、大型农具）和“三包一奖惩”（包产量、包成本、包工分，超产奖励）制度。年终按合同结算到生产队，生产队按工分分配结算到户。至1956年末，境内有许巷、双凤、恒星、金星、五联5个高级社。

高级社管理实行分工负责制，在社长的领导下，由会计、保管员、买办员等分工专业管理。会计负责全社社员的收支往来账目及两季分配方案，生产队由记工员负责记录社员的出勤工分。社长可随时审查、监督、审批支付项目，检查会计账目。对会计账目要求做到日清，旬结，月上墙公布，无论是实物还是现金均做到管账不管钱，管钱不管账，会计和保管员两不相见。全年二次分配、夏季预分、秋季决算兑现。年底高级社提2%～3%公积金、公益金和0.2%～0.3%的行政管理费。

1957年9月，长寿、栏杆两个乡合并成立西张乡，由原来24个高级社合并为11个联合高级社，境内许巷、双凤、恒星3个高级社合并为凤星一社，金星为金星二社，五联为五联三社。

第四节　人民公社化

1958年上半年，宣传贯彻中共中央制定的建设社会主义总路线，发动“大跃进”。8 月，中共中央政治局扩大会议（北戴河会议）通过了《中共中央关于在农村建立人民公社问题的决议》。10 月 1 日，西张人民公社成立。以乡建社，撤销西张乡人民委员会，实行政社合一。公社设立党委和管理委员会，下设生产大队，撤销高级社建制，境内分别为一大队、二大队、三大队。大队下面设生产队。一大队有 10 个生产队；二大队有 6 个生产队；三大队有 5 个生产队，共计 21 个生产队。人民公社初期，经济由公社统一核算，生产资料归公社一级所有，物资、资金、粮食等由公社统一上调，贫富拉平，平均分配，办公共食堂，社员吃饭不要钱。境内共办公共食堂 24 个，参加吃饭人数为 3451 人。在大办水利、大炼钢铁和大搞工具改革过程中，社员私有的房屋、竹木、牲畜、农具被无偿平调。境内 3 个大队共拆掉民房 380 间，有 10 个小宅基 200 多名社员迁移到其他宅基居住。并收掉社员自留地，平调私有的耕牛、猪、羊、家禽、大中型农具等。

1959 年春，全面贯彻中共中央召开的第二次郑州会议和一系列指示精神。根据“统一领导、队为基础，分散管理、权力下放，三级核算、各计盈亏，分配计划、由社决定，适当积累、合理调剂，物资劳力、等价交换，按劳分配、承认差别”的方针，对人民公社进行整顿和建设，实行公社、大队两级核算。同时，对平调的物资、财产进行算账退赔，降低包产指标，恢复自留地，允许社员私人饲养畜禽，宣布房前屋后的零星树木归社员私有。收益分配，扣除积累外，70％按劳动工分分配，30％按人分配。公共食堂废除“吃饭不要钱”，实行配给制。1961 年底，境内 3 个大队都重新划分生产队，一大队由原来 10 个生产队划分为 18 个生产队；二大队由原来的 6 个生产队划分为 14 个生产队；三大队由原来的 5 个生产队划分为 11 个生产队（1977 年一大队 6 队又分出 19 队，1978 年三大队 4 队又分出 12 队，共计 45 个生产队）。1962 年春，境内全部实行以生产队为基本核算单位的三级所有制，解散公共食堂。

从 1962 年开始，实行“三级所有，队为基础”的政策后，以生产队为核算单位，生产队在农机具、牲畜、劳动力和土地等方面享有调配的自主权，各生产队实行三项经营管理、计划管理。各生产队对当年生产作“一年早知道”的总体安排，根据上级的要求确定农、副业的各项指标。生产队财务管理方面，设生产队会计管账；设现金保管员管钱；设仓库保管员管物资、农具等。

生产队在劳动管理方面：人民公社初期，社员劳动实行“组织军事化、行动战斗化、生活集体化”。大队设营、分片设连、生产队建排，采取统一信号、统一标准、统一行动的“大兵团作战”方式。1959 年起，改以生产队为单位组织劳动生产。1962 年 2 月，生产队实行评工计分，按劳分配，并逐步发展为劳动定额管理。定额管理的主要形式有定额到人，按件记工，定额到组，小段包工，死分活评，把零工、杂工包给个人，按时记工 3 种。“文化大革命”中，批判“工分挂帅”，推行

"大寨式"评工记分，按照政治表现评记政治工分，按照劳动数量评记劳动工分。1978 年，停止"大寨式"评工记分方式。

1975 年开始，对生产队外出劳动的人员实行交钱记工，亦工亦农人员收入的 20%归个人，80%交生产队；"五匠"等外出人员工资收入的 15%归个人，85%交生产队。生产队根据他们的收入多少、技术高低合理评工记分，统一参加分配。1982 年，农村实行家庭联产承包责任制后，这种交钱记工的制度随之取消。

每年农村的分配办法由县、公社定出基本方案，包括分配原则、积累提留的比例、吃粮的标准、农村五匠交钱记工、社队企业职工及外出人员交钱记工等。生产队则根据上述规定并结合本队实际情况造出分配方案（预算），公社批准后再交生产队执行，待收支、粮食、工分、物资全部入账后才能最后分配。

1966 年 6 月，"文化大革命"开始。三级管理机构曾一度瘫痪，生产队管理处于无政府状态。不久，公社设立生产指挥组，负责领导农、副业生产。1969 年，公社、大队均改称"革命委员会"，生产队设革命生产领导小组，管理农、副业生产。1981 年后，撤销公社、大队革命委员会和生产队革命生产领导小组，实行公社、大队、生产队三级管理，直到 1983 年 7 月农村体制改革。

1958～1961 年境内吃食堂一览表

表 6—2

大队名称	生产队数	居民户数	公共食堂		大队干部人数	小队干部人数	耕地面积（亩）
			个数	人数			
一大队	10	413	11	1432	13	53	2430
二大队	6	341	7	1196	11	42	2016
三大队	5	250	6	823	12	25	1403

第五节　家庭联产承包责任制

中共十一届三中全会以后，以农业生产责任制为核心的农村经济体制改革逐步展开。1980 年，开始在定额记工、小段包工的基础上，发展为"三业分开、专业承包、联产计酬"的责任制，由务农劳力承包耕地，生产队对其农业组定产量、定工分、定成本，超产且节约农本的按比例奖励，减产超农本按比例赔偿。1981 年，部分生产队试搞家庭联产承包责任制，以农户为单位，承包生产队耕地，年终把农业税、公积金、公益金和管理费、水利费、国防费交给生产队，完成粮食征购任务，剩下的粮草和收入都归农户所有，生产队不再结算分配。在部分试点生产队试搞联产承包责任制的基础上，1982 年秋收秋种后，全境 45 个生产队（小组），全部实行家庭联产承包责任制。共承包5459亩耕地。其中，凤星村2320亩，金谷村1835亩，五联村1304亩。同时要求大队、生产队对植保、灌溉、排水、机耕等项目实行专业服务。当时，各生产队把所有耕地划分给各农户，按“三田制”划分，即：按劳动力划“责任田”；按人口划“口粮田”；还有划分“饲料田”。不久，取消“饲料田”，只剩“责任田”和“口粮田”。期间各生产队对“二田”作过两次调整。

农民有了生产经营的自主权和劳动的支配权，解决了原来在分配中的平均主义和“大锅饭”，生产积极性充分调动起来，农村经济全面振兴，农业稳产高产，农民生活水平逐年提高，加上家庭自营收入和务工收入，1989年，农民人均年收入超千元。90年代，农村经济体制改革，使大量剩余劳动力转向工业、副业和服务业。1995年，境内有62.5%劳动力转向农、副、商业经营。其中有种植业112户，畜禽养殖业232户，水产专业10户，家庭加工业20户，运输业10户，商业9户，饮食服务业7户，其他专业户9户，共计409户，从业人员814人，平均每个劳动力年收入2.5万元。家庭联产承包责任制的实行，大大提高了农民的积极性，农村生产力大发展，改变了过去生产“大呼隆”，社员出工不出力的状况。农民高兴的说：“过去上工队长吹哨子，千斤重担一人挑，现在社员个个出力，千斤重担大家挑。”实行家庭联产承包责任制后，原生产队已不再是经营单位，其一级财务机构随之取消，公积金、公益金及部分财产管理由村经济合作社设联队会计取代。

第六节　土地规模经营

1986年后，国家指令性计划改变为指导性计划，宏观上保证了国家种植计划面积的落实，微观上对种植方式、复种指数、茬口布局和品种搭配等作了合理安排，农民种田更有了自主权。

1987年，西张镇号召各村实行“适度的土地规模经营”。是年11月，境内各村均有几个农民承包责任田，大面积种植农作物，一般在20～40亩左右。大多数农户只种“口粮田”，不种“责任田”。1990年，出现了种田大户、饲养畜禽专业户，境内还办了闯新农场、凤星农场两个小农场，建立了百亩丰产示范方。种田大户原来由境内的农民承包土地，由于耕地面积的逐年减少，2000年后，境内农民不再承包土地，由外地人员来到境内承包耕地。至2015年末，境内有8家种田大户。村委全力支持种田大户，做好各项服务工作。

1998年7月，西张镇人民政府贯彻落实张家港市委关于向农户发放农村集体土地承包经营权证书的指示，向各村民委员会转发市农工部关于发证实施意见。是年9月，发证工作全部完成。给全村1694户5242人承包的3951亩耕地颁发证书。农户领到证后，有了政策依靠，放心把土地交给承包的种田大户。

各行政村、组1998年8月31日颁发集体土地承包经营权证书一览表

表6—3

项目＼行政村	凤星	金谷	五联
农户数（户）	694	635	365
农业人口（人）	2190	1895	1157
承包耕地（亩）	1708.27	1107.6	1135.22
第1组	60.4	45.567	84.28
第2组	94.9	42.378	103.73
第3组	119.43	197.49	116.3
第4组	72.85	110.78	59.43
第5组	61.70	62.09	114.29
第6组	106.19	69.84	114.57
第7组	79.00	80.644	141.3
第8组	98.58	31.319	73.04
第9组	167.12	97.55	79.8
第10组	138.82	84.49	67.71
第11组	37.62	57.328	117.8
第12组	87.58	52.9	62.77
第13组	92.71	83.177	—
第14组	108.9	92.044	—
第15组	92.55	—	—
第16组	83.73	—	—
第17组	82.93	—	—
第18组	93.45	—	—
第19组	50.59	—	—

第二章 耕作制度与作物布局

第一节 耕作制度

境内为平原地区，主种稻麦及油菜。清末至民国初期，由于灌溉条件限制，经常出现抛荒。30年代起，开始采用机械灌溉，一些旱地才逐步变成水田。

“土改”时期，境内耕地为5467亩，人均1.68亩。随着人口增长，特别是70年代起，农村掀起建房热，加上社队工业用地，人均耕地面积逐年减少。1980年，人均耕地1.35亩。1994年，耕地面积下降到人均仅0.98亩。1995年起，镇农业公司狠抓平整复垦，境内拆除废弃小窑5座，填平小河13条，增加耕地面积。此后，随着镇村企业及市镇建设的发展，征用土地逐年增多，耕地面积逐年减少。至2015年末，境内耕地面积1217亩，人均0.24亩。

境内农业耕作长期以牛耕和人力翻耕为主。70年代开始，各生产队逐步购进小型拖拉机，替代人力和畜力耕作。90年代后，耕作全部由中型拖拉机一条龙作业。至2015年，境内耕作、灌溉全部实现机械化、电气化。

境内大部分是高田地段，有少部分是圩田。中华人民共和国成立前，属水稻、小麦两熟地区。平年收成，民谚有“一担麦，两担稻、六斗菜籽、五十担草”之说。境内以黄泥土为主，少数是塘沙泥。耕作层深厚，肥力高，有上浜田、下浜田和浜底田之分，除少数浜底田种水芹之外，上浜田、下浜田都种中熟型和晚中熟型的小黄稻、大黄稻、野稻等粳稻，水稻种植面积占总面积的90%，其中糯稻占8%。夏熟作物以小麦为主，占总面积的45%，大麦和元麦合占15%。户户种植油菜，绿肥（红花）种植面积占总面积30%，用于轮种换茬，培养地力。一般三年轮种一次绿肥。也有少量的麦、瓜、稻三熟。高坑田种桑、蔬菜。低田种水芹菜，一年一熟。

中华人民共和国成立后，随着农田水利基本建设事业的发展和科技的运用，对传统的耕作制度进行了改革。从50年代起，水稻逐步实行“籼改粳”“早改晚”“中改晚”的耕作制度。同时对晚稻的育秧、移栽进行改革，推行晚播、晚栽、避螟的耕作方法。50年代后期至60年代初，以晚粳为主，早晚稻并存的稻麦两熟制渐趋稳定。1965年，试种双季稻，一年两熟改为三熟。1966年开始逐步推广，1970年后大面积推广，双季稻被称为“革命稻”，以行政手段扩大种植面积。1976年，境内双季稻种植面积占水稻种植面积90%，有一半生产队达100%，平均亩产580千克。1979年，推广杂优稻，种植面积占总面积10%～15%，亩产505千克。由于

“双三制”（一熟麦、二熟稻）投工、投本、投肥比二熟制增加80%至100%，劳动强度大，籼稻出糙率低，米质差、农民收入减少等因素，农民种双季稻积极性不高，1978年后，种植面积逐年减少。1983年开始，境内不再种双季稻，恢复“两熟制”。1990年后，一般农田只种植水稻、小麦二熟。不再种植油菜、绿肥、大麦、元麦。至2015年末，境内种植水稻1217亩，小麦1170亩。

第二节　种植布局

一、品种

三麦　三麦以小麦为主，60年代均为自繁自育的地方品种。1964年，开始引进外地的优良品种矮秆红、吉利等。1971～1980年，引进宁麦3号、扬麦5号等新品种。2010～2015年，推广优质小麦良种扬麦16号。

1963～2015年金谷境内三麦品种一览表

表6—4

品种类别＼年份	1963年前	1964～1970年	1971～1980年	1981～2015年
小麦	长萁白壳 小麦“701” 菜籽黄 铜柱头	矮杆红　吉利 铜柱头　菜花黄 华东6号　701	宁麦3号 华东6号 扬麦3号 扬麦5号	扬麦5号 扬麦16号
大麦	早熟3号 红茎六柱头 三月黄	矮白杨 红茎四柱头 红茎六柱头	早熟3号	—
元麦	“757” 立夏黄 四柱头 六柱头	矮脚早757 三月黄　立夏黄	矮脚齐 立夏黄 早熟43号	—

水稻　1964年前，境内种植水稻一向以单季中晚稻为主，适当种一些早稻和糯稻，品种有落霜青、凤凰稻、谷糯等。1965～1982年，水稻品种有农垦58号、苏粳1—2号等。双季稻品种有矮脚南特号、农垦57等品种。其中，1979年又推广种

植杂优稻，品种有汕优 2 号、南优 2 号、三优 6 号等。1983 年开始，以单季晚稻为主，品种有常优 1 号、武运粳 30、南粳 505 等。2015 年，中稻品种有东亭 3 号、武育粳 2 号等，晚稻品种有常农粳 5 号、南粳 505 等。

1952 年前～2015 年金谷地区水稻品种一览表

表 6—5

品种 类别 \ 年份	1952 年前	1953～1963 年	1964～1970 年	1971～1980 年	1981～2015 年
早稻	处暑黄	处暑黄 江西饭稻	—	—	—
中稻	—	石稻 小青芒	农垦 57、51、44、46 小青芒 沪选 19 号 东方红 1 号	沪选 19 号 东方红 1 号 东亭 3 号 桂花黄	东亭 3 号 武育粳 2 号
晚稻	落霜青 凤凰稻 晚八个头	落霜青 凤凰稻 老来青	农垦 58 号 （当家品种） 老来青 苏稻 1 号 苏粳 2 号	苏粳 1—2 号 昆稻	常优 1 号 武运粳 30 常农粳 5 号 南粳 505
糯稻	晚糯稻 粳谷糯 香谷糯 乌金糯	白芒糯 红芒糯 粳谷糯	红芒糯 红糯	—	—

1965～1970 年，前季稻品种有六才 1 号、矮脚南特号、二九青、青阳一号、二九南。

1971～1982 年，有长紫 32、广六矮 4 号、二九青、矮三九、原丰早。

1965～1970 年，后季稻品种有农垦 58、57，红糯、京 15。

1971～1982 年，有农垦 57、东方红 1 号、沪选 19、桂花黄、宇红 3 号、东亭 3 号，南粳 32、33 号。

1979 年杂优稻品种有汕优 2 号、南优 2 号、三优 2 号、四优 2 号、三优 6 号。

油菜　50 年代前，品种单一，种植的全是本地油菜，俗称菜花菜，一般亩产不超过 50 千克。1959 年，引进新品种胜利油菜，60 年代大面积推广。70 年代中期引进宁油 7 号，1990 年起，又引进扬油 1 号、苏油 1 号，2000 年以后，主要种植品种为汇油和双底。

二、布局

60 年代，夏熟作物以三麦为主，兼种绿肥。三麦面积约占耕地总面积的 60%，其中小麦面积占三麦面积的 75%，绿肥面积占耕地总面积的 30%，油菜面积占耕地总面积 5%左右。秋熟作物是水稻，还有少量的芹菜。

70 年代，三麦面积占耕地总面积 58%，绿肥面积约占耕地总面积 31%，油菜面积占耕地总面积 5%。秋熟作物水稻面积占耕地总面积 95%。其他约占 5%。

80 年代，夏熟作物以小麦为主，小麦面积占耕地总面积 60%，绿肥面积占耕地总面积 18%，油菜面积占耕地总面积 10%。秋熟作物水稻面积占耕地总面积 92%左右，其他约占 8%。1983 年，实行家庭联产承包责任制后，一般农户不再种植绿肥，夏熟作物以小麦为主，占到耕地总面积 80%以上，油菜种植面积减少到不足 5%。1994 年，境内开始全面实行“两田分离制”，农户只种口粮田，其余均为责任田，实行土地规模经营。一年只种一熟小麦、一熟水稻，绿肥不种，油菜很少种植。

2000～2015 年，全村紧紧围绕“农村增收、农民增效”的目标，大幅度进行种植结构的调整，粮食作物开始减少，经济作物的种植明显增多。2015 年，境内有 16 户村民及外来种植大户种植 350 亩蔬菜、瓜果。水稻种植面积 1217 亩。小麦种植面积 1170 亩。其余均为村民散户自由种植。

第三章　作物栽培与植保

中华人民共和国成立前，境内一直采用粗耕粗种的传统方法。水稻、三麦、油菜的产量极低，水稻亩产 150 千克左右，三麦亩产 50 千克左右，油菜籽亩产不超过 50 千克。中华人民共和国成立后，党和政府十分重视农业，推广农业科技，实行科学种田，提高耕作质量，加强农作物植保，农作物产量有了较大幅度的提高。

第一节　作物栽培

一、三麦栽培

传统种植的麦类为小麦、大麦和元麦，统称三麦。

中华人民共和国成立前，境内三麦播种栽培与管理技术比较落后。麦田耕作较为粗放，水稻收割后，随即进行犁田翻耕，做好麦垳。播种时很少施基肥，以穴播为主，散播很少。小麦每亩播种子 6 千克左右。1 月中旬进行除草松土，一般在春节前后施 1 次人畜粪肥，直到成熟收割，正常年景亩产 40～50 千克。

60 年代，三麦栽培开始讲究深翻和沟系配套。由于加强管理，大面积推广矮秆红等耐肥高产品种，三麦亩产达到 150 千克左右。1972 年开始，学习塘桥公社六大队（杨园村）新千斤生产队的三麦高产经验，境内多次组织生产队干部、农民到塘桥公社六大队新千斤生产队参观，学习他们“五争”三麦高产栽培技术。

早作准备争主动 境内是晚稻晚麦区，秋播季节紧张，必须及早做好各项秋播准备工作。每年秋播前，境内做到思想早发动、规划早落实、肥料早积足、种子早处理、物资早准备，争得秋播主动权。

打好基础争“五苗” 一是催芽播种，晚播争早苗。经过几年实践，凡 10 月下旬播种的，只浸种不催芽；11 月上旬播种的，催芽至“露白”播种；11 月中旬播种的，催芽 1 厘米左右播种。催芽播种能提早 7 天出苗，提早 2～3 天成熟。二是精耕细整熟化土壤。具体做到深耕细斩，土块不超铜钱大，麦垅公路形，宽埨狭沟，边整地，边播种，边盖籽。三是施足基肥。播种时每亩用 5～8 千克化肥作随籽肥，麦子播种后，每亩再施 100 担酥松优质的混杂肥盖籽，确保麦苗基肥足，“胎里富”。

冬壮冬发争穗多 一是科学施肥。麦子出苗后，施好提苗肥，进入越冬阶段重施腊肥，一般每亩追施猪灰、混杂肥 100 多担，穴施化肥每亩 25～35 千克。二是拍麦压麦。掌握 3 叶 4 叶轻拍，5 叶开始压，窜苗旺长反复压，不满 3 叶不敲，不施腊肥不敲。一般拍压三四次，促进发根分蘖，争得每亩有 60 万左右壮苗过冬。

稳长壮秆争穗大 春季巧施返青肥，适量普施孕穗肥，使麦子返青以后稳长壮秆，每亩达到 65 万左右壮苗，35 万成穗。

战胜灾害争粒重 一是开沟降湿、防渍、防病。秋播时，开好横沟、围沟、隔水沟等一套排水沟系，横沟深 60 厘米，围沟深于横沟，隔水沟又深于围沟，达到一方麦田，两头出水，四周托起，排除潜层水，降低地下水和表土湿度，使麦子生长正常，活熟到老。二是加强防治病虫害，看准时机及时喷药，把病虫害控制到最低限度。

学习塘桥三麦高产技术后，正常年景下，境内连续多年三麦亩产 250～300 千克。1983 年，实行家庭承包联产责任制后，三麦播种以板田撒播麦为主。即在水稻没有收割之前就把小麦撒播在板田上，每亩种子在 10～15 千克。等水稻收割完后再进行管理，肥料以化肥为主，除草使用除草剂，俗称懒人种麦。

2002 年后，改为水稻收割完后，用中型拖拉机浅耕一次，然后撒播小麦，重施随籽肥，并开好沟，用好除草剂，春季后普施孕穗肥，防治病虫害。这种小麦栽培方法称“灭茬免耕法”。至 2015 年，三麦栽培仍使用“灭茬免耕法”，正常年景三麦亩产仍保持在 300～350 千克。

二、水稻栽培

水稻是境内的主要粮食作物。

（一）单季稻栽培

分早、中、晚 3 种类型。长期来，中稻种植面积约占总面积 60%左右。1963 年开始，推广农垦 58 号高产良种以后，单季晚稻逐步增多，约占种植总面积 70%左右，早稻基本淘汰。70 年代推广双季稻，1976 年，境内双季稻面积占种植总面积 80%。少数生产队达 100%。由于种植双季稻花工大、成本高、收效低，1979 年以后逐年减少，至 1983 年，生产队不再种植双季稻。境内种植单季稻面积不断增多。1985 年，单季稻面积占水稻种植总面积 98%，田块除少数栽植糯稻外，其余都是晚粳稻。

单季稻的栽培方法：历史上采用育秧移栽，在秧苗活棵后进行耘耥加工，在稻苗拔节孕穗前追施肥料，捞草搁田。中、晚熟粳稻产量，中华人民共和国成立前，正常年亩产 300 千克左右。50 年代初期，水稻产量仍在 300 千克左右徘徊。50 年代中期开始，先后推广江苏省农业劳动模范唐保明、全国农业劳动模范陈永康和无锡东亭等地的水稻高产栽培技术，逐步发展成现在的水稻栽培技术。

培育壮秧　境内传统秧田，田里上水平整后，用脚踏几条界路，形成秧板，长短、宽窄不一，无排灌沟，秧田与大田的比例为 1∶15 左右。1950 年开始，推广合式秧田。秧板宽 4 市尺，秧板之间开挖好沟系，同时推广盐水、泥水选种。60 年代，系统推广陈永康培育壮秧的经验，扩大秧田，落谷稀，秧田与大田的比例为 1∶8左右，讲究秧田施肥技术。在施足基肥的基础上，施用断奶肥，看苗施好接力肥，拔秧前施好起身肥，培育成有分蘖苗呈篾片状壮秧。1983 年后，农村实行家庭联产承包责任制后，境内农民开始仍按原有的育秧技术进行培育壮秧种植水稻。进入 21 世纪后，部分农民种水稻不再育秧，等到夏熟作物收割完后，就翻耕晒几天后上水，把田块整平后，做好坨头直接把稻种撒在大田内。境内有 80%的水稻是按该方法种植。2010 年，境内购进插秧机移栽秧苗，秧苗培育也随着改变方式。至 2015 年，境内 1217 亩水稻田 80%采用机插秧。

适时播种与移栽　1949 年前后，早、中籼稻、粳稻，均在 4 月 20 日左右播种，5 月下旬移栽。1962 年起，为避免螟虫危害和抽穗灌浆期的高温，中粳稻的播种、移栽期分别推迟到 5 月底、6 月初。1983 年以后，晚粳稻的播种、移栽分别推迟到 5 月中旬和 6 月中旬。

合理密植　传统的单季稻插秧株行之间呈正方形，栽插密度每亩 2 万穴左右。1952 年开始推广小株方形密植，株行距为 5×5 寸，俗称“五寸方”，每亩栽插密度为2.4万穴左右。70年代，全面推广无锡东亭等地的水稻高产栽培技术，把栽插密度提高到每亩3万穴左右。1983年以后，栽插密度退到2.4万穴左右。2015年，机插秧的密度为每亩3.3万穴左右。

精细耘耥，消除杂草　水稻移栽半个月以后就要及时加工耘耥，把杂草消灭在芽苗阶段。70年代一般耘耥3次，多的4次，最后一次拔草搁田，称“掳草”。1980年后，耘耥次数逐年减少，特别是应用除草剂后，就不再需要耘耥，仅到7月底在稻田拔一次大草（稗草）。

合理施肥　历史上在水稻全生长期一般施肥2次，一次为基肥，常用河泥或草塘泥，另一次是在搁田前施饼肥或其他有机肥料。有的农户对长势欠佳的田块用人畜粪补施1次，称“捉黄宕”。60年代，推广陈永康晚稻“三黄三黑”的施肥经验，即在秧苗移栽到收割前，根据每个生长阶段的叶色，掌握叶色褪淡时施肥，使叶色转黑，施肥3～4次。80年代初，推广叶令模式，简化施肥技术和减少氮肥的用量。至今，水稻上施肥一般都使用复合肥。

耕作革新　1958～1959年，境内农田大搞深翻，秋季全境农民挑灯夜战，靠人力翻地，最深翻地达40厘米。由于打乱了土层结构，影响农作物生长，自1960年以后，不再提倡深翻。1990年以后，随着农业机械化程度不断提高，境内不再有人力翻耕的现象，所有耕地都是中型拖拉机翻耕。

（二）双季稻栽培

适时播种移栽　前季稻在4月20日左右开始，抓住冷尾暖头育秧，出苗率和成秧率较好。方式上先浸种催芽，一般是5～7天，再做好秧板播种，采用旱育秧，最早播种的还要覆盖尼龙薄膜，保持温度，促使秧苗成长，秧龄一般掌握在20天左右。如果秧龄超过时间，要影响产量。5月中下旬分批移栽。顺序先是绿肥田，大、元麦田，最后是油菜田、小麦田。70年代，小麦、油菜茬的前季稻，晚的要到6月上旬移栽，尽管采用铲秧、蹲秧和两段育秧等补救秧龄过长的措施，但仍发生超龄秧，移栽时穗分化已开始，穗形变小，影响产量。后季稻的播种期，则根据品种的培育类型、育秧方式和前季稻的预计成熟期分批播种，秧龄掌握不超过45天。移栽时间掌握在立秋之前，超过移栽期后，一般田块出现灌浆不足，穗形变小，产量低，严重的颗粒无收。

合理施肥　前后季稻都以施足基肥为主，以有机肥搭配化肥。大田生长期间，看苗补施一次氮素化肥，施肥量占全生产期总施肥量的20%左右。

合理密植　前后季稻都靠基本苗成穗获得高产。前季稻栽插密度株距2.5～3寸，行距5寸，每亩4万～4.5万穴，基本苗20万～25万支。后季稻栽插密度株距3寸，行距5寸，每亩4万穴，基本苗20万支左右。

（三）“三系”杂交稻栽培

“三系”即不育系、保持系、恢复系。1976年从湖南引进，经过制种，将种子育秧后进行移栽。1979年，境内开始大面积种植，1983年不再种植。杂交水稻具有产量高、省种子、省秧田、早熟等优点，但米质差，容易发生白叶枯病。主要栽培技术是：稀播育秧，每亩大田用种0.75～1千克，每亩秧田播种10千克左右。合理密植，每亩栽插1.6万～1.8万穴，基本苗1.8万～2万支。合理施肥，主要掌握看苗施肥，一般施用分蘖肥和穗肥，发挥大田分蘖优势，争取大穗。亩产一般在475千克左右。

三、油菜栽培

油菜是境内的主要油料作物。中华人民共和国成立前，种植传统的白菜型早熟品种，食菜、榨油兼用，亩产50千克左右。1959年起，引种胜利油菜，亩产100千克左右，但油质比白菜型油菜差。80年代，境内种植油菜以宁油七号为主。以后不断更换品种，至今境内种植油菜都用“2—26”新品种。实行家庭联产承包责任制后，境内油菜种植面积逐年减少，一般都种在零星边隙土地上，种植面积小。亩产一般在120～150千克左右。

油菜栽培技术：培育油菜苗，境内油菜的播种时间在9月20日左右，每亩种子在0.75千克左右。苗床一般以旱地为主，施足基肥，约占总肥量的40%，基肥每亩施灰肥30～50担，磷肥40～50千克，并浇好盖籽粪。一播就管，播种时浇足水，力争全苗。及时间苗，培育壮苗。在施肥方面，三叶前以促为主，勤施稀肥。三叶以后，以控为主，移栽前施好起身肥，秧苗要老健青秀。做好苗期的防病治虫工作。发现病虫害，每亩用乐果或甲胺磷150克加多菌灵150克，50～75千克水稀释，用小机喷洒。移栽前两天，再用药1次，做到带肥带药下田。苗龄为1个月，一般为6张叶，6寸高，绿叶紫边，根茎粗壮就可移栽。移栽时间一般在10月底至11月初。密度每亩8000穴至1万穴为宜。移栽方式解放前为狭埨打宕式，合作化和公社化时期为阔埨式，80年代为板田劈沟式。至今也有部分农户用菜籽直接播种。移栽后浇淋根水，及时开沟，做到一埨一条沟，面积较大的田块开一条横沟。施足基肥，用鸡粪和猪、羊灰转宕。分田到户后，多数农民只种口粮田，猪、羊饲养减少，致有机肥减少，一般以磷肥、复合肥为主。冬前施好腊肥。春节前施抽薹肥，碳铵穴施每亩40千克，再用药剂除草防病。花期每亩施尿素5千克左右，提高结籽率。九成熟十成收。有60%的荚果变黄就可及时收割，保证丰产丰收。

1958～2015年境内农作物产量一览表

表 6—6 面积：亩单产、总产：千克

年份	水稻			三麦			油菜		
	面积	单产	总产	面积	单产	总产	面积	单产	总产
1958	5980	315	1883393	3292	98	321696	—	—	—
1959	5583	314	1752864	2730	94.5	258070	—	—	—
1960	5556	293	1626617	2452	92	225995	—	—	—
1961	5626	262	1476507	2306	103	236686	—	—	—
1962	5566	272	1512120	2463	101	247985	—	—	—
1963	5478	332	1820102	2662	102	271189	—	—	—
1964	5474	411	2252293	2569	116	298171	—	—	—
1965	6005	417	2503322	2415	171	413148	—	—	—
1966	4717	397	1873160	2396	166	398215	—	—	—
1967	5039	400	2013636	2403	164	394705	—	—	—
1968	5039	402	2025700	2396	164	392920	—	—	—
1969	5474	412	2257574	2402	194	466721	—	—	—
1970	5470	415	2270725	2402	200	481450	—	—	—
1971	5474	435	2383690	2402	225	539550	—	—	—
1972	5372	453	2432700	2688	283	760824	—	—	—
1973	5392	514	2770471	2361	270	637361	—	—	—
1974	5445	505	2750119	2361	304	717715	—	—	—
1976	5343	492	2630235	2325	269	625930	—	—	—
1977	5316	471	2506104	2305	200	461357	—	—	—
1978	4947	574	2840991	2669	513	1370585	—	—	—
1979	5342	522	2792355	2870	335	961720	—	—	—
1980	5283	450	2378898	2303	532	1226844	—	—	—
1981	5243	401	2105277	2303	413	950671	—	—	—
1982	5467	488	2667802	2766	394	1090817	—	—	—
1983	5497	484	2661892	2569	369	947126	—	—	—
1984	5033	509	2564255	2497	485	1212372	—	—	—
1985	5226	454	2375154	2300	367	843332	—	—	—
1986	4838	497	2405642	4168	312	1301764	—	—	—
1987	5029	473	2380170	4008	239	958750	—	—	—

续表 6—6　　面积：亩单产、总产：千克

年份	水稻			三麦			油菜		
	面积	单产	总产	面积	单产	总产	面积	单产	总产
1988	4965	527	2616555	3900	238	928200	—	—	—
1989	5066	523	2649518	3903	237	925011	—	—	—
1990	4889	556	2718284	4016	230	973680	—	—	—
1991	4883	569	2778650	3978	228	906984	—	—	—
1992	3848	489	1881672	3580	335	1199300	—	—	—
1993	5003	467	2336401	3805	252	958860	—	—	—
1994	4333	584	2530472	3430	281	963830	—	—	—
1995	4259	623	2653357	3238	296	958448	—	—	—
1996	3402	633	2153466	3800	325	1235000	—	—	—
1997	5035	526	2648865	4000	305	1220000	—	—	—
1998	4200	633	2658600	3174	200	634800	—	—	—
1999	4068	499	2029962	3390	315	1067850	—	—	—
2000	3444	603	2076732	3050	280	854000	—	—	—
2001	3139	628	1971800	2100	203	426300	—	—	—
2002	3127	618	1932486	2716	190	516040	220	135	29700
2003	2284	548	1251630	1992	198	394416	—	—	—
2004	2980	535	1594300	1800	220	396000	—	—	—
2005	2378	534	1269852	1633	263	429479	—	—	—
2006	2166	511	1106826	1761	296	521256	130	130	16900
2007	2349	520	1221480	2129	317	674893	—	—	—
2008	2349	520	1221480	2129	317	674893	—	—	—
2009	2104	574	1207696	1971	306	603000	71	148.8	10000
2010	2071	593	1228000	2073	318	659214	71	148.8	10000
2011	1514	602.5	9122000	1972	337.2	665000	—	—	—
2012	1476	595.2	878500	1541	354.8	546746	—	—	—
2013	1299	597.2	775762	1285	364.6	468511	—	—	—
2014	1276	597.3	762154	1256	364.55	457874	—	—	—
2015	1217	601	731417	1170	374	437580	—	—	—

第二节 作物保护（植保）

一、三麦主要病虫害及防治

三麦主要病虫害有叶锈病、秆锈病、赤霉病、纹枯病和黑穗病。叶锈病、秆锈病主要发生在50～60年代，病期在麦子拔节直到抽穗。60年代启用敌锈钠喷洒，效果较好。70年代基本控制。赤霉病是麦子主要病害，从1951～1985年的35年中有18年发生，其中1952年、1954年、1958年、1973年、1983年为大发生年，造成每亩减产一至三成。赤霉病菌是稻根带病越冬，3月底开始滋生，4月中、下旬在大、元麦和小麦抽穗扬花期入侵穗部。4月上旬至5月中旬为发病高峰期。诱发原因是连续阴雨和气温较高，稻茬所带病菌迅速形成孢子，侵入正在抽穗、扬花、灌浆的麦穗，造成减产。根据境内小麦防病经验，掌握在麦子基本齐穗，开始扬花时及时喷洒多菌灵，5～6天后再喷一次，就可基本控制。2000年以来，用麦病宁防治。三麦虫害有蚜虫、黏虫等，亦以药剂防治为主，对提高千粒重效果显著。

黏虫，俗称“行军虫”，成虫呈褐色，软体，长约二三厘米，体园对径4～5毫米，每年2月底3月初从南方迁飞入境。附依三麦叶片上蚕食。解放后危害严重的年份有1967年、1971年、1972年、1973年、1977年、1979年，造成三麦亩产严重减产。防治可用“二五敌百虫”“晶体敌百虫”“毒杀粉”等喷洒。2010年以后，黏虫病害基本消灭。麦蚜虫，可用“敌百虫粉”“二二三”杀灭。2000～2015年，用“新一佳”农药防治，效果较好。

二、水稻主要病虫害及防治

水稻主要病虫害有白叶枯病和纹枯病。白叶枯病在50年代和60年代曾连续数年普遍发生，危害严重。1964年，大面积种植抗病品种“农垦58”后，病害得到了控制。1979年，大面积种植三系杂交稻后，白叶枯病又有发生，危害重者亩产不过150～200千克。1983年，大面积改种单季稻后，此病不再发生。纹枯病于70年代大面积推广双季稻后在前季稻上有零星发生，1976年起，发病面积逐年增加。80年代蔓延到单季稻，发病面积较广。主要用“井岗霉素”“稻脚青”等农药防治，效果较好。50年代～60年代初，水稻苗期胡麻班病发生比较普遍，以后随着施肥量增加而逐年减少。

稻瘟病，俗称老梗瘟，易发生在洼地和过密的、疯长的田块。病稻棵下部霉烂，影响发育，并造成稻苗死亡。80年代起，用“井岗霉素”药水，每亩0.2～0.25千克，用喷雾器喷洒。效果更好的是用“甲胺磷”泼浇或用“乐果”泼浇，该法还可兼治三化螟等病虫。

水稻虫害危害较大的有大螟、二化螟、三化螟、稻飞虱、稻蓟马、稻苞虫、纵卷叶虫等。境内主要是二化螟、三化螟危害。1953～1955 年，水稻受三化螟危害后，稻田白穗粒达 7%，亩产量减产 5%～10%。

螟虫防治，50 年代初，采用点灯诱蛾，还采用秧田采卵块、冬季挖稻根、水稻分蘖期剪枯心苗等方法消灭螟虫。50 年代中期，开始用药物防治，螟害得到了有效控制；90 年代始，在防治稻飞虱时进行兼治，螟虫已不呈危害了。2000～2015 年，以“吡虫啉”“吡蚜酮”农药防治为主。

纵卷叶虫。每年 6 月，随南方湿气流从福建、广东等地迁飞而至，危害期主要在 7～8 月间。1977 年以来，每年都有发生，尤以 1977 年、1979 年、1983 年、1984 年为最严重。防治方法：及时抓住幼虫阶段，全面喷洒农药，即可扑灭。纵卷叶虫全生育期分孵化、成虫、蛹、蛾四个阶段。成虫呈乳白色，咬食水稻叶片。成蛹前卷叶为巢，致使叶片萎缩而影响水稻生长。20102015 年，主要使用“毒死蜱”“吡蚜酮”等农药防治。

稻飞虱。对水稻危害均在晚期，水稻一旦受到稻飞虱侵害，整株稻从根部至梢部全部腐烂。中华人民共和国成立后，发生最严重的是 1962 年，境内水稻被稻飞虱严重危害面积达 70%左右。1975 年，境内发生大面积稻飞虱危害，村队干部带领全体村民采取在稻田水面上用柴油，中部用药粉（混灭威），水稻上部用“1605”“1059”农药加水稀释后喷洒，当时群众称之为海、陆、空三军联合作战。1996 年以后，采用“扑虱灵”“甲胺磷”“杀虫霜”等农药防治，效果较好。

三、油菜主要病虫害及防治

60 年代，油菜移栽期早，一般在 10 月底。冬前生长过旺，抗寒、耐病力差，造成蚜虫群集危害。霜霉病在冬前发生，春季的菌核病和花期的潜叶蝇危害比较普遍。油菜籽亩产徘徊在 50 千克左右。1967～1972 年间，苗期小菜蛾发生频繁，危害严重。防治霜霉病、菌核病、龙头病方法：在初花期、盛花期可用“多菌灵”0.25 千克，加 75 千克水稀释后进行喷洒，效果可达 80%以上，对蚜虫、潜叶蝇可用菊酯类农药防治，效果较好。蚜虫也可用“乐果”0.15 千克加 75 千克水稀释，用小机喷洒，效果较好。2000 年以后，主要用喷洒菊脂类农药的方法防治蚜虫、小菜蛾等虫害。2010 年以后，镇农业公司加强植保服务体系，坚持以防治为主，油菜灾害性病虫害未有大规模的发生。

四、草害及防治

危害农作物的杂草甚多。危害水稻的有牛毛草、三棱根草、稗草、节节草、爪皮草等。危害三麦、油菜的有麦娘、猪殃草、梢草、牛毛草等。60年代初，草害极为普遍，尤其是水稻田里的三棱根草危害很大，导致水稻减产。

夏熟作物除草：80年代开始，对麦田大面积施农药“绿麦隆”防治单子叶杂草，施用“苯达松”“二甲四氯”防治双子叶杂草。80年代末90年代初，重点推广“绿麦隆”新农药，这种农药能一次有效的防治麦田单、双子叶杂草。油菜施用“稳杀得”除草。

秋熟作物除草：50年代初～70年代末，稻田除草主要是，等禾苗扎根后开始拔“黄秧草”，随后耥稻、竖稻、捂草等，秋后还有拔稗草。花费大量劳动力。80年代起，使用“除草醚”“二甲四氯”，防治稻田单、双子叶杂草。90年代推广应用“稻田净”“丁草胺”等新农药，除稻田杂草。

五、豆类及蔬菜田的“地老虎”防治

“地老虎”又称乌土蚕。成虫呈褐色，嘴极锐利，白天潜伏于土中，半夜后才出土，专咬食农作物的幼茎。对豆类、瓜类、藤蔓类、蔬菜类威胁最大。可用“敌百虫”“乐果”等喷于作物上，也可翻地时将“混灭灵”药粉撒入土中将其杀灭。

第三节 肥料和种子

一、肥料

有机肥料　中华人民共和国成立前，境内农作物使用的肥料都是人畜类，河泥草塘泥及各种饼肥等有机肥料，使用量极少。中华人民共和国成立后，发动农民发展养猪养羊，增加基肥，境内养猪养羊掀起高潮。1963年后，连续10多年以肥带粮，每1元钱灰肥，生产队补给0.25～0.5千克稻谷，以后改成每出售1头生猪补给25～50千克稻谷，农户每年出售3～4头生猪。70年代后期，境内猪羊总数每年达近1万头。1958年，大积大造自然肥料，坌扦脚泥，换老墙头泥，熏土，捉蛤蟆，割青草、瓜滕，全年每亩施用有机肥100～200担。60～70年代，大力推广放养绿萍、水葫芦、水花生、水浮莲，还组织到上海、苏州、无锡等城市装运人粪垃圾，到上海装运红氨水（做肥料用），最多时每年装运量近万吨。70年代，发动干部群众，各行各业割青草，铲草皮、大搞堆肥和肥料仓，同时继续发展养猪养羊。进入80年代，大力推广稻、麦秸秆直接还田作肥料。

自然肥料全年每亩的使用量：50年代为河泥、草塘泥80～100担，泥杂肥50担，人畜粪10～20担，饼肥18千克；60年代为河泥、草塘泥100～120担，泥杂肥70担，人畜粪30担，饼肥20千克；70年代为河泥、草塘泥110～120担，泥杂

肥 100 担，人畜粪 40 担，饼肥 20 千克。进入 80 年代，有机肥料使用量逐年减少。1990～2015 年，境内不再使用河泥、草塘泥，部分农民仅使用人畜粪，大部分农民则使用饼肥或稻、麦秸秆还田作肥料。

化学肥料　1950 年，境内开始推广化学肥料，主要是氯铵、硫酸铵等氮肥，用量极少。1952 年起，推广过磷酸钙，到 1958 年平均每亩使用量为 5 千克。60 年代开始，使用钾肥，主要是氯化钾，平均每亩不到 2 千克，并大量使用氨水，化肥使用量每亩 20 余千克。70 年代，大量使用碳酸氢铵，化肥使用量每亩 40 多千克。1979 年开始，使用复合肥和尿素、碳酸氢铵等同时使用，每亩 80 多千克。1990～2015 年，每亩使用复合肥、尿素、碳酸氢铵 80～100 千克。

微生物肥料和植物激素　1970 年，境内开始使用土法生产的“九二〇”植物生长激素。此后，结合“七〇二”使用，稻、麦增产效果明显。1972 年开始，应用“五四〇六”抗生菌肥，先应用于油菜，增产效果明显。以后扩大应用于三麦，都有一定增产效果。1978 年，境内应用“五四〇六”抗生菌肥，90 年代初，就不再使用。

二、种子

中华人民共和国成立前，农民素有调种的传统，但数量不大。中华人民共和国成立后，选择好种子越来越被重视，政府每年都要从外地引进水稻、三麦优良品种来提高稻、麦产量。

在选种上，对于水稻农户一般采用 4 种方式：

春天粒选　开春后，家家户户将隔年储存的稻种放在筛子里筛掉草籽，捡除杂色稻谷，根据自家面积需要，留足种子。

定稻选穗　在稻成熟收割前，农户带着袋子来到田里，把秆粗、穗大、粒子饱满的稻穗剪下，选足自己所需的种子。

除杂块选　大户人家挑一块长势好的田块，认真拔除杂稻、稗草，收割时单收单打。

向外引种　一般通过亲朋好友关系，采取购买、调换的办法引进优良品种。2000 年以后，小麦的当家品种为扬麦 16 号、水稻为南粳 505、武运粳 30 等。

第四章　农机具

第一节　农机具种类

一、传统农具及耕畜

长期以来，境内农民耕种田地一般靠人力。使用的农具也很简单。农具用材由人工打造，主要是铁、木、竹材，集镇有铁匠、木匠作坊，农村有半农半工的匠人。境内常用的农具有90余种，灌溉农具以脚踏式或用耕牛牵拉的龙骨水车为主；割稻、割麦用镰刀，除草用锄头；积肥、施肥农具有河泥船、罱网、粪桶、畚箕等；田间翻耕农具有犁、钉耙；开沟农具有开沟锹、撩沟锹、铁锹；稻田耘耥有大耥、竖耥；脱粒农具有稻床、连枷、轧稻机；稻谷脱壳净壳农具有碾、臼、扬谷风车、筛子；运输农具有扁担、担绳、扛箩、农船；贮藏农具有栈条、脖萝等；另外，种菜、种麦、种豆用打宕锤等。农民承担着繁重的体力劳动。中农以上的农户有用耕牛戽水、耕地和推磨等。1967年前，全境有人力车轴52套、耕犁40张、耕牛48头、牛车22部、河泥船48艘、轧稻机45台、喷雾器135台。收获季节，稻、麦脱粒时，将稻或麦往稻床上掼。1960年以后，水稻脱粒普遍使用脚踏轧稻机。1968年以后，广泛使用脱粒机。70年代，境内建电灌站、购买拖拉机、电动脱粒机等。耕牛、轧稻机、牛车、水车、木犁等传统农具逐步消失。80年代，种田使用化肥后，河泥船、罱网等退出历史舞台。至2015年末，传统农具除钉耙、锄头、镰刀、畚箕、扁担等外，其他农具已难见踪迹。

二、农业机械

民国期间，境内有两家富户购买戽水机船（俗称“洋龙船”）发展戽水业，农户出钱机灌农田，境内除了高坑之地自己戽水灌溉外，大多农田出钱进行机灌。1956年，西张乡成立抽水站，组织机船统一安排到境内各村打水灌溉，1959年，境内五联村（三大队）在南塘梢建机灌站，机灌面积近千亩。1967年，境内二大队几个生产队购进“条丝龙”脱粒机，挂上皮带，使用东风12型柴油机发电，实现机脱粒。1968年，境内二大队闯新生产队购买全公社第一台工农7A型手扶拖拉机，每天可耕地40亩左右，比耕牛快10倍以上。1975年，全境村村通电。1979年，境内相继修筑机耕路，每个生产队购进手扶拖拉机。运肥、耕地、送粮均用拖拉机，工效倍增。1980年，境内原三大队购进全公社第一台中型拖拉机，农忙耕地，农闲跑运输。二大队率先购进上海11型机动插秧机一台。1988年末，境内拥有小型拖拉机45台，电动脱粒机90台；中型拖拉机20台，植保机械45台，人力喷雾器90台，基本实现了耕地、灌溉、脱粒的机械化。1990年，境内各村先后成立农业服务站，对农业机械统一管理。

1999年，境内建立农机管理站。管理站拥有中型联合收割机8台，电动脱粒机45台，用于作业的中型拖拉机8台、开沟机5台、植保机12台、手拖胶轮车250辆、插秧机2台，灌溉用的小电站20座。2000年，境内农船基本淘汰，运输用拖拉机。农业机械化的发展，不仅减轻了农民劳动强度，而且促进了农业稳产高产。

第二节　农机管理与维修

1990年，境内成立农业服务站，负责农机保管、维修等工作。拥有固定资产80万元，其中农机资产60万元，并有固定的服务人员（经张家港市农工部考核，评定职称，上岗证等）22人，分植保、机耕、机电、机械维修、肥药、排灌、农技等组。农机组的任务是加强对本村农机手的管理与监督、农机维修、保养和成本核算等。基本做到小修不出村。每年春耕生产、夏收夏种和秋收秋种前对所有的农业机械进行全面检查保养，集中进行维修。农忙时还组织技术人员到各作业点巡回修理，保证农业机械充分发挥作用。2000年，境内的村农业服务站被评为苏州市、张家港市先进农业服务站。

2005年开始，随着工业和城镇建设的发展，境内农田大量减少，集体大多数机械动力转制给私人经营。至2015年，村农业服务站仅有收割机1台、高速插秧机1台、“550”中型拖拉机1台、“704”中型拖拉机2台。工作人员减少为7人。

第五章　多种经营

境内农村副业种类较多。民国时期，农家有手摇纺车和老式织布机及穿棕绷、竹器编织、泥水木匠、裁缝等小手工业。其次有养鱼、种桑养蚕、放菱、种瓜果、养猪、养羊、养兔等多种经营。农业合作化后，不少家庭副业转为生产队集体经营。“大跃进”和“文化大革命”期间，集体和社员家庭副业受到严重影响，特别是“文化大革命”时期，家庭副业被当作“资本主义尾巴”割掉。1978年后，种芹菜、育秧苗、养猪、养羊、养兔、养鱼、养鸡、培植食用菌、花边刺绣、小五金加工、穿棕绷、竹器编织等集体和家庭副业逐步得到恢复和发展。1984年，境内多种经营品种发展到24类145个项目。1994年，全境有种植水芹、育苗、养猪、养羊、养鱼、穿棕绷、刺绣、制香、横机加工等9个多种经营专业项目。经营农户达450户，占全村总农户数的29%。有100户多种经营专业户从事果园种植、养猪、养鱼、养鸡、养鸭、种蔬菜、做豆腐、烫粉皮、卖菜、卖鱼、卖肉等。至2015年末，全境从业多种经营人数达800多人，并有1000多户农民兼搞家庭副业。

第一节　林　业

境内原五联村（三大队）河阳山北麓种植鹿角松和小杂木。农户房前屋后、路边、渠旁、河边等种榆树、苦栋树、杨树等，少数人家在庭院中种植桃树、柿子树、枣树、枇杷树、石榴树等。部分地段种桑、竹、杂木，种竹为了添置家具，种桑是发展养蚕业，杂木为制农具。

1953年起，政府号召封山育林。1958年刮“共产风”，为炼钢铁，搞水利，林业遭到严重破坏，凤凰山林木全部被砍光。1960年1月，公社在河阳山北边建林场，种植松树、桑树、桃树、栗子树、枇杷树、柳树、玫瑰等2.5万株，绿化荒山。1961年，开始成片种植果树。1964年，三大队在凤凰山北建五联林场，种植桃树、桑树24亩。1974年起，乡间路旁以种植水杉为主。1978年，开始引进香樟树，但因季节、种植方法不当，成活率极低。1979年，改进种植方法，抓住移栽季节，在街道、厂区、路边种植的香樟树成活率达95%。1983年以后，随着农村产业结构的调整，林果生产作为多种经营的一件大事，受到重视。少数农户开始在旱地、高岗田栽植桃、梨等果树。1995年，境内有桃、梨果园50亩。1996年，境内把绿化作为改善生态环境的重点工作，在道路两旁、河边空地大种树木。至2015年末，已有桃园250亩，全村林木面积达450亩，品种有100余种。

第二节 畜牧业

一、猪

境内农家素有养猪习惯。中华人民共和国成立前，猪由富裕农户饲养，数量不多。1957年起，生猪饲养由单一私人饲养发展为私人饲养和集体饲养相结合的格局，集体养猪场陆续建办。1958年，境内各大队都建办养猪场。三年困难时期，不少集体养猪场停办，境内生猪存量下降。1962年，全境生猪年末圈存数比1958年下降30%。1965年，政府贯彻私人饲养和集体饲养相结合的“两条腿”走路方针，生产队划给农户猪饲料地，每头猪1分地，鼓励社员私人养猪。猪灰按质量作价给生产队使用，每头猪灰收入20～30元，生猪饲养回升较快。1966年，生猪年末圈存达3200头。1974年，沙洲县成立畜禽委员会，负责指导以养猪为重点的畜禽生产，并规定农户出售生猪给予粮食、布票奖励，根据售价，直接由收购部门发给奖券。生产队再次提高猪灰价格，每头猪灰收入40元左右，年终实行以肥奖粮，每1元肥料奖稻谷0.5千克。农户私人养猪发展加快，每户全年一般出售生猪2～3头。1977年开始，集体养猪推行“四定一奖”（定任务、定饲料、定产值、定报酬、超产奖励、减产赔偿）责任制后，生猪发展迅速，大部分生产队办猪场，一般集体猪场每年出售肉猪100头左右，并饲养母猪，繁育苗猪。1980年，境内生猪年末圈存量达4500头。

1982年冬，农村普遍实行联产承包责任制，生产队不再集体养猪，奖励猪饲料粮政策取消，猪灰由农户自用，生猪饲养开始下降。1983 年，境内年末圈存量仅 1500 头。1984 年，开始发展养猪重点户、专业户。1985 年，境内有养猪专业户 12 户，每户年出售生猪 30 头左右。1999 年，全境有养猪专业大户 16 户，平均每户年出售生猪 70 头。

境内苗猪由农户饲养母猪繁殖。人民公社化后，许多集体猪场也饲养母猪繁殖。1973 年起，私人养母猪被作为搞资本主义遭批判，多数母猪被作价归集体，不少被宰杀。1976 年，境内母猪年末圈存量有所上升。1983 年，农村实行家庭联产承包责任制，国家对母猪、苗猪的有关奖励政策取消，饲养量逐年下降。至 2015 年，全村已无母猪圈存。

中华人民共和国成立前，境内饲养的都是二花脸黑猪种，性成熟早，产仔多，肉质鲜美，但个体发育慢，出肉率低，一般需饲养七八个月才能上市，体重 65 千克左右。1958 年开始，供销社从外地引进约克夏·巴克夏公猪，与二花脸母猪配种，其杂交猪生长发育快，饲养五六个月上市，体重 75 千克左右。

饲养方法：过去一般用热圈（灰圈），目的是用猪灰作肥料。养猪重点户、专业户大都用冷圈（圈底用混凝土，可用水冲洗）。解放前，养猪一般用麦粉、稻谷糠煮熟加水喂养，饲料单一，成本高。人民公社化后，提倡广找饲料来源，以粗代精，以青代粗，配能量饲料喂料。1970 年，试用“中曲”发酵饲料和“新曲”发酵饲料。1980 年后，提倡按科学配方生产的混合饲料喂猪，加上购进苗猪体重都达 20～30 千克，生猪饲养周期缩短为 3 个月左右，出栏时体重在 80 千克以上。

江苏省苏太猪扩繁场：1998 年，由境内农民集资 90 万元，在境内东片（凤星村 6 组）原窑基的荒墟土地上建办西张畜牧良种场，占地 20 亩，逐步改良猪品种。是年，扩建猪场，引进苏太猪原种 100 头。2000 年，经江苏省农林厅批准并挂牌为江苏省苏太猪扩繁场，生产种母猪和商品猪。苏太猪母猪是由本地的二花脸、太湖猪，梅山猪为母本，与国外的杜洛克公猪杂交，血统各占 50%。杂交后的苏太猪优点：一是利用本地太湖猪、二花猪、梅山猪母性好，产仔率高的优势；二是利用国外杜洛克公猪瘦肉率高的优势，两者结合达到了产仔率高、瘦肉率高、生长速度快、肉质鲜美多汁等标准要求。2003 年，张家港市人民政府为了改良本市生猪品种，使生猪品种进一步优化，出台了凡购进一头苏太母猪，补贴奖励每头 100 元的政策。通过此举，极大地调动了广大农户养猪热情。当年就销售 5000 多头苏太猪。是年，苏太猪扩繁场还注册了“康太牌”苏太猪肉商标。还与张家港市百信超市联营，销售无公害苏太猪肉。2004 年，还与苏州苏太集团公司联营并挂牌为苏州市苏太集团公司张家港养殖基地。2005 年，张家港市苏太猪扩繁场的占地面积扩大到 50 多亩，建筑面积 2.1 万平方米，其中猪舍 2 万平方米，存栏种母猪 300 头，公猪 8 头，年生产苏太猪 5000 余头，年销售收入 500 多万元。2015 年 5 月，因环境污染等因素，猪场停办。

二、羊

境内养羊历史较长，品种以山羊为主，有少量绵羊（俗称湖羊）。山羊在本地区以白山羊为主，繁殖率高，饲养周期短，一般饲养两个年头可宰杀食用。绵羊积肥产毛。1962年，境内饲养山、绵羊878头。其中山羊占87%，其余是绵羊。1967年，境内原三大队建办了五联林场，饲养山羊10头，绵羊8头。1982年以后，养羊业逐步减少。1985年，境内养羊280头。2000年以后，由于农民住宅的改观，农户养羊逐年减少。至2015年末，境内仅有30多户饲养山羊，每户2～3头，朱家弄8组村民朱进安，养殖波尔羊10头。

三、牛

牛长期以来都是私人饲养，以水牛为主，是农户主要的农用畜力（耕田、戽水）。1949年，境内有耕牛30头左右，一般每头牛要负担耕地180亩左右。1952年，境内耕牛增加到48头。1968年，牛减少至9头。随着农业机械化的发展，耕牛逐渐减少，1972年，境内已不再饲养耕牛。

四、兔

60年代以前，境内少数农户饲养本地菜兔。60年代以后，养兔才成为新兴的家庭副业。1967年，境内五联村（三大队）在凤凰山北建办小林场，养殖兔子50多只。1968年，境内农户饲养兔子1638只，品种为安哥拉长毛兔。1974年，引进日本大白兔，农户饲养兔831只。1981年，农户养兔达到4046只，为历史上最多。1982年下半年，兔毛价格上涨（特级毛集市价每千克220元），养兔生产再次复苏，有人戏言："养儿子不如养兔子。"1986年以后，因乡镇企业的发展，农村劳动力纷纷进厂，加上兔毛价格下跌，养兔数逐年下降，90年代后，农村已很少有人养兔。至2015年末，境内仅有少数农户养兔，主要是食用菜兔。

五、家禽

境内农户饲养家禽以鸡、鸭为主，鹅少量。鸡的品种有麻栗鸡、芦花鸡、鹿苑鸡、狼山鸡，鸭的品种有浙江绍兴鸭和昆山麻鸭（即绵鸭）。境内农户每户一般养10羽左右。饲养母鸡多于公鸡，因为母鸡可以生蛋，除自己食用外，还可以出售，增加家庭经济收入。公鸡饲养除自家食用外，多余部分到市场上出售。渔民饲养群鸭、群鹅，鸭分春鸭、夏鸭两季，鹅是一年一季，一般饲养60～70天即可出售。

20世纪合作化时期，因散养的家禽糟蹋粮食作物（稻麦），遭集体控制，家禽饲养量逐步减少。特别是“文化大革命”时期，饲养量极少。80 年代，实行家庭联产承包责任制后，农村改变以往散养的习惯，开始发展栏养圈养家禽。养禽业成为农户发家致富的途径之一。1962 年，境内饲养家禽 1228 羽。1974 年饲养家禽 2218 羽，1985 年，全境饲养家禽 3328 羽。2011 年，因五联片区大部分宅基拆迁，农民集中安置，金谷片区沿街近镇农户不能养殖，养禽数量锐减。至 2015 年，境内仅有凤星片区东部少数农户饲养鸡、鸭、鹅，数量不到 1000 羽。

第三节　副　业

做竹器　竹器编织主要分布在境内金谷、五联片区。1970 年前，凤星片区太平桥、戴巷，五联片区大树巷、路西，金谷片区水北有 12 人从事竹器编织，生产的各种竹篮、蒸笼、粉筛、篾席等深受广大农民喜爱。1980 年以后，部分从事竹器编织的人员进入工厂，有的年龄大了不能编织。至 2015 年，境内仅有 2 人从事竹器编织，但年龄均在 70 岁左右，后继无人。

穿棕绷　境内有 3 人从事该业，经营方式多种。有的走村串户上门服务，有的在家做好后上集市出售，也有一部分顾客上门定做，还有的在街坊开设工场。1990 年后，由于乡镇企业的发展，部分棕绷的生产者进入乡镇企业工作，加上农民生活水平提高后，家用床垫不再用棕绷。至 2015 年末，已无人从事该业。

绣花边　中华人民共和国成立初期，境内刺绣花边的妇女有数十人，因收入高于其他副业，故发展较快。1957 年，西张公社设立花边站，1958 年，成立人民公社后改为公社花边厂。1965 年，境内有 1100 余名妇女绣花边，加工费年收入 3.5 万元左右。1973 年，新增针织花边业务，境内全年手绣花边近万套，加工费收入 7 万余元。1983 年后，因国际花边市场变化，发放量逐年减少。1995 年后，由于电脑绣花、十字绣花的发展，刺绣花边被淘汰。

纺黄纱、石棉　中华人民共和国成立前，家家户户有纺纱车，手纺加工后上交黄纱店，加工费补贴家用。也有农家自种棉花纺纱后织布。中华人民共和国成立后，纺黄纱仍作为农户的一项重要家庭副业。1965 年，境内从事纺黄纱的达 2000 余人。70 年代后，年轻妇女进镇村企业上班，只有少数老年人纺黄纱。1980 年，纺黄纱基本绝迹。60 年代末，农户开始纺石棉。当时公社有石棉厂发放，境内有 1000 多人纺石棉，是 70 年代农民主要的家庭副业收入。至 70 年代中期，因纺石棉对人体有危害，被禁止停业。

修线头、缝衣服　境内有西张服装厂、易度针纺厂、西张塑料手套厂等镇村企业，每天发放衣服、手套、羊毛衫等手工加工活计，许多农户特别是老年人利用空隙，在家加工好后上交企业，赚取加工费。2015 年，全村修线头、缝衣服从业人数

达500余人，每人年收入5000元。

卖猪肉　境内从事卖猪肉的有20余人。60～70年代期间，由卖猪肉（俗称“小刀手”）与养殖户联系后上门购猪宰杀，每个“小刀手”年收入在0.5万元左右。70年代中期，公社成立屠宰场，统一宰杀，“小刀手”收入逐步下降。改革开放以后，实行市场经济，卖猪肉人的年收入逐年增加。至2015年，境内有10人从事卖猪肉经营，人均年收入在4～5万元。

织草帘　60年代至70年代，境内3个大队有8座小土窑烧制砖、瓦，1座公社砖瓦厂，防雨草帘用量较大。1980年前，农村社员有30%以上起早摸黑编织草帘。凤星、金谷、五联3个村社员拾煤渣黑泥生火做饭，省下的稻草用来编织草帘。1983年，编织农户多达250户，年收入7.5万元左右。1985年后，随着砖瓦厂陆续关闭，编织草帘农户逐年减少。至2015年已绝迹。

做木工　俗话说：“年轻木匠老郎中。”木匠是个力气活，50～60年代，境内从事木器家具制作的木工较少。1968年后，木器家具进入普通家庭，木工逐渐增多，遍布各自然村，有60余人。金谷居墩宅基2队的木工曹汉忠，心灵手巧，木工手艺远近闻名。木工除为集体、个人建房和做家具外，还自购木料制作木器家具，如饭桶、提桶、担桶、马桶、大小脚盆、桌子、床、凳、橱等，运往集市交易。有的为用户来料加工，有的为用户上门制作。80年代末，随着人们生活水平的提高，需求向高档化、成套化发展，传统的日用家具被现代家具所替代，木器家具生意清淡。1990～2010年，境内有木工20余人，部分木工进建筑公司，部分木工搞室内装潢。至2015年末，仅有木工10余人。

针织服装　70年代，境内家庭作坊发展迅猛，从事针织服装的家庭较多。1985年，从事针织的有60户，有手套机、针织横机250台，从业人员250人。从事缝纫的有10户20人。从事织布的有5户15人。1990年，由于家庭作坊生产的针织服装质量差，款式少，市场销售受阻，许多生产针织服装户关门停业。2010年，从事针织服装的家庭仅剩10户。至2015年末，仅剩5户。

种桑养蚕　1964年，境内五联村（三大队）建办林场，种桑20亩。1965年，境内有4个生产队利用河滩荒地种桑10余亩，养蚕25张，产茧200千克。进入70年代后，在“以粮为纲”的影响下，大队相继砍桑种粮，桑田面积减少。1980年以后，因种桑养蚕花工量大，收入不高，再次出现砍桑弃蚕。1983年后，境内桑田全部改为粮田，养蚕户绝迹。

种蔬菜　境内种蔬菜户较多，多为农户零星种植，总面积达600亩。境内凤星片区农户利用三丈浦塘岸旱地，种植各种蔬菜，除自家食用外，多余部分拿到集市上出售，增加家庭经济收入，每户年收入3～8万元。当地有“七级工、八级工，不及凤星农民种块葱”的说法。蔬菜品种有青菜、白菜、萝卜、菠菜、黄瓜、冬瓜、丝瓜、豇豆、扁豆、茄子、韭菜、芹菜、茭白、青毛豆、辣椒等。60年代，不少农户种大白菜，销往上海、无锡、苏州等地。特别是境内的弄里芹菜，中华人民共和国成立前就销往上海市场，名气较大，有原凤星1队、6队、7队、8队、9队、10队、14队7个生产队种植。1980年以后，弄里芹菜的销售由上海的经纪人（贩客）来收购，部分由农户到集贸市场上出售，境内种植面积达200亩。2015年，从事种植蔬菜的农户有280户。

制香　党的十一届三中全会后，落实党的宗教政策，境内佛教、道教活动恢复，催发香烛市场销量旺增。1995年，有制香户2户5人。制作的香烛除销售本地外，还销往常熟、无锡等地。至2015年末，境内有常年制香户3户8人。

育蘑菇　1971年，境内有凤星6队、9队，金谷1队、7队、9队、10队，五联6队、8队等建有蘑菇棚，种菇面积0.6万平方米，产菇2.65吨。1981年，种植平菇350平方米，产菇0.4吨。1990年，该业绝迹。

育秧苗　境内农户有育瓜秧、茄秧及其他蔬菜秧苗传统。凤星村3队、7队、14队、9队等有18户农民从事蔬菜秧苗培育。1980～1990年，每家在自留地上精耕细作培育秧苗，到市场销售。2000年后，用塑料薄膜培育，秧苗提早上市。2010年，采用大棚培育法，先拌好营养土（猪灰、饼肥、泥）再装入营养钵内放入大棚培育秧苗，秧苗不但出苗齐、早，还容易成活。育苗户除自种外，大部分上集市出售，用营养钵培养的各类秧苗成活率高，生长快，深受农户欢迎。至2015年，境内仍有10余户农民从事蔬菜秧苗培育。

种菱角　境内农户历来就有种菱传统。春季放养，秋季采菱。种类有两角菱，四角菱、红菱和野菱。尤其是水红菱为菱中上品，野菱虽小但肉质细腻，香脆味好。农业合作化前，村民种菱角以自食为主，少量上市；农业合作化后，水面全部入社，部分河面种菱，收获后按人分配。农村实行联产承包责任制后，不少农户承包水面种菱角，作为家庭收入。1999年，境内有60多户利用河面种菱，面积达80亩。至2015年，因河道污染，村民已很少种菱。

种瓜　种植香瓜、西瓜是境内一项副业。人民公社化后，公社坚持以粮为纲，只有部分生产队少量种植，面积2～4亩。1990年以来，少数农户利用自留地种瓜。市场上出售的各种香瓜、西瓜一般都是外地贩运来的。1999年开始，调整农业产业结构，外地人租地建大棚种植西瓜、香瓜。2015年，境内仍有10户承包农田种植西瓜、香瓜。

第四节　水产业

养鱼　境内有水域面积557亩，其中上浜河、塘河水面积有350亩。1956年前，塘河均为私人养鱼，按塘河所有权，有独户放养，也有联户合股放养，按股份配。鱼种有鲢鱼、青鱼、草鱼、鲫鱼等。农业合作化以后，所有水面全部入社，归生产队所有，集体放养，年终按人分配。1978年后，境内村民在长寿塘和三丈浦河塘的100余亩水面放养鱼苗。境内有4户从事专业、兼业的水产养殖户。1984年，原凤星村3队村民戴锦石承包扁汰泾河水面15亩，因为懂技术，放养鱼种按上、中、下3层搭配标准，精心管理，勤喂料观察，使草鱼每天吃饱，排出的粪便转化为浮游生物，成为鲢鱼主食，当年获得高产，15亩水面获鱼10余吨，当时在西张地区很有名气。农村实行家庭联产承包责任制后，各村民小组把零星内河包给社员养鱼，境内养鱼专业户有30户。90年代以后，随着工业企业的发展，河塘污染，境内养鱼面积逐步减少，只有少数农户饲养，水面积在80亩左右。至2015年末，养鱼水面积50亩，养鱼户10户。

河蚌育珠　70年代，西张多种经营办公室组织人员到外地组织蚌源，境内派员（农副组）随同到外地购进蚌源，选择100亩水面开展河蚌育珠，育蚌800余只。1980年以后，因蚌珠外贸收购价格下降淘汰。

养蟹　1984年，境内有金谷副业队，凤星、五联3户养蟹专业户，水面积5000平方米。由于放入蟹苗后喂养不科学，致使蟹产量低，后因亏本停养。

养虾　境内原金谷村副业队率先养殖河虾，水面积810平方米。由于管理得当，获得丰收，当年产虾1700千克。1998年以后，五联村有1户村民承包10亩水面养虾。由于饲养虾技术要求高，管理风险大，成本高，2000年停止养殖。至2015年，境内只有1户养虾专业户。

养牛蛙　1991年，境内有2户养殖牛蛙，养牛蛙1.5万只。1994年，因牛蛙成活率低，管理复杂，投入大，产出低等因素而停养。

2000～2015年各村专业种养大户生产一览表

表6—7

年份	种植（亩）	果木（亩）	蔬菜（亩）	养鱼（亩）	养虾（亩）	养猪（头）	家禽（羽）
2000	3440	400	350	80	10	8500	1200
2001	3139	400	350	75	10	8500	1250
2002	3130	400	350	78	10	8500	1250
2003	3127	400	350	75	10	8500	1200
2004	2284	400	350	81	10	8500	1110
2005	2980	400	400	81	10	8500	1110
2006	2378	400	400	81	10	8600	1110

续表 6—7

年份	种植（亩）	果木（亩）	蔬菜（亩）	养鱼（亩）	养虾（亩）	养猪（头）	家禽（羽）
2007	2166	400	410	75	10	8600	900
2008	2344	400	410	75	10	8600	900
2009	2344	400	410	75	10	8000	750
2010	2104	400	410	75	10	8000	750
2011	2071	400	380	75	10	7500	610
2012	1514	400	380	75	10	7500	610
2013	1476	400	400	75	10	7500	550
2014	1299	400	410	75	10	7500	550
2015	1217	400	410	50	10	1000	550

1970～2015 年境内从事家庭手工业收入一览表

表 6—8

年份	从业人员	全年总收入（万元）	年份	从业人员	全年总收入（万元）
1970	250	3.75	1995	700	560
1972	400	10	2000	800	880
1975	650	52	2005	800	1040
1980	700	126	2008	700	770
1985	600	240	2010	950	1330
1990	650	292.5	2015	900	1350
1992	650	325	—	—	—

第六章　名优特产

第一节　老白酒

境内农民有家酿米酒的传统。家酿米酒是独具风味的地方酒，俗称老白酒。秋后稻谷成熟，农家选用优质糯米，配酒药而制成。长期饮服有利气活血、清胃助消化、强筋骨补身体等功效，为江南一带人们喜爱的温性酒。境内老白酒品种有十月白（农历十月酿制）、冬酿酒（农历十一月以后酿制）、菜花黄（春天菜花盛开时酿制）等。1980年以后，境内的朱家弄、路西、大树巷、史家桥、后巷里、交界桥等宅基农民，每年都要酿制数十斤或上百斤糯米老白酒，存放在酒缸中自饮或招待亲朋。每到年关，家家待宾客，户户酒飘香，农家邀上三五知己，围桌而坐，烫一壶热酒，炒几个家常菜，举杯换盏，边饮边谈，直到红日西沉，月上树梢。

2000～2015年，境内仍有150余户农民自酿老白酒。23组村民朱华保，每年种植糯稻20亩，收割后在家中酿酒，年出售老白酒3万余斤，年收入10万余元。

第二节　弄里芹菜

境内朱家弄种植的水芹品质优良，中华人民共和国成立前，弄里芹菜在上海曹家渡菜市场、苏州南门菜场等市场享誉盛名。弄里芹菜历史悠久。相传宋朝名将韩世忠和夫人梁红玉驻守庆安，被金兵围困。军中缺粮，梁红玉率部遍寻野菜，至弄里一带见有大片野芹，味清香，采食充饥，拯救了军队。以后人们把野芹移植家种，称为“玉芹”。经世代栽种，精心培育一直至今。芹菜品种有大青种、小青种、红种、麻栗等。具有嫩茎长（俗称白头），叶柄青，质地脆，香味浓，存放时间较久等特点。无论是清炒或与豆制品素炒，或与卤类混炒，都味道鲜美，各具风味。90年代，弄里芹菜开始大面积种植，有专人收购和贩运，供应上海、苏州、无锡、常熟等地的饭店、宾馆和超市。2015年，全村种植弄里芹菜200余亩。

第三节　水红菱

境内河塘众多，农家普遍利用河面种植红菱。境内种植的水红菱，色泽鲜艳夺目。呈大红色，俗称四角菱，肉嫩爽口，鲜甜水汁多，刚采摘的红菱煮熟吃，香甜细腻。红菱既可当水果，又可做菜。农家用红菱肉与肉类同煮，别有风味。每年八月中秋是水红菱上市季节，种菱户除自己食用外，还送亲戚朋友或到市场出售。1985年以后，河塘污染严重，种菱户减少。2000年后，少数种菱户除河塘放养外，还在承包田里放水养菱。至2015年，境内有4户养菱户。

第四节　水蜜桃

70年代初，境内五联林场引进无锡水蜜桃种植，在此基础上经过多年改良培育而今成江苏省农产品著名品牌——凤凰水蜜桃。从90年代开始，五联80%农户在家前屋后种植，2000 年后，发展到集体个人在大田栽种。水蜜桃有果大、肉嫩、鲜甜、多汁、果皮易剥等特点。品种有白凤、白花、红花、黄皮、小青等。其中以黄皮、白花等品种为最佳。2003 年以后，水蜜桃由种植专业户大面积种植，品种由原有 4 个中熟品种发展到早、中、晚熟 10 个品种，每年 6 月 20 日至 10 月都有鲜桃上市，销往上海、苏州、常熟等地。2015 年，境内水蜜桃种植面积达 200 亩。

第五节 呕血糯

血糯，又名“呕血糯”又称“红莲糯”，是一种名贵的糯稻。其米清代列为“御米”。凤凰、西张一带均有种植。据《常昭合志·物产志》载：“血糯”亦名“红莲糯”，宜粥。

血糯秆、叶、茎、谷皆成紫红色。穗大，但不耐肥，秆长易倒伏，成熟不一，产量不高，一般都在田边隙地零星栽种，利用边际优势，争取多收。凤凰山北麓所产血糯质量优为上等。60～70 年代，境内有少数生产队栽植血糯。

血糯米粒细长，紫红色，后半部透明，营养价值高。有养血滋阴的功能。中医认为经常食用血糯米对白血病能起抑制的作用。农家冬季用血糯做酒酿，酿制的白酒色泽黄里透红，味道甜润醇厚，称“喜酒”，是待客佳品。农家办婚事，用血糯米粉做成团圆，叫“喜圆”。用血糯做的八宝饭、炒血糯、红米酥等名点，色泽鲜艳，香糯可口，已编入菜谱而名扬中外。2005 年，有少数农户在承包田周边栽种血糯，数量极少。

第七编 工 业

境内工业从纺织业起步。历史上就有农妇“黄昏始织，三更方睡”织土布换日用商品及补贴家用的习俗。明末，境内有民间纺纱织布者千余人。并有不少铁、竹、木匠走乡串户，农忙务农，农闲做工。

民国年间，境内有以粮、油为原料加工的磨坊、碾坊、油坊、酒坊等手工业作坊。如原凤星村陆家高头徐姓油坊，原五联村大树巷何姓磨坊，原金谷村东街的染坊、铁匠店、木行等手工业作坊。但因受旧制度的制约，经营维艰，发展缓慢。

中华人民共和国成立后，人民政府对私营工业企业实行“利用、限制、改造”的方针，鼓励和扶植合作工业。1956 年，私营、个体工业开展合作化，境内铁、木、竹、园作等作坊店铺组织起来，参加手工业生产合作社。

1957 年，境内原金星高级社在金谷落西边办砖瓦厂，不久被公社接管成为西张公社砖瓦厂。1958 年“大跃进”时，境内动员 1000 余名劳动力，建造各式小高炉，大炼钢铁，造成严重浪费。

1962 年，沙洲建县后，根据国民经济调整的方针，社办企业大部分关、停、并、转，大队集体手工业得到恢复。1964 年，境内三大队率先建办砖瓦厂，1966 年，一大队、二大队相继建办砖瓦厂。1966 年，三大队又办粮饲加工厂，一大队、二大队又建办各种小型企业，境内队办企业增加到 7 家。1970 年后，根据中央北方地区农业会议精神，社队工业纷纷上马，社队企业进入发展阶段。大队、生产队办起小工厂，“小鸡吃米、粒粒下肚”，增加集体收入。

1978 年，随着农村经济体制改革的逐步展开，产业结构不断调整，队办企业发展迅速。到 1980 年，境内 3 个村有 1000 余名农村富余劳力转向工业企业。进入 80 年代，队办企业发展逐步由初级的铺摊子、求数量转向上管理、上技术、上质量、上效益经营模式，不断调整产业结构和产品结构，发展横向经济和技术协作，形成全民、集体、个体并存，以集体为龙头，以纺织建材为主业，并有一定的规模和技术管理水平的工业格局。至 1985 年，境内建有村办企业 20 余家，个体及村民小组企业 10 家。到 1986 年末，企业发展到 40 余家，门类有建材、化工、塑胶、纺织、五金等。

1988 年，境内原金谷村和澳门康达公司合资的全市第一家合资企业“新天 EM 工程材料有限公司”建办，开创了引进外资的先河。

1990 年以后，境内村办企业开始飞速发展。1999 年，全境工业产值达 4976 万元，拥有固定资产 480 万元。2015 年，境内有工业企业 96 家，年销售收入 8.8 亿元。

第一章　工业体制

第一节　村（队）办工业

中华人民共和国成立初期，境内农民为了提高生活水平，除了种田外，纺黄纱、绣花边成为家庭小手工业。50 年代中期，境内金星高级社为增加社员收入，建办集体性质的砖瓦厂（1958 年被公社接管），五联高级社办小型粮饲加工厂。

1962 年，根据中共中央、国务院关于全面整顿国民经济的决定，对社队工业进行压缩调整。1963～1970 年，特别是在 1966 年，毛泽东关于农民“在有条件的时候也要由集体办些小工厂”的指示发表后，社、队工业逐步从“地下”向公开发展。1964 年 8 月，境内三大队砖瓦厂建办；1966 年，一大队、二大队砖瓦厂先后建办，至 1970 年，境内先后办了建材、粮饲加工、石棉、小化工、小五金、纸箱、针织、併线等 13 家企业。1970 年，队办企业向各生产队转队工资 4.14 万元，同时，队办工业的发展有力地支援了农、副业生产和农村的建设。1963～1970 年，共提供砖 500 万块、钢材 12 吨、化肥 120 吨、资金 48 万元。

1971～1975 年，境内队办企业采取一厂带一厂的办法，陆续建办了金星水泥制品厂、金星服装厂、金星化工厂、五联蓄电池配件厂、五联针织厂、西张造船厂、金星羊毛衫厂等 8 家企业。1975 年，为适应社队企业发展，公社革委会成立工业办公室，明确 1 名公社党委委员分管社队企业。工业办公室配备正、副主任和财务会计、生技等专职干部，全面负责社队企业的领导和管理工作，财政、银行、税务、工商等部门及全民、大集体工厂从各个方面支援社队工业，使社队工业向规模型健康发展。

中共十一届三中全会以后，农村劳动力进一步向社队工业转移，队办工业进入新的发展时期。经济效益明显提高，社会效益成绩显著。境内田少人多，有人才基础，是发展队办企业的有利因素。该时期境内队办企业迅猛发展，至1983年末，全境有村办企业25家，产值400余万元，利润40余万元。1986年末，全境建办村办企业40家，产值1800万元，利润350万元。1987年开始，由于原辅材料供应不足等原因，对境内的村民小组办企业和户办企业进行整顿，部分没有生产能力的企业和“皮包公司”实施停、转措施，进一步夯实了队办企业的根基。

1985～1994年，境内村办企业发展迅速。1985年，境内原金谷村建办壁纸厂、装饰板厂，扩大造纸厂规模，全村工业产值达1402万元，成为全县19个工业千万元村之一，利润达309万元，居全县行政村之首。1985年，境内原五联村在贝贝集团公司的支持下，建办振联皮球厂，生产的彩色皮球销往全国各地。是年，原凤星村在贝贝集团公司支持下建办帆布厂。

1988年，境内原金谷村建办张家港市第一家合资企业新天EM工程材料有限公司，后又办合资企业常升丝网有限公司、新喜来电器有限公司等多家企业。至1997年，境内形成橡塑、建材、造纸、化工、电子、纺织等多个工业门类、几十种产品的工业生产新格局，3个行政村工业产值共计达4876万元。

1998年开始，村办企业全面进行转制，推行股份制。至1999年，境内村办企业全部转为股份合作制企业和私营企业。是年末，工业产值达4976万元，固定资产480万元。2015年，全村有工业企业96家，年销售收入8.8亿元。

村办企业的崛起，率先突破了单一的计划经济模式，走出了一条发展社会主义商品经济的新路子；走出了一条敢想、敢干、敢闯的农村致富新路子。“以工补农、以工建农”为农业现代化提供了资金积累。村办企业的发展，使境内剩余劳动力转移到工业上，增加了农民收入，提高了农（村）民的生活水平。

1964～1980年境内主要队办企业一览表

表7－1

厂名	性质	所在地	建厂年份	生产项目	负责人	职工人数（人）	备注
五联砖瓦厂	大队办	三大队	1964	八五青砖、小瓦	谢永如	22	1990年停办
金星砖瓦厂	大队办	二大队	1966	八五青砖、小瓦	顾正芳	20	1995年停办
凤西砖瓦厂	大队办	一大队	1966	八五青砖、小瓦	吴仁保	20	1981年停办
五联粮饲加工厂	大队办	三大队	1966	轧米、轧糠磨粉	谢永如	10	1983年停办
金星粗纱石棉加工厂	大队办	二大队	1967	石棉加工、地毯粗纱加工	杨利兴 杨梅大	18	1976年停办

续表 7—1

厂名	性质	所在地	建厂年份	生产项目	负责人	职工人数（人）	备注
金星纸箱厂	大队办	二大队	1967	加工纸箱（小包装）	须祖标	10	1976 年停办
金星五金加工厂	大队办	二大队	1968	小五金加工	徐晓增 徐群芳	6	1970 年停办
五联化工厂	大队办	三大队	1968	生产乙醇、甲苯等	邹德保	10	1976 年停办
五联石棉加工厂	大队办	三大队	1968	石棉加工	邹德保	10	1976 年停办
凤星针织厂	大队办	一大队	1970	针织、服装 羊毛衫	朱正华	30	1990 年停办
凤星併线厂	大队办	一大队	1970	併线加工	葛培洪	50	1988 年停办
五联蓄电池配件厂	大队办	三大队	1974	生产塑料电瓶隔板	邹德保	10	1990 年停办
金星水泥制品厂	大队办	二大队	1974	各种规格预制构件、楼板等	徐群芳	8	1980 年停办
金星服装厂	大队办	二大队	1976	生产服装、棉大衣、劳保用品	钱仁生	15	1980 年停办
金星化工厂	大队办	二大队	1976	对苯二甲酸、硫酸铜	徐群芳	10	1980 年停办
五联针织厂	大队办	三大队	1976	童装、灯罩	朱恒保	20	1982 年停办
西张造船厂	大队办	二大队	1977	生产 10 吨、20 吨水泥船	徐群芳 钱宗耀	30	1980 年停办
金星羊毛衫厂	大队办	二大队	1977	生产各种规格羊毛衫、尼龙衫	徐群芳 钱宗耀	30	1980 年停办
凤星玩具厂	大队办	一大队	1980	各种儿童玩具	朱国良	10	1986 年停办
沙洲县装饰板厂	大队办	二大队	1980	各种规格装饰吊顶板	徐群芳	200	1987 年停办

1981～1995年境内主要建办工业企业一览表

表7—2

厂名	性质	所在地	建厂年份	生产项目	负责人	职工人数（人）	备注
西张第二化工厂	大队办	一大队	1981	香蕉水	戴忠法	15	1985年停办
西张织带厂	大队办	一大队	1982	各种规格鞋子上的带子	朱国良	12	1992年停办
西张鞋楦厂（模具厂）	大队办	一大队	1982	生产贝贝鞋各种鞋楦模具	朱正声	8	1988年停办
沙洲县西张壁纸厂	村办	金谷村	1984	各种规格墙壁纸	徐群芳	50	1991年停办
凤星帆布厂	村办	凤星村	1984	2×2帆布（做鞋子用）	朱永钊	50	1991年停办
沙洲县振联皮球厂	村办	五联村	1985	气球、彩色皮球、乳胶手套	朱云发	40	1998年转制，2004年停办
沙洲县西张造纸厂	村办	金谷村	1985	生产各种规格包装纸、壁纸原纸	徐群芳	100	1998年转制，2002年停办
沙洲县硅钙板厂	村办	金谷村	1986	生产各种规格阻燃型装饰板	徐群芳	60	1993年停办
西张纸板厂	村办	金谷村	1988	各种规格纸板	钱士忠	50	1988年停办
张家港市新天材料有限公司	合资	金谷村	1988	各种规格添加剂	徐群芳 王乔峰	25	1998年转制，2013年停办
西张涂布厂	村办	金谷村	1989	高档包装纸	吉建良	15	1998年转制，2002年停办
张家港市常升丝网有限公司	合资	金谷村	1989	各种规格尼龙丝	徐群芳 王伯康	22	1999年停办
张家港市新喜来电器有限公司	合资	金谷村	1990	收音机、音箱	王乔峰 徐群芳	70	1998年停办
五联橡胶配件厂	村办	五联村	1990	橡胶配件	朱云发	20	1996年停办
西张水泥包装袋厂	村办	金谷村	1990	生产水泥包装袋	杨正龙	10	1998年转制

续表 7—2

厂名	性质	所在地	建厂年份	生产项目	负责人	职工人数（人）	备注
金谷电器开关厂	村办	金谷村	1992	生产电器开关	平建明	30	1998 年停办
西张渔网厂	村办	金谷村	1994	生产渔网	钱永如	40	1998 年转制，2007 年搬迁
金谷热电厂	村办	金谷村	1994	发电 2500 千瓦装机容量	徐群芳 孙云达	30	2007 年拆除
西张服装厂凤星分厂	村办	凤星村	1995	生产各种服装	朱永元	20	1997 年停办

第二节　生产队（组）办工业

1961 年，农村实行“三级所有，队为基础”，以生产队为核算单位的政策后，境内有部分生产队为了增加社员的收入，除了搞好农业生产外，办些小工厂增加收入。1964 年，境内三大队率先建办砖瓦厂。1966 年，境内一大队第 8、9、10 生产队联合在朱家弄南侧建办凤南砖瓦厂。是年，一大队在第 6 生产队境内办凤西砖瓦厂，二大队办金星砖瓦厂。砖瓦厂需要大量黏土制成的砖坯、瓦坯，1964～1970 年初，全境有 16 个生产队在农闲季节组织社员制作砖坯、瓦坯，晒干后出售给砖瓦厂，增加生产队的经济收入。

1968 年，境内原一大队六队建办粮饲加工厂，轧米、轧糠、磨面粉，至 1975 年企业停办。

1970 年，境内原二大队由 6、7、10 生产队联合在崔家湾电灌站建办粮饲加工厂，至 1995 年停办。1970 年，境内原二大队闯新生产队在电灌站上办粮饲加工厂，至 2000 年停办。

1975 年，境内原三大队第 5 生产队，购买 1 台轧砖坯机，利用高田轧砖坯出售。第 6、7 生产队在南塘梢建办小型升降窑，烧黄砖头出售，两年后由大队接管，1985 年停办。

1978 年，沙洲县委号召全县农村开展“小鸡吃米”，有条件的生产队办企业，增加社员收入，境内积极响应，开展“一种、二养、三加工”。境内原二大队第 7 生产队建办水泥预制场，生产楼板、预制构件等，组织社员生产水泥包装袋，为水泥厂配套，使该生产队的年终社员分配水平，远远高出周围生产队。

进入 80 年代后，由于村办工业的发展，有不少配套产品在生产队（组）加工、生产。如境内原金谷村建办壁纸厂、装饰板厂后，该村第3、5、7村民小组建办压花、压条的小加工厂，第7村民小组为村办厂加工拉链、香水包装等，第11村民小组横机加工衣服，由村办厂出售，增加村民收入。

1985年以后，随着农业生产联产承包责任制的落实，生产队（组）办工业被联户企业、个体企业所代替。至2015年，境内生产队（组）不再办工业。

第三节　私营个体企业

中华人民共和国成立前，境内工业以家庭小手工业为主，土纺土织遍及乡村，花边刺绣是年轻女子的手中绝活。以粮、油原料加工的磨坊、碾房、油坊等手工业作坊有12家，如原五联村大树巷的何姓磨坊，原凤星村陆家高头徐姓油坊，原金谷村张市东街的铁匠店、染色店等企业。他们一般合家作业，也有带1～2名学徒经营，但大多是小规模作坊，处境困难。

中华人民共和国成立后，境内农民为了提高生活水平，除了种田外，大多数妇女利用农闲时期做花边、纺黄纱，靠小手工业来增加家庭经济收入。境内还有不少“五匠”（竹匠、木匠、泥水匠、缝衣匠等），凭借自己的手艺技术挣钱养家。

1954年以后，对个体手工业进行社会主义改造，境内陆续出现了自发性的小手工业组织，主要有铁业、木业、五金、缝纫小组等。自发性手工业组织都是手工业者自筹资金、自带工具、产品销售自找门路，计件分配，多劳多得。1956年，手工业组织在人民政府引导下联合起来，建立了西张手工业联社，境内有不少小手工业者加入手工业联社。从此，手工业劳动者走上了合作化道路。

1962年，境内个体手工业主要是绣花边、纺纱织布、加工、修理业等。在国民经济调整以后的两年中，个体手工业有所发展。1966年以后，在“左”的思想指导下，农村中贯彻“以粮为纲”的政策，家庭副业、小手工业，当作资本主义尾巴割掉，因此，境内个体手工业受到严重冲击。1978年，中共十一届三中全会召开后，境内个体手工业开始复苏。1980年，境内出现个体及联户企业8家，1981年后逐渐发展壮大。特别是在1982年冬，农村实行家庭联产承包责任制后，境内个体私营企业不断增加，行业也有所扩大。境内原凤星村20%的农户都购置横机织羊毛衫，少的农户1～2台，多的10余台；原五联村有2人建办预制场，生产楼板、水泥桁条；原金谷村有4人建办小化工、小塑料、小五金、制香等小工厂。至1989年，个体私营企业发展到100余家。

1990年以后，境内个体私营企业经受市场考验，产品好、质量优的私企得到快速发展，产品差、质量劣的私企倒闭或搞联户经营。到1994年末，全境共有个体私营企业及家庭联户企业 32 家（其中凤星村 12 家、金谷村 10 家、五联村 10 家）。涉及的行业有塑料、建材、纺织、针织、小化工、小五金、电脑绣花、编织袋等。

1996 年，私营个体企业向外向型、科技型、规模型发展。这些私营业主，原是村镇企业的骨干，辞职回家创业，经过几年拼搏和积累资本，租用村办企业的厂房，或购买土地办厂，引进先进设备，不断扩大生产规模。1998 年，境内加大招商引资力度，吸引境外个体老板来村投资办厂。原金谷村工业集中区建办 12 家私营企业，原五联村工业集中区内先后建办 18 家私营企业，规模较大的有鑫龙服饰、华贸手套、协大机电、九天氨纶等。进入 21 世纪后，境内在西塘公路沿线两侧划出部分土地，招商引资，第一家进驻的是江苏和乔电子股份有限公司，接着有彩鸽、光明、恒运、芝阳、新隆佳顺、龙利鑫等几十家私营企业进驻，并在原凤星村凤星路两侧建办 25 家私营个体企业，他们中有租用厂房的，有购买土地建办的。至 2015 年末，全境有私营个体企业 96 家，其中纺织行业占 60%，其他有机电、电子、印刷、建材、塑料等行业，具有一定规模的达 30 家，销售额超千万元的占 20%，其中，张家港市生达纺织品有限公司年销售额达 1.55 亿元。

第四节 镇（乡、社）办企业

金谷村地处沿街近镇，地理位置优越，水陆交通便利。1956 年，西张乡在境内张市东街（今金谷村 6 组）利用“乾丰行”的房子，购进机械设备建办了西张粮饲加工厂，第一任厂长为许德元。主要是轧米、轧糠、磨面粉，该厂一直办到 1976 年 4 月，公社建办水泥厂时停业。1958 年 10 月，西张人民公社成立，按照公社大办工业，实现公社工业化，农村工业化的要求，公社在境内张市东街南建造 60 间厂房，建办农具制造厂（手工业联社）、农业机械厂、服装厂、织布厂等几家社办厂，有职工 150 人，接管了原金星高级社在金谷落西办的砖瓦厂，施文华任厂长。由于企业缺乏技术力量和资金等原因，至 1960 年，农业机械厂停产，厂房部分建办西张农业中学，部分为社员住房，职工回农业生产第一线。

1967 年，公社在境内张市东街（二大队 6 队）栈房坝建厂房 10 余间（西张粮饲加工厂东），重办西张农机厂，有职工 10 余人。该厂于 1976 年 4 月开始扩建，厂址迁移到浅水浜，占地面积 15 亩。1997 年农机厂转制。2002 年，因城镇建设需要，原厂房全部拆除、搬迁。

1976 年 4 月，公社在境内张市东街建办西张水泥厂。1976 年 9 月投产，该厂占地面积 20 亩。初办阶段规模不大，年产水泥 3000 吨，为低标号。1982 年以后，通过技术改造，增添设备，逐步扩大生产能力，1990 年建办机立窑一座，水泥年产量达 2.5 万吨，而且质量不断提高（生产 500 标号水泥）。该厂 1997 年转制，因环境污染问题，搬迁到原西张老轮窑成立西张水泥制造有限公司。1995 年，镇办企业精达公司在境内原凤星村建办张家港市东海农机厂，生产各种规格柴油、汽油药水机。1999 年，因销售不畅停产，厂房出售。

第五节 校办企业

70 年代，教育部门兴办校办厂，其盈利用于补助学校经费的不足，校办工厂多为纯加工性质的小厂，职工一般为教师家属和社会上有一定专长的人员。

80 年代后期，境内精舍小学建办一家小规模加工纸盒的校办厂，1996 年停办。

1984 年，校、企联合办厂，境内沙洲县装饰板厂同西张中学联合办厂，中学抽老师帮助该厂办 1 个技校班，有 40 余名初中毕业生到技校学习，后分配到厂里工作，学校派 1 名教师长期在厂工作，工厂里每年将利润的一部分给学校，1988 年停办。1990 年，境内原金谷村建办的西张造纸厂挂牌为西张中心小学校办厂，所获利润部分补充学校的办学经费，1996 年停办。

第六节 股份制企业

90 年代以后，在建立社会主义市场经济体制和现代企业制度的进程中，乡镇企业全面展开转换企业经营体制工作，掀开了乡镇企业改革和发展新的一页。在众多的转制形式中，股份合作制以其鲜明的特征、独特的效能而受到广泛关注。

1996 年，境内村办企业发展到几十家，由于受当时大环境的影响和各方面的制约，加上企业管理不善，产权不明晰，效益滑坡，有的亏本，至使不少企业无法生存。是年，境内原凤星村所有村办企业停办。所以，改革势在必行。

1996 年底，西张镇成立经济体制改革办公室，建立西张镇产权制度改革资产评估小组。与此同时，开始对镇村企业进行调查摸底和资产评估等工作，并决定对部分企业进行产权制度改革，先镇办企业，后村办企业。从 1998 年至 2002 年，境内有 6 家村办企业先后转为股份制企业。

一、西张造纸厂

1985 年建办，主要生产各种规格的牛皮纸和壁纸的原纸，各种规格的包装纸。1998 年开始转制，建立张家港市恒锋纸业股份有限公司，法人代表为徐峰。2002 年，再次重组，建立张家港市澳顺纸业股份有限公司，法人代表是王玉兵，2008 年停办。

二、西张渔网厂

1994年建办。1999年，转制建立张家港市东海渔网有限责任公司，法人代表杨金虎，主要生产各种塑料丝和渔网。2007年，渔网厂搬迁出境内。

三、张家港市东海包装袋厂

1990年建办，主要生产水泥包装袋。1999年，企业转制建立股份制企业，法人代表杨正龙，2007年停办。

四、西张涂布厂

1987年建办，生产高档包装纸，为壁纸厂做配套产品。1999年，企业转制建立张家港市涂布股份有限公司，法人代表吉建良，2002年停办。

五、新天EM工程材料有限责任公司

原是合资企业，主要生产各种规格的添加剂。1998年，合同期满，外商撤资。1999年，企业转制，建立张家港市新天材料股份有限公司，法人代表徐正芳，2013年停办。

六、张家港市振联皮球厂

1985年建办，主要生产彩色皮球、气球等产品，销往全国各地，主要是浙江的义乌市场，年销售额最高达400万元，利润80万元，职工100余人。1998年，企业转制，建立股份制企业，法人代表先是孟建华，后是张友刚，后因销售形势不好，2004年停办。

第七节 合资企业

1988年3月，金谷村和澳门康达公司合资建办张家港市新天EM工程材料有限责任公司，投资总额80万美元，成为张家港市第一个合资项目。

1989年6月，金谷村和台湾晟锋渔业股份有限公司合资建办张家港常升丝网有限公司，总投资300万元，台方出资25万美元，占49%，生产尼龙圆丝网。

1990年10月，金谷村再次和澳门康达公司合资建办张家港新喜来电器有限公司，康达公司投资30万美元，占51%，主要生产收音机、音箱等高档电器产品。

年销售在500万元左右，1998年搬迁到上海。

第二章　工业门类

第一节　纺织工业

中华人民共和国成立至60年代中期，境内纺织工业主要是以民间土法纺纱织布为主，部分农村妇女自己动手纺纱、浆纱、经纱，用木制织布机织造本色白坯布和格子布用于裁剪衣服、床单、被单等，也有代客加工，少量到市场销售，以补贴家用；该时期少数农户开始摇黄纱手套。1970年，公社建办石棉厂，境内原二大队、三大队相继办石棉加工厂，组织农民纺石棉。1970年后，境内一大队建办併线厂、针织厂；二大队建办服装厂、羊毛衫厂；三大队建办针织厂。进入80年代后，原凤星村大力发展横机加工业务，全村共有200余台横机加工各种规格的羊毛衫、尼龙衫，其中有4户是专业户，每户拥有横机20台。进入90年代中期，境内的纺织行业发展加快，设备越来越先进，企业购进电脑横机、电脑绣花机、大圆机取代老设备。

2000年，张家港市泰力（恒运、生达）纺织品有限公司率先进驻金谷村工业规划区内，在西塘公路南侧购地30亩建厂房，进设备，规模不断扩大，至2015年，该企业销售额达1.5亿元。之后，张家港市龙利鑫针织有限公司、张家港市芝阳纺织有限公司、张家港市新隆佳顺针纺织有限公司等数十家纺织企业陆续进驻该规划区。至2015年末，境内有纺织企业58家，占全村企业总数的60%，其中规模较大的有14家，职工2650人，占全村企业职工总数的62%，注册资金2500万元，年销售额6.5亿元，占全村工业销售额的74%。

第二节　机电工业

60年代，境内无机电工业。70年代初期，境内原二大队曾建办小五金厂，不久停业。70年代后期，境内张市东街（二大队6队）由公社抽水站建办沙洲县水利机械二厂，生产、组装电风扇，80年代初搬迁到鹿苑。

1990年，境内原金谷村与新加坡商人合资建办张家港市新喜来电器有限公司，生产收音机、音箱等产品。1992年，金谷村建办金谷电器开关厂，1994年，金谷村建办装机容量 2500 千瓦的热电厂。

2000 年后，境内深化改革，进一步加大招商引资力度，广引能人进村兴办企业。2001 年 6 月，江苏和乔科技股份有限公司入驻金谷村工业规划区内，在西塘公路北侧，购地建厂，厂区面积 12000 平方米，厂房面积 6500 平方米，生产的电子产品远销世界各地，是一家高科技企业，是境内第一家新三板上市公司，纳入国家火炬计划项目。2015 年，企业利润达 5000 万元。2002～2015 年，有神马机电、光明电器、海洋王机电科技、锦程精密机械、平江铝型材等 10 余家公司落户金谷村工业区内，年销售额均超千万元。至 2015 年末，境内有机电工业企业 20 家。

第三节　建材工业

境内建材工业发展较早，50～90 年代中期是兴旺阶段，后因土地资源等因素陆续停办。1957 年，金星高级社建砖瓦厂，生产“八五”青砖和小瓦，有职工 71 人（包括制坯职工）。1958 年，转为公社砖瓦厂。1964 年，三大队办五联砖瓦厂。1966 年，一大队 3 个生产队联办凤南砖瓦厂，后又办凤西砖瓦厂，二大队办金星砖瓦厂。1972 年，境内 3 个大队共建砖瓦厂 4 家，职工 90 余人，年产青砖 300 万块。1974 年，境内二大队建办水泥制品厂，生产楼板、水泥桁条。1977 年，二大队第 7 生产队建办水泥预制场。80 年代初，境内三大队又有 2 户建办预制场（个体企业）。

1980 年，境内二大队建办沙洲县装饰板厂，生产各种规格的装饰吊顶板，年产 65 万平方米，远销全国各地，企业职工 200 人。1986 年，销售额高达 1000 万元。1987 年，转产硅钙板。1984 年，金谷村建办沙洲县西张壁纸厂，生产各种规格的墙壁纸，有职工 50 人。1976～2000 年，因土地资源紧张及污染环境等原因，境内的 4 家砖瓦厂和 5 家水泥预制场先后停办。至 2015 年末，境内建材工业企业仅有 1 家。

第四节　其他工业

一、粮饲加工工业

1956 年，在张市东街“乾丰行”办的西张粮饲加工厂，为境内最早办的粮饲加工厂。1966 年后，境内三大队、一大队 6 队，先后办粮饲加工厂。1970 年后，境内二大队崔家湾、陈菜圩（闯新队），一大队雷公潭利用电灌站，先后建办粮饲加工厂，承接周围社员轧米、轧糠、磨面等业务。进入 80 年代以后，由于种种原因，境内粮饲加工厂先后停业，至 2015 年末，境内仅存朱家弄一家粮饲加工厂。

二、化工工业

60年代后期，境内三大队建办小化工厂，由于设备简单，缺乏技术人才，不久停业。进入70年代，境内二大队、一大队相继建办小化工厂，生产的都是低档产品，销路不畅，到80年代中期停办。至2015年，境内无化工企业。

三、印刷工业

90年代，境内3个村开办5家小印刷厂，这些印刷厂设备简单，技术落后，业务范围小，档次低。至2000年，相继停办。2000年后，境内有2家印刷企业，一家是张家港市宏利印刷有限公司，有员工50人，技术人员10人，2015年，年销售额1500万元；另一家是张家港市金凯利工艺制品有限公司，拥有员工200人，技术人员7人，2015年，企业销售额达2500万元。

四、橡塑工业

1985年，境内原五联村在贝贝集团公司支持下，建办振联皮球厂，生产气球、彩色皮球、乳胶手套，产品销往全国各地，后五联村又办橡塑制品厂。进入21世纪后，在五联村工业集中区内又建办2家生产乳胶手套的企业。2002年，振联皮球厂、乳胶手套厂先后停办，至2015年末，境内有张家港市凤凰玉成塑料制品厂、张家港市瑞丰包装有限公司、张家港市永城塑料制品有限公司等6家橡塑制品企业。

第三章　工业集中区和骨干企业

第一节　工业集中区

一、五联工业集中区

位于原五联村大树巷船坊浜（金谷村43组）。从60年代中期开始，大队建办砖瓦厂、粮饲加工厂、小化工厂、石棉加工厂等；进入70年代后，又建办针织厂、蓄电池配件厂等。1985年，建办沙洲县振联皮球厂，初步形成了一个村办工业的集中区。1996年，五联工业集中区占地面积1.5万平方米。至1998年，砖瓦厂、小化工厂等村办企业停办，针织厂、振联皮球厂等企业转制。空余厂房出租，吸引社会能人办厂。

2000 年，村不断加大招商引资力度，划出部分土地，建标准型厂房，部分业主购买土地自建厂房办企业。从 2000 年至 2010 年，先后有三得利乳胶手套、协大机电、红旭塑料、九天氨纶纱、丰收面粉、鑫龙服饰、顺德金属、华贸手套、纸箱、电气、化工厂等 20 余家个私企业进入工业集中区内。工业集中区扩大到 3 万平方米。2011 年，因开挖凤凰湖和城镇建设的需要，整个工业集中区所有厂房全部搬迁。

二、金谷工业集中区

位于金谷南路，占地面积 2 万平方米。1980 年，开始建办装饰板厂、壁纸厂、造纸厂等企业，1988 年后，又陆续建办新天、新喜来、常升 3 家合资企业，1994 年建办热电厂，形成工业集中区。1998 年，因原有的 5 家村办企业转制，3 家合资企业合同期满后出资方撤资，部分村办企业停办等，集中区内有多余的厂房出租，吸引社会能人进驻办厂。1998～2006 年，先后有新贝鞋业、奥润纸业、天一铜业、妙峰纺织、永利胶带、益友併线、恒达橡塑、金光电子等 12 家私营企业进驻金谷工业集中区。2007 年，因台商开发温泉山庄需要，金谷工业集中区内所有企业全部搬迁。

三、凤星工业集中区

1999 年，原凤星村并入金谷村，村委利用原凤星村村办企业的老厂房及凤星路两侧的空地进行规划、改造，建办凤星工业集中区，吸引社会能人进驻办厂。至 2015 年末，先后有润达服饰、金凯利、易业针织、易度针织、创宏针纺、平江铝型材等 25 家私营企业进驻凤星工业集中区，占地面积达 1 万平方米。

四、西塘公路（金谷段）工业集中区

2000 年后，金谷村利用西塘公路交通方便，地理位置优越的条件，在公路两侧规划建设工业集中区，加大招商引资的力度，吸引境内外的业主前来办厂。2000 年至 2014 年，先后有江苏和乔电子、彩鸽毛纺、鑫源纺织、生达（泰力）纺织、龙利鑫纺织、芝阳纺织、光明电器、神马机电、新隆佳顺等 52 家私营企业和股份制企业进驻西塘公路工业集中区。至 2015 年，该工业集中区占地面积 8 万平方米，年产值 6.5 亿元。

第二节　骨干企业

一、江苏和乔科技股份有限公司

公司属股份制企业，位于西塘公路金谷段北侧。1999 年，周景江在鹿苑镇投资

建办张家港市和乔电子有限公司，注册资金21万美元。2001年6月，搬迁到金谷村建办企业，厂区占地面积12000平方米，厂房面积6500平方米。2014年5月，经工商部门核准登记，公司整体变更为江苏省和乔科技股份有限公司。主要生产各类电子产品，远销世界20多个国家和地区，公司拥有自营进出口权。2013年，公司销售总额达2.7亿元。2015年，公司投入800万元，引进8条高科技生产流水线。至2015年末，公司注册资金2500万元，拥有员工80人，其中技术人员25人。

2004年，和乔电子有限公司被认定为江苏省民营科技企业。2006年5月，KM型防水式收款机薄膜键盘纳入江苏省火炬计划项目。2006年9月，该项目升级为国家级火炬计划。2007年，公司被评为江苏省高新科技企业。2014年，公司与江苏科技大学（张家港）签订校企产学研合作协议书，同时成立了江苏省研究生工作站。同年11月，公司在新三板上市。2001～2015年，公司共申请国家专利128项，发明专利授权10项，其中高新产品11种，申请国际专利3项。

公司先后获得张家港市科学技术进步三等奖，苏州市创新先锋企业等荣誉称号。

二、张家港泰力纺织品有限公司

公司属私营企业，位于西塘公路金谷段南侧。2000年，业主王妙生在金谷村购地办厂，厂区占地面积2万平方米，厂房面积15000平方米。公司创办时称张家港市恒运纺织品有限公司，后更名张家港市生达纺织品有限公司。2015年，改称张家港泰力纺织品有限公司。公司注册资金300万元，总投资5000万元，拥有年产5万锭的纺纱设备，主要生产各种型号的包心纱。2015年，销售总额达1.5亿元。

公司拥有员工210人，技术人员60人，是3A级诚信企业。2015年，被张家港市评为经济发展先进企业。公司下设9个加工点，并在安徽省宿州市建办张家港泰力纺织品有限公司宿州分公司。

三、张家港新隆佳顺针纺织有限公司

公司属私营企业，位于西塘公路金谷段北侧。1983年，吴正球在西张安庄建办毛纺厂。1990年，搬迁到塘桥。2004年，到金谷村购地办厂，厂区占地面积3万平方米，厂房面积2万平方米。公司注册资金800万元，总投资7800万元。有60台大圆机，生产各种规格的针织布，公司拥有自营进出口权。2015年，公司拥有员工50人，技术人员15人，销售总额达1.7亿元。

四、张家港市龙利鑫针织有限公司

公司属私营股份制企业，位于西塘公路金谷段南侧。2002年，弓士军到金谷村购地建办张家港市龙利鑫针织有限公司，厂区占地面积1万平方米，厂房面积6000平方米。该公司注册资金50万元，总投资500万元，拥有30台大圆机，主要生产针织卫衣、毛料等产品。公司拥有员工40人，技术人员7人。2015年，企业销售总额达1.3亿元，是3A级诚信企业。

五、张家港市芝阳纺织有限公司

公司属私营企业，位于西塘公路金谷段南侧。2002年，张樱芝到金谷村购地建办张家港市芝阳纺织有限公司，厂区占地面积1.2万平方米，厂房面积1万平方米。该公司注册资金150万元，总投资500万元，拥有大圆机28台，主要生产针织化纤布，产品出口内销都有，主要是功能性面料，用于制运动服、健身服等。公司拥有员工100人，技术人员30人。是3A级诚信企业，2015年，企业销售总额1.2亿元。

六、张家港市创宏针纺织品有限公司

公司属私营企业，位于境内原凤星村村委东北面（凤星路东侧）。2003年，朱永昌创办张家港市创宏针纺织有限公司。2012年，搬迁到金谷村，厂区占地面积9720平方米，厂房面积7500平方米，注册资金50万元，总投资500万元，主要设备有大圆机10台，生产针纺织品、服装、工艺品等。公司拥有员工75人，技术人员8人，2015年，企业销售总额达2000万元。

七、张家港市宏利印刷有限公司

公司属私营企业，位于金谷村吉家桥。公司前身是80年代西张水利站办的印刷厂。1997年，企业转制，金谷村11组杨建新取得经营权。2000年8月，杨建新到金谷村购地办厂，创办张家港市宏利印刷有限公司。2013年，杨建新病逝后，法人代表更换为张明菊。厂区占地面积3045平方米，厂房面积2600平方米，是一家特种行业企业，拥有印刷许可证，注册资金150万元。公司拥有小森对开四色胶印机、全自动仿光机、全自动模切机、全自动窗口机等30多台设备。生产产品主要有彩卡、吊牌、彩印包装盒等。有员工50人，技术人员10人。是一家重合同守信用企业，属江苏省标准信息服务网委员单位。2015年，公司销售总额1500万元。

八、张家港市金凯利工艺制品有限公司

公司属私营企业，位于境内原凤星村村委北（凤星路西侧）。2001年，庄伟凯到金谷村购地创办张家港市金凯利工艺制品有限公司，厂区占地面积7500平方米，厂房面积6000平方米。该公司注册资金100万元，总投资1500万元。主要设备有

印刷机、复合机、自动缝纫机等150台，生产各种规格包装袋、家置用品，产品全部出口。拥有员工200人，技术人员7人，是3A级诚信企业。2015年，企业销售额2500万元。

九、张家港市易业针织有限公司

公司属私营企业，位于境内原凤星村村委北（凤星路西侧）。陆向阳于2007年到金谷村购地办厂。厂区占地面积3000平方米，厂房面积2000平方米，创办张家港市易业针织有限公司。注册资金50万元，总投资200万元，公司主要设备有电脑横机15台，套勾机25台。主要生产各种针织衫，有自营进出口权，产品以外销为主。拥有员工72人，技术人员8人。是一家重合同守信用企业。2015年，企业销售总额3900万元。

十、张家港市润达服饰有限公司

公司属私营企业。位于境内原凤星村村委驻地。陈建平于90年代初租用西张农机厂厂房建办织布厂。1998年，搬回金谷村16组仓库办厂。2004年，到金谷村购地创办张家港市润达服饰有限公司。厂区占地面积4000平方米，厂房面积3200平方米，注册资金50万元，总投资500万元，主要设备有全自动缝纫机110台，烫台8台，生产各式服装，产品全部出口。公司拥有员工110人，技术人员6人。2015年，企业销售总额2000万元。

第四章 企业管理

1957年，境内的工业企业创办。1964年以后，由大队分管工业的副大队长负责管理，各厂实行厂长负责制。1983年，农村经济体制改革，行政村设经济合作社，由村经济合作社社长管理村办企业。1998年4月，村不再设工业社长，由村主任或一名副书记分管工业。1998年，实行产权制度改革，企业转制，村不再对私营企业、股份制企业进行管理，只对企业提供各种服务。

第一节 企业内部管理

60年代，大队办企业管理套用农业管理办法，虽定有简易的现金保管制度、财物保管制度、职工出勤记工评分制度和保卫制度等，但不完善且缺少检查，存在不少管理漏洞。在分配上遵循“三级所有，队为基础”的原则，用“大寨式”评工记分办法，吃“大锅饭”，企业盈亏与干部职工利益脱节。

1974年起，公社成立工业办公室，开始有专人抓企业管理。针对当时办的企业大部分是“找米下锅”，企业内部的经营管理比较薄弱，存在着不讲经济核算，不讲产品质量，财务开支、请客送礼不讲标准，甚至贪污盗窃等问题时有发生，因此开始对队办企业实行经济承包责任制。1979年，开始实行“五定”（人员、产值、利润、资金、指标与奖励）责任制。1983年，开始推行“三定二包一奖”责任制。1984年，实行以八项指标为内容，用百分考核的经济承包责任制。1987～1989年，实行厂长三年任期目标责任制。1990年起，进一步制定后三年厂长任期目标责任制。在此期间，企业管理以抓标准、计量、定额、信息、规章制度、职工教育和班组建设为主要内容，称“七基”管理。1992年，境内有2个企业获市设备管理合格企业，金谷造纸厂生产的皱纹牛皮纸被评为省级优质产品。1993年，在继续抓好“七基”管理的同时，突出抓好现场管理为重点的专项管理。1994年，开展创建综合管理合格企业和管理示范企业活动，促进企业管理步入制度化、规范化和科学化轨道。境内有2家企业评为市综合治理合格企业，有1家企业评为市管理示范企业。

2000年以后，境内规模型企业一般都设财务科、供应科、销售科、安保科、运输科、劳动人事科、生产技术科、厂务办公室、质量检验室，各科室均建立岗位责任制，考核制度，职、权、利分明。加强设备管理，执行平车保养的交接、验收。加强工艺管理，改进产品设计，合理配套、调整各道工艺。建立全面质量管理制度，及时发现、分析和解决生产上所发现的问题。围绕“质量、品种、价格、信誉”八个字，搞好企业经营管理，加强TQC（全面质量管理）小组的领导，企业内所有各项工作都纳入质量第一的轨道。在计量和检测上，做到原辅材料从进厂、计量、验收、入库，严格把关。

至2015年，境内有6家企业分别评为市科技、安全、质量、设备、财务、现场管理合格企业。江苏和乔科技股份有限公司KM型防水式收款机薄膜键盘纳入国家火炬计划项目。

第二节　工资福利

一、工资

自队办工业创办开始（含小队企业），大队对在外务工的劳动力坚持“亦工亦农，农忙务农，农闲务工”的原则，报酬一律采取“做工在厂，分配在队，厂队结算，适当补贴”的办法，外出务工人员的报酬，实行交钱记工，到年底由生产队统一分配（按生产队统一工分价，每工折多少钱，然后根据所缴钱数折合多少工分）。

1975年，沙洲县革命委员会对生产队外出人员收入交队分配问题作出规定：生产队外出从事亦工亦农、五匠和其他劳动的社员，都要坚持社会主义方向，纳入集体经济轨道，将收入的80%～85%交给生产队，由生产队根据外出人员的收入情况和技术高低合理评工记分，统一参加分配。队办企业的职工在厂上班得工资的15%～20%，其他部分转生产队，按当时规定参加分配。80年代初期，干部、职工都定基本工资，职工工资包括基本工资、超产工资、加班工资；干部报酬由基本工资、企业效益、加班工资三部分组成，年终再由工业办公室，根据企业规模大小，贡献多少，分别提高30%到50%。学徒工资在3个月内一般定为18～22元，满3个月后，由各厂领导决定月工资。1983年前，职工在厂做工，每月基本工资的80%转队记工分，社队企业职工可参加公社、大队合作医疗，医疗费报销70%。1983年，农村实行家庭联产承包责任制后，生产队不再统一分配，亦工亦农人员交钱记工分的制度随之取消，普遍实行工资制。

1983年以后，境内部分企业对职工工资结算，采用基本工资加浮动工资制，有的采用计件工资，全浮动，根据厂的效益、工种、创利、贡献等定报酬。1992年后，境内部分企业对职工采取定额管理，实行基本工资＋工龄工资＋岗位工资＋工种工资结算，奖金实行浮动制。

职工工资的水平。1958～1982年，一直从稳定农业劳动力这一原则出发，参照农业劳动力全年收益分配水平，适当提高。至1983年，职工月工资在30～50元之间。1984年以后，随着乡镇企业的发展，企业效益的提高，职工工资也逐年上升。进入90年代，职工工资进一步提高，由每月几百元增加到近千元。进入21世纪后，企业职工工资收入大幅增加。至2015年，企业职工年平均工资一般在3.5万～5万元，高的达6万～8万元。

二、福利

1970年前，队办工业职工基本没有各种福利待遇。1971～1978年，多数工厂每月发一次肥皂、毛巾等劳动保护用品，并实行九日或十日工作制，每月工作27～28天。1978年以后，随着生产的发展，职工福利不断提高。2000年至2015年，队办企业职工福利接近或相当于全民、集体工厂标准。但由于各工厂之间效益差异，对职工发放福利有所不同，无统一的标准。

节假日　境内企业均按国家规定安排休息。生产任务繁忙季节或在节假日安排加班，发加班工资。婚、丧假多数工厂准假2～3天。病假按村（大队）卫生室或医院出具的病休证明，经工厂领导批准执行病假，病假工资依工龄长短、病假时间，分别为基本工资的40％～100％。工伤假发基本工资，事假扣发工资。

医疗保健 村办企业职工看病规定到村卫生室就医，本人签字，药费实行全报，年终由卫生室与所在厂统一结算。有些工厂对医药费实行“定额包干、节约归己、超额自费”的办法。对人体有害的工种，每月发给每个职工5～10元营养费，并定期进行体格检查。高温季节，每人发70～90天冷饮费。

劳动保护用品 工作服每年发1套，有的3年发2套，毛巾、肥皂、手套每月或每季发放1次。对特殊工种的职工，每年分别发皮鞋、绝缘鞋、胶鞋等。对女职工每月发卫生巾，挡车工每年发放围裙（俗称“饭单”）1个，衣袖套2副。

妇幼保健 女职工执行计划生育的给产假56天，产假期发基本工资，超过2个月须办理续假手续，没有报酬，但最多不超过4个月，违者作自动离厂处理。对违反计划生育的，不享受以上待遇。独生子女的家长凭《独生子女证》每年发40元独生子女费。

丧葬抚恤 村办企业职工，因公或非因公死亡，除个别濒临关闭的工厂外，一般都根据死亡职工家庭实际生活水平，酌情发给一部分安家费，家庭经济困难的，年终再给予补助。80年代初期，职工因病死亡发给丧葬费50元，3～6个月工资的救济费。因公死亡者发给2个月企业平均奖作为丧葬费，视死者责任，一次性发3000～5000元抚恤金，并安排家属或子女的工作和生活。进入90年代，国家颁布劳动法后，对于职工因公死亡按国家劳动法规定处理。

退休保养 村办企业，开始阶段无退休保养的待遇。到80年代后期，有的职工年龄满60岁后，必须离厂，按工龄一次性发给退休金，即有1年工龄结算1个月工资。进入90年代后期，企业职工参加养老保险，按月交纳保险金，职工和厂方各负一半。企业职工可每年享受免费健康检查，节日发放数十元或上百元不等的实物或过节费。

1998年、1999年，境内各企业分别实行体制改革。各厂职工工资福利等由各企业自行制订执行。2000～2015年，一般企业都十分重视职工的工资福利，为固定职工办理社保，企业负担80％，职工负担20％。企业还为职工办理住房公积金。外地职工可享受春节探亲路费报销，并可领取一份春节礼品，所有妇女职工分批进行妇女病普查，每年定期免费发放妇女用品。

第八编　商贸服务业

中华人民共和国成立前，境内张市东街有商号店铺30余家，从业人员60余人。有粮油、建材、南北货、医药、铁匠、米行、布庄、茶馆、理发、染布、小吃等商店。每家店铺的规模不等，最有名的是“洽成楼”布庄，规模最大。

中华人民共和国成立后，随着国营商业和供销合作社的建立和发展，加上国家对私营工商业实行“利用、限制、改造”的政策，私营商业的比例逐渐缩小。有些小商小贩在土地改革中分到了土地，便弃商务农。1950年以后，国家对粮食、油料、棉花先后实行统购统销，原有的私营粮油商行一律停业或转向其他行业。

80年代初，随着村办工业经济的发展，境内凤星、金谷、五联等地农民先后在村驻地、沿街开设小商店、小摊点。1997年，镇上着手改造镇区旧貌，新建金谷北路，两侧建门面房。1998年，街面两侧各种商铺逐步开业，有日用百货、餐饮小吃、美容美发、缝纫店、家用电器店及各类修理服务门店等50余家。进入21世纪后，境内建西妙路。公路南侧开发商品房，底层均为店铺门面房。2012年，金谷社区成功创建苏州市社区商业示范社区。至2015年末，境内有各类商业服务网点118家，经营总面积12552平方米，从业人员近千人。全村商贸服务业总收入8445万元。

第一章　商　业

第一节　商业街区

金谷地处西张镇区，其中凤星、五联靠近街区。旧时，境内盛产粮食、蔬菜等，农民常去周边街市售粮卖菜。

80年代，随着交通与经济的发展，商业网点向村延伸。1990年，各村建办工业集中区，周边的商业小摊点逐渐形成小集市。如原凤星村工业集中区就有商店、茶室、饭店、理发店、浴室等10余家门店。原金谷村有各种小商店60余家。

1997年，西张镇区改建金谷北路，接通金谷南路，使金谷路形成一条全长1160米的商业街区，两侧开设各类门店50余家。其中有吉麦隆、百信、华联、德尔隆4家超市，还有农村商业银行、中国建设银行、中国邮政储蓄等3家金融单位。

进入21世纪后，新建的西妙路穿境而过，全长1000米，两侧有餐饮、超市、五金店、理发店、修理店、药店、百货店等50余家，新建集贸市场，形成了境内第二个商业街区。至2015年末，金谷村从事商贸服务业的总人数达980人，营业年收入8000余万元。

第二节　商业网店

60年代，境内凤星、五联2个村设有供销社的下伸店，下伸店一般都设在大队驻地附近，主要供应油盐酱醋、食糖、火柴、潮烟、香烟、酒、咸萝卜、乳腐、纸张、肥皂、文具以及竹柄扁担等生活用品和农用品。在物资紧缺时期，下伸店有部分日用品、食品凭票供应，如火油、食糖、肥皂等。直到80年代初，下伸店由供销社收回，均由各大队兴办小店。1983年，乡村小店转为私营开办，农村商业网店有较大变化，至年末，境内有15户村民开办小店。1985年，全境有商业小店20余家。

90年代初，境内颇具特色的农村商业网店相继形成。原凤星村在村委会驻地附近开设百货、理发、饭店、茶室等20余家门店，形成一个小集市，方便当地村民和外来打工人员。2011年，原五联村村民全部搬迁到金谷社区、湖滨社区居住，居住地的商业网店齐全。进入21世纪后，境内商贸业繁荣发展，商业配套齐全，花色品种多样，营业时间延长，服务热情周到，一般商店要营业到晚上9～10点钟。尤其是当地的新鲜瓜果、新鲜蔬菜、新鲜鱼虾等应有尽有，满足了村民的需求。2014年6月，知名品牌超市江苏吉麦隆成功签约，进驻境内温泉逸墅（温泉山庄），2015年1月开业。至2015年末，全境有各类商业服务网店118家，总面积12552平方米，基本满足社区居民及村民的购物需求。

境内购物功能（耐用消费品）商业网点一览表

表 8—1

网店名称	详细地址	经营范围	营业面积（m²）	品类	备注
黎平窗帘总汇	金谷路 41 号	窗帘零售	40	装修	—
金谷不锈钢店	金谷路 10 号	不锈钢加工、零售	40	装修	—
慧邦橱柜店	金谷路 7 号	橱柜零售	60	装修	—
宏达型材经营部	金谷路 87 号	不锈钢加工、零售	60	装修	—
东亚电动门加工厂	金谷路 11 号	电动门	60	装修	—
老三玻璃店	金谷路 30 号	玻璃零售	60	装修	—
民生物资批发部	金谷路 37 号	日用杂品、五金销售	100	装修	—
金星电器经营部	金谷路 46 号	空调、电器	40	装修	—
永兴五金电器经营部	金谷路 48 号	空调、电器	40	装修	—
爱美家不锈钢装潢	西妙路 19 号	不锈钢加工、销售	40	装修	—
信谊水电装饰店	西妙路 21 号	水暖、五金零售	40	装修	—
星云字画服务部	西妙路 12 号	图文设计、制作	60	装修	—
佳盛汽车用品店	西妙路 17 号	汽车装饰品零售	60	装修	—
文虎彩钢瓦加工店	西妙路 30 号	彩钢瓦加工、销售	60	装修	—
仲华不锈钢加工店	西妙路 19 号	不锈钢加工	80	装修	—
贝尔地板经营部	西妙路 6 号	室内装潢装饰材料零售	40	装修	—
奥德莱瓷砖经营部	西妙路 15 号	瓷砖批发、零售	40	装修	—
顺佳五金经营部	西妙路 23 号	五金批发零售	40	装修	—
腾建用品商店	西妙路 26 号	水暖器材、建筑材料	30	装修	—
明艳布艺	西妙路 6 号	窗帘、床上用品零售	60	装修	—
兴隆不锈钢装饰店	西妙路 31 号	不锈钢加工、零售	60	装修	—
龙新不锈钢店	西妙路 33 号	不锈钢加工、零售	60	装修	—
兴诚不锈钢装潢店	西妙路 34 号	不锈钢加工、零售	60	装修	—
兴旺不锈钢店	西妙路 41 号	不锈钢加工、零售	50	装修	—
长军玻璃店	西妙路 45 号	玻璃零售	60	装修	—
中国移动通信	金谷路 21 号	手机零售	80	家电	—
中国电信	金谷路 40 号	手机、宽带缴费	80	家电	—

境内购物功能（非耐用消费品）商业网点一览表

表 8—2

网店名称	详细地址	经营范围	营业面积（m^2）	品类	备注
金娣服饰店	金谷路 6 号	服装零售	40	服饰	—
卫娟服装店	金谷路 14 号	服装零售	57	服饰	—
品位女人服饰商店	金谷路 8 号	服装零售	60	服饰	—
鑫利鞋帽店	金谷路 13 号	鞋子、帽子零售	50	服饰	—
优惑女人服饰店	金谷路 35 号	服装零售	50	服饰	—
斑点狗童装店	金谷路 39 号	服装零售	50	服饰	—
一红娟服装店	金谷路 24 号	服装零售	50	服饰	—
金凤服装店	金谷路 29 号	服装零售	50	服饰	—
沸点服饰店	金谷路 90 号	服装零售	80	服饰	—
乔丹运动装备专卖店	金谷路 54 号	服装、鞋帽零售	60	服饰	—
明祥服饰商店	金谷路 42 号	服装加工	50	服饰	—
文琴服饰店	西妙路 67 号	服装零售	60	服饰	—
丽华童装店	金谷路 97 号	童装零售	50	服饰	—
四叶城护理用品店	金谷路 22 号	化妆品	50	日用品	—
黄山茶行	金谷路 27 号	茶叶零售	80	日用品	—
苏北大米店	西妙路 70 号	大米	50	日用品	—
八达酒行	西妙路 75 号	预包装食品零售	100	日用品	—
育忠副食品店	金谷路 77 号	副食、日用品零售	50	日用品	—
小吴茶庄	金谷路 98 号	茶叶零售	60	日用品	—
美华商店	西妙路 32 号	副食、烟、日用品	45	日用品	—
超级女生饰品店	金谷路 92 号	饰品零售	50	日用品	—
都市丽人饰品店	金谷路 86 号	饰品零售	60	日用品	—
葛士标副食店	金谷路 12 号	酒、副食批发、零售	100	日用品	—
彤彤商店	金谷路 140 号	食品、日用百货零售	40	日用品	—
贝因美婴童用品店	金谷路 66 号	儿童用品零售	60	日用品	—
丽娜洗化店	金谷路 41 号	化妆品	50	日用品	—
中国体育彩票	金谷路 100 号	彩票	50	日用品	—
中国福利彩票	金谷路 93 号	彩票	60	日用品	—

续表 8—2

网店名称	详细地址	经营范围	营业面积（m^2）	品类	备注
真彩水果店	金谷路 122 号	水果	40	日用品	—
北极冷饮香烟店	金谷路 15 号	冷饮、卷烟、日用品	50	日用品	—
驰龙烟酒经销店	金谷路 105 号	卷烟、预包装食品零售	50	日用品	—
兴林饲料店	金谷路 115 号	饲料、油、大米零售	100	日用品	—
吉祥香烛店	西妙路 73 号	香烛、纸钱零售	50	日用品	—
何叶烟酒	西妙路 10 号	各种预包装食品	90	日用品	—
笑哈哈 2 元超市	金谷路 103 号	饰品零售	50	日用品	—
康康药店	金谷路 73 号	处方药、非处方药零售	100	药品	—
新春堂药店	金谷路 72 号	处方药、非处方药零售	100	药品	—
福康堂大药房	金谷路 25 号	处方药、非处方药零售	120	药品	—
新西张药店	西妙路 80 号	处方药、非处方药零售	80	药品	—
勿忘我鲜花店商行	金谷路 33 号	鲜花零售	50	其他	—
中国邮政西张储蓄所	金谷路 83 号	邮政储蓄	200	—	邮政
农村商业银行（西张）	金谷路 78 号	金融服务	1200	—	银行
中国建设银行（西张）	金谷路 80 号	金融服务	1000	—	银行
田国良口腔科治疗室	金谷路 75 号	治病	100	—	医疗
华联超市	金谷路 78 号	日用杂货零售	200	—	超市
德顺购物超市	金谷路 106 号	日用杂货零售	400	—	超市
乐家福超市	西妙路 77 号	日用杂货零售	200	—	超市
吉麦隆超市	金谷路 8 号	日用杂货零售	1200	—	超市
百信超市	金谷路 7 号	日用杂货零售	1000	—	超市

第二章 餐饮服务业

第一节 餐饮业

90 年代开始，境内原五联村在林场办第一家餐饮店，仅 3 间门面，有 2 人经营客饭、菜，品种单一。

1997年，境内在金谷路陆续办起了6家餐饮店，从事饮食业的有28人，年收入8万元，从业人员年收入不足3000元。2000年以后，随着市镇人口的增长和人民生活水平的提高，餐饮业不断发展，日益兴旺。经营门类有面馆、熟食店、小吃、饭店、羊肉店、火锅店等。经营的品种齐全，食客除了本地人员外，还有不少外地来客。

至2015年，境内2条商业街道上共有餐饮业门店20家。其中面店4家，熟食店2家，各种小吃店4家，酒店、饭馆10家。规模较大的有金龙饭店、同福酒家、蓝珊瑚大酒店、福记人家、丰盛饭店等。还有烧烤、大饼油条、夜排档等7家小吃摊点。饮食门店提供早餐、订餐、送餐服务，满足社区居民和村民饮食多样化的需求，满足特殊人群的需要。境内餐饮业门店环境卫生措施及安全保障设施按标准执行，服务人员经过专业培训，并有相应的资质证书，定期体检，持证上岗。

境内餐饮功能商业网点一览表

表8—3

网店名称	产权	详细地址	经营范围	营业面积(m^2)
湾仔岛奶茶店	个体	金谷路50号	饮料服务	40
金谷兰州拉面馆	个体	金谷路28号	餐饮	50
蒸膳美快餐店	个体	金谷路9号	餐饮	40
金龙酒楼	个体	金谷路5号	中餐制售	120
苏州藏书羊肉店	个体	金谷路62号	羊肉制售	50
喔喔光头鸡火锅店	个体	金谷路65号	火锅制售	60
汉姆大叔汉堡店	个体	金谷路53号	西餐、冷热饮销售	60
大众餐厅	个体	金谷路23号	中餐制售	80
蓝珊瑚大酒店	个体	金谷路88号	中餐制售	600
黎宝明小吃店	个体	金谷路21号	湿式面食制售	30
同福酒家	个体	金谷路12号	中餐制售	100
香香蒸包店	个体	金谷路50号	干式小吃制售	30
一条龙快餐店	个体	西妙路3号	湿式面食制售	50
聚满楼大酒店	个体	西妙路18号	中餐制售	450
沙县小吃	个体	金谷路91号	小吃	40
丰盛饭店	个体	金谷路55号	中餐制售	120
阿强饭店	个体	金谷路178号	中餐制售	50

续表 8—3

备注　网店名称	产权	详细地址	经营范围	营业面积 (m^2)
小脖刀饭店	个体	金谷路 59 号	中餐制售	50
家家乐排挡	个体	金谷路 177 号	小吃制售	50
阳阳特色小吃店	个体	金谷路 165 号	小吃制售	50

第二节　服务业

中华人民共和国成立前，乡间有修理、加工、装配、染织、理发、茶馆等服务行业。

1958 年人民公社化后，市镇商业重点为基层服务，提倡送货下乡。品种有油、盐、酱、醋、火柴、火油等日用品，规定每月几次将生活必需品送到农村场头、田头，很受群众欢迎。境内各大队分别组织园作、木匠、缝纫、泥水匠、理发等“五匠”在大队部所在地进行维修、加工等服务项目。“五匠”报酬由大队结算、方便群众生产生活。

80 年代后，政府支持个体经济发展、村办企业日渐兴旺。境内 3 个大队（村）都集资建了一批平房、楼房，鼓励村民及外地人租房经商，开办商店。1990 年，随着人民生活水平的提高，家电维修、美容美发等服务门店迅速发展。

1997 年～2015 年末，境内先后建办各类服务行业门店 56 家。其中家电维修（电器、自行车、电瓶车、摩托车）9 家，理发、美容店 6 家，旅馆 3 家，浴室、足疗 4 家，装修服务 25 家，粮油供应 3 家，中介服务 2 家，茶馆 2 家，电信服务 2 家。

境内生活服务网点一览表

表 8—4

网店名称	产权	详细地址	经营范围	营业面积 (m^2)
安星数码电脑店	个体	金谷路 81 号	电脑维修销售	30
小蒋修理部	个体	金谷路 16 号	摩托修理	30
便利来车行	个体	金谷路 116 号	电瓶车修理	50
狂奔一族汽车装潢店	个体	金谷路 83 号	汽车美容、修理	100
阳光电脑服务部	个体	金谷路 38 号	电脑维修、销售	30

续表 8—4

网店名称	产权	详细地址	经营范围	营业面积 (m^2)
精益制冷维修部	个体	金谷路 65 号	电器维修	30
禾木电器	个体	西妙路 35 号	电器修理	80
惠芳干洗店	个体	金谷路 123 号	衣服干洗	50
红云婚纱摄影馆	个体	金谷路 95 号	照相	60
时光倒流美发店	个体	金谷路 96 号	美容美发	60
新天地浴池	个体	金谷路 85 号	浴室	150
阿通美发足浴店	个体	金谷路 95 号	美发足浴	60
新天使美容美发店	个体	金谷路 120 号	美容、美发	80
康丽美容店	个体	金谷路 89 号	美容祛痘	50
宝乐迪量贩式 KTV	个体	金谷路 84 号	卡拉 OK	200
德尔隆宾馆	个体	金谷路 101 号	住宿服务	500
京庄旅馆	个体	金谷路 109 号	住宿服务	250
天云宾馆	个体	金谷路 82 号	住宿服务	500
朋友保洁	个体	西妙路 78 号	家政	50
正锋信息中介	个体	西妙路 66 号	中介	40
振环茶馆店	个体	西妙路 31 号	茶水供应	40
永明茶馆店	个体	西妙路 33 号	茶水供应	40

2005～2015 年金谷境内个体工商户一览表

表 8—5　　单位：个

项目 / 年份	水电安装	包装袋	修理行业	做香	豆制品	缝纫鞋业	运输	家庭加工	饮酒食品	小百货	理发烟酒
2005	5	2	6	3	2	3	17	20	10	15	6
2006	5	2	6	3	2	4	17	20	10	15	6
2007	5	2	6	3	2	4	23	24	10	15	9
2008	6	2	6	3	2	4	23	24	12	22	9
2009	8	2	6	3	2	4	25	26	12	22	10
2010	8	2	6	3	2	4	25	28	14	24	10
2011	8	2	8	3	2	4	28	18	16	24	11

续表 8—5

单位：个

年份\项目	水电安装	包装袋	修理行业	做香	豆制品	缝纫鞋业	运输	家庭加工	饮酒食品	小百货	理发烟酒
2012	10	2	8	3	2	4	28	18	16	27	13
2013	10	2	8	3	2	4	32	18	20	27	15
2014	10	2	8	3	2	4	32	18	20	32	20
2015	10	2	8	3	2	4	32	18	20	32	25

1952～2015 年部分商品价格一览表

表 8—6

单位：千克·元

品名\年份	1952	1956	1961	1966	1976	1981	1987	1999	2013	2015
猪肉	0.54	0.67	0.77	0.81	1.58	1.82	4	8	20.5	26.5
鸡蛋	0.82	1.06	1.74	1.68	1.7	2.04	2.4	5.2	6.8	8
鸭蛋	0.78	1.02	1.7	1.52	1.14	1.84	3.5	5	7.4	9
鸡	—	—	—	1.64	1.58	2.12	3.5	5.8	10.5	18
鸭	—	—	—	1.26	1.28	1.78	3.2	4.8	14	20.5
青鱼	—	—	—	1.3	—	—	—	3.5	16	16
草鱼	—	—	—	1.3	—	—	—	2.5	12	12
鲫鱼	—	—	—	0.9	1.2	1.6	2	2.5	10	12
大米	0.26	0.28	0.28	0.28	0.28	0.28	0.88	2.4	4.5	5
标准粉	0.3	0.32	0.32	0.32	0.32	0.32	0.36	2	4	4
菜油	1	1	1.36	1.36	1.36	1.56	1.56	4.8	15	12
蔬菜（鸡毛菜）	0.04	0.04	0.06	0.2	0.4	0.6	0.6	2	5	5

第三章　贸易市场

第一节　农贸市场

境内的农贸市场起初由农民自发形成。农民把自家种养、生产的蔬菜、瓜果、禽、蛋及小手工艺品等用担或者篮子（90 年代起用三轮车）运到集镇就市设摊叫卖。买卖双方可以自己议价成交，也可由经纪人定价并司称。由出售一方给经纪人一定的佣金。2005年，由镇上投资800万元在境内陈菜圩建办面积为5000平方米弧形钢架棚顶式农贸市场，内设摊位50余个。四周为门面房固定门店，开设超市、粮油店、面店、修理部、茶馆、药店、小吃店、水果店、棋牌室、香烛店等。2013年，农贸市场划归金谷村管理，内设固定摊位48个，交易品种有蔬菜、水产禽蛋、豆制品、肉类和各种生产生活用品及农民多余的粮油、农副产品等。每到春、夏、秋季，农贸市场还有季节性的种子秧苗。交易的秧苗春季有各种瓜豆秧、山芋苗等；初夏有韭菜秧、玉米秧、晚瓜秧、晚长豆秧等；秋季有包菜、芹菜、雪里青、大头菜秧等；初冬有莴苣、宝塔菜、芥菜、雪菜秧等。卖秧苗的主要是周边自然村的农民，他们清早在农贸市场门口席地设摊，每年收入1000至3000元。2015年，农贸市场交易额1.2亿元。

第二节　传统集市（家畜市场）

传统集市历史悠久。旧时，农民把自养的苗猪、家禽家畜拿到市场交易，俗称“猪落”。中华人民共和国成立后的50年代，发展成集市，产品也扩展到日用百货、蔬菜果品、竹木家具等。60年代～70年代，传统集市被当作资本主义尾巴砍掉停歇。80年代复兴，地点设在张市西街、石龙路等地。2006年，集市搬到境内营业，每月农历逢初七、十七、二十七。交流的货物有竹器、家具、衣服、鞋帽、五金电器、陶瓷、蔬菜水果、各种小吃食品及各种土特产、中草药等。经销人员主要是境内的百姓和附近乡镇的农民，也有来自河南、山东、安徽、江苏省的苏北，江南的澄、锡、虞等地的经销商。2010年，集市搬迁至原凤星村戴巷北，占地面积约22亩，设摊位300余个。每逢集场，附近的塘桥镇、凤凰镇金谷、双龙村大部分农（居）民及周边20多个自然宅基的农民赶集购买物品，进行物资交流。至2015年，每月农历逢七（初七、十七、二十七）的传统集市人气兴旺。每次赶集近万人次，每场商品零售额达15万余元，年交易额在500万元左右。

第三节　庙会集市

每年农历三月十六、三月廿二为金谷地区的传统庙会日，每逢庙会日，人山人海，极为热闹。解放后，庙会集市形成物资交流展销会。“文化大革命”期间，一度中断。进入80年代后，随着商品生产的发展，传统庙会集市逐步恢复，变成百姓购销物资集市。特别是农历三月廿二河阳庙会，集会中心在西张河阳山（原五联村）一带。历时3天（农历三月廿二至廿四），参加庙会集市物资交流的有来自各乡镇及外省、外市的商业单位、工厂企业和个体商贩，交流商品达数千种，人员日流数以万计。2005 年后，三月十六庙会集市不再进行商品交流。至 2015 年，三月廿二河阳庙会集市成为凤凰镇旅游经济的一个传统亮点。

第四章　房东经济

第一节　村民房东经济

80 年代，金谷境内村办企业发展迅速。随着村办企业的增多，四川、河南、安徽、贵州、湖北以及本省苏北等地农民纷纷到镇村企业打工。不少外地客商陆续到境内租房经商，一些外来打工人员租借民房居住，增加村民收入。至 2015 年，境内外来打工、经商人员达 5918 人（含孩子 310 人），其中租借居住有 3672 人。据统计，境内村民出租户有 508 户，年房租收入 2000～16000 元不等，全境房东经济收入 220 余万元。

第二节　集体房东经济

1995 年开始，金谷村投资 200 余万元，建标准型厂房 1.6 万平方米，用于出租，年租金收入达 140 万元。

1998～2003 年，境内对原金谷村老厂房进行改造，扩建后出租，年租金收入 80 余万元。对原五联村的老厂区进行改造，并扩建新的标准型厂房出租，年租金收入 60 万元。

2001 年以后，金谷村加大对西塘公路两侧工业小区建设步伐，一方面利用村级道路两侧原有的空闲零杂地块、河塘，进行平整复垦；另一方面通过凤星、五联两村相继并入后，科学规划，合理整合土地资源，陆续新建标准型厂房 1.5 万平方米，用于出租。2005 年，全境集体房东经济总收入达 400 万元。2006 年，金谷村村办工业区因台商投资开发房产，厂房全部拆除，年租金减少 100 万元。2011 年，原五联村的所有厂房全部拆迁，年租金减少 60 万元。至 2015 年，全境集体房东经济总收入为 240 万元。

第九编　党政群团

中华人民共和国成立前夕，境内有沈亚芝、庞俊达、杨民奇、庞明良等中共地下党员从事地下党活动。

1952 年，土地改革，互助合作时期，境内有 4 名积极分子入党。1957 年 9 月，境内凤星、金星、五联分别成立党支部。

1958 年 10 月，人民公社建立，凤星改为一大队，金星改为二大队，五联改为三大队，各大队设立党支部。“文化大革命”期间，大队党支部一度基本瘫痪。

1970 年 6 月，境内恢复党支部。1999 年 11 月，凤星村并入金谷村，凤星村党支部撤销，金谷村成立党总支，下设 3 个党支部。2004 年，五联村并入金谷村，五联村党支部撤销。2012 年 10 月，金谷村成立党委。以后，金谷村党组织领导班子经过调整，党员队伍不断扩大，至 2015 年，全村共建立 11 个党支部，下设 20 个党小组，20 个党员中心户，党员总数达 213 人。

中华人民共和国成立后，全境先后成立农民协会、团支部、妇代会、贫下中农协会、老年协会和工会组织。这些群团组织积极配合村（高级社）、大队、党支部（总支、党委）的各项中心工作，投身社会主义和现代化建设事业，成为基层党组织和基层行政组织的得力助手。

第一章　中国共产党

抗日战争和解放战争时期，境内戴理堂（金谷村人）、王竹生（五联村人）先后在部队入党。1952 年，施文华、徐云娣（女）在常熟县委组织举办的支塘党训班中入党，成为中华人民共和国成立后境内第一批入党的党员。50 年代，境内凤星、金星、五联有 6 名优秀分子加入中国共产党。60 年代，有 37 名优秀分子入党。70 年代～90年代，境内有97名优秀分子入党，其中女党员13人。至2015年末，境内有党员213人，其中女党员32人。

第一节　党　员

农业合作化以后，境内加快了发展党员步伐，至60年代，有43名积极分子加入党组织。至2015年末，50年代入党的老党员健在的有17名，其中女党员3名。他们都是经过土地改革、镇压反革命、抗美援朝、农业合作化运动等考验的积极分子。60年代入党的37名，是经过国民经济三年暂时困难时期考验和部队大熔炉锻炼及社会主义教育（四清）运动中涌现出来的积极分子。70年代～90年代入党的，均是在改革开放、经济建设中涌现的积极分子，不少人是境内各村工农业生产中的骨干和领导。2015年，凤星、金谷、五联3村合并后，共有党员213人，其中金谷村81人，凤星村61人，五联村53人，外地转入党员18人。

1953～2015年境内党员结构一览表

表9—1

年份	党员数		年龄结构			文化结构			职业分布情况					备注
	总数	其中妇女	30岁以下	30～60岁	60岁以上	大专以上	高中中专	初中以下	农业	工业	第三产业	村委会	其他	
1953	6	1	6	—	—	—	—	6	3	—	—	2	1	未建党支部
1966	43	4	18	25	—	—	4	39	23	4	6	8	2	设3个党支部
1976	63	8	25	20	18	—	10	53	25	8	16	10	4	设3个党支部
1982	94	10	35	34	25	—	18	76	40	18	20	10	6	设3个党支部
1989	126	14	40	40	46	4	18	114	64	18	22	12	10	设3个党支部
1999	146	18	30	48	68	6	24	116	64	30	24	12	16	金谷村设党总支，3个支部，五联支部，共4个党支部
2003	170	20	28	46	98	8	38	126	55	45	31	15	24	同上
2004	179	22	24	53	102	10	30	114	45	45	50	15	24	设5个党支部
2015	213	32	16	85	112	35	65	113	34	53	60	15	51	设11个党支部，80岁以上党员20人

2015 年金谷村党员一览表

表 9—2

姓名	组别	文化	入党年月	姓名	组别	文化	入党年月
钱仁兴	1	小学	1978.10	钱元华	1	初中	1974.9
张仁祥	1	小学	1969.11	钱藕根	1	小学	1976.10
钱保郎	2	小学	1966.03	钱德保	2	小学	1978.10
钱高峰	2	中专	1965.01	钱浩良	2	初中	2003.11
钱正云	2	初中	2003.11	钱忠法	2	初中	1972.10
陈宗保	3	小学	1977.06	陆世荣	3	小学	1959.08
陆惠东	3	大专	1990.09	陆宗兴	3	小学	1974.10
庞永明	3	小学	1959.03	唐晖	3	高中	2001.07
徐士林	3	初中	1979.03	杨丽琴（女）	3	大专	1991.02
杨松乾	3	高中	1976.08	朱粉英（女）	3	初中	2005.11
钱紫萍（女）	3	高中	2003.11	陆辉	3	大学	2015.08
庞月琴（女）	3	高中	1997.08	钱卫锋	4	初中	1995.09
钱小全	4	初中	1975.12	钱掌林	4	小学	1981.11
钱士英	4	初中	1993.08	陆祖明	5	初中	1975.07
须仲贤	5	初中	1980.09	陆毅（女）	5	大学	2013.11
陈昌虎	6	初中	1960.09	戴凤珍（女）	6	小学	1959.03
高阿大	6	小学	1977.05	高建恒	6	高中	1998.06
高永德	6	大专	1984.10	高永林	6	初中	1956.05
高正林	6	小学	1987.09	平建明	6	初中	1973.12
平掌福	6	小学	1959.09	张春燕（女）	6	高中	2004.12
张小秋（女）	6	初中	2002.06	钱奎	6	大专	2002.01
冯尊强	6	高中	1997.06	许石田	6	初中	1997.08
张永平	6	小学	1984.12	高建刚	6	小学	1994.09
高漱红（女）	6	大专	2007.06	吉卫兴	7	初中	1967.07
吉建良	7	高中	1996.12	吉敏华（女）	7	高中	2002.06
吉祥根	7	小学	1975.09	钱如兴	7	小学	1980.07
钱永如	7	初中	1998.12	徐群芳	7	大专	1991.12
许留金	7	初中	1980.09	薛银妹（女）	7	小学	1959.09
吉慧静（女）	7	本科	2011.12	杨金虎	8	高中	1995.09
陈保中	9	初中	1975.06	钱锦龙	9	初中	1978.09
钱景梅	9	小学	1970.11	陈阿福	9	小学	1977.06

续表 9—2

姓名	组别	文化	入党年月	姓名	组别	文化	入党年月
吉锦明	10	小学	1976.10	吉文明	10	初中	1992.11
许法保	10	小学	1960.09	许振祥	10	初中	1959.03
许志浩	10	高中	2000.11	曹建明	11	初中	2007.06
顾正芳	11	小学	1960.08	钱艳东	11	大专	2006.10
钱正元	11	小学	1969.06	钱洪发	12	小学	1973.02
钱银才	12	小学	1971.01	杨炳元	12	小学	1973.07
周仁良	12	小学	1972.02	曹元长	13	小学	1955.03
曹元德	13	小学	1979.05	孙建中	13	初中	1991.04
陆保生	14	小学	1964.09	徐卫	14	大专	1995.10
杨丽萍（女）	14	初中	2004.11	黄祖福	15	小学	1956.08
许多华	15	小学	1959.03	高丰	15	高中	2009.06
陈元保	16	小学	1962.10	周忠明	16	小学	1961.01
周丹（女）	16	大专	2005.06	沈丽琴（女）	16	初中	2000.06
肖岳保	16	小学	1960.12	戴建华	17	小学	1980.11
戴伟	17	大学	2008.06	戴进达	17	小学	1971.06
戴新刚	17	初中	1982.04	戴永石	17	高中	1990.09
李明珍（女）	17	初中	1987.09	肖鹏飞	18	本科	2013.06
吴二保	18	小学	1980.11	吴建良	19	初中	2005.05
陈忠明	19	初中	1974.10	陈科	19	初中	2003.06
顾正锋	20	初中	1982.05	吴建忠	20	高中	1985.10
吴祥观	20	小学	1960.10	吴忠尧	20	小学	1977.11
顾正新	20	初中	1976.03	蔡继国	21	初中	1998.09
朱进安	22	小学	1961.05	朱正祥	22	高中	2004.11
朱永良	23	小学	1966.10	朱建华	23	高中	2005.11
朱建秋	23	高中	1995.03	朱维洁（女）	23	高中	2003.11
朱文高	23	小学	1956.06	陆正英（女）	24	初中	2006.07
陆进才	24	初中	1981.03	陆如兴	24	初中	1968.07
顾敏慧（女）	25	大学	2012.12	顾正华	25	初中	1975.04
肖正华	25	小学	1968.03	许卫东	25	高中	1985.10
吴培保	26	小学	1956.05	吴凤良	26	初中	1992.10
吴建青	26	初中	1976.06	朱永祥	27	高中	1992.10
陈丙才	27	初中	1978.07	孔仁兴	27	高中	1999.12

续表 9—2

姓名	组别	文化	入党年月	姓名	组别	文化	入党年月
朱永鹏	27	高中	2003.12	王顺才	28	初中	1973.05
王永才	28	小学	1971.02	钱丙才	28	初中	1980.01
高琼霞（女）	29	高中	2003.06	葛永兴	29	小学	1975.04
李龙保	29	小学	1974.11	钱进才	29	小学	1997.12
辛瑞和	30	小学	1970.10	陆金保	31	小学	1954.02
陈振祥	32	高中	1984.09	蔡金福	32	小学	1981.08
蔡仁元	32	小学	1970.06	蔡晓华	32	大专	2004.10
蔡忠元	32	小学	1974.04	陈晓秋（女）	32	本科	2013.12
邹建明	34	初中	2000.06	邹德保	34	初中	1974.10
邹根元	34	高中	2001.10	邹建国	34	中专	1997.05
邹南保	34	小学	1973.02	张卫生	35	初中	1975.12
奚永生	36	小学	1960.08	谢丙才	36	小学	1971.09
谢狗保	36	小学	1959.02	徐国良	37	小学	1970.09
钱卫龙	37	高中	2000.01	施全保	37	小学	1970.01
王金良	37	初中	1969.12	张林生	38	小学	1959.01
徐金凤（女）	38	高中	1987.09	徐仁弟	38	大专	1992.04
徐掌生	38	小学	1976.10	唐三郎	39	小学	1973.03
陈小二	39	小学	1972.04	庞仁保	39	小学	1979.10
唐虎保	39	高中	1971.02	钱仁兴	40	初中	1981.12
陈进才	40	小学	1961.05	朱忠法	41	初中	1963.07
钱德兴	41	小学	1972.04	沈明芳（女）	41	初中	2001.01
徐云娣（女）	41	小学	1952.09	杨根元	41	初中	1981.12
杨金根	41	高中	1978.08	杨晔志	41	高中	2003.01
朱春明	41	高中	1996.11	朱新华	41	大学	2000.06
邹月梅（女）	42	高中	2006.11	钱关德	42	小学	1977.09
王关仁	42	初中	1974.12	王仁华	42	初中	1973.12
张益明	42	大专	1987.09	陆卫良	42	小学	1972.12
朱凯	43	大专	2009.10	何关健	43	初中	1983.11
何元祥	43	初中	1975.04	杨卫标	43	初中	1993.03
朱仁祥	43	大专	1979.10	朱永元	43	初中	1973.02
金士明	41	初中	1986.08	范元龙	44	初中	1996.09
黄掌兴	44	初中	1960.12	张仁才	44	小学	1999.01

续表 9—2

姓名	组别	文化	入党年月	姓名	组别	文化	入党年月
邹保明	44	初中	1979.10	邹林生	44	小学	1977.05
王兴保	45	小学	1974.07	钱建兄	45	初中	1972.05
王阿根	45	小学	1959.03	高仲清	—	初中	1994.05
杨虎大	—	小学	1966.12	何爱华（女）	—	大专	2001.07
陈晓	—	大专	2009.10	杨景春（女）	—	大专	2010.06
弓士军	—	高中	2008.07	金春燕（女）	—	大专	2014.06
朱美霞（女）	—	大专	2013.06	黄杨	—	大专	1986.11
施佳	—	大专	2012.06	徐江	—	大专	1999.07
周平	—	大专	2003.06	陈静英（女）	—	大专	2003.06
钱建中	—	高中	2001.06	王晓艳（女）	—	大专	2004.06
沈华（女）	—	大专	2002.06	殷建清	—	高中	2001.06
陶正开	—	高中	1984.10	—	—	—	—

第二节　党的组织

1952 年，境内各行政村均未成立党支部，党员参加所在乡党支部活动。1957 年 9 月，建西张乡党委，境内各行政村（高级社）都成立党支部。境内设有金星社党支部、凤星社党支部、五联社党支部。

1958 年 9 月，以乡建社，改为中共西张人民公社委员会。境内设一大队（凤星村）党支部，二大队（金星村）党支部，三大队（五联村）党支部。

“文化大革命”初期，各级党组织一度停止活动。1969 年下半年，经苏州地区革命委员会批准，西张公社成立中共西张公社委员会核心领导小组。1970 年 6 月，西张公社恢复党委，成立中共西张公社管理委员会。境内各大队恢复党支部，分别称一大队党支部、二大队党支部、三大队党支部。1983 年 5 月，进行农村体制改革，实行党、政、经分开，西张成立乡党委。1983 年 7 月，撤销西张公社管理委员会，恢复西张乡，生产大队改为行政村，境内党支部分别改称凤星村党支部、金谷村党支部、五联村党支部。1986 年，撤乡建镇，改为中共西张镇委员会。1999 年 11 月，金谷村建立党总支，徐群芳任党总支书记。2012 年 10 月，金谷村成立党委，陆惠东任党委书记，徐卫、朱仁祥为副书记。

三村合并以后，境内党组织举行换届选举 4 次。2005 年 12 月 18 日，金谷村党总支换届选举，全村应到党员 178 人，实到党员 164 人，选举徐群芳为村总支书记，陆惠东、朱仁祥为副书记，孔仁兴、杨丽琴为委员。党总支下设 5 个党支部。

2008年，金谷村党总支换届选举。2008年9月16日，成立选举领导小组，组长陆惠东，副组长徐群芳，10月11日召开选举大会，应到党员218人，实到党员190人，选举陆惠东为书记，朱仁祥、徐卫为副书记，杨丽琴、孔仁兴、沈明芳、杨晔志为委员。

2010年，金谷村党总支换届选举。2010年7月31日，镇党委发文，8月12日，村成立选举领导小组，组长陆惠东，副组长朱仁祥。8月18日，召开党小组长、村民小组长、党员中心户、村班子成员会议。2010年8月27日，决定候选人名单。2010年9月3日，镇党委同意候选人名单。2010年9月10日，召开选举大会，应到党员193人，请假20人，实到会173人。各候选人演讲后进行选举，陆惠东为书记，朱仁祥、徐卫为副书记，孔仁兴、杨丽琴、沈明芳、杨晔志为委员。

2013年，金谷村党委换届选举（公推直选）。2013年6月20日，镇党委发文通知，7月6日，村党委成立选举工作领导小组，组长陆惠东，副组长徐卫，成员共5人。7月11日，确定候选人名单。7月19日，公示候选人名单。7月31日，镇党委发文同意。8月2日，召开选举大会。应到党员199人，实际参选167人。选举陆惠东为金谷村党委书记，徐卫、杨景春为党委副书记，孔仁兴、杨丽琴、杨晔志、朱凯为党委委员。

1957～1999年金谷地区各行政村（大队）党支部书记及成员一览表

表9—3

单位名称	支部书记	任职时间	历任副书记名单	历任党支部委员名单
凤星大队（村）党支部	吴永保	1957～1977年	葛培洪 朱文高 许多华	朱文高、钟大保、吴金虎、陆忠法、戴永清、吴忠尧、徐瑞芬、朱进安、吴建忠、朱永钊、朱金保、戴永石、钱进才、朱建秋、肖同保、陆阿兴、吴培保
	蔡忠元	1977～1984年		
	戴永清	1984～1990年		
	许卫东	1990～1992年		
	朱金保	1992～1993年		
	贡林福	1993～1996年		
	陈建章	1996～1998年		
	贡林福	1998～1999年		
金星（金谷）大队（村）党支部	杨利兴	1957～1961年	许正祥、高永林 顾正芳、吉瑞庆 徐松元、周忠良 钱士忠、徐群芳	钱栋安、陈仁保、曹根和、杨利兴、吉祥根、顾正芳、蔡华保、钱银才、庞永明、钱士忠、钱忠法、平建明、高阿大、陆惠东
	高永林	1961～1980年		
	顾正芳	1980～1997年		
	徐群芳	1997～1999年		

续表 9—3

单位名称	支部书记	任职时间	历任副书记名单	历任党支部委员名单
五联大队（村）党支部	王松元	1957～1975 年	朱　龙、唐虎保 王阿根、钱仁兴 朱仁祥、张益明	谢永如、王阿根、邹德保、谢永元、张梅琴、邹进法、唐仁金、钱德元、张卫生、张建官、陈小二、张益明、徐仁弟、钱关德
	唐虎保	1975～1982 年		
	钱德元	1982～1989 年		
	张建观	1989～1993 年		
	朱仁祥	1993～1999 年		

1999～2003 年金谷地区各行政村党支部（党总支）成员一览表

表 9—4

单位名称	书记	任职时间	历任副书记名单	历任委员名单	备注
五联村党支部	朱仁祥	1999～2003 年	张益明	徐仁弟	—
金谷村党支部（总支）	徐群芳	1999～2003 年	贡林福 钱士忠	高阿大、钱进才 陆惠东、徐卫	1999 年 11 月凤星村并入金谷村成立党总支

2004～2015 年金谷村党总支（党委）组成人员一览表

表 9—5

单位名称	书记	任职时间	副书记名单	历任委员名单	备注
金谷村党总支	徐群芳	2004～2008 年	陆惠东、 朱仁祥、 徐　卫	孔仁兴 杨丽琴	2004 年五联村并入金谷村党总支
	陆惠东	2008～2012 年	徐　卫 朱仁祥	孔仁兴、杨丽琴 沈明芳、杨晔志	
金谷村党委	陆惠东	2012～2015 年	徐　卫 朱仁祥 杨景春	孔仁兴、杨丽琴 杨晔志、朱　凯	2012 年 10 月成立金谷村党委

2015 年金谷村党委各支部一览表

表 9－6

序号	支部名称	党员数	支部书记
1	金谷社区党支部	5	沈明芳
2	金谷第二党支部	29	孔仁兴
3	金谷第三党支部	112	顾正芳
4	张家港市中宝、彩鸽有限公司党支部	3	高仲清
5	张家港市恒运纺织有限公司党支部	3	杨丽琴（兼）
6	张家港市龙利鑫针纺品有限公司党支部	3	何爱华
7	张家港市鑫源纺织有限公司党支部	3	徐卫（兼）
8	张家港市苏太猪扩繁场有限公司党支部	3	吴忠尧
9	张家港市芝阳针织有限公司党支部	5	陆惠东（兼）
10	金谷村企业联合会党支部	38	朱凯
11	贝顺公司党支部	9	黄杨

第三节　党务工作

一、宣传工作

50 年代，党的宣传工作围绕“土地改革、抗美援朝、镇压反革命”三大革命运动，以及统购统销、合作化、人民公社化、整风反右等进行宣传。宣传从工人、农民中评比出来的先进生产者、劳动模范等事迹。

1957 年 9 月，境内各村（高级社）、大队成立党支部后，宣传工作一直由宣传委员具体负责，宣传各个时期党的路线、方针、政策，总结先进经验，开展评比、表彰活动。

60 年代，宣传中共中央《农村人民公社工作条例》，落实农民各项经济政策，大张旗鼓地开展社会主义教育，大办农业、农业学大寨，学习毛泽东思想和“文化大革命”等宣传教育活动。

70 年代，主要宣传农业学大寨、工业学大庆中涌现出来的先进集体和优秀个人，以及结合“批林整风”和中共十一届三中全会精神进行宣传教育。开展宣传以经济建设为中心，“两手抓、两手硬”，两个基本点，改革开放等内容。

80 年代，主要围绕家庭联产承包责任制，扩大企业自主权，进一步完善企业内部各种承包责任制、外向型经济、横向经济联合等，对干部群众进行形势和党的基本路线教育。

90年代起，以贯彻邓小平南方讲话精神为契机，宣传抢抓机遇，实行外向带动战略中涌现出来的新人、新事、新风尚，开展勤政廉政和党的宗旨教育，宣传密切联系群众，为民办好事、实事的优秀基层干部。学习邓小平建设有中国特色社会主义理论，宣传张家港精神，结合香港回归祖国，开展爱国主义教育，开展“三讲”（讲学习、讲政治、讲正气）活动，进行“致富思源”“富而思进”“三个有利于”教育；宣传江泽民的“三个代表”重要思想；宣传创建省级卫生村，全面推进两个文明建设的重要意义。

2001～2015年，围绕两个文明建设，宣传改革开放给农村带来的新变化，工农业生产出现的新成果，干部勤政廉政、艰苦奋斗的好作风，以及开展敬老爱幼、革命传统、民主法制、社会公德、职业道德、家庭美德和弘扬张家港精神的宣传，提高市民素质，净化社会风气，构建和谐社会，宣传科学发展观，加快城乡一体化建设。宣传中共十八大的精神；宣传习近平总书记关于“两个一百年”实现中华民族伟大复兴的“中国梦”有关论述和一系列讲话精神；宣传社会主义核心价值观的重要内涵。

二、党员教育

1953年，党员教育由各小乡副乡长具体抓。1957年，境内各村（高级社）大队党支部分工1名委员负责党员教育工作。1983年，各大队（村）党支部组织党员，定期到党校听课，对党员进行教育。日常党员教育由宣传委员和党支部书记具体抓。1987～2015年，境内党组织利用“三会一课”、冬训班、专家讲座、选送培训、网上上课等形式，对党员进行党的路线、方针、政策、思想、道德教育。

三会一课 1960年起，全境基层党组织都建立“三会一课”制度，每月召开支部会、党小组会、民主生活会，上好一次党课。及时对党员进行形势教育。1970年后，公社党委在每年纪念党的生日这一天上好大党课，基层党支部利用“三会一课”进行党员教育。1983年，各支部陆续建立党员活动室，利用活动室开展党员教育。1986年至2001年，全境各支部党员活动室共计开展党员教育132场次。2015年，全境有以“三会一课”为主要阵地的党员活动室2个。

冬训班 1979年后，境内党支部每年都要组织基层干部、党员冬训，学习中共中央文件，学理论，交流总结当年工作，明确来年目标任务，时间3～5天。至2015年，全境参加冬训的党员干部有4100余人次。

选送培训 1952年10月，境内选派2名骨干参加党训班。1963～1964年，有9名党员干部参加县组织的整社整风学习。1978～1980年，有12名党员干部到县党校或有关单位培训学习。1982～1988年，选送3名党员干部外出学习，其中脱产培训1

人。1991～2015 年，到市党校、沙洲工学院、市人才中心参加培训的党员干部达 33 人次，学习内容主要有邓小平理论、“三个代表”重要思想；科学发展观；学习党章、党规；学习习近平总书记“治国理政”的一系列讲话；经济管理、法律法规等。

教育活动　50 年代，主要进行合作化、人民公社化、社会主义总路线等教育活动；60 年代，大张旗鼓开展社会主义、大办农业、农业学大寨等教育活动；70 年代，开展学习毛泽东思想、“文化大革命”等教育活动；80 年代，开展学习十一届三中全会精神和党的基本路线等教育活动；90 年代，主要是学习邓小平理论，宣传学习张家港精神等教育活动。

进入 21 世纪后，党员教育活动主要是 4 个方面：

“三个代表”重要思想学习教育活动　从 2001 年 12 月开始至 2002 年 3 月，历时 3 个月。主要学习江泽民总书记提出的“三个代表”重要思想，即代表中国先进生产力的发展要求，代表中国先进文化的前进方向，代表中国最广大人民的根本利益。金谷村党总支根据上级党委的统一部署，组织全体党员开展学习讨论，听专题讲座。教育活动的指导思想是以马列主义、毛泽东思想、邓小平理论为指导，按照“三个代表”的要求，认真学习贯彻落实江泽民总书记“七一”重要讲话，党的十五届六中全会精神，以干部受教育、农民得实惠为目标，以改变村干部作风为重点，以农业增效、农民增收、农村稳定为主题，着眼于提高农村干部队伍的整体素质，着眼于维护和发展农民群众利益，进一步增强农村基层组织的创造力、凝聚力和战斗力，为全面实现上级党委提出的各项工作目标任务提供坚强有力的思想和组织保证。金谷村的教育活动成果得到苏州市及张家港市领导的充分肯定，给予高度评价。

保持党员先进性教育活动　时间从 2005 年 10 月至 2006 年 6 月，全境 171 名党员参加，通过教育活动增强党员的理想信念，提高自身素质，增强党性意识，树立党员在群众中的新形象。加强党组织建设发挥村党组织战斗堡垒作用，为基层和群众办实事，解难事，做好事。

学习科学发展观保持党员先进性教育活动　时间从 2009 年 9 月开始，通过学习使党员干部受教育、科学发展上水平、人民群众得实惠。使党员干部思想认识有所提高，工作作风有新转变，破解难题有所成功，发展水平有新提高。

党的群众路线教育实践活动　2014 年 2 月开始，村党委根据上级党委统一部署开展党的群众路线教育实践活动，成立学习领导小组，召开党员大会作动员，组织党员学习党中央有关文件精神和习近平总书记系列重要讲话精神，紧紧围绕保持和发展党的先进性和纯洁性，坚决反对形式主义、官僚主义、享乐主义和奢靡之风，贯穿“照镜子、正衣冠、洗洗澡”的全过程。着力解决宗旨意识，工作作风精神状态，廉洁自律等突出问题，建设风清气正、务实创新，具有张家港精神特质的党员干部队伍，教育活动历时 7 个月。

三、创新活动

两手抓两手都要硬 1989年，境内各村成立评创活动领导小组，加强“文明新风”系列创建活动的领导，把社会主义精神文明建设引向深入。90年代，各村党支部一把手坚持物质文明和精神文明一起抓，两手抓，两手都要硬，全村精神文明建设上了新台阶，坚持以卫生为基础，创建为载体，文化为内涵，育人为根本，做到组织、目标、责任、措施、资金“五落实”。1993年，境内各村成立以村支部书记为组长的精神文明建设领导小组，形成一把手负总责，分管领导负主责，上下联动，部门协调，群众参与的局面。1995年以后，精神文明建设与物质文明建设一样规划、一样布置、一样检查、一样落实，年初签订的责任书列有精神文明建设各项考核内容、有计划、有步骤开展文明新风系列活动，评选“新风杯”竞赛，创建文明小区、文明村镇、文明单位、省级卫生村和现代化建设示范村活动。

创新党建 2005～2015年，全境开展创建“党员中心户”活动。“党员中心户”按照年龄相仿、文化相近、兴趣相同、住址相邻等原则，实行分类建户，分岗定责，分层管理。设中心户长1名，每个党员中心户带动本区域10～15名党员户。党员中心户有标识，有学习制度，有管理手册，有党报党刊学习资料，有活动记录，活动特点根据不同情况灵活掌握，老党员白天开展学习活动，外出经商务工的党员周末开展学习活动，农民在职党员晚上开展学习活动，流动党员采取网上学习活动，全境共建20个“党员中心户”。213名党员纳入“党员中心户”管理。

创建文明单位 1986年，境内各村开展创建文明单位活动，要求各企业、各小区做到物质文明建设和精神文明建设同步发展，村主要考核“五好”（经济发展好，村容村貌好，村风民风好，村民素质好，党员干部带头好）。1988年，城乡考核标准统一为领导班子、干部素质、生产业务等6个方面，后增加计划生育“一票否决”的内容。1990年，创建双文明单位都要制订创建规划与“新风杯”考核相结合，年中、年终各考核一次。创建活动由各单位精神文明建设领导小组具体负责，单位一把手任组长。年初由各创建单位制订创建规划，提出全年两个文明建设的具体目标和措施，排出重大活动的日期和责任人，以利检查、督促、落实。年终各创建单位按目标对照检查，自我评分，书面总结，村党支部（总支、党委）提出考核推荐意见报上级审批，经上级批准后命名，并颁发“双文明单位”证书。1991～1998年，金谷村年年获张家港市“双文明单位”称号。1999年后，更名为创建文明单位活动，金谷村每年均获此称号，受到张家港市委的表彰。

四、纪检监察

1957～1966年，境内各支部由1名党支部委员分管党的监察工作。“文化大革命”期间，党的监察工作一度中断。

1970年，各级党组织恢复，境内各党支部设1名支部委员分管纪检监察工作。1999年，金谷村成立党总支，设立纪律监督小组。2004年，设立纪监会。

60年代～2015年，境内党组织找谈话的党员干部有8人，开除党籍的有7人（其中刑事判刑的5人），受党内警告处分的4人。

五、金谷村党员服务中心

2012年，金谷村党委成立党员服务中心。下设流动党员管理站、中心教育工作站、党员干部教育基地、党员谈心室、党建阅书室（电子阅览室）等。

党员服务中心工作 一是党员服务中心是为党员、入党积极分子和基层党组织提供咨询、指导、协调、帮困和培训等党内服务的载体。二是负责党员组织关系的转接工作。三是负责党务工作的组织开展。四是代理承办服务，按基层组织要求对党员缴纳党费等提供受理服务，对有特殊情况的流动党员协助收取党费，协助办理预备党员转正手续，接纳党外群众提交入党申请书。并帮助落实培养、教育，提供党内有关报刊、书籍和学习资料。五是开展党员志愿者服务，组织党员志愿者服务党员、服务群众、服务社会、密切党群关系。六是为建立基层党组织和开展组织生活提供协调服务，为相关单位开展党组织活动、党员教育、党建工作指导员培训等提供活动场所和配套服务。

流动党员管理站 工作任务和职责是：一、使流动党员离乡不离党；二、抓好流动党员的思想教育工作；三、为流动党员排忧解难；四、为加强联系协调。

2006年，境内建立张家港市廉政学校金谷分校、凤凰镇党校金谷分校。

第二章 村（居）民自治组织

第一节 村民代表大会

互助合作化时期至1983年，如果村里有事，就开社员代表大会或全体社员大会，社员代表大会一般每户1人参加。后改为所有农业生产评工记分的劳动力参加会议，由农业社长（生产大队长）向社员报告农业生产经济分配、水利建设、粮食征购、征兵等方面的事，或报告有关政治活动和农业工作方针政策等内容。“文化大革命”时期中断。

1979年后恢复大队长。1983年实行乡村制，设村民委员会主任。1986年，境内召开第一届村民代表大会，选举采取流动投票和中心站投票方式，选举出村民委员会主任。朱金保为凤星村村主任，钱士忠为金谷村村主任，金士明为五联村村主任。

按《中华人民共和国村民委员会组织法》规定，村民代表大会每3年召开1次。

三村合并以后，金谷村共召开4届村民代表大会，选举按“八个原则”和“五个不得”进行。“八个原则”为直接原则、普通原则（一是年满18周岁，二是未剥夺政治权利）、差额原则、无记名原则、秘密写票原则、竞选原则、平等原则和公开原则。“五个不得”为不得户代表间接选举；不得村民代表会议选举；不得先选村委成员，再从中推选主任、副主任；不得指定和委派；不得组阁选举。

2004年，金谷村召开第七届村民代表大会，选举新一届村民委员会。参加选民4146名，于12月5日进行选举。选举采取流动投票和村设中心投票站相结合。选举陆惠东为村民委员会主任，孔仁兴、张益明为副主任，孙建中、沈明芳为委员。

2007年，金谷村召开第八届村民代表大会，选举新一届村民委员会。金谷村选民4343人（其中女性1950人），于10月25日选举，共设8个投票站和一个中心投票站。选举陆惠东为村民委员会主任，孔仁兴、张益明为副主任，孙建中，沈明芳为委员。

2010年，金谷村召开第九届村民代表大会，选举新一届村民委员会。按照2010年9月21日市、镇二级发文件要求，统一换届选举村委领导，采用无候选人一次性直接选举。10月18日，公布选民名单4519人，11月8日，核定选举人数，确定选举日为11月13日，中心会场设在金谷村三楼会议室，下设投票站8个，通过各分站及中心会场汇总。选举徐卫为村民委员会主任，孔仁兴、杨丽琴为副主任，沈明芳、孙建中为委员。

2013年，金谷村召开第十届村民代表大会，选举新一届村民委员会。按照2013年10月10日市、镇通知要求，村委班子换届选举，11月15日为选举日。10月18日，公布选民4592人，设中心投票站在村三楼会议室，下设8个投票站，通过各分站与村中心投票站汇总。选举徐卫为村民委员会主任，朱凯、孔仁兴、杨晔志为副主任，陈岳峰、朱维洁为委员。

第二节　村民委员会

村民委员会是所辖的行政村村民选举产生的群众性自治组织，村民委员会是村民自我管理、自我教育、自我服务的基层群众性自治组织。村民委员会由主任、副主任和委员3至7人组成，村民委员会领导班子由群众选举产生，每3年选举1次，没有终身制。任何组织或者个人不得指定、委派或者撤换村民委员会成员。村民委员会成员不属于国家干部，其产生的依据为《中华人民共和国村民委员会组织法》。村民委员会实行民主选举、民主决策、民主管理、民主监督，村民委员会办理本村的公共事务和公益事业，调解民事纠纷，协助维持社会治安，向上一级人民政府反映村民的意见、要求和建议，为政府负责，为村民负责。

1958～1999 年金谷地区历任大队长（村主任）及副职人员一览表

表 9—7

大队（村）名	大队长（村主任）	任职时间	历任副大队长（副村主任）
凤星村（一大队）	朱文高	1958～1960 年	葛培洪、肖同保、朱金才、戴永清、吴忠尧、吴金虎、孔仁兴、钱进才、周建华、蒋逵良
	钟大保	1961～1968 年	
	许多华	1979～1985 年	
	朱金保	1985～1992 年	
	吴建忠	1992～1997 年	
	孔仁兴	1997～1998 年	
	钱进才	1998～1999 年	
金谷（金星）村（二大队）	高永林	1958～1961 年	曹根和、庞永明、钱利根、蔡华保、钱士忠、平建明、钱忠法、高阿大、陆惠东
	侯玉英	1961～1962 年	
	庞永明	1962～1968 年	
	顾正芳	1979～1980 年	
	钱士忠	1980～1981 年	
	蔡华保	1981～1986 年	
	钱士忠	1986～1997 年	
	高阿大	1998～1999 年	
五联村（三大队）	朱龙	1958～1966 年	钱友生、王竹生、施洪元、唐仁生、王仁华、邹进法、钱德元、徐仁弟、张仁才
	谢永如	1967～1968 年	
	王阿根	1979～1982 年	
	谢永元	1982～1983 年	
	张卫生	1983～1986 年	
	金士明	1986～1988 年	
	朱仁祥	1988～1992 年	
	张益明	1992～1999 年	

1999～2003 年金谷地区各行政村村民委员会主任一览表

表 9—8

村名	主任	任职时间	历任副主任
金谷	高阿大	1999～2000 年	孔仁兴、陆惠东
	陆惠东	2001～2003 年	
五联	张益明	1999～2003 年	—

2004～2015 年金谷村村民委员会主任一览表

表 9—9

村名	主任	任职时间	历任副主任
金谷	陆惠东	2004～2008 年	张益明、孔仁兴、杨丽琴、朱　凯、杨晔志
	徐卫	2008～2015 年	

注：1958 年 9 月成立人民公社，设生产大队长。1968 年 4 月至 1979 年 2 月为大队革命委员会。1979 年 2 月恢复大队长。1983 年 9 月实行乡、村制，设村民委员会主任。2013 年 11 月 15 日金谷村召开第十届村民代表大会，选举产生了新一届村民委员会，徐卫任村民委员会主任，朱凯、孔仁兴、杨晔志任村民委员会副主任，陈岳峰、朱维洁为村民委员会委员。

第三章　群众团体

第一节　工　会

1992 年 11 月 18 日，镇首届职工代表大会召开，有 12 个工会组织（当时以有限公司为单位）。是年，金谷村成立联合工会（含新喜来电器、新天工程材料有限公司、常升丝网 3 个有限公司）。选举杨丽琴为工会主席，境内凤星村、五联村均无工会组织。

工会组织主要活动：

组织劳动竞赛　境内工会组织工会会员开展“岗位作贡献”活动，2008 年，评出先进会员 10 人。

开展文体活动　每年组织工会会员开展节日读好书、征文赛、演讲赛、歌咏会、拔河赛、乒乓球赛、象棋赛、篮球赛等文体活动。

扶贫济困　2007 年以来，工会组织开展扶贫济困活动，先后捐衣 250 件，捐款 8 万元。为境内失学儿童、孤寡老人捐款 1.5 万元。2012～2015 年，每年开展金秋助学活动，帮助当年度考取本科一类、二类高等院校的学生困难家庭，符合条件的列入工会帮困助学对象。

保护职工利益　2000～2010 年，工会组织配合有关企业调处劳动纠纷 10 件，其中劳动保护纠纷 8 件，因公致伤纠纷 2 件。为外来职工解决工作和生活困难，每年坚持认真听取企业运作情况汇报，及时提出各种合理化建议。2013 年 10 月，工会为金谷村 10 组吉文明家庭申报“在职病困职工家庭”救助，并每年进行年审。2010～2015 年，工会每年在企业中开展在职困难职工“春节送温暖”活动。2011～2015 年，每年开展“新春送岗位”活动，协助企业招工。

从 1992～2015 年，境内工会主席由杨丽琴担任。

2015 年金谷村境内工会组织一览表

表 9—10

单位（工会）名称	建办时间	职工人数	会员人数	工会主席
金谷村工会联合会	1992 年 11 月	500	100	杨丽琴
张家港市龙利鑫针纺有限公司	2010 年	45	20	何爱华
张家港市芝阳针织有限公司	2010 年	60	25	樊仁林、蒋旺东
张家港市润达服饰有限公司	2011 年	65	30	陆琴芬
张家港市创宏针纺织有限公司	2011 年	52	26	徐俊
张家港市和乔电子有限公司	2011 年	95	40	肖春燕
张家港市生达纺织有限公司	2012 年	72	35	周玉丽
张家港市金凯利工艺制品有限公司	2012 年	70	35	彭美琴
张家港市彩鸽毛纺有限公司	2012 年	60	25	钱秋霞
张家港市众智纺织品有限公司	2013 年	337	150	惠继红
张家港宝翔机械有限公司	2013 年	31	15	黄莉、孙明亚
张家港市隆昌达针织有限公司	2013 年	33	15	张藕芬、唐红梅
张家港市易业针织有限公司	2014 年	70	30	陆丽娅、蔡月珍

第二节　共青团

境内共青团组织始建于 1960 年，有一大队团支部、二大队团支部、三大队团支部。

“文化大革命”期间，境内各团支部活动停止。1971 年，境内各团支部恢复活动。共青团的活动主要围绕党的中心工作，发动和组织团员青年开展读书学习、科技发明、劳动竞赛和各项中心活动。

1976 年起，境内各大队团支部每年 3 月组织开展“学雷锋、见行动”专题月活动。1986 年，开展“五小”（小发明、小改革、小改造、小设计、小建设），创三优（优秀管理论文、优秀革新小组、优秀青年厂长或经理）和创红旗团组织等活动。

1990 年，开展共青团先锋杯竞赛和科技兴农为主线的一方（青年丰产方）三户（青年多种经营专业户、青年科技兴农示范户、青年种田大户）竞赛活动。

1991 年，在团员青年中开展“祖国在我心中，党在我心中”和“三热爱”（热爱党、热爱社会主义、热爱集体）教育活动，以及学雷锋、树新风活动。是年，境内发生特大水灾，全境共青团员有 100 人次参加抗灾自救。

1995 年，境内团员青年开展“爱我家乡，绿化祖国”活动。

1996～1999 年境内团员青年捐衣 1030 件，捐款 10800 元救济灾区。

2000 年起，境内团员青年连续多年开展青年志愿者活动，开展结对帮困、公益活动和洁美家园等活动 1500 余次，并开设道德讲堂开展公民道德教育。2013 年 3 月，成立“金谷村志愿者服务团队”，在张家港市友爱港城网成功注册，主要以“关爱、环保、帮扶、助学、治安、便民”等项目开展各类公益活动，将志愿者团队服务和群众的需求紧密结合，开展公益活动，营造更加文明美好的环境。

1960～2015 年金谷地区（大队、村）共青团支部书记一览表

表 9—11

大队（村）名	历任团支部书记	任职时间
凤星	周忠明、肖永明、钟士贤、肖仁清、戴永石、吴建忠、孔仁兴、肖洪忠、陈建章	1960～1999 年
金星（金谷）	曹兴保、钱永祥、钱忠法、陆祖明、曹乾石、钱正祥、蔡正刚、徐卫	1960～2003 年
五联	唐仁生、朱祖良、邹建石、唐竹芬、钱德元、谢匡时、徐仁弟、杨晔志	1960～2003 年
三村合并后金谷村	朱维洁、曹春磊、钱晓阳	2004～2015 年

第三节　妇代会

1950 年 1 月，各小乡均成立民主妇女联合会筹备委员会，配备不脱产妇女主任 1 名。1953 年初，成立乡民主妇女联合会，简称“妇联”。1956 年，更名为妇女联合会。

1962 年，境内每个大队设置妇代会，设妇女主任 1 名，生产队设妇女队长。妇女组织的主要职能是组织带领妇女开展政治学习，积极开展“双学”（学文化、学技术）“双比”（比贡献、比实践）活动，树立自立、自强的新观念，抓好幼、妇工作，协助党组织搞好农、副、工生产和计划生育工作，处理好家庭纠纷和婚姻等问题，保护妇女、儿童的合法权益。

境内妇女干部在“文化大革命”前参加过公社两次妇女代表大会。

村妇代会按照职能重点开展五项工作：

组织劳动竞赛　60～70年代，组织妇女开展“学文化、学技术”竞赛，80～90年代，随着乡镇企业的发展，许多妇女进厂做工，妇代会组织妇女开展挡车工操作比赛，在农村则开展勤劳致富竞赛。

创建“五好家庭”　1981年以来，在全境妇女中开展以认真学习好；遵守法律好；爱国家、爱集体、积极生产劳动好；尊老爱幼、家庭和睦、勤俭持家、教育子女好；文明礼貌、邻里团结好；移风易俗、实行晚婚、晚育、计划生育好为内容的争创“五好家庭”活动，每年组织评比。

开展争“三好”送“三暖”活动　1996年，境内各村妇代会开展争“三好”（争当好媳妇、好婆婆、好妈妈）送“三暖”（说暖心话，办暖心事，做暖心人）活动。选出好媳妇、好婆婆、好妈妈各10人。

保护妇女合法权益　1999～2015年，村妇代会接待处理来访70多人次，调解处理纠纷50件，调解率为98%。

幼托幼教工作　1958年10月开始，公社、大队、生产队三级都建托儿所，直至1983年，全面实行家庭联产承包责任制后，大队、生产队托儿所自行消失。1988年，根据党中央有关指示精神，乡、村两级妇联组织，协助所在地小学办好幼儿班。

村妇代会还配合卫生部门开展对妇女病的普查和治疗工作，落实“四期”（月经期、怀孕期、待产期、哺乳期）保护措施。

1953～2015年金谷地区（大队、村）妇代会主任一览表

表9—12

大队（村）名	历任妇代会主任	任职时间
凤星	朱菊妹、许彩保、徐瑞芬、顾保英、吴凤英	1962～1999年
金星（金谷）	平满英、侯玉英、周掌妹、汪月芬、杨丽琴	1962～2003年
五联	徐云娣、徐荷英、张梅琴、唐竹芬、谢卫芳、钱桂芬、沈明芳	1962～2003年
三村合并后金谷村	沈明芳、朱维洁	2004～2015年

第四节 农民协会与贫下中农协会

1950年1月，各小乡都建有农民协会（简称农会），农会设农会主任1人，委员5～7人。境内各行政村均设村农会，设主任1人，各行政组（自然宅基）设农会组长1人。“土改”以后，农会的主要任务是组织农民开展大生产，贯彻执行党在过渡时期的总路线，征收公粮，支援抗美援朝，拥军优属，维护社会治安，处理民事纠纷等。农会在群众中享有较高的威信，在土地改革运动中，曾提出“一切权力归农会”的口号。

1964年3月，开展社会主义教育运动（简称“社教”），农会改称贫下中农协会，简称“贫协”。贫协组织的职能是代表贫下中农的利益，协助并监督各级领导班子，为发展生产，提高农民的物质、文化生活当好参谋。

1965年1月，召开西张公社第一届贫下中农代表大会，各大队设贫协分会，分会设主任1人，各生产队设贫协组长1人。

1966年2月，召开西张公社第二届贫下中农代表大会，各大队设贫下中农协会分会，分会设主任1人，各生产队设贫协组长1人。

1966年5月，“文化大革命”开始，“贫协”一度瘫痪。

1974年2月，召开西张公社第三届贫下中农代表大会。1976年后，“贫协”逐渐停止活动。1979年以后，“贫协”自行消失。

第五节 其他协会

一、老年协会

1991年9月11日，西张镇老龄工作协会成立。1992年，各行政村都建有老年活动室，设老年协会会长1人，境内凤星村老年协会会长朱文高，金谷村老年协会会长顾正芳，五联村老年协会会长王仁华，每年开展老年活动4～5次。三村合并以后，境内老年协会统一调整。2013年11月，成立金谷村居家养老服务站，理事长徐卫，行政负责人朱凯，开展居家养老宣传，宣传新型养老理念，形成人人爱老，人人敬老的良好社会风气。服务站休息室配有标准床5张，并有空调、电视机等，活动室配有棋牌桌、报刊书架，方便老年人阅读和娱乐。同时开展志愿者服务，老年协会组织志愿者定期上门为老人理发、医疗保健、打扫卫生、聊天谈心、代购物品等关爱活动。

2014年6月，金谷村成立老年协会领导小组，老年协会会长朱凯，副会长徐仁弟，秘书长钱晓阳，成员朱仁祥、张益明、孔仁兴、钱惠龙、沈关彪。协会积极履行职责，倡导敬老尊老的优良传统，认真开展各类有益的老年活动，并结合社区居家养老，围绕“老有所养、老有所医、老有所乐、老有所为、老有所教”的基本目标，全力推进协会各项工作，加强志愿者队伍建设，为老人办好事、办实事，定期不定期对一些困难户、困难老党员进行走访慰问，解决实际困难，关心关爱老人生活。

二、计划生育协会

1989 年 3 月 5 日，西张镇计划生育协会成立。是年，境内各村都成立计划生育协会。2004 年，三村合并以后，境内形成计划生育网络，金谷村计划生育协会组织网络为：会长陆惠东，副会长徐卫、杨景春，秘书长朱维洁。金谷村流动人口计划生育协会管理服务网络为：会长陆惠东，副会长徐卫、杨景春，秘书长朱维洁，常务理事沈明芳、朱凯、杨丽琴、孔仁兴、杨晔志。

计划生育协会的职责主要为境内人员和外来流动人员在计划生育工作上的领导和指导，特别是为计划生育工作服务，完成上级对计划生育工作的任务和要求。

三、新市民共进协会

改革开放以后，境内企业不断壮大，外省、市劳动力开始进入境内工厂企业和承包土地等，据 2015 年统计，境内外来人口达 5918 人，成为境内的“张家港市新市民”。为了加强对外来人员的管理，2011 年 10 月，成立张家港市新市民共进协会金谷村分会，主要职责是贯彻落实国家、省、市有关流动人口管理的法律、法规和政策，树立地位平等。相处和谐的理念，为新市民参与我市和谐共建活动提供良好的环境条件，为新市民劳动就业、房屋租赁、计划生育、子女入学、扶贫帮困、法律咨询、民事调解、权益保障等提供帮扶资助和服务。开展文化、体育、才艺大赛等活动，丰富业余文化生活。反映新市民的意见要求和建议，维护新市民的合法权益。

金谷村新市民共进协会网络为：会长孔仁兴，名誉会长朱仁祥，秘书长杨丽琴，会员钱维东、朱凯、曹春磊、朱维洁。

四、关心下一代工作委员会

1993 年，西张镇关心下一代工作委员会成立（简称“关工委”）。各行政村也相继成立关心下一代工作委员会。境内关心下一代工作委员会主任陆惠东，常务副主任徐卫，副主任高阿大、朱文高。主要工作是创建“五有五好”关工委。“五有”内容为有健全的领导班子；有报告员辅导员队伍；有工作制度；有青少年活动阵地；

有活动经费。“五好”内容为思想道德教育好；配合有关部门开展活动好；“三帮”工作好；家长、学校配合好；发挥老同志作用好。

在“关工委”组织保障的基础上，2012年，成立金谷社区家长学校，组织老教师、老干部、老战士定期给学生讲课，提高学生的创新能力、实践能力和个性品质，让学生逐步掌握基本的生活技能，形成良好的生活习惯。通过系列“关工”活动，境内的关心下一代工作取得了一定的成绩，得到了上级领导和职能部门的表彰。2012～2015年，家长学校开课25场次，听课学生2500多人次。

第十编　治安·军事·民政

1957年，西张乡设公安特派员。许巷、双凤、恒星、金星、五联等高级农业生产合作社各配备兼职治保员一人。1962年，境内各大队设立治保委员会，生产队建立治保小组。1964年，大队成立调解委员会。“文化大革命”期间，治保与调解组织一度瘫痪。1971年10月，大队治保组织恢复，重点做好监督“四类分子”（地主、富农、反革命、坏分子）和协助做好“四防”（防火、防盗、防毒、防特务）工作。1981年，大队建立治保委员会。1994年，西张镇各村成立社会治安综合治理领导小组，加强社会治安和外来人员管理工作。2003年，村成立人民调解委员会，坚持“调防结合、以防为主”方针。2006～2015年，金谷村综治办、调解委员会与村联防队、公安西张派出所驻村警务室、凤凰镇流动人口服务中心金谷服务站联合办公，构成“五位一体”综合治理体系。

中华人民共和国成立后，乡、村建立民兵组织。1958年，境内成立民兵营。1964年，大队实行民兵工作“三落实”（组织落实、政治落实、军事落实），加强民兵整组和军事训练活动。1981年，把民兵制度和预备役制度结合起来，在加强民兵工作的同时，重视兵役工作。1990～2015年，在历年征兵工作中，境内适龄青年积极报名参军，投身国防建设，圆满完成上级的征兵任务。

第一章　治　安

第一节　机　构

一、治保委员会

中华人民共和国成立初期，社会治安由民兵负责，境内无治保组织。1957年，乡设公安特派员。境内许巷、双凤、恒星、金星、五联5个高级社各配备1名兼职治保人员，负责治保工作。1962年后，大队设治保主任，由团支部书记或民兵营长兼任，生产队设治保小组。1964年，社会主义教育“四清”运动后，大队治保组织主要对“四类分子”进行监管，定期训话；“文化大革命”初期，由治保组织开展批判斗争，期间治保组织一度取消，以后实行群众专政。1971年10月，大队恢复治保组织。1981年，大队建治保委员会。1983年，村民委员会设治安保卫委员1人，村治保人员5人。

二、群众治安组织

1989～1990年，村里设联防值勤队，每个自然村配3名义务值勤人员，负责做好巡逻防范工作。

1992年3月，境内各村成立治安联防队。1996年，各村民委员会副主任为分管治安负责人。1996年，金谷村有联防队员16人，分3班日夜巡逻值勤、护厂、护村。1998年2月，重组联防队，辞退外地人员，留村籍6名人员负责治安联防工作。1999年3月，治安联防工作由村民委员会领导。2015年，金谷村根据地域特点，有4名联防队员，主要是加强境内重点区域及节日期间联防值勤。

第二节　治安管理

一、暂住人口管理

80年代中期，随着境内工业企业的日益兴旺，境外进厂务工人员迅速增多。为加强对外来人口管理，1992年，境内各村根据上级对外来人员规范化管理的要求，由村联防队配备专职管理员。管理上做到对外来人员的住所、单位、职业三明确，发放务工证、就业登记证、暂住证。发放率分别达到98%、95%和100%。1994年，对外来人员管理上做到身份证、暂住证、务工证三证齐全。是年，各村办企业招工，上岗前一律进行培训，定期考评。对工作报酬、工种安排及奖、惩和晋级等与当地职工一样。

2004年，派出所警务室，协同村计生办、治保组织，以出租房为重点，加强对流动人口落脚点管理，并由镇综治办、私房出租户和外来暂住人员三方签订“治安、卫生、计划生育”责任书，监督和约束外来人员的行为。2009年，村联防队与西张派出所驻金谷村外管中心合署办公，形成以派出所民警为主，以专职协管员为辅，以村联防队为依托的外来流动人口管理网络，多次进行联合检查。至2015年，境内有外来人员5918人，登记率、发证率分别达到95%和98%以上。

二、综合治理

1992年2月，西张镇成立社会治安综合治理领导小组，境内各村设综合治理办公室，健全综合治理责任制。

1994年，金谷村成立社会治安综合治理领导小组，挂牌办公，按照“条块结合、以块为主”和“谁主管、谁负责”的原则，由西张镇与境内各村签订综合治理目标责任书，由村与各企业、街道门店及私房出租户签订责任书，签订率达100%。

2000年开始，境内各村根据上级要求，将一年一签的社会治安综合治理目标责任书改为三年一签。

2006年下半年，金谷村联防队设专门办公室，与金谷警务室、凤凰镇流动人口服务中心（金谷服务站）合署办公，并与金谷村综治办、调解委员会构成“五位一体”综治体系，全面负责全境社会治安综合治理工作。

1996年，争创“三安”（安全文明小区、安全文明村镇、安全文明单位）活动中，金谷村获苏州市安全先进称号，2001年，被市评为张家港市综合治理先进集体。2015年，金谷村社会治安综合治理立足维护社会稳定，贯彻“预防为主，重在治本”的方针。全年未发生因处置不当而引发的严重群体性事件，未发生火灾、严重污染、群死群伤等重大事故。

金谷村历任治保主任一览表

表10—1

大队（村）	历任治保主任	任职时间
凤星	李保元、顾正华、戴进达、吴建忠、孔仁兴、肖洪忠、陈建章	1962～1999年
金谷	陈仁保、徐松元、钱忠法、平建明、陆惠东、孙建中	1962～2003年
五联	施洪元、谢正明、谢丙才、徐仁弟、杨晔志	1962～2003年
三村合并后金谷村	陆惠东、孙建中、朱凯、陈岳峰	2004年至2015年

第三节　户政管理

1932年，国民政府推行保甲制。日伪期间，境内实行编保，推行“良民证”。抗日战争胜利后，国民政府重编保甲。1948年，常熟县塘桥乡对境内村民颁发“中华民国国民”身份证。

1950年2月，境内废除保甲制。1953年，通过全国第一次人口普查，摸清境内人口户籍情况，为户籍管理提供了依据。1960年，上级有关部门对从事非农业生产的农业户陆续发放户口簿。1962年，境内各村户籍由公社民政部门负责管理，是年10月，境内建立人口出生、死亡、迁入、迁出登记制，以大队为单位建立户口册。1982年，上级颁发新户口簿，进一步健全户口管理制度。1984年，全境户籍管理工作由西张派出所接管。1988 年 5 月，由派出所向境内成年人发放中华人民共和国居民身份证。以后国家对户籍制度实行改革，城乡户口的界限逐渐淡化。至 2015 年，派出所简化村民户口迁移手续。

第二章 调 解

第一节 机 构

中华人民共和国成立前，民间纠纷一般由族长或当地较有名声的人进行调停。

中华人民共和国成立初，民事调解为政府工作的一项任务。1952 年开始，境内各村均设调解小组，由村长负责。农业合作化期间，农业合作社设民事调解委员会。1958 年 9 月，成立西张公社后，境内各大队成立调解小组。1959 年，大队调解小组与治保小组合并。1962 年后，调解与治保分开。1964 年，大队调解小组改为大队调解委员会，调解工作由大队党支部书记或大队长负责。“文化大革命”初期，调解组织瘫痪。民事纠纷由公社民政委员和大队、生产队结合，依靠群众调解处理。1973 年，大队恢复调解组织。

1980 年，各大队调整、健全调解组织。1985 年，境内调解委员会主任由村主任兼任。1987 年，村调解委员会更名为民事调解委员会，由村主任、共青团书记、治保主任和民兵营长、妇女主任等人员组成，村主任兼委员会主任。1990 年，成立老年协会后，老年协会曾协助调解民事纠纷。2003 年，境内各村调整，充实调解力量，民事调解委员会更名为人民调解委员会。一直至今。

第二节 民事调解

中华人民共和国成立前，境内民事纠纷一般由民间调解。民间或家庭纠纷一般由族长或当地较有名声的人进行调解，还邀请亲属长辈、娘舅公亲出面说合，劝解调停；群众中较大的纠纷，则由乡长、保长、地方贤达及当事人在茶馆公议解决。

中华人民共和国成立后，民事纠纷由农会干部和村（社）干部负责调解处理，调解有困难的，会同乡民政助理员约期调解处理，还不能解决的则到法院申诉，依法裁决。

境内调解小组或调解委员会是一个群众组织，在上级司法行政部门领导下开展工作。调解工作坚持“调防结合、以防为主”方针。负责调解村民群众之间发生的有关人身、财产权益、遗产继承和日常生活中诸如婚姻、家庭赡养、房屋建造、宅基地、邻里之间及其他方面的矛盾纠纷。1999～2003年，境内民间房屋建造、老人赡养、婚姻家庭纠纷等矛盾比较多，调解工作面广量大，有时村干部晚上还到群众家里做调解工作，化解矛盾。后由于精神文明建设的深入和法律知识的普及，群众民事矛盾减少。2006年，全境调解民事纠纷60余起，其中邻里纠纷20起，婚姻家庭纠纷10起，财产纠纷10起，赡养老人纠纷5起，其他纠纷15起。2001年，金谷村调解委员会被苏州市人民政府评为苏州市先进人民调解委员会，被张家港市综治办评为张家港市五星调解会、人民调解工作先进集体。2006年，被苏州市人民政府评为规范化村（社区）人民调解委员会。2010年开始，村干部走村访户，事先了解民众动态，把纠纷化解在事发之前，民事纠纷逐年下降。2015年，村调解民事纠纷25起。

第三章　民兵与兵役

第一节　民　兵

一、民兵组织

1950年元月，长寿、中塘、凤凰3个小乡均设民兵中队。设有中队长、副中队长。各行政村设民兵分队。1956年，乡设民兵大队，村建民兵分队，设正副职分队长、指导员，分别由村（社）干部兼任和专任。民兵组织具体任务是维持群众会议秩序、值班、防夜和维护村庄治安，定期为烈军属代耕。1958年10月，在中共中央发出“全民皆兵”和大办“民兵师”的号召下，全国掀起“全民皆兵”运动。西张公社建立民兵团，大队建立民兵营，生产队建立民兵连、排、班组织。民兵组织分基干民兵、普通民兵和武装民兵三种。其中基干民兵年龄要求为男性17～25周岁，女性16～25周岁，退伍军人延长到30周岁；普通民兵年龄要求为男性26～45周岁，女性26～36周岁。1966年，“文化大革命”初期，民兵组织趋于瘫痪。1972年，西张公社建立武装民兵独立营。1978年10月，西张公社建民兵团，二大队（金星）基干民兵属武装民兵连编制。1981年，调整民兵组织，把民兵制度和预备役制度结合起来，把平时民兵工作和战时民兵工作结合起来，又分为基干民兵和普通民兵两种，武装民兵撤销。西张公社武装部设基干民兵营，大队建立普通民兵营、基干民兵排。1995年，压缩基干民兵规模，西张镇成立民兵应急分队和专业分队，2006年末，金谷村民兵营有基干民兵10人，普通民兵40人。参加镇应急分队2人，民兵中有退伍军人、预备役人员。2015年，境内有基干民兵12人（全部为应急分队人员），普通民兵108人。

二、军事训练

50年代初，民兵训练主要利用冬季农闲季节，由乡组织民兵分队长集训3～4天。1955年《中华人民共和国兵役法》颁布后，民兵每年训练时间增至7～9天。1958年起，采取小型、就地、因地制宜、劳武结合的方式开展民兵训练。1962年以后，大队武装民兵每年由县人武部组织1～2次训练，训练内容有射击、投弹、单兵战术、刺杀、爆破、反空降和防原子弹、防化学细菌等项目。1964年，中央提出民兵工作“三落实”（组织落实、政治落实、军事落实），广泛开展民兵整组和民兵训练活动。在民兵训练中特别强调贯彻实战要求，基干民兵积极参与县人武部的多次规模不等的近似实战的训练，使基干民兵平时成为生产骨干，战时成为拉得出、用得上、战备措施有力、组织纪律严明的一支队伍。1973年起，民兵营（连）长和武装民兵排长，每年参加县人武部组织训练10～15天；武装民兵每年参加由公社人武部组织训练15天左右。

1980年，突出以基干民兵为重点的军事训练。1981年，重点进行基干民兵干部组织指挥和军事技术训练。1983～1986年，每年基干民兵训练不少于26天，由市人武部统一组织，分片设点训练，境内民兵集中在五联村、西张林场训练。1995年，民兵训练以民兵军事训练大纲为依据，以提高民兵军事质量为核心，坚持走基地化、规范化、科学化训练之路，着重训练民兵干部、应急分队、专业技术分队和保障人员等，训练地点在凤凰山南侧张家港市人武部民兵训练基地。

三、比武、值勤

1983年，西张乡人武部在境内五联村、西张林场开展投掷、跑步、队列等比赛。训练中开展轻机枪射击、轻机枪精度射、轻机枪速射、单兵战术和投弹等比赛。1990年以后，境内民兵每年到凤凰山靶场训练，担负着战备后勤、协助公安机关保卫生产、维护社会治安等任务。1990～2015年，连续被市、镇评为民兵工作三落实先进基干民兵排、民兵工作先进集体、护林防火先进集体等。

金谷村历任民兵营长一览表

表10—2

大队（村）	历任民兵营长	任职时间
凤星	朱进安、黄永元、孔仁兴、肖洪忠、陈建章、吴建忠	1958～1999年
金谷	赵忠良、陈仁保、陆祖民、钱藕根、高阿大、钱士忠、陆惠东	1958～2003年
五联	徐小飞、徐掌生、金士明、杨晔志、徐仁弟、杨卫标	1958～2003年
三村合并后金谷村	陆惠东、孙建中、朱凯、陈岳峰	2004年至2015年

第二节 兵 役

清末至2015年，实行过募兵制、征兵制、志愿兵役制、义务兵役制。

1933年6月，国民政府公布《兵役法》，开始实行征兵制。1947年，常熟县进行了第一次征兵。境内地方按户以“三丁抽一”“五丁抽二”的办法，以保为单位，对18岁至25岁的适龄壮丁统一抽签，抽中兵签者为应征壮丁，计25丁中抽一兵。抽中者，规定每役一兵安家费400万元（折合当时大米10石），由乡按人口平摊。地方官吏趁机中饱。民间为出钱代役，有的卖儿卖女，倾家荡产；有的债台高筑，家破人亡；有的避兵役逃亡他乡。征兵制实际成为抓丁制，亦称抽壮丁。有些青年因受地主剥削生活贫困卖身为丁。境内曾有6人抓去当兵，其中有一个逃回家中。

中华人民共和国成立前，境内有2位青年参加新四军。1949年7月起，境内有10位青年相继参加区中队、县中队武装班。

1951年2月～1953年9月，人民政府进行了3次征集志愿兵，动员抗美援朝，扩大人民武装，适龄青壮年积极响应，各小乡将报名应征的青壮年送区集中，经县体检、复审，合格者由乡、区二级审定兵员，输送部队。据民政部门统计，境内属志愿兵（含少数卖壮丁当兵后参加人民军队）的有22人，其中有12人参加抗美援朝。

1955年7月，中央人民政府公布了《中华人民共和国兵役法》（简称《兵役法》），将志愿兵役制改为义务兵役制，规定年满18周岁的公民，不分民族、职业、家庭出身、宗教信仰和教育程度，都有服兵役义务。1955年，境内有5名适龄青年应征入伍服役。1962～1964年进行夏、冬两季征兵，境内3个大队有13名适龄青年应征入伍。1966～1967年因开展“文化大革命”未征。1969年、1976年为春季征兵，1978年春、冬两季征兵，其余年份为冬季征兵。从2013年开始冬季征兵改为夏季征兵。1978年前，征兵工作十分重视家庭出身和社会关系。中共十一届三中全会后，对非劳动人民家庭出身和有在海外从事正当职业的直系、旁系亲属的青年，也进行选征。同时更重视适龄青年的文化程度，进入21世纪后，重点征集高中毕业以上的适龄青年，以后发展到征招在校就读的大学生。

1978年3月，第五届全国人大常委会批准了国务院提出的《关于兵役制问题的决定》，将义务兵役制改为义务兵与志愿兵相结合的制度。1984年，《兵役法》经第六届全国人民代表大会第二次会议修改通过正式颁布。自此，国内实行以义务兵役制为主体的义务兵与志愿兵相结合的制度。1955～2015年间，境内共输送适龄青年265人参军，为保卫祖国、巩固国防作出了贡献。

1955～1985年全境应征入伍人数一览表

表 10—3

年份	人数	年份	人数	年份	人数	年份	人数
1955	5	1962	3	1972	17	1979	4
1956	4	1963	5	1973	8	1980	8
1957	4	1964	9	1974	7	1983	3
1958	7	1965	9	1975	5	1984	4
1959	8	1968	13	1976	6	1985	5
1960	6	1969	15	1977	5	—	—
1961	3	1970	17	1978	4	—	—

第四章 社会救济

境内村民历来有热情好客、乐善好施的传统，旧时遇有外乡人问路、讨水、讨饭时，村民均为热情相待，尽可能满足他人需求。2000 年后，随着经济实力的增强和村民日渐富裕，人们继续发扬该优良传统。2000～2015 年，境内每年组织、发动献爱心送温暖募捐活动，捐钱捐物救济困难群众。

第一节 “五保户”保养

中华人民共和国成立后，境内无劳动能力，不能维持生活，无赡养对象的老弱孤寡人员，由生产队养起来（保吃、保穿、保住、保医、保葬），称“五保户”，其柴草口粮等在生产队年终分配时提取公益金支出解决。老人去世后，留下的财产归集体所有。1963 年，全境有“五保户”22 户。其口粮、柴草由所在生产队供给，生产队每月支付现金 5 元，如果平时碰到实际困难，再支付现金 10 元左右，实际支付金额从生产队年终提留的公益金中支出，直至去世终止。1988 年，西张镇建成敬老院后，“五保户”集中养老，资金来源由“五保户”所在生产队及镇财政资助。2000 年后，敬老院资金由市、镇两级财政资助。2015 年，境内有 4 名“五保户”在凤凰镇敬老院供养，年终时村领导亲临敬老院对五保老人慰问。

第二节 临时救助

70 年代，西张公社规定 3 类人员为救济对象：1957 年前参加工作，1961～1962

年下放的国营企事业单位老职工，本人由于疾病，全家达不到当地生活水平的，经县民政局批准，按月发给原工资的40%给予补助。1963年，境内对15户困难户进行临时补助照顾。80年代后，境内各村还筹集资金，对贫困户危房进行改造，共帮8户贫困村民建平房、楼房。90年代后，金谷村每年对临时发生经济困难的人员进行照顾，特别是对患有重病、大病、家庭经济确实困难人员实行一定金额的照顾，以解决他们的特殊困难。逢年过节，村领导登门慰问，送钱送物，显现集体的关爱和温暖。2015年，对全境因病造成经济困难的农户进行困难照顾补助，并先后救助因患大病、重病、死亡造成严重困难的农户8户。每户补助现金1000元～3000元不等。

第三节　募　捐

1990年，上级党委、政府发起奉献社会献爱心活动，境内各村举行面向贫困地区献爱心捐衣服、捐款活动。1997年，原金谷村党支部书记徐群芳把苏州市政府奖给他个人的10000元奖金捐给镇慈善基金会。2006年，境内为送温暖、献爱心、建和谐社会捐款29850元（村企业），村委人员捐款2730元。2008年，村委人员、企业慈善捐款16万元。是年5月，村组捐抗震救灾款16419元。2010年慈善捐款，村私企业19万元，村委人员捐款9230元。2011年，捐党员关爱帮扶基金3940元。2012年，境内捐慈善基金及党员关爱基金12450元。2012～2015年，金谷村“两委”班子成员献爱心捐赠5100元。

第四节　困难补助、最低生活保障

50～70年代，乡（公社）民政部门对不能维持生活的困难户均给予一定的照顾与救济，平时对困难户发放救济款外，还在青黄不接、寒冬腊月时对困难户及时发放补助款和寒衣、棉被等。

80年代开始，境内对困难户在年终时直接用现金补助。2015年，境内有低保户22户，每月补助888元；低保户边缘户4户，每月补助580元；重残户26户，每月补助610元；家庭困难党员18人，每年补助500元；退休老村干部每人每年补助1000元；特困家庭3户，每户每年补助2000元。对一般经济困难户，每户在300～500元不等。2015年，全村发放困难户补助款15万元。

第五节　结对帮扶

金谷村高度重视关注全村老弱病残、孤寡老人及高龄老人的疾苦，特别是由于家庭困难致使子女上不起学的家庭，为他们排忧解难，村领导和党员干部与他们结对帮扶，定期上门走访，把党和集体的温暖送到他们手中。从 2004 年到 2015 年 12 年中，共帮扶结对 268 对，其中村干部 150 对，镇领导 78 对，村属企业 40 对，支付帮扶金和慰问金 30 万元。

第六节　老年人福利

1990 年，金谷村为全村 60 周岁以上的务农人员发放慰问金每人每年 60 元～100 元，按年龄分等级发放，并为 60 周岁以上的老年人发放中秋、端午、重阳节礼品，年终发福利。2000 年以后，村里每年给 60 周岁以上老人发放慰问金，标准有所提高。2007 年，村部为老党员（年满 60 周岁、农村户口、没有买城保的）发放每人每月 100 元生活补助费，2015 年停止发放。

2015 年，发放 60 周岁以上老年人 1582 人慰问金 157640 元。其中 60～69 周岁 900 人，每人每年 80 元，70～79 周岁 448 人，每人每年 100 元，80～89 周岁 202 人，每人每年 120 元，90～99 周岁 30 人，每人每年 500 元，100 周岁以上 2 人，每人每年 800 元。

第五章　优抚、安置

第一节　拥军优属

50 年代，每逢年节，境内各大队干部都要到军属家中集体拜年，送鱼肉等慰问品；农忙季节，大队领导根据不同情况，委派专人帮助缺少劳动力的军属干重农活。60 年代，各大队慰问品为一张毛主席像或一副对联，给予政治上的关怀。80 年代，慰问时送鱼肉、水果等实物，农忙季节村里还给予一定的农工补贴。60 年代～1983 年期间，每年对现役军人家属进行优抚补贴，主要是补贴工分，但是数量很少。90 年代后，对每户军属的慰问品改为现金，优抚金 100％足额发放，发放额逐年增加。2007 年后，军属待遇按不同文化程度由民政部门统一发放，境内 4 名伤残军人，慰问金直接由民政部门发放。2015 年，村发放现役军人优抚金 21083 元。

1964～2015年金谷村现役军人优抚金发放一览表

表10—4

年份	金额（元）	年份	金额（元）	年份	金额（元）	年份	金额（元）
1964	20	1991	2800	2000	16000	2010	18000
1968	30	1992	3200	2001	18000	2011	18000
1970	50	1993	3800	2003	14500	2012	18000
1972	80	1994	4000	2004	14500	2013	21083
1980	200	1995	11000	2005	14500	2014	21083
1983	1200	1996	12000	2006	14500	2015	21083
1984	1600	1997	14000	2007	15000	—	—
1985	1800	1998	16000	2008	15000	—	—
1990	2600	1999	15500	2009	15000	—	—

第二节　复员退伍军人安置

1955年，志愿兵役制改为义务兵役制，境内有服义务兵役5人，退伍后部分回家乡务农，部分政府安排工作。1965年开始，退伍军人由大队安排工作。70～80年代，服役军人退伍后一般安排在社队企业工作。凡是社队办厂招工，复员退伍军人优先录用。1985年，为适应农村经济体制改革的新情况，实行“征兵、优抚、安置”三位一体的优抚安置方针，在发入伍通知书时，把优抚和工作安排一起落实，服役期满回乡后，再征询本人意见，根据接收单位的要求和本人专业特长进行安置。2001年开始，应征青年入伍，由先安置后入伍的办法改为发给入伍新兵安置证，退伍后再由市、镇人民政府安置。2004年开始，退伍士兵按照以货币为主，就业为辅，强化配套服务，取消城乡差别，实行一体化安置的办法安置。

第三节　残疾人员安置

1985年前，境内残疾人员一般都由家庭抚养，部分参加一些力所能及的劳务。生活困难的，由政府和集体给予照顾补助。1985年起，部分残疾人在镇福利厂上班，根据不同工种视情定工资待遇。1999年，上级政府对生活困难的残疾人员实施最低生活保障，每人每月发生活费180元。2007年，村里为残疾人员送去慰问品及慰问金，为6名残疾人员办理了生活补助手续。至2015年，境内有残疾者140人，其中重残26人，每月补助610元，村里每年都要对病残人员进行慰问，送残疾车等专用器材。

从2014年开始，村委会组织志愿者定期来到残疾人家里帮助打扫卫生、料理家务，对残疾人生活上给予关爱。

第十一编 精神文明建设

中共十一届三中全会以后，全党工作的重点转移到以经济建设为中心上来。为了在各个领域拨乱反正，恢复被“文化大革命”所破坏的社会风气、社会秩序，创造一个有利于国民经济发展，建设中国特色的社会主义物质文明的良好环境，中共中央提出了“要在建设高度物质文明的同时，建设高度的社会主义精神文明”“要坚定地确立两个文明一起抓的指导思想”。遵照中共中央的指示精神和上级党委的部署要求，境内自1981年10月开始，在全境范围内开展了群众性精神文明创建活动。

1981年10月，境内开展“五讲四美三热爱”（讲文明、讲礼貌、讲卫生、讲秩序、讲道德，心灵美、语言美、行为美、环境美，热爱祖国、热爱社会主义、热爱中国共产党）活动。11月，开展创建文明新村活动，并拓展到创建文明工厂、文明学校、文明商店、文明摊位、文明车间和五好家庭。1989年1月，开展评选文明新风户活动；1990年6月起，境内各村参加全镇新风杯夺杯竞赛活动，形成了全方位、多层次、系列化的精神文明建设新格局。1994年，张家港市在创建成国家卫生城市的基础上，又提出了创建全国文明城市的新目标。1997年3月，全境掀起创建文明村热潮。2004～2015年，分别开展文明家庭创建和公民道德、社会公德、思想品德和争做文明市民教育活动。从1981年至2015年，经过35年的成功实践，全境经济建设快速发展，群众性精神文明建设健康持久深入开展，走出了一条两个文明协调发展的成功之路。1996～2015年，金谷村分别获得江苏省文明村、江苏省卫生村、江苏省生态村、苏州市文明村、苏州市和谐示范社区、苏州市实践科学发展观，推进“两个率先”先锋村、苏州市社会主义新农村示范村等荣誉，曾多次被评为张家港市文明村。

第一章　宣传教育

第一节　宣传活动

一、“五讲四美三热爱”活动

1981年2月～10月，在全境范围内全面开展以讲文明、讲礼貌、讲卫生、讲秩序、讲道德和心灵美、语言美、行为美、环境美为主要内容的“五讲四美文明礼貌”活动，并把这一活动与社会治安综合治理，为民办好事、学雷锋树新风结合起来，推进文明村的创建。1982年3月，全境组织开展了第一个全民文明礼貌月活动。

1983年1月，将“三热爱”列入“五讲四美”活动，“五讲四美三热爱”活动主要在“一个突出”“四个面向”上下功夫。即突出社会主义精神文明建设这根主线，面向基层，以治脏为突破口，重点解决脏乱差，全面创建文明新村；面向群众，全民开展为民办好事活动；面向服务行业，解决服务工作中的“冷、硬、顶”现象，开展“窗口”单位创“三优”竞赛活动；面向社会，做好政治思想工作，实行社会治安综合治理。1983年3月～1984年3月，全境连续两年组织开展“全民文明礼貌月”活动，推进“五抓五治五变”（即抓思想道德建设，治旧变新；抓文化科学建设，治愚变智；抓环境卫生建设，治脏变净；抓社会秩序建设，治乱变安；抓生产发展，治穷变富），使全境村民受教育面达到95%以上。全境出现了爱国、爱党、爱社会主义的人多了；讲文明礼貌，讲环境卫生的人多了；先公后私，关心集体的人多了；尊老爱幼，助人为乐的人多了；见义勇为、拾金不昧的人多了；家庭和睦、邻里团结的人多了的新气象。

二、学英雄、学先进教育活动

80年代初，全境在学生、青年中开展学雷锋树新风活动。每年3月5日前后，举行为民服务“一条街”活动，开展义务修理、义务理发、科技及法律咨询、便民义诊、无偿献血、义务植树、打扫村庄、清理垃圾、黑板报联展和为敬老院孤寡老人、残疾人员及军烈属“送温暖、献爱心”，为贫困人员捐款捐物等活动。1986年后，开展了“四有”（有理想、有道德、有文化、有纪律）教育，组织听取“两山”（老山、凉山）英雄事迹报告。1996年，组织党员、干部开展向孔繁森、曹克明学习的活动。1999年，组织开展了“学沙钢、学梁丰、学习沈文荣”的活动，以先进典型的高尚精神和感人事迹感召全境人民积极投身两个文明建设。

三、“三爱”（爱祖国、爱集体、爱社会主义）教育活动

1989年开始，全境各中小学每周举行升国旗仪式，接受爱国主义教育。每年“九一八”国耻日，各个学校都要开展各类歌咏、演讲比赛、教育青年“毋忘国耻、爱我中华”。1995年，全境深入开展爱祖国、爱集体、爱社会主义教育活动。在深入开展“三爱”教育活动中，还组织干部参观市沙洲中路步行街、张杨公路、保税区、沙钢集团等标志性工程及重大建设项目。通过现场参观和展开讨论，广大干部群众、中小学生增强了对改革开放成果的感性认识和热爱家乡、建设家乡的自豪感与责任感。1997年7月1日，中国政府恢复对香港行使主权，全境以此为契机，紧密围绕“颂祖国、庆回归、迎七一”主题，开展庆祝香港回归系列活动。1998年，为纪念中共十一届三中全会召开20周年，全境广泛开展了“二十年改革、二十年巨变”主题教育活动，组织开展了文艺晚会、演讲比赛，专题党课、图片、黑板报汇展等活动。

四、文明市民教育活动

1992年. 全境开设3所市民学校，组织市民学习《张家港市文明市民读本》，举行知识竞赛、演讲比赛，参加者达232人次。

1993年，全境开展学习《张家港市文明市民守则》和《张家港市民行为规范》。其中《张家港市文明市民守则》的内容为“六要”（要热爱祖国、建设港城、同心奋斗，勇于争先；要团结友爱、助人为乐、言行文明、自尊自重；要家庭和睦、邻里相亲、计划生育、拥军优属；要尊师重教、敬老爱幼、相信科学、移风易俗；要讲究卫生、美化环境、义务植树、爱护花木；要遵纪守法、维护公德、诚实守信、优质服务）、“十不准”（不准粗言秽语、相骂吵架；不准随地吐痰，乱扔果壳、烟蒂、纸屑；不准闯红灯，妨碍交通；不准乱停车辆，挤占道路；不准乱设摊点、无证经营；不准乱搭乱建，影响村容；不准乱倒垃圾，乱堆杂物；不准乱涂乱贴，私设广告、标语；不准损坏绿化，侵占绿地；不准擅自挖掘、破坏设施)。《张家港市民行为规范》的内容为“五讲十不”（讲文明、讲礼貌、讲卫生、讲道德、讲秩序；不随地吐痰、不乱丢杂物、不损坏绿化、不损坏公物、不乱贴乱画、不吸游烟、不骑车带人、不乱停车辆、不燃放烟花爆竹、不说粗话脏话）。

1999年，以“争做文明人，共建文明城”为主题，开展文明市民守则、文明市民公约以及“三德”（社会公德、职业道德、家庭美德）、“三礼”（礼貌、礼仪、礼节）常识教育。2005年，文明市民教育与公民基本道德教育同步实施。

五、未成年人思想道德教育活动

1995 年 9 月～2015 年，自全市首次青少年教育工作会议召开后，全境建立学校、社会、家庭“三位一体”的教育网络。各小学均建立了家长学校，每年暑期之前，村妇代会、团支部对辖区内青少年暑期活动早作打算、早作安排，在暑期内组织青少年学生广泛开展法律知识培训，聘请凤凰派出所、凤凰镇司法办等部门的干部为孩子们以案说法，作法律知识宣讲。为了丰富未成年人教育活动，积极营造“家庭、学校、社会”三教合一的教育氛围，2012 年，金谷村成立未成年人教育基地，每年开展丰富多彩的“暑期教育”等社区教育活动。2015 年 4 月，在村企共建单位“现代威亚公司”大力支持下，新建了针对低年级学生“管、学、教”一体的“少儿驿站”，每周六上午由西张小学老师志愿者为孩子们提供课外辅导和能力培养。同时以各种形式加强未成年人思想道德建设，提升青少年综合素质。2016 年 1 月，“少儿驿站”荣获张家港市城乡校外教育示范辅导站的称号。

六、“中国梦”与社会主义核心价值观教育活动

2012 年 11 月，中共中央召开第十八次全国代表大会，提出了实现中华民族伟大复兴的“中国梦”的宏伟目标及社会主义核心价值观的精辟阐述。“中国梦”的具体内容是：到中国共产党成立 100 年时，全面建成小康社会的目标一定能实现。到新中国成立 100 年时，建成富强民主文明和谐的社会主义现代化国家的目标一定能实现。中华民族伟大复兴的梦想一定能实现。社会主义核心价值观的具体内容是：富强、民主、文明、和谐、自由、平等、公正、法治、爱国、敬业、诚信、友善。金谷村党委认真组织全境共产党员、村组基层干部，广泛开展学习“中国梦”与社会主义核心价值观的具体内容，把践行“中国梦”这一伟大复兴工程与公民为建设富强、民主、文明、和谐国家的目标，创建自由、平等、公正、法治的社会而必须遵循的爱国、敬业、诚信、友善的操守紧密地结合起来。

2015 年 3 月，在践行“中国梦”及核心价值观的具体实际中，金谷村两委（村党委会和村民委员会）根据上级文件精神，在全村农户中，开展“八星文明新风户”的评比活动。“八星文明新风户”设“勤劳节俭星”“孝敬和睦星”“诚信友善星”“洁美环保星”“书香文化星”“见义勇为星”“慈善关爱星”“风尚模范星”等八个星级，村民家庭符合其中一项星级标准，即可申报评比。6 月底为初评，年底总评。2015 年末，全境获评星级文明新风户 38 户，如杨建芳、朱凯、蔡正雄、施明保、吴凤英、钱惠龙、陈建江、朱新民、陈利芳、庞云芬等家庭。通过“八星文明新风户”的评比，激励村民弘扬时代正气，充实社会正能量，积极向上，踊跃投身到创建新时期文明家庭的活动中来，把弘扬社会公德，倡导尊老爱幼、家庭和睦、勤俭

持家、邻里团结、见义勇为等社会美德，作为村民践行社会主义核心价值观的具体行动。全境村民受教育面达95%以上，村民对现实社会的正义感、安全感、幸福感及满意度实实在在大幅提高了。

附：

金谷村村规民约

为提高本村居民自我管理、自我教育、自我约束的能力，促进安定团结和文明建设，根据法律、法规和国家有关政策规定，制定本村村规民约。

一、全体居民均有保护耕地的义务。村任何组织和个人使用土地都应服从统一规划和调整，不得侵占、买卖或者以其他形式非法转让土地。

二、居民建房必须服从规划，并按照规定程序申报，在领取《建房许可证》后，按批准的地点和面积施工建房。

三、严禁荒废耕地。对荒废耕地者，除责令限期复耕种外，报镇人民政府依法收取抛荒费。

四、实行计划生育，按现行计划生育政策执行。

五、学龄儿童和青少年有依法接受教育的权利和义务。其法定监护人应保证子女接受九年制义务教育。

六、村内任何单位和个人一律不准招用16周岁以下的人做工。违者责令限期辞退，情节严重的，报有关部门依法处理。

七、凡符合服兵役条件的村居民，都有服兵役的义务，应积极主动参加兵役登记、体检和应征，对逃避兵役（包括不参加初检、不参加复检和体检合格拒绝服兵役）的居民，按照有关法律和政策规定予以处理，情节严重的由有关部门依法追究法律责任。

八、要尊老爱幼，保护老人、妇女、儿童在社会和家庭生活中的合法权益，禁止虐待、遗弃、伤害行为。任何人不得剥夺已婚女子的合法继承权。丧偶女子有继承遗产和带户再婚的权利。

九、父母、继父母、养父母对未成年人的子女、继子女必须依法履行抚养义务。成年子女、继子女、养子女及其配偶，对基本丧失劳动能力或生活来源的父母、继父母、养父母必须依法履行赡养义务。

十、居民发生赡养纠纷时，由村调解委员会进行调解，调解不成的，村支持被赡养人依法向人民法院提起诉讼。

十一、严禁任何单位和个人非法制造、经销、买卖、私藏管制刀具、火枪等凶器和危险品；严禁吸毒、贩毒。任何人不得以各种借口煽动群众到机关、学校、企业、村民委员会办公地、他人住宅起哄捣乱、闹事、制造事端，不得寻衅滋事，扰乱社会治安秩序。

十二、不准非法搜身、侵入他人住宅和限制他人人身自由，不准诽谤和侮辱妇女，邻里之间发生纠纷不得采用威胁、要挟的方法。对殴打他人造成伤害的，应赔偿医药费、误工费，情节严重的，提请司法机关依法处理。

十三、不偷拿国家、集体、他人财物，不在公路、水域巷道上设置障碍，不损毁、移动指示标志，不损毁机耕道路、排灌渠道、耕作机械等集体公共设施，不乱砍滥伐树木。违反者或作价赔偿，或予以清除、修复和补种。情节严重，损失重大的，提请司法机关依法处理。

十四、严禁传播淫秽物品，严禁卖淫嫖娼，严禁赌博和小偷小摸，反对迷信活动，严禁利用迷信活动造谣惑众、骗取财物。

十五、保护村环境，维护环境卫生。积极推行殡葬改革，服从殡葬管理。提倡勤俭节约，反对婚嫁、丧葬大操大办。

十六、积极培育和发展志愿者服务队伍，正确引导村居民积极参与志愿服务活动，壮大志愿者队伍。村指导开展服务互动。村党员积极带领村民认领社区公益岗位，积极参与各项社会公益及志愿（活动）服务。

十七、严格执行信访条例，不得违法违规上访。

十八、违反本村规民约的，除触犯法律由有关部门依法处理外，村可作出如下处理：

1. 予以批评教育；

2. 责令其恢复原状或作价赔偿；

3. 取消享受或者暂缓享受村的各种优惠待遇。

十九、凡违反本村规民约要进行处理的，必须在调查核实后，经村民委员会集体讨论、决定，不得擅自处理。

二十、凡被依法处罚或违反本村规民约的农户，在本年度不评先进、文明户、五好家庭户、遵纪守法户等。外来人员在本村居住的参照执行本村规民约。

二十一、本村规民约有与国家法律、法规、政策相抵触的，按国家规定执行。

二十二、本村规民约自二〇一三年十二月一日起施行。

第二节 道德建设

一、公民道德教育

2001年10月，中共中央印发《公民道德建设实施纲要》（以下简称《纲要》）后，根据西张镇党委要求，全境召开学习、贯彻《纲要》动员会议，举行公民道德建设启动仪式，要求村民小组和单位按照“重在建设，以人为本”的方针，认真抓好《纲要》精神的贯彻，并在全村精心策划和组织开展了公民道德教育“六个一”系列活动。

传唱一首歌　编创《道德规范之歌》，并制作成音带进行全民传唱。使“爱国守法、明礼诚信、团结友善、勤俭自强、敬业奉献”20字公民道德基本规范真正记到村民心里。

读好一本书　将《文明新风三字歌》顺口溜作为《公民道德建设实施纲要》的乡土教材广泛发放。

展出一套漫画　经电脑设计成形象、生动的漫画册，用于全境宣传橱窗展览。

建设一批公民道德文化墙　在文明小区及交通要道能见度好的建筑墙和围墙上，用漫画形式展示公民道德规范内容。

上好一堂课　结合课堂教育，在小学生中开展《国旗法》、文明礼仪、道德风尚、法律法规等的教育；利用市民学校于2012年7月，开设道德讲堂，在村民中开展道德规范教育；对党员、干部进行党的宗旨和公民道德教育，提升村民文明素质。

推出一批文明典型　通过“文明使者”评选活动和组织宣讲巡回演讲的方式，使文明道德发扬光大。

在全境上下普遍举行公民道德规范知识竞赛，并将公民道德规范内容贯穿于“春之歌、夏之吟、秋之舞、冬之书”等群众文化系列活动、文化广场活动及各种联谊会之中，着力营造公民道德教育氛围。

至2015年末，全村有陈利芳、庞云芬、钱惠龙等评为凤凰镇道德模范。

二、诚实守信教育

2004年，全境全面启动诚信社会、诚信企业和诚信市民为主要层面的创建活动，大力营造“诚信为本、操守为重”的社会风尚，全方位塑造诚实守信文明金谷新形象。

三、“共建诚信城市，争做诚信市民”主题教育

全境充分利用市民学校为阵地，分层面、针对性地组织市民学习《公民道德家

庭读本》，把诚信教育融入“文明家庭”和“文明职工”的评选活动中，进一步强化了市民的诚信意识，规范了市民的诚信行为，促进了市民诚信习惯的养成。设置诚信教育载体。2001～2015年，坚持突出公民道德、社会公德、思想品德和争做新市民教育活动，从而培育了一大批诚实守信、助人为乐、遵纪守法、孝敬老人、勤劳致富的村民。

附：“中国好人”简介

陈利芳　1967年9月出生，金谷村26组人。2013年1月被中央文明办评为中国好人。2014年3月入选江苏最美家庭。2014年5月获第九届全国五好文明家庭标兵，全国最关爱家庭候选人提名。

18年前，妻子突然失明，丈夫用爱让她重获生活的信心，7年前，遭遇飞来横祸，丈夫成了植物人，从此盲妻成了丈夫的依靠，她用真爱守护着丈夫，更守护着自家的小家庭。2500个昼夜悉心照顾，每隔两三个小时，陈利芳就要为丈夫吴永清拍背按摩，2500个日夜天天重复做这些事情，陈利芳从不后悔，因为有丈夫在这个家庭才算完整，陈利芳用她的真爱维持着这个家。

庞云芬　1954年3月生，金谷村10组人。2011年7月的一天她前往镇上交电话费，走到凤凰镇幼儿园附近时看到一只鲜红的手提包，她拾起打开一看吓了一跳，里面一沓百元大钞，摸着很厚，有好几万。当时她想，失主丢失这么多钱，一定万分焦急，肯定会原路寻找。庞云芬便站在原地，等待失主的出现。不一会，一名30余岁妇女一路寻找过来。看她焦急的样子，庞云芳断定应该是失主，在问清原因、核对情况确认失主后就主动把手提包还给了她，失主从口袋掏出600元塞给庞云芬，她拒绝了，她说别人的钱我不能要，用了也不能心安理得。她拾金不昧做好人好事，存好心却不图回报的举动受到广泛赞誉。2015年4月，被中央文明办评为“中国好人”。

第二章　创建活动

第一节　文明新风户、五星家庭评选

一、文明新风户评选

新风户评选标准为“十要十没有”：一要爱国家、爱集体，自觉执行粮油种植计划，没有欠交税款、规费和合同定购任务的行为；二要遵纪守法，没有赌博、传看淫秽物和小偷小摸行为；三要自觉遵守《文明市民守则》，没有不文明、不道德行为；四要自觉搞好家庭内外环境卫生，积极消灭“四害”，没有乱倒垃圾、乱堆杂物、乱拉电线和无证养犬等行为；五要移风易俗，没有参与关亡、扎库、算命、做道场等迷信活动；六要邻里相亲，团结互助，没有打架、相骂等邻里纠纷和搬弄是非和侵害他人权益的行为；七要家庭和睦，夫妻恩爱，没有虐待老人、夫妻吵架等行为；八要自觉遵守婚姻法和计划生育规定，没有无计划生育、大月份引产和早恋早婚、未婚同居、非法同居、未婚先孕、轻率离婚等现象；九要执行土地管理法，没有违法占地、违章搭建、取土毁田、乱建坟墓等行为；十要自觉实行《中华人民共和国义务教育法》《中华人民共和国兵役法》，没有逃学流生和逃避兵役等行为。

工厂企业文明职工评选标准为“十个要”：要爱集体、爱企业、爱岗位，不做有损企业的事，不说有损企业的话；要忠于职守，按质、按量、按时完成任务；要遵守市民守则，没有不文明、不卫生行为；要遵守劳动纪律，不旷工、不迟到、不早退、不串岗、不干私活；要增强质量意识，没有质量事故；要遵守安全操作规程，确保安全生产，不发生人身、设备事故；要廉洁奉公，增产节约，节省水电；要自觉遵守婚姻法和计划生育规定，没有早恋早婚、非法同居、未婚先孕等不文明、不道德行为；要遵纪守法，不参与赌博迷信活动，敢于同丑恶现象作斗争；要遵守市民守则，维护社会公德，敬老爱幼，尊师爱徒，言行文明，家庭、邻里和睦。

文明新风户、文明职工、文明个体工商户，每季评选一次；评选工作要经过个人、家庭自评，群众互评、评议小组初评、单位领导审定、出榜公布、挂牌或扎牌等程序。评选活动与福利待遇和奖金挂钩。对评上新风户的家庭除给予精神鼓励外，均给予一定的物质奖励；对未评上新风户的家庭，则处以不得享受或减少享受年终福利的处罚。自 1989～1994 年，全境各村每年都要开展文明新风户评选活动，评上文明新风户的占全境总户数的 95%。

二、“五星文明家庭”评选

2005 年 4 月，“五星文明家庭”评选活动在境内开始，村党总支专门成立了由一把手负总责的“五星文明家庭”评选领导小组。五星文明家庭评选方法和程序与文明新风户的评选程序基本一致。“五星”包括遵纪守法星、勤劳致富（义务奉献）星、文明卫生星、友善和睦星、诚实守信星。2005 年末，全境 3 个村共评选出五星文明家庭 1150 户，其中五星文明家庭标兵户 22 户，“五星孝星”家庭 18 户。并对评为五星文明标兵的家庭和“五星孝星”的家庭，进行表彰和奖励。由村里组织人员将“五星文明家庭”的牌子敲锣打鼓送上门。

三、村文明新风杯创建

1989 年 9 月，西张镇党委成立评创活动领导小组，加强“文明新风”系列创建活动，把社会主义精神文明建设引向深入。90 年代，镇、村一把手坚持物质文明与精神文明一起抓，两手抓，两手都要硬，境内精神文明建设上了一个新台阶。坚持以卫生为基础，创建为载体，文化为内涵，育人为根本，做到组织、目标、责任、措施、资金“五落实”。1995 年以后，精神文明建设和物质文明建设一样规划。年初签订的责任书，列有精神文明建设各项内容，有计划、有步骤开展文明“新风”系列评选“新风杯”竞赛，创建文明小区、文明村镇、文明单位、省级卫生村等。1996～2015 年，境内创建文明学校 3 所，下发文明市民读本 1500 余册，文明新风户参评率达到 95%，创建了一批文明单位、文明示范岗等。

1986 年，境内各村开展创建文明单位活动，要求各单位做到物质文明建设和精神文明建设同步发展。境内主要考核“五好”（经济发展好、村容村貌好、村风民风好、村民素质好、党员干部带头好）。1988 年，考核标准统一为领导班子、干部素质、生产业务等 6 个方面，后增加“计划生育”“一票否决”，创建进行两次打分，年初各创建单位制订创建规划，提出全年两个文明建设的具体目标、措施，排出重大活动日期和责任人，以利检查、督促、落实；年终创建单位按标准对照检查、自我评分、书面总结，经镇、市考核批准后命名并颁发“双文明单位”匾牌。1991～1998 年，金谷村连续 8 年荣获双文明单位称号。

夺杯竞赛活动，1994 年春，西张镇党委发出《在全镇范围内开展“八杯”竞赛活动的决定》，参加对象是各村及企事业单位，按工业、外向型经济、农业、副业、水利、三产、精神文明建设和社会治安综合治理等八个方面。分别设“振兴”杯、“创汇”杯、“丰收”杯、“致富”杯、“大禹”杯、“新风”杯、“繁荣”杯和“安定”杯，各类杯设金杯 1 座，银杯 2 座，铜杯 3 座。以支部为单位开展竞赛，半年小结，年终总结。是年，境内金谷村夺得“新风”杯金杯、“丰收”杯金杯。

第二节　文明村创建

1995 年前，文明村镇创建工作纳入双文明单位的创建活动之中。

1996 年，西张镇以提高农民素质奔小康和建设社会主义新农村为目标，按照经济国际化、农村城市化、城市现代化、社会文明化、城乡一体化的发展思路，认真开展了创建文明村镇活动。创建文明村镇的工作重点是对村（居）民进行思想道德和法制观念教育，以提高村（居）民素质。是年，金谷全境组织开展“三五”普法教育，连续两次召开动员大会，举办各类培训班 3 期，发放法制教育宣传材料 2000

余份，法律书籍1000余册，法制宣传图片100余张，进行法制板报连展2次，法律咨询20次，受教育群众2500余人次。1999年创建工作的着力点放在解决农村环境卫生存在的薄弱环节上。1996年，金谷村通过省级卫生村考核验收。

1999年，西张镇党委根据张家港市文明委决定，将创建文明村镇与创建村级文明单位、镇级“新风杯”竞赛活动并轨。

2005年，全境广泛开展以“清洁家园、清洁村庄、清洁河道”为主题的大环境整治，并列入为民办实事工程。境内朱家弄村庄通过整治创建，成为苏州市村庄环境长效管理示范村，2011年评为江苏省三星级美丽村庄。

境内把文明村创建作为常态化管理的重点工作之一，建立了卫生保洁队、绿化管护队、治安联防队三支队伍，实行专人专管。1997～2015年，金谷村分别评为江苏省文明村、江苏省生态村、江苏省卫生村、苏州市建设社会主义新农村示范村、苏州市实践科学发展观，推进“两个率先”先锋村、苏州市文明村、张家港市文明村。获张家港市文明社区标兵荣誉称号。

第十二编 教育·文化·卫生·体育

民国期间，境内教育以私塾为主。解放前，境内办有西林小学、精舍小学。新中国成立后，教育事业得到发展，农村开展扫盲活动，扫除青壮年文盲。凤星、五联、金星3个大队先后建办3所小学。1958年，境内张市东街“洽成楼”内创办西张农业中学（1959年搬迁到七大队袁市自然村）。是年，有农忙托儿所、幼儿园15所。1990年，境内有3所小学。1999年，原凤星、五联小学先后分别并入西张中心小学。

中华人民共和国成立前，境内群众文化生活贫乏。新中国成立后，文化事业不断发展。50年代，凤星、金星、五联都有群众自发组织的业余剧团，春节期间及农闲时到各地演出。60年代，3个大队都成立文艺宣传队，到村头、田间演出。70～80年代，电影、广播进村入户。90年代，3个村都有老年活动室。2004年三村合并后，金谷村有文体综合活动室，每年多次举办各种文艺活动，丰富群众文化生活。

旧时，境内缺医少药，农民治病靠中医、中药和民间秘方，有部分人因为得不到及时治疗失去生命。中华人民共和国成立后，医疗卫生事业逐步发展。1968年，境内3个大队建立合作医疗卫生室，健全合作医疗制度。随着农村合作医疗保障水平的提高，群众看病方便及时，做到小病不出村，大病有保障。90年代，农村开展大环境整治及创建省级卫生村活动，卫生环境面貌一新。1996～1998年，金谷村、五联村分别获省级卫生村称号。

中华人民共和国成立前，境内就有举石担、甩石锁、练拳等群众性体育活动。新中国成立后，群众体育活动蓬勃发展，内容和形式丰富多彩。

第一章 教 育

第一节 旧 学

清代，农村教育主要设私塾，每塾有学生 20 人左右，无学制，单个教育，主要是启蒙教育，学习《三字经》《百家姓》《大学》《中庸》《论语》《孟子》等。清末至民国，境内有 10 个自然村办私塾，有私塾 10 所，学生 100 余人。到私塾读书的大多数是富裕人家子弟，少数贫寒人家子弟有时也可免费入学。

清宣统元年（1909）正月，里人钱名琛、庞鸿涵以“米捐”创办“西林小学”。是年，在西张创办讲习所，开展民众教育。1944 年，境内各地有名望的人士筹措资金利用庙宇、祠堂相继办了精舍小学、西林小学 2 所小学。1949 年秋，全境有 2 所小学，8 个班，10 名教师，120 多名学生。农村文盲较多，境内 16 岁以上的文盲人数占总人口的 68%。

第二节 学前教育

中华人民共和国成立前，境内没有幼儿园（班）。中华人民共和国成立后，贯彻“幼儿教育为工农开门，为生产服务”的方针。50 年代，西张中心小学开设幼教预备班，称“半年级”。1958 年，各大队举办托儿所，多数实行全托，后改季节性半托。1962 年，大队办托儿所纷纷停业。1968 年，各村小学附设民办幼儿班又陆续开办。1976 年，幼儿入园率达 40%，1982 年，全村 3 所小学都附设民办幼儿班，共 3 个班级有教养员 3 人，幼儿 70 余人。1985 年，幼儿入园率达 70%。幼儿园实行规范化、系统化教育。做到定教室、定教师、定课程、定经费等。幼儿教育注重于幼儿的心理健康教育，设置符合幼儿心理特点的培养动手动脑能力的课程。从“五讲四美”（讲文明、讲礼貌、讲道德、讲秩序、讲卫生，心灵美、语言美、行为美、环境美）教育入手，以讲故事、做游戏、猜谜语、唱歌曲为辅导，开展教育活动，有条件的还进行汉语拼音、弹指认数、看图说话等教育，使儿童进得来、留得住，快乐、活泼、健康地成长。1990 年后，幼儿入园率达 95%。2015 年，境内入园幼儿 76 人（入西张中心幼儿园），幼儿入园率达 100%。

第三节　小学教育

中华人民共和国成立前，境内有西林小学（张市东街）、精舍小学（唐家巷）等2所小学。

1949年4月，境内解放。5月，常熟县人民政府发出通知，接管公私立学校，贯彻教育“为工农兵服务，为生产建设服务”的方针，加强思想政治工作，积极发展教育事业。1950年上半年，位于张市东街的西林小学改为西张中心小学。是年，凤星建办凤星小学。1956年，农业合作化高潮中，又掀起大办民校（班）的热潮，翻身农民纷纷进夜校学文化。1957年，经过“整风反右”后，提出了扫盲、小学、农中“三普及”的口号，1958年，二大队又建办“金星小学”，是年末，境内共有4所小学，15个班级，在校学生300余人，在校超龄儿童42人，教职工18人，学龄儿童全部入学。国民经济三年困难时期，超龄儿童全部退学，学龄儿童辍学的也较多，在校学生减少。

“文化大革命”时期，学校处于无人管理状态，学校财物损坏流失严重。1969年，贫下中农管理学校，实行大队办学，这期间实行一系列“教育革命”措施。一是精简课程。小学只设政治、语文、算术、常识四门课程。二是更换教材。1968年后由苏州地区编印教材。70年代初，由省、地区统一编选教材，按照“突出政治”“删繁就简”的标准，摒弃传统的文化课知识体系。语文以毛主席语录、诗词、著作为主，其次是歌颂工、农、兵的短文诗歌。政治按照各个时期的中心工作，教师学什么，学生就学什么。各年级的内容基本统一。算术与生产劳动相结合，进行肥堆、肥仓体积和土方测量实用计算。1977年后，逐步废止。三是缩短学制。1969年起实行九年一贯制（小学5年，初中、高中各2年）。1971年，试行春季招生（招小学一年级新生），试行一个学期后仍改为秋季招生。四是体制下放。1969年起，小学全部下放给大队办，由大队党支部领导。五是改革课堂教育形式。强调社会为课堂，走出去、请进来，请工人、贫下中农、学生代表一起商讨，然后写教案，上课时请工人、贫下中农到教室听课，并在课后提出批评意见。成绩考核一度实行开卷考试。小学升初中由大队党支部推荐。

1972年下半年起，学校教育秩序一度好转。1973年，以“黄帅来信”和河南“马振扶事件”为题，狠批教育战线上的“复辟回潮”，狠批“师道尊严”。学校教育工作再度陷入混乱。1976年10月，粉碎“江青反革命集团”后，各小学进行拨乱反正，学校工作恢复正常。1979年开始，小学贯彻实施《全日制小学暂行工作条例》和新颁《小学生守则》，建立与健全各项规章制度。小学各年级开设思想品德课，高年级取消政治课，恢复地理、历史课，开设劳动课。是年，普及初等教育的学龄儿童入学率达 99.4%，巩固率达 98%，毕业率达 84%。全境基本普及小学教育。1981 年 9 月 1 日，全境小学实施教育部正式颁发的《小学生守则》，各学校制定实施计划，向学生进行守则教育。是年以创建“文明学校”为中心，各校开展“五讲四美”活动。1985 年，小学由乡办乡管。1988 年，实施市、镇、村三级办学，市、镇二级管理的基础管理体制，一批民办教师没有考试合格未转正公办教师，离开教师队伍，另行安排工作。1994 年，为小学教育入学高峰年，学龄儿童入学率、巩固率均为 100%。2015 年，境内在校小学生 167 人，入学率达 100%。

根据入学儿童和学校的条件，境内小学的设置做了必要的调整。1962 年，金星小学并入西张中心小学。1999 年，精舍小学并入西张中心小学。2000 年，凤星小学并入西张中心小学。至此，境内无小学，学龄儿童全部到西张中心小学就读。

一、凤星小学

位于原凤星村委会驻地旁（蔡家宕），原名为太平小学，1950 年建办，教室设在“猛将堂”庙宇内。1958 年，搬迁到大队办公地，建教室、办公室 16 间，操场（篮球场）500 平方米。“文化大革命”后称一大队小学。1983 年，改称凤星小学。时有教师 8 名，班级 7 个，学生 132 名。2000 年，并入西张中心小学。

二、西张中心小学

该校创建于清宣统元年（1909），时名西林小学。1919 年，由里人庞柏渊等筹措资金，将校址迁移到西张东街李太堂南边。1934 年，西张市镇设乡，学校改名称西张小学。1948 年，改名为“西张中心国民小学”。1950 年上半年，改称西张中心小学。1978 年，校址迁移到原二大队大队部驻地北侧。当时学校占地面积 48.28 亩，建筑面积 7576 平方米，固定资产 228.5 万元。建办时，二大队在建筑材料和资金方面都有投入，因学校的主要学生来源是金谷及双龙（2 大队、5 大队）两个大队。1984 年，姚塘小学并入。1999 年春、秋，精舍小学、莺塘小学先后并入。2000 年秋，凤星、袁市 2 所小学并入，学校施教区辖西参桥以东的学龄儿童。学校有 25 个班级，学生 1088 名，教职员工 67 人。学校除 4 幢教育楼外，还有微机室、语音室、艺体室、自然实验室、标本室、劳技室、图书室、阅览室、荣誉室、足球俱乐部等。2002 年，迁入西张中学校园南部。

三、金星小学

位于境内钱家小桥，1958 年建办初小。建有十间教室、办公室，操场 500 平方米，教师 2 名，学生 44 名。1962 年，并入西张中心小学。

四、精舍小学

位于原五联村唐家巷。1944 年，由里人唐姓在精舍庵堂内办学，1945 年，迁入唐氏祠堂。土改后，把没收的地主仓库改建成学校，学生在仓库内上课。80 年代，学校搬迁到原五联村“千山坟”，是一所完小。建有教室、办公室 16 间，操场 500 平方米。1985 年，有 3 个班级（复式班），学生 68 人，教师 5 名。1999 年，并入西张中心小学。

第四节　中学教育

1958 年 3 月 29 日，常熟县文教战线召开“跃进”大会，发动大办农业中学。为此，是年 4 月，在境内张市东街“洽成楼”办西张农业中学，当时设一个班，学生 50 名，教师 3 名。其修业期限与普通中学相同，设语文、数学、农业常识、政治 4 门学科。1959 年，校址迁移到七大队的袁市自然宅基，利用原国营塘桥区农场的设施开展教育活动，是年招收学生一个班 50 人。1962 年上半年中断，1964 年复办，学校设在“大跃进”中建造的工业用房内（位于张市东街公社办的老农机厂）。“文化大革命”中，遭冲击停办。1970 年，境内三大队曾在小学内办过戴帽初中班，时间不长。1978 年，并入西张中学。

中华人民共和国成立初期，只有少数人上中学。据不完全统计，50 年代，境内 3 个村上中学的约 15 人。60 年代约 30 人（包括农中生在内），当时西张有农业中学，附近有塘桥中学。70 年代，西张建办中学，以后境内读初中，升高中，考大学的人数逐年增加。1990 年，实现九年制义务教育达标，境内凡是在年龄段的学生入学率达 100%，无一人失学。2015 年，境内在校初中生 127 人，高中和中等技校生 132 人。

境内重教好学的风气浓厚，农家宁愿省吃俭用，也要供子女读书识字，许多农家子弟刻苦攻读，求学上进，出现了“兄弟研究生”“姐妹校园花”的家庭。原凤星村 6 组有 48 户农家，祖祖辈辈都是“脸朝黄土背朝天”的农民，大字不识一斗。但他们深知没有文化的苦处，省吃俭用，供子女读书，督促子女好学进取，发奋攻读，一个个农家子弟跨入了大学的校门。自 1960 年至今，全组有 33 人考入大学，其中研究生 7 人。

1958 年，金谷村吉家桥（7 组）钱楚庆，考取上海交通大学，是境内第一个考取名牌大学的高材生。金谷村 36 组（史家桥）张建才，1983 年浙江农业大学毕业后，到美国留学，是境内唯一的博士，现定居美国。

2004～2015 年金谷全境大学生、技校毕业生一览表

表 12—1

年份	本科生	大专生	中等技校	合计	年份	本科生	大专生	中等技校	合计
2004	6	12	14	32	2011	8	13	12	33
2005	8	14	15	37	2012	10	15	14	39
2006	10	16	14	40	2013	11	16	14	41
2007	12	14	15	41	2014	6	10	15	31
2008	14	16	14	44	2015	13	14	16	43
2009	10	15	14	39	—	—	—	—	—
2010	16	18	13	47	—	—	—	—	—

第五节　成人教育

一、扫盲教育

1949 年冬，境内各村动员农民中的文盲、半文盲上冬学，由当地有一定文化水平的青壮年义务担任“群众教师”，所在地的小学教师积极配合，以识字学文化为主，兼讲政治，境内有 400 余人参加冬学学习。

1952 年起，一批办得较好的冬学改为常年民校。如原五联民校是乡里社教老师的蹲点民校，凤星、金星的民校、夜校办得出色，曾得到塘桥区、常熟县政府的嘉奖表扬。1954 年，每个自然村普遍举办民校，村民踊跃参加，民校中开设扫盲班，继续组织村民学习文化。1957 年，遵照毛主席关于“一定要扫除文盲”的指示，扫盲出现高潮。乡里设扫盲办公室，配备扫盲专职干部，开展全民性扫盲识字运动。农户的家用什物都写上名称，见物识字，小学生包教家中的成年人。1959～1964 年期间，公社配有 1 名半脱产业余教育辅导员，民校断断续续开办，“文化大革命”期间，业余教育被冲垮。在 1964 年人口普查中发现，境内文盲半文盲人数在青壮年中占的比例达到 40%。1972 年下半年起，恢复业余教育，公社配备扫盲辅导员，以大队为单位开办政治夜校，组织干部、社员学政治、学文化。1976 年，按照党中央、国务院的文件精神，公社进一步抓好青壮年中的文盲扫盲工作，全境非文盲率达 85%。1992 年，扫盲工作又扎实地开展起来，扫盲对象以 1990 年第四次人口普查文化结构数据为依据。通过扫盲，境内的青壮年文盲逐年下降，至 1995 年，全境文盲数有 125 人，非文盲率为 96%。2015 年，境内非文盲率达 98%。

二、职工教育

1984年，金谷村与西张中学挂钩举办技工学校。培养对象是1968～1980年毕业的初中生，补习初中的语文、数学、理化知识，由中学派老师上课，并请上海市工厂的技师、工程师传授业务常识、技能。时设2个班，参加学习的人数在80人左右。原凤星村的帆布厂，1985年创办后先后4次组织职工进行培训，请上海、无锡工厂的技师、工程师来企业上课，参加学习的人数为40人左右。原五联村1985年建办皮球厂后，曾3次组织职工培训，请外地师傅传授技术和进行安全生产教育，参加人数20多人。1989年，在农村妇女中开展“双学双比和一教四普及”活动。帮助妇女进行文化补课，进行识字和写作教育。采用省妇联的农村妇女“双学双比”教材。境内先后有350人次参加，学习合格者分别发给结业证书。1990～2015年，境内各企业、单位先后开设各类培训班、技工班3000多次（个），参加教育技能培训职工5万余人。

三、函授教育

1986年，镇成人教育中心与苏州市电视中等专业学校挂钩，举办西张镇首届电视中专班，境内有8人参加，课程设置分两类，一是基础课，有政治、语文、数学；二是专业课，有企业管理、财务、会计、写作、常识等。通过2年学习，有4人领到了中专结业证书。为了提高基层干部队伍整体素质，帮助他们掌握现代管理常识和技能，1995年开始，实施“村级干部大专学习培训工程”，由镇党校与苏州大学联办经济管理、经贸管理两期大专班，经过5年培训，有6人完成大专班学业。至2015年，境内村干部中具有大专以上文化学历14人。

第二章　文　化

第一节　群众文化

中华人民共和国成立前，境内农民逢婚、丧事，就请演奏道教音乐的班子吹拉弹唱，文化活动集中在春节及农历正月半。大年初一至初五，农村有调狮子、唱春、说好话、贴财神等民间文化活动。年初五以后，有舞龙灯、猴子耍把戏、“小热昏”、卖拳头、唱滩簧等民间娱乐活动。

旧时，境内每年逢农历三月十六、三月廿二有两次庙会（河阳山、张市东街）。

庙会上有灯会、走高跷、卖梨膏糖、庙里"老爷"出堂巡游等文化娱乐活动，热闹非凡。每当农业丰收之年，秋熟之后，有的地方请戏班子到村上演出，庆贺丰年。

1946年，境内精舍小学创办农民自强夜校，成立剧社，自编自导话剧《残破的农村》，揭露在"三座大山"（帝国主义、封建主义、反动统治）压制下的农民生活状况。以后，剧社每年春节都有节目演出。

中华人民共和国成立后，境内文化事业不断发展，文化设施逐步增添、改善。那些带有封建迷信和腐朽没落的文化逐步消失，以进步、文明、健康的新文化占领乡村阵地。1958年，公社建立民办文化站，境内3个大队都建立业余文艺宣传队。"文化大革命"中，改为"毛泽东思想宣传队"，宣传演出以"语录歌""样板戏"、跳"忠字舞"为主。1980年，拨乱反正后，群众文化活动得到恢复。民间的"滩簧"班子到群众中表演传统剧目。1985年，文化事业蓬勃发展，民间舞厅、歌厅遍地涌现，电影下乡、卡拉OK进入家庭，电视机进入百姓家，文化生活丰富多彩。

90年代开始，境内3个村时常请县级剧团到村演出锡剧、沪剧、越剧等传统戏，非常受群众欢迎。同时，村还组建舞蹈队、歌咏队，定期开展舞蹈、歌咏比赛。建立3个图书阅览室，添置各类书籍近万册，免费供群众借阅。1990～2015年，境内曾先后举行节日文艺联欢会18场次，节日大合唱比赛2次，借阅图书近万册。同时，村委每年请镇、市两级的艺术团到村演出传统锡剧《珍珠塔》《碧玉簪》《玉蜻蜓》等。2006年，邀请江阴、无锡、常州及本市的艺术团体到村演出，连续演出22天（场），观众1.5万余人次。2007～2015年，为活跃群众文化，村部广场上开设舞蹈培训班，聘请老师教跳广场舞、扇子功舞等，参加人数从每晚40余人逐步增加到160余人，有老年、中青年，大多以女性为主。形成了一个很好的群众文化活动场所。

第二节　文化设施

长期以来，境内几乎没有像样的文化设施。中华人民共和国成立后至80年代，请文艺团队演出时，均由村里组织人员在村小学操场上或生产队仓库场上临时搭戏台进行演出，群众露天看戏。

90年代后，境内3个村都建有老年活动室。活动室以棋牌娱乐为主，实行自我管理、自我服务，设施与管理费用由村里支出。三村合并后，这些老年活动室设施和费用仍是统一由村承担。2011年，原五联村老年活动室房屋拆迁，老年活动室停办。境内仅有凤星、金谷老年活动室。

2006年，金谷村办公大楼落成。境内文化活动中心迁至新建办公大楼内。为丰富群众文化生活，村投资100多万元，专门建立图书馆、职工读书站、阅览室、乒乓室、棋牌室、影视室、健身室、多功能活动室等文化活动设施。还建有特色文化展示室、公共电子阅览室、妇女儿童之家、道德讲堂、社区市民学校、健康教育学校等活动场所。这些文化设施和活动场所由专人负责，全天候开放。村部还建有1个600平方米的大会议室，逢节日举行文艺联欢晚会、唱歌比赛等娱乐活动。

第三节　电影、广播电视

一、电影

1957年，常熟县设电影放映队，在农村巡回放映，自此境内群众能定期看到电影。当时的电影队有三四人，配有一艘农船、小发电机下乡放映，一个月每个放映点轮流一次。1975年春，由西张供销社外勤人员牵线，从长春购进一台16毫米放映机，建立西张公社电影放映队，有专职人员3人。1978年，又添置一台8.75毫米放映机，主要是下乡到各大队轮回放映，有时在公社的大礼堂内放电影。境内3个大队，一般每年放5～10次，一大队、三大队离集镇较远，放的次数多一点。放映费用，在大队放的由大队负担，在生产队放的由生产队支付。放映地点轮流更换。每次电影放映前，社员们早早吃过晚饭，带着凳子前往观看，常常是人山人海。每次放电影前，电影队要放映宣传当前中心工作和当地好人好事为主的幻灯片，放映影片有《南征北战》《地雷战》《地道战》《上甘岭》等，戏曲片有《梁山伯与祝英台》《天仙配》等。"文化大革命"期间，放映《红灯记》《沙家浜》等8部样板戏曲片。1982年，镇上重建影剧院（总投资60多万元，金谷村赞助不少建筑材料）后，每天晚上电影队在影剧院放电影，境内村民特别是靠近集镇的村民隔三岔五到影剧院看电影。放映的片子越来越多，除国产片外，有朝鲜、越南、印度、苏联、阿尔巴尼亚、罗马尼亚等国家的进口片，艺术水平也越来越高，电影有宽银幕、彩色片等。电影成了老百姓娱乐活动中的重要文化活动。80年代后期，电视机逐步进入村民家庭后，村民观看电影渐渐淡化。进入21世纪以后，仍有定期下村（社区）放映电影，但主要观众多是外来打工人员。

二、广播、电视

1966年，公社成立广播放大站，境内3个大队各安装田头高音喇叭2～4只，40%的农户安装舌簧纸盒喇叭。1978年，广播盒子式喇叭普及农村，主要转播县广播站节目，播送公社党委通知和召开广播会，报道公社新闻，播送革命歌曲和戏曲节目。境内各行政村设线路维修员1人。

1992年，镇广播放大站改名广播电视站。1993年后，农村广播电视事业迅速发展。1995年初夏，开通有线电视，金谷村率先成为有线电视村。2008年，有线电视普及农村，家家都能收看有线电视，至2015年，全境有线电视用户整体转化为数字电视，部分村民改装高清电视，全境共有2800台电视机。广播电视成为境内村民文化生活中必不可少的内容。

第四节 民间娱乐

舞龙灯 旧时，境内农村有舞龙灯的习俗。舞龙灯，亦称调龙灯。龙灯用竹片扎骨架，分成龙头、龙身、龙尾3部分，龙身共有10节，呈园柱状，用绳相互连接，外套用棉布缝成龙衣敷以重彩勾勒出鳞片，栩栩如生，每节龙身下面安装一根竹竿，内燃活动蜡烛；龙头、龙尾各节均有一人执掌，另有一人高擎“夜明珠”作为前导，上下左右舞动，在锣鼓伴奏下，整条龙灯整齐地、有节奏地舞动起来，或窜、或翻、或滚，威武雄壮。新中国成立后，境内有4个自然村在农历正月十五舞过龙灯。60年代后，舞龙灯的民间娱乐失传。

舞狮 是境内旧时民间的文艺活动之一。每逢节日。由此表演，有3人联合表现，1人做狮首，1人做狮身，1人拿绣球戏逗狮子。70年代后，境内已失传，无人再舞狮。

放风筝 境内放风筝历史久远。每年春节后到清明，男女老少争相竞放。风筝形态很多，多以竹片为骨，扎成各种形状，表面糊上面筋纸或其他有韧性的薄纸。进入60年代后逐渐减少。2000年后，随着文化娱乐活动的开展，境内有少数农民放风筝。至今，有少数学生在假期放风筝。

斗蟋蟀 境内俗称“斗财积”。雄的善鸣、好斗，斗蟋蟀是金谷地区解放前常见的民间娱乐活动。旧时，从白露到霜降期间，境内民间盛行斗蟋蟀。斗蟋蟀也叫“斗花”，是一种赌博形式。解放初期还有不少人玩。以后越来越少，至今已绝迹。

唱滩簧 旧时江南地区有个习俗，春秋两季都要祭社，以求风调雨顺、五谷丰登。届时，为酬神祈福而邀请戏班子来演戏，称“社戏”，在金谷地区的社戏活动中最受人欢迎的是常锡文戏，旧称“滩簧”。50～60年代，境内有些自然宅基春节前后要请民间滩簧戏班子演出。80年代后，民间滩簧戏班解体，唱滩簧消失。

唱河阳山歌 河阳山歌有六千多年历史，在境内民众中广泛流传。农民们在劳动时要唱，如插秧、挑担、耥稻、车水时唱山歌，妇女做家务时也唱，农闲时唱的人更多，境内有不少老人都会唱几首。五联路西巷的邹汉炎，是传唱河阳山歌的传承人。2005年，河阳山歌成为国家非物质文化遗产，出版《河阳山歌》集及画册。唱河阳山歌除成年人外，还普及到少年儿童。一直流传至今。

捉迷藏 是一种充满童趣的游戏，也是简便易行、最为普遍的一种游戏。在金谷境内“捉迷藏”被称之为“躲猫猫”“盘养猫猫”。这种游戏情趣盎然，能够激发儿童的探索精神。无论是躲藏者，还是始终没有发现躲藏者的寻觅者，二者都会产生一种成功的喜悦。正因如此，“捉迷藏”成为儿童们最喜欢的游戏之一，至今仍有部分儿童喜欢此游戏。

老鹰捉小鸡　首先在参与游戏的儿童中选出老鹰和鸡妈妈。然后“鸡妈妈”站在前面，二手平举，其余小鸡依次站在“鸡妈妈”后面。鸡妈妈左拦、右拦保护自己的小鸡，小鸡也左躲右躲逃避老鹰的抓捕。老鹰抓住一只小鸡，该人就出队，直到小鸡全部抓完游戏结束。也有因鸡妈妈保护有力，老鹰始终抓不到小鸡，最后筋疲力尽而失败。今各幼儿园盛行这个游戏。

捉菜花蜢蜢和萤火虫　旧时农家多土墙，每当春天菜花盛开时靠采食花蜜、花粉生活的土蜂“菜花蜢蜢”就开始活动了。土蜂钻入土墙洞内，孩童用细竹丝轻捣洞内将土蜂引出，吃其蜂蜜。捉“菜花蜢蜢”便成为孩童们的一件乐事。如今“菜花蜢蜢”已经从人们的视野里消失了。萤火虫夏天喜欢聚集在一起，孩子们只要在瓶子里放几只萤火虫，其他的萤火虫看到亮光后便从岸边草丛中飞过来，孩子们都赶紧用蒲扇轻轻将萤火虫拍落在地，把萤火虫放入瓶中。晚上睡觉时，孩子们将瓶子挂在蚊帐内，瓶子里的萤火虫整夜发出亮光，十分好看。如今，在乡村萤火虫已少见。

斗黄腾　黄腾学名棕头鸦雀，亦称黄鸟、黄豆鸟。境内俗称“黄腾”。黄腾身似小雀，毛黄，短顶硬，活泼好动，性烈善斗，故有“天煞星”的绰号。旧时，春暖花开时节，经过一冬精心饲养的黄腾鸟剽悍矫健，鸟主就寻伴开展斗鸟活动。一般都由茶馆老板组织，同鸟主一起商议斗鸟中的输赢等级、地点、日期，于是便张贴广告，周告四方。斗鸟日期一到，各处养鸟爱好者提着鸟笼，到茶馆汇集。一对斗完，再来一对，以次轮斗。斗鸟中的得胜者有花相赠，称“送花”。黄腾鸟高台夺魁的奖品是花枝。每枝花是由十余朵大红绢花扎在一起的花架，很是漂亮。奖花又分二种，一种叫“单花”，是“优胜夺魁奖”，花枝架较大，花又多；另一种叫“拆花”，双方不分输赢的都有奖，即“和解奖”。现今，斗黄腾成为老年人休闲的一种娱乐活动。

说书　说书起源于苏州，流行于长江三角洲地区。中华人民共和国成立前，境内后巷里屈家坝茶馆、太平桥茶馆、西张集镇茶馆等设有书场，聘请说书艺人到茶馆说书。说书有“小书”和“大书”两种。

苏州弹词称“小书”，通常以说为主，说中夹唱。唱时用三弦或琵琶伴奏，说时也有采用醒木作为道具击节拢神的情形。演唱采用的音乐曲调为板腔体的说书调，即所谓“书调”。因流传中形成了诸多音乐流派，故“书调”又被称之为“基本调”。早期演出多为一个男艺人弹拨三弦“单档”说唱，后来出现了两个人搭档的“双档”

和三个人搭档的“三人档”表演。金谷地区的乡村百姓十分喜爱听书。解放后，在农村集镇的茶馆店内均设立书场，有不少听众，其中老年人居多。“文化大革命”开始后，说书停止。直到20世纪70年代后期重新恢复。80年代，境内林场上也开设书场，请各地评弹团来演出，听众很多。2000年后，金谷境内的百姓，除了在本地听书外，还有的到周边地区听书，如到塘桥、恬庄、双龙等地，甚至有的到市区杨舍“长春院”书场听书。

苏州评话又称“大书”，是采用以苏州话为代表的吴方言徒口讲说表现的曲艺形式。通常一人登台开讲，道具是一把折扇，一块醒木。内容多为金戈铁马的历史演义和叱咤风云的侠义豪杰。改革开放后，还有新编的近代和当代的许多评书节目。如《汪精卫》《文革风云》《改革风云》《反贪风暴》等多部评书。苏州评话的传统节目有50多部。一类说历史故事，属讲史类，如《西汉》《东汉》《三国》《隋唐》《岳传》《英烈》等，为“长靠书”。一类是“短打书”，讲英雄好汉、义士侠客的故事，如《水浒传》《封神榜》《济公传》《包公案》等。

唱春　唱春之说由来已久。在境内民间，关于唱春的起源，有这样一种传说：明正德年间，武宗皇帝带领几名亲随乔装打扮，外出按察民情。至一山区，不幸遇上盗贼，银钱被劫，失去盘缠，回不了京城。这时，随行大臣中有一位冯阁老，自告奋勇，手提小锣，沿途卖唱，以解决皇上一行人的生活经费。这便是民间传下来的冯阁老卖唱的故事。江南地方民间歌谣也有冯阁老纳贴送官春，江南唱到紫禁城，一直唱到“五朝门”的说法。

唱春，顾名思义，即在贺新春时进行的演唱。旧时，一般在春节或者农闲时，唱春人为了索取赏钱，便挨家说唱。境内唱春，起先由两个演唱（双档），后多为一人演唱（单档），身背褡裢（称乾坤袋、龙袋），一手持春锣（二斤重，象征“二京”，意为明代先建都南京，后又迁都北京，故谓“二京”）；一手持绘有龙凤图案的敲板（或无图案的素色板，板长13寸，寓意13省，明代的行政区划起初设12省和一个直隶，后改设13省），边走边唱。唱春调有“孟姜女调”“四季调”，内容通常按月分为12段，也可按四季分为4段，每段一般七言四句，也有超出7个字的，除第三句外，常押平声。其曲调集江南民间山歌、小调之大成，调门多达数十种。常用的曲调有老调、新调之分，老调音韵婉转，清雅流畅，新调则节奏明快，抑扬欢乐。

唱春者所到之处，视不同店铺或各家各户的具体情况、不同对象，随机应变，切景切情，编词颂唱。如走到药店，便用药名串联成词，视其招财进宝，大展宏图；若主家出面的是位老人，则祝其寿比南山，福如东海；倘使遇到新婚人家，便祝他们夫妻恩爱，早生贵子；一般的则祝贺全家欢乐，来年好运。

中华人民共和国成立后，唱春者逐渐减少。20世纪80年代起，农村里有些地方每逢砌房造屋、男婚女嫁、庙会、节日，又有唱春者闻讯上门说唱，以庆贺为名，收取赏钱。21 世纪以来，农村中唱春的人已很少见到。

荡秋千　昔日，荡秋千有明显的季节性，民间都习惯在清明节前后玩这种游戏。其实，冬去春来，暖日洋洋，和风吹拂，春光明媚，人们都乐于到户外活动、娱乐，一架秋千优哉游哉，荡来荡去。旧时，皇家贵族、富绅都在花园内设置华丽精美的秋千架，普通老百姓则往往在空地上竖个简易木架以作消遣，农家孩子玩秋千，通常都是以树杈作架。至今，荡秋千活动已少。

击鼓传花　可以在室内进行，也可以在室外进行。传花者可围成一个圆圈，蹲下后传花；也可以站成一个长方形或正方形队，站着传花，形式多样。击鼓者将眼睛蒙住，手中拿着鼓或能发音的器具。击鼓开始，传花者按顺序传递，击鼓声停，传花也停，这时花落在谁手中，谁就要到圈中表演节目，唱一首歌，或讲一个小故事、背一首诗，或学猫、狗、羊叫，引得大家哄堂大笑，使游戏进入高潮。此游戏今在儿童中流行，成人中已不再有这种游戏。

挑花线　挑花线是境内女孩子们最喜欢的游戏之一。玩具只要一根六七尺长的扎底线即可。玩时两人一组，先有一人把线连成可以绕在双手手掌上，挑起各种花样图案的线圈。然后你挑我挑，分别变化成“桃花窗”“直轮框”“牛眼镜”“进栏圈”“乱柴巢”等等花格式，直至线圈乱掉无法挑为止。谁挑的花样多、时间长，谁就是胜利。此游戏过去在农家中盛行。至今已很少人玩此游戏。

车铁环　找一根长 1.5 米、粗 6 毫米的铁丝和一根长 0.6 米，粗 4 毫米铁丝。然后把 1.5 米长的铁丝弯成圆形，接头处最好焊牢；将 0.6 米长的铁丝一头弯成 40 厘米左右做捏手，另一头弯成一个小圈，不要封口，然后再把小圈垂直于手柄弯成一个约 90 度的折角，把小圈钳入大圈。右手握着手柄，大圈往地上一放，右手随着大圈着地向前推出去，如果动作协调，一边跑一边推着手柄，铁环随着跑动不断向前滚动起来。如果动作得当，铁环始终不会倒下。车铁环很好玩，但在刚开始的时候容易倒下，练到熟练的时候就好了。几个小朋友各拿着一个铁环，就可以进行比赛，从起点车向终点，大家车着铁环边滚动边跑，谁先到终点为胜利，可以反复来回跑。此游戏今已无人玩耍。

捉铁子　游戏前，先准备 5～8 粒光滑的鹅卵小石或用布缝制的小沙包，放在桌上（在室外玩可放在地上）。游戏时，只能用一只手，先把一粒石子或沙包掷到空中后，马上用同一手把桌上的石子抓起来，紧接着翻展手掌把空中正在落下的石子接住，如果接不到，算作失败。有的规定 8 粒石子分两次抓起来，有的 3 次抓起来，也有的把桌上的石子排列成一定距离，规定一次抓起来，看谁抓的快，不失误。此游戏今已很少有人玩耍。

第五节 古 迹

精舍飘幡 《沙洲县志·邮电志》云："秦汉以后，境内河阳山设过官办驿舍，专事递送官府文书。"《常熟市志·邮电志》云："常熟县城在宋代时已有官居办邮驿"。"设北门（等）三处，明改称驿站。"《常昭合志·道路》载："黄四浦路，自镇江门（北门）西北过顶山八十里至黄四浦抵江。"精舍，位于河阳山北，古人忌讳"阴"，记曰"英舍"。清代钱陆灿撰写的《永庆寺志》中，始见为"精舍"。精舍南达西徐市，北抵西张市，其路，前人皆称"大官路"。据史志载："唐代，各地有传舍，供官员往来歇宿；道路上每三十里置驿一所，供停留休息。""驿有驿田，设有驿长，备有马匹，并有当役驿夫。""驿站前置有标志，白天张幡，黑夜挂灯。"延至清代康熙以后，改差役为雇役。"凡有驿处，设夫役以供奔走，其额视路之冲僻为衡，日给工食，皆人正赋编征。此项人夫，大率募民充之。"清末创办邮局，驿传遂废。遂后，驿舍改置为"精舍庵堂"。1944年春，以庵堂东西两偏厢改为学堂教室，自此有了"精舍小学"。

50年代初，精舍小学前仍留有古代的幡础：两块竖立的石条，地面上约有1米多高度，对偶相距约半米，均有对称的上下两孔，以固置一柱标杆。这一古遗迹，毁于"大跃进"年代，幡础石条用作砖窑的门槛。

西林寺·姚塘茔 是明嘉靖间的爱国护乡义烈钱泮的祠堂和墓地。今属金谷村和双龙村境内。其遗迹祠堂在牛潭桥北，墓在北姚塘西北的姚塘湾。

西林寺亦称西林庵，清顺治间有玄孙钱昉舍宅建。为维护其寺，清乾隆三十七年由常熟知县刘沅勒石。文述：奉布政司牌开，西林寺系生员钱昉于顺治间舍宅建造，捐田173亩，并供其祖明光禄寺卿泮神主奉祀。该寺毁于清咸丰年间，太平军于福山港为建对江瞭望观察台，拆寺取木材建台。

清代庞钟璐墓 1955年，该墓发现于长寿乡太平村黄泥墩西侧、九望泾南侧（现境内金谷村第20村民小组）。青石，双合。碑盖、碑底均长60厘米，宽60厘米，厚16厘米。

墓主庞钟璐为清道光二十七年（1847）探花，历任侍讲学士、户部侍郎、兵部侍郎、工部尚书、刑部尚书，官至一品，并赐紫禁城骑马。生于道光二年（1822），卒于光绪二年（1876）。墓志铭由状元、入直毓庆宫户部右侍郎、里人翁同龢撰文，榜眼、南书房翰林、里人杨泗孙书丹，探花、礼部左侍郎、吴县潘世荫篆额。由"三鼎甲"合作墓志铭在历史上并不多见。铭文主要叙述庞钟璐的先世渊源、生平事迹以及子孙后裔情况，尤其颂扬其组织团练抗击太平军、上奏疏议、撰写诗文著作等在文治武功方面的事迹。主要内容与《清史稿》中其本传大体相同。碑石字迹清晰基本未损坏。墓志铭现保存在恬庄“杨氏孝坊”。

河阳山（又称凤凰山）　位于境内东南，距村委会驻地约3千米。主峰高86米，周4千米。境内占300亩。《常昭合志》载：（境内）“山巅有秀峰，有天然井，尝出醴泉。”卢志云：广二尺虽大旱不竭。乡人称“仙人洞”。

其山处于让塘之北，故称河阳山。清顺治进士钱朝鼎撰记云：“河阳山右首左尾，南北麓若张翅。”俗名“凤凰山”（见《常昭合志》寺观）。《姚志》云：“与鹜山对峙，凤乌在前而鹜鸟后也。”河阳山旧时有“内八景、外八景”名胜，现已大部分消失。

第六节　文学　书画　摄影

清代，境内就有诗文留存，虽不多，却揭示了金谷地区的文化底蕴。民国时期，战乱不断，书法、诗文少见，文化创作荒芜。中华人民共和国成立后，一些乡村文学爱好者写诗作画，编快板、活报剧，刊登在黑板报或油印小报上。80年代改革开放后，境内涌现了一批业余文学爱好者，他们在工作之余，勤奋笔耕，创作了一批具有地方特色、为群众喜闻乐见、通俗易懂的文学、书画、摄影作品。1972年，金谷一组（水北自然宅基）业余文学爱好者曹乾石，开始在《人民苏州报》《江苏青年》等报刊发表诗歌、散文。80年代，曹乾石在《扬子晚报》《新民晚报》《新华日报》《农民日报》等副刊发表散文诗歌100余篇，1990年加入苏州市作家协会，1993年，出版散文集《紫红的桑葚儿》一书。1997年12月，凤星朱家弄业余书画作者朱新球，由中国书画人才研究中心书画人才资格审定委员会评为美术师，加入市美术家协会、市青少年书画协会、江苏省硬笔书法家协会等。1998年，曹乾石在《人民日报》“大地”，《人民日报海外版》“神州”文艺副刊发表《枣泥糕》《米酒飘香》《水田秧歌》《另起一行》等散文15篇，其中两篇收录《人民日报出版社》出版的《云游民间多味斋》一书。1999年，金谷3组（金谷落）文学爱好者蔡正雄在《张家港日报》《姑苏晚报》发表诗歌、散文。同年10月，朱新球的二幅书画作品获第三届国际金鹅奖书画大赛铜奖，收录第三届国际金鹅奖书画大赛作品集。至2005年，朱新球有100余幅书画在全国各地报刊发表。2009年，五联唐家巷老师钱松元出版《茫茫人生路》《凤凰山集锦》两本随笔集。2000年，凤星摄影爱好者肖仁清2件摄影作品获江苏省摄影二等奖，3件作品获张家港市摄影作品一等奖。2001～2015年，肖仁清有30余件摄影作品获全国、省、市摄影作品大赛奖。2000年至2015年，境内作者在全国20余家报刊发表散文、杂谈、随笔500余篇（次）70余万字，出版散文、诗歌、随笔集4部，书画、摄影作品200余幅（件），有30余篇散文、诗歌、随笔获奖，50余篇散文、诗歌、随笔收录《流金岁月》《在这方天地里》《风雨同舟》《走向世界》《昨天、今天、明天》《江南最美是凤凰》等散文、诗歌、随笔集中。

至2015年末，境内有中国摄影家协会会员1人，江苏省硬笔书法家协会会员1人，苏州市作家协会会员1人，张家港市作家协会会员3人，张家港市美术家协会会员1人。

第三章 卫 生

境内医药最早的史料记载见之于民国。中医许济生（1911年1月～1989年7月），张市东街人，行医50年。1925年，拜师学习中医知识。1930年，在栏杆办私人诊所，1931年，在西张办诊所主诊中医妇科，在治疗妇女病上名望颇高。解放前夕（1949年4月），境内有个体诊所3家，医生3人，个体药店一家，药业人员3人。

中华人民共和国成立后，党和人民政府切实关心人民身体健康，医疗卫生事业不断发展。1951年，开始筹建集体性质的联合诊所，分别成立栏杆、西张两个诊所。1958年，建立公社医院。1968年10月，境内3个大队全部建立合作医疗卫生室。1996～1998年，金谷、五联被评为江苏省级卫生村。至2015年末，全村有保健医生6名。村民的健康状况指数升高，白喉病例连续36年无发生，各种急性传染病得到有效控制，妇幼保健工作有保障，产妇死亡率下降到零。婴儿安全率达99.5%，全境100%的人饮用自来水。

第一节 医疗卫生

1968年10月，境内3个大队先后建立合作医疗卫生室，每室配备农村医务人员2～3人。因这些医务人员未进行正规医务学习，土生土长，故称“赤脚医生”。境内共有“赤脚医生”10人，其中各大队有一名女“赤脚医生”兼任计划生育和接产等妇幼卫生保健工作。1983年，社队医疗改制，大队卫生室更名村卫生室。“赤脚医生”改称为乡村保健医生。1988年，全境8名保健医生领到张家港市颁发的保健医生证书。1991年，境内3个卫生室都建成合格卫生室。1992年，全镇各村卫生室完善内部管理。以原金谷村卫生室为榜样，实行门诊、治疗、妇幼保健、药房四室分开。1999年11月，凤星村并入金谷村后，原卫生室只留一名保健医生，其余保健医生并入金谷村卫生室；2004年4月，五联村并入金谷村，撤并时，五联卫生室依然保留保健医生就地为百姓看病。2006年，凤星、五联的保健医生撤并到金谷村卫生室。三村卫生室合并后，金谷村投资80万元，建办了新的医疗卫生室，面积达600平方米。2015年，境内有乡村医生6名。村卫生室设有全科诊室、中医诊室、中医理疗室、输液室、处置室、药房、妇幼保健室、观察室、护理室等，有床位20张。主要医疗设备有全科诊疗仪、血糖仪、尿液分析仪、理疗器械等。

2011～2015年，村卫生室建立健康档案8451人，占全村总人数的85%。

农村合作医疗发展过程和医药费报销情况是：1968年，各个大队先后办卫生室。1969年初，开始建立农村合作医疗制度，实行“队办队管”，由大队自筹资金，自己筹办。其资金每人每年3元（社员、生产队、大队各负担1元），个人出资部分在年终分配时统一扣交。社员有病一般在大队卫生室诊治，较重的或疑杂病症到公社卫生院或县医院就诊，报销比例为医药费用的20%～50%不等。1975年，公社成立合作医疗管理委员会。1977年3月，凡社员只要按时交纳合作医疗基金，遵守合作医疗章程，都可以参加社队联办的合作医疗，基金由个人和集体负担。当时参保率在50%～60%。1982年后，农村实行家庭联产承包责任制，合作医疗受到影响。1989年，恢复实行镇、村联办，报销比例较低，在20%左右，还是有部分村民不参加。1992年，实行福利风险型合作医疗制度，1997年6月，正式实施市、镇两级大病风险合作医疗。1999年2月，为满足不同对象的需求，对参加合作医疗对象的收费设立40元和120元新的收费档次，由自己选择。当时还是有部分村民不参加。进入21世纪后，随着形势的发展，村民思想意识的提高，参保人数逐年增加，收费档次也逐年提高，至2015年，境内参保人数达2550人，参保率达100%。收费标准为每人210元。报销比例也提高到门诊报药费50%，住院报65%。

第二节　妇幼保健

新法接生。中华人民共和国成立前，妇女分娩由接生婆接生，极不卫生，产妇死亡率较高。中华人民共和国成立后，经过宣传教育和改造，培训新法接生员，新法接生的比例逐年增加，同时将过去的家庭分娩逐步改变为住院分娩。公社卫生院设有妇产科，能开展平产和难产手术，2002年后，境内产妇全部住院分娩。

妇女病普查。旧社会，妇女地位低下，健康不被重视，患了妇女病不敢公开求医，认为见不得人，统称为“暗毛病”，严重危害妇女的身心健康。解放后，人民政府关心妇女健康，妇女的保健得到重视。1971年，首次普查普治妇女病，公社卫生院组织助产士和化验员随带应用的医疗器械深入生产队进行检查。境内共检查已婚妇女812人，占应检查人数的88%，发现患病人数168人，占受检人数的21%，进行治疗的117人，占患病人数的70%。以后每年复查一次。至1996年，被查人数达1782人。1997～2015年，镇每年组织妇女进行一次妇女病普查，对一般的妇女病，如外阴疾病、子宫下垂、阴道炎、宫颈息肉、糜烂、癌变肿块等疾病，及时对症施治，减轻了妇女的病痛，增强了妇女的体质。

50年代，境内妇女开始实行劳动保护。1956年，开始提倡“四期”（经期、孕期、产期、哺乳期）卫生保健。1958年起，由生产队妇女队长按妇女的生理特点安排工种，实行“三调三不调”（月经期调干不调湿，怀孕期调轻不调重，哺乳期调近不调远）。70年代后期起，越来越多的妇女进入社队办企业工作，各个企业视工种不同，分别制定妇女劳动保护措施。1984年开始，女职工属晚婚计划生育者，可享受72天产假，产假期间享受全额工资，各种待遇不变。1990～2015年，企业和政府对妇女劳动保护的意识不断增强。各单位每月发放卫生纸、卫生巾，将产假时间增加到90天。规定怀孕7个月以上不上夜班，不做有害工种等。政府组织妇科医生，每年免费为妇女普查疾病及治疗。25年来，全境妇女健康得到了保障，孕产妇死亡为零。

1979年起，每年5月中旬，为全大队幼儿进行健康检查。1984年起，实行幼儿保健制度。对全境儿童（0岁～6周岁）普遍进行健康检查，由乡镇组织。对婴儿，结合产妇产后42天母婴健康检查，建立婴儿健康检查登记卡。同时实行计划免疫，即对儿童免费提供接种“四苗”（卡介苗、百白破疫苗、小儿麻痹糖丸、麻疹疫苗），防“六病”（结核病、百日咳、白喉、破伤风、麻疹、脊髓灰质炎一小儿麻痹症）的预防和治疗。至2015年末，全村124名幼儿建立健康检查登记卡，免费接种“四苗”。

第三节　疾病防治

一、预防接种

中华人民共和国成立后，人民政府重视疾病的防治，广泛开展预防接种工作。1950～1961年，境内普遍接种牛痘、鼠疫、霍乱、白喉、百日咳、伤寒等疫苗。天花等随之绝迹。1962～1965年，连续4年进行全民性的霍乱菌苗预防注射，每年注射人数占全境人口的85%左右。1967年至1969年，预防接种工作停止。1970年恢复。1971年，首次接种卡介苗。1978年开始，对2～8个月的婴儿实行计划免疫，接种卡介苗、百白破（百日咳、白喉、破伤风）疫苗、麻疹疫苗和服小儿麻痹糖丸等。对1～7岁的儿童，增加接种流行性脑膜炎、乙型脑炎疫苗。有效地预防了各种传染病的发生和流行。1980年，境内注射霍乱疫苗人数达250余人次。1986年后，预防接种由村卫生室向医院集中，接种率达85%～90%。至2015年，全境儿童预防接种率达100%。

二、传染病防治

疟疾治疗　疟疾为境内夏秋季节多发性传染病。中华人民共和国成立前，境内流行极广。中华人民共和国成立后，进行预防和药物治疗，初步得到控制。1962年，全境服药人数达1600人次。以后又进行休止期根治，疟疾发病率明显下降。1975年，发病率为2.3%，1979年为0.25%，1990年，基本绝迹。

天花防治　旧时危害甚烈，染者十不救五。中华人民共和国成立之初，全民普种牛痘。1954年起，天花即告绝迹。

流行脑炎防治　旧时，中医称春温惊厥症，西医诊断为流行性脑炎（习惯称脑膜炎）。民国初期，境内曾流行。1964年冬～1965年春较大流行，前后两个多月发病10多例，住院后以中西二法治疗，死亡1人。20世纪70年代，偶有发生。1979年起，每年对12岁以下儿童注射预防针，发病率锐减。至2015年末，此病在境内已绝迹。

霍乱防治　民国期间（1939年～1946年间），有4个年度境内发生霍乱。特别是1942年，境内太平桥、后巷里等地发生霍乱，病死7人。中华人民共和国成立后，开展爱国卫生运动，加强食品卫生管理。1960年，贯彻食品卫生“五四制”，全民进行霍乱防治，至2015年，境内古典型霍乱未再发生。

“非典”防治　2003年4月，全国非典型肺炎（严重急性呼吸道综合征，以下简称“非典”）疫情形势严峻。4月12日，张家港市成立非典型肺炎防治工作领导小组，构建组织指挥、医疗救治、预防控制、信息宣传、后勤保障等五大体系严密监控，把保护人民群众的身体健康和生命安全放在首要位置，成功阻击“非典”在境内的传播。实现不发生1例“非典”疑似病例和确诊病例的目标。

金谷村根据市里的统一要求，成立“非典”防治领导小组，由书记任组长，村主任任副组长，其余村干部、联防队、乡村医生组织专门排查队伍，每3天一次对辖区内所有单位、居民、村民进行不间断、拉网式排查，及时掌握外来、外归、外出人员信息。凡是出差归来的人员，都要集中到西张宾馆进行医学观察。境内有6人外地出差回来住进西张宾馆观察。对公共场所每天实行消毒，学校对学生进行检查。同时配合上级部门大力宣传防治“非典”的有关事项，做到家喻户晓，人人皆知，不留死角。高度引起重视，发现问题及时汇报，实行零报告制度。通过努力抗击，境内没有发生1例“非典”疑似病例和确诊病例。

第四节 爱国卫生运动

一、除害灭病

1952年4月，全境开展以除“四害”（老鼠、蚊子、苍蝇、麻雀）为主要内容的群众性爱国卫生运动，以后每年夏秋季节广泛开展。1958年“大跃进”期间捉雀、捕鼠、挖蛹、灭蚊都搞群众运动。1962年后，发动城乡人民开展以除害灭病为中心，以城镇“三管二灭”（管水、管粪、管饮食，灭蚊、灭蝇）和农村“二管五改”（管水、管粪，改厕所、改畜圈、改水、改灶、改环境卫生）为主要内容的爱国卫生运动。1976年开始，除害灭病工作进一步加强。1980年后，把爱国卫生列入文明村建设的重要内容。1990年以后，爱国卫生在境内形成制度。1994年开始，各行政村分工一名副主任专门管卫生工作，爱国卫生列入双文明建设考核内容。

二、环境卫生整治

中华人民共和国成立后，配合除害灭病，发动群众搞好环境卫生。境内清除垃圾、疏通阴沟、填平洼地、消除积水、铲除杂草、消灭和控制蚊蝇孳生地，达到室内室外环境整洁。1985年，全境取缔公共地方的露天粪缸，建造公共厕所3座。1995年，境内全部取缔露天粪缸。生产队建化粪池，对粪便进行无害化处理。2002年以后，农户家中逐步建卫生间，统一建造三格式化粪池，村民家中大小便取消用“马桶”。至2015年，环境卫生工作纳入文明村建设内容，由一名村副主任分管，境内建公共厕所12座，设垃圾箱220只，建垃圾收集房60座。每个村民小组和社区有1名保洁员，全境共有卫生保洁员60人。1990年以来，境内各村狠抓道路硬化。至2012年，水泥路通到村民家门口。至2015年，两个片区（原五联村已全部拆迁）村级公路全部铺设混凝土路面，各自然村道路硬化率达100%。

三、饮水卫生

历史上，群众多饮用河塘水，常致肠道传染病流行。60年代，随着农药化肥的大量应用，河塘水毒物污染加剧，因此逐步推广由生产队挖置公井喝井水。70年代起，随着乡镇工业发展，废水污物排放量增多，河道水质恶化，村民家家打井饮用井水。据1990年统计，全境水井800多口，饮用井水户达到85%以上。1991年，建立西张自来水厂，但当时只能供给集镇居民和少数工厂的生活用水和工业用水。随后境内各村相继建水塔，全部采用深井水，自来水入户率达90%。1999年，镇上投资650万元参与张家港市东区区域供水工程。西张段于2000年5月20日接通自来水，5 月 28 日工程全面竣工。全境用上了洁净的自来水。至 2015 年，100%的农户饮用自来水。

四、食品卫生

1976 年开始，卫生部门每年对境内东街饮食服务人员进行一次健康检查，全年达 20 人次。1979 年，境内宣传贯彻国务院颁发的《中华人民共和国食品卫生管理条例》，对食品卫生进行监督检查和对业务人员培训，参加培训人员共 12 人。1980 年开始，由县防疫站对饮食卫生合格单位发给卫生合格证。境内 4 家单位取得卫生合格证。1990 年以来，对饮食业人员每年都要进行身体检查，全境的食品卫生工作逐步走上正轨。2015 年，全境 20 家饮食部门和 45 家企业单位食堂取得卫生许可证。领证率达 100%。

五、劳动卫生

1956 年起，境内农田开始用有机磷农药“1605”等，对用药人员进行安全教育，并制定防护措施。大队、生产队实行对农药专仓、专箱存放，专人保管。用药员做到“三穿”（穿长裤、长袖衫、胶鞋），“四戴”（戴口罩、手套、草帽、防护用品），“五打”（顺风打、隔行打、退步打、保持一定距离打、上下午轮打），“六不”（喷药时不吃食品、不吸烟，不任意提高兑药浓度、不乱配药量、不将余药带回家、不用嘴吹喷枪、不在汲水站附近洗涤药械），工后洗手。在喷药季节，大队干部和农技员常在田头检查。至 20 世纪 80 年代初，全境 90%以上生产队无中毒病例发生。实行农业联产承包责任制后，农药供应到户，管理不严，加上品种较多，农药中毒事故偶有发生。

70 年代起，境内石棉加工大部分集中在大队工场，但亦有少数的分散在农户中加工。为防伤害，工厂都安装了防尘设施，纺线工坚持戴帽、戴口罩。1978 年，境内对专业性石棉工人分批送塘桥地区医院拍胸片检查，未发现患石棉肺尘病。至 70 年代末，停止石棉加工业。1983 年起，镇村企业普遍实行劳动保健医疗制度，每个职工享受 50%医疗费报销。

第五节　省级卫生村创建

1994 年，西张镇党委、政府提出“一年创建张家港市级，两年创建苏州市级，三年创建省级卫生镇、卫生村”的奋斗目标。境内金谷、五联村从实际出发，分别组建了创建工作领导小组，开展全民健康教育和大环境整治，同时多方筹资，抓硬件建设，落实长效管理措施。1996 年，金谷村投入 150 万元，抓好软硬件建设，创建成全镇第一个省级卫生村。1998年，五联村投入70万元，创建成省级卫生村。

一、组织管理

村民委员会主要领导任创建负责人，村里“一把手”亲自抓。1994～1998年，每年召开爱国卫生工作会议3次，各个责任部门职责明确，列入本部门年度工作目标。1995年，成立创建卫生村领导小组，创建领导小组现场办公24次，认真解决创建中存在的重大问题和疑难问题48个，保证了创建工作的顺利开展。

二、健康教育

金谷、五联两村都成立有7人组成的健康教育领导小组，属创建领导小组领导，负责制定教育计划。村健康教育领导小组在有关职能部门配合下，开展爱卫月、科普宣传周、世界环境日、世界无烟日、计划免疫日、爱牙日等专题宣传活动，还组织学校师生、卫生室医护人员，开展村头宣传和村民卫生知识应知应会咨询服务，各村健康教育入户率达100%。

三、环境卫生

按照既坚持高标准、高起点，又讲实效的指导思想，村容改造和环境卫生工作的重点放在填平补缺改造、配套整治建设、美化完善功能和严格规范管理等方面。1995年，村卫生保洁及管理专职人员有6人。1996年，增加到18人。工资报酬及福利列入村财务预算。村里与各企业签订门前“五包”委托管理书，签约率达100%。对卫生管理区域分段划片，定人定岗，定时保洁，定期消杀，垃圾清运率达100%。对建设工地，禁止乱倒生活及建筑垃圾。1996年开始，全境食品生产、经营单位都认真贯彻执行《食品卫生法》，不销售霉烂变质食品。1995～2015年，全境无食品中毒事件发生，无肠道传染病暴发和流行。

基础设施建设　1995年，新建改建公厕，消除露天粪缸，增设环卫设施。至1999年底，全境有公共厕所12座。单位厕所100%有自流式冲洗设施。1996年起，境内各村先后投入200万元扩建混凝土路面5万平方米，埋设路面下水道1800米。村级道路硬化率达100%。下水道管道体系畅通。多渠道筹资改水、改厕资金近百万元。采取打井建塔联网供水延伸管道方法，使金谷、五联辖区内农村自来水普及率达到省级卫生村的要求。1996年，全境农户卫生户厕普及率达30%。1995～1999年，先后投资120万元用于绿化、美化。村级道路两侧全部植树绿化（种香樟、广玉兰、水杉、月季、黄杨等），1999年，全境绿化面积达4.48万平方米，绿化覆盖率达27%。拥有人均公共绿地8.8平方米，达到春有花，夏有荫，秋有果，冬有绿。

除害灭病　1995～2015 年，每年举行一次行业卫生知识培训。发放培训资料 1000 多份，健全落实各项卫生管理制度。每个公共场所都有固定的卫生宣传阵地。境内各村成立除“四害”领导小组，制定工作计划，明确标准任务。各村企业明确一名分管领导抓除害工作，全境配备兼职除四害人员 20 人，经费由企业、村负担。

村民家庭卫生　1995 年初，西张镇党委、政府在影剧院召开争创卫生镇千人誓师大会后，境内村干部兼任路段路长，做到宣传教育、硬件建设、卫生规范管理一把抓，对学校、工厂、商店各公共场所、村民家庭卫生每月一查一评，评比分出榜公布，并张贴“整洁卫生”“尚卫生”“不卫生”3 种不同的标志。对不卫生单位和家庭摘掉“文明新风户”牌子，取消个人参加文明职工评选资格，从而有效提高了村民家庭的总体卫生水平。

第四章　体　育

第一节　体育设施

中华人民共和国成立后至 80 年代，境内各自然村一般在仓库场地备有自制的木篮球架和石锁、石担等活动设施，同时，境内 3 所小学都有操场、篮球场。1986 年，金谷村在村委开设乒乓球室。至 2015 年，境内有标准化篮球场 1 个，金谷社区内有 400 平方米的标准化门球场 1 个，综合活动场所 2 处，面积达 2500 平方米，村活动中心设乒乓球、棋牌室、健身室等。在凤星朱家弄、陆家高头、金谷社区、北京庄别墅区、村部广场等 5 个地方设置室外健身器材及健身路径，供百姓健身锻炼。健身器材有肩关节康复轮、下肢训练器、平推训练器、坐蹬器、秋千、腰背腰肢组合器、云梯、伸背架、蹲随器等。

第二节　体育活动

民间武术　旧时，境内乡间有业余习武的习俗，每个自然村青壮年自行组织，或请师傅，或以能者为师，空余时间掼石锁、举石担、打沙袋等，用于自卫防身及强健身体。每到年尾，要组织各村高手进行比赛，武艺高强者称“拳师”。20 世纪初，朱家弄、水北等自然村有 30 多名青壮年掼石锁、举石担、打沙袋等。新中国成立后，青壮年业余习武已少见。1960 年后，民间习武绝迹。

篮球　40 年代至解放初期，各自然村建立业余篮球队，一些喜欢篮球的青壮年骨干自发组织，在简陋的球场上投篮抢球，参加当地球队或外出和客家球队比赛。1944 年春，五联精舍 10 余青年建立“工暇”篮球队，经常外出参加篮球比赛，在常熟地区小有名气。1965 年，境内喜欢打篮球的村民有 100 余人，各村各生产队都有业余篮球队。2007 年，金谷村举办一场规模较大的“金谷杯”篮球赛，邀请外地球队前来参赛，有 12 支球队参加比赛。2013 年 10 月，金谷村篮球队参加全市农民篮球比赛，获张家港市农民篮球赛第一名。

乒乓球　境内有许多乒乓球爱好者。80 年代～2015 年，村曾举办 20 余场乒乓球比赛，有 400 余名乒乓球选手参赛，并选派选手多次参加镇和市举办的乒乓球大赛，有 3 人获奖。

小足球　1985 年开始，境内在小学生中普及小足球活动。小学生人手一球，课余时间练习盘球、运球，早晚的农家场地上，随处可见三五成群的小学生在踢小足球，基本功硬的小足球队员入选“贝贝”足球队。1985～2010 年，境内有 2000 余名少年儿童参加小足球活动。至 2015 年末，全村有 100 多名少年儿童参加小足球训练活动。

门球　是境内新兴的一项体育活动。2010 年，金谷社区内建标准化门球场 1 个，不少爱好者前往练习，有专人指导，开始六七个人，后发展到 20 余人，打门球水平不断提高。2014 年，门球队参加张家港市组织的门球比赛，获得全市第二名的好成绩。

象棋　境内有许多人喜欢象棋。2007 年，金谷村举办“金谷杯”象棋比赛，有 30 多名棋手参加。2008～2015 年，境内 70 余名象棋手先后 10 余次参加镇、市举办的象棋比赛，获得较好的成绩。

拔河　境内 3 个村都有男子、女子拔河队，在参加镇上的农民运动会比赛中，拔河队都取得较好成绩。还曾两次参加市里举办的拔河比赛。

除了上述的体育活动外，境内还有跳绳、踢毽子、跑步、游泳、登山等体育健身活动。

第十三编　社会风土

金谷全境处在河阳地域，历史悠久。民间有“先有河阳城，后有常熟城”的说法，至今已有2400余年的历史。境内民俗风情较为丰富，其方言俚语与风俗习惯大多与农耕相联系。如气象谚语、农耕谚语、岁时习俗、生活习俗等无不体现了金谷地区具有地方特色的民俗风情。解放后，这些习俗虽然有部分已逐渐消失，然而有些至今还存在于现实民间，耳熟能详，眼见可及，成为境内民俗风土文化不可或缺的一个重要组成部分。

第一章　方言俚语

境内的方言属河阳话，历史上亦曾称虞西话，别具一格。本志仅记载金谷的部分语汇，特别是注重收集在凤凰地区流行而其他地区不太实用的语汇。

第一节　俗语俚语

一、称谓代词

好公——外祖父、外公
好婆——外祖母、外婆
老公公——祖父、爷爷
亲娘——祖母、奶奶
伯伯——岳父、丈人
娘娘——岳母、丈母
娘舅——母之兄弟
老子——父亲、爸爸
细娘——女孩
后则——男孩
后生家——男青年
大小姐——女青年

吾俚——我们
能得——你们
渠得——他们
脚色馆——你这个人
娘、姆妈——母亲
新娘子——媳妇
家主婆、娘子、堂娘娘——妻子
官人、小官人——丈夫
娘姨夫——姨夫
娘姨——姨妈
阿哥、老婆舅——妻子兄弟
侄子——侄儿
伲子——儿子
阿哥——兄长
老爹、爷爷——祖父
老伯伯——伯父
爷叔——叔父
啊娘——伯母
婶娘——叔母
娘妗——舅母
布袋——一般指上门女婿
掮犁辕——指女的丈夫死后又招进门的丈夫
大好佬——有身份地位的人
哪亨——怎么样
啦俚——哪里
依搭——这里
过搭——那里

二、时令、时间、天文、气候

春三头——春天
旧年——去年
开年——明年
明朝——明天
后朝——后天
大后朝——大后天
聂里——白天
上昼——上午
下昼——下午
头朝——早晨
啥辰光——啥时间
老辈头——从前、过去
秋里头——秋天
卸子头——前天
大卸子——大前天
日朝——每天、天天
日长细久——很长时间
老老早早——很久、很久以前
先年头——前年
老法头——过去老的做法
老老爱——很晚
后歇来——后来
张开头——刚才
聂昼心——中午
夜里头——晚上
嗳哉——晚了
忙头俚——农忙
聂脚——日子
早嗬勒——早着哪
一歇歇——刚刚、不长时间
小辰光——小时候
后歇来——后来
迷露——雾
麻花雨——很小的雨

随夜快——傍晚、黄昏
随便几时——随便什么时候
个哉世里——那段时间里
宿母里——妇女生育后第一个月
天打——雷击
阵头雨——雷阵雨
忽险——闪电
吼——虹
开洋——冰雪融化

三、日常用语、动物、动作、性状、植物、农事

一塌刮子——全部
一米米——一点点
架型——样式
蹩脚——不成器、不争气
朝饭——早餐
昼饭——中饭
晓得——知道了
阿晓得——知道吗
做人家——勤俭节约
做生活——劳动
落衣裳——洗衣服
斜趟趟——快步跑
嗯吃哉——吃过没有
跑亲眷——走亲戚
串白相——无目的地玩
作稻——割稻
飞飞燥——抢手、热门
吃茶——喝茶
寿头——弄不清事的人
情得来——得意、快活
牵板——怪罪人
嚼舌根——乱说
弄白相——嬉闹、开玩笑
劲煞点——加快、抓紧
航尽——数量很多
捉落当——抽空、钻空子
落门落槛——处事得当、识相
七缠八角落——瞎搅一气
坍冲——羞愧、丢脸
呒攀谈——不讲理
航勿住——受不了
搅骚——嬉闹、弄事
拆天——顽皮得出格
饭榔头——正长身体、饭量很大的孩子
就耿——就这样
有数脉——有数了
推板——差得很
要命天尊——棘手不堪
落浴——洗澡
揩面——洗脸
难为情——不好意思
修修看——找找
白相——玩
啥个末事——什么事情
眼热煞——羡慕
番瓜——南瓜
激滚——厉害
弄弄看——试试
郎衣裳——晒衣服
污壤——粪便
唔屎——大便
作麦——割麦

说死话——玩笑、噱头话、闲话
蛮好——很好
吃杯——不干事的人
拎勿清——勿懂
才铜钿——挣钱
垫舌根——惹人说话
大约摸张——大概
一眼眼——一点点
吃家生——挨罚、挨打
刹边刹沿——指正好、恰到好处
瞎扯三官经——瞎胡闹
上腔——寻事问罪
门头——家庭开支
牵昏——不合清理的胡话
定头货——性情固执的人
猪奴——本地猪的统称
老虫——老鼠
田鸡——青蛙
百脚——蜈蚣
偷瓜畜——刺猬
白乌举——鹅
长生果——花生米
番茄——西红柿
白眼果——银杏果
蛐蟮——蚯蚓
翻扒——翻晒谷物的工具
趁忙工——打短工
下秧——落谷
莳秧——栽秧
晶麦——元麦
麦柱头——麦穗
稻柱头——稻穗
苏苏头——如玉米的丝状雌穗
绞刀——侧刀
莳头——锄头
上路——办事有条理、有规矩、像样
把细——十分细心
巴望——盼望
交关、海还、航尽——很多
围园——很多
洋盘——假充内行、不懂装懂
险关——危险得很
着港——有着落
大脚膀——靠山
小扇子——拍马屁
无道成——没有出息
有介事——当一回事
勿连牵——不像样
勿识相——看不出苗头、做蠢事
勿作兴——不可以做、不可以说
吃排头——受上级责备
关心境——触及切身利益和伤心的事
寻吼死——寻衅生事
塌肩胛——推卸责任
戳枪——得罪人
眼皮急——气量小、眼红
佯资格——装腔作势
调枪花——耍花招
几化——多少
打棚——说空话
壳账——有准备
穿棚——事情败露
堂空——无根据
小乐惠——小享受
呒清头——不懂事或数量很多
累堆——事情难办
无介事——不当一回事
打过门——给人暗示

勿入调——不规矩、不理想
勿来个——不行的
吃钝头——受讽刺
吃夹档——受责、两头不讨好
吃喷头——碰壁、挨骂
夹屎硬——硬争好汉
坏伯屁——出坏点子的人
豁铃子——暗示
半二勿三——半途而废
呒手篩箩——不知怎么办
空心汤团——虚假的许诺
杂生头里——突然
野野豁豁——无边际
扳雀丝——找岔子
别苗头——看苗头、走着瞧
做手脚——作弊
掮水木梢——待人受过
搭勿够——力不能及
朝南闲话——打官腔、说空话
莳秧照上埭——照旁人或原来的样子做
三只鸭子六道游——一盘散沙
塌死做——耍无赖、不要脸
眼眼叫——刚巧
鸭屎臭——丢脸、出丑
趁脚跷——说风凉话
搞鼻子——瞎胡闹
脱拉斯——头挑、最好

四、房舍、家具、日用品

宅基——屋基、庭院和绿化地。也指居民聚集的村落
大前头——客厅、正厅
院堂——在正屋边厢
灶下——厨房
巷浪——村里
大人家——富户、大户人家
小人家——无权无势人家、小户人家
阶沿砖（石）——台阶
八仙台——木制正方形桌子，可供八人坐
骨牌凳——凳面为长方形，制作简易的小凳
庎柜——放餐具的柜子，碗柜
家当——家产
家生——家具、器具等，有旧家生、新家生之分
吃饭家生——干活的工具
油盏——一般指无罩的油灯
车袋——盛粮食用的布制大口袋
铲刀——炒菜的工具
碗底砣——碗的底部
马桶豁帚——洗马桶的筲帚
老虎灶——烧开水的灶
薄刀——菜刀
马桶——木制供方便用的桶
摇车——纺车
夜壶——便壶，男性老年人夜里使用
草可——存放大米的草编容器
脚踏车——自行车
机器脚踏车——摩托车

五、身体、疾病、吃、穿

面脚板——手工制作的粗而厚的长条形面条
面老虫——面疙瘩
甲泥——菜汤里放一点面粉搅和便成
尼朵——耳朵
面皮——脸皮
欠死——小孩哭的时间长，很长时间不停止
死血——冻疮
牙苏——胡子
身上来——女性月经
大块头——身材高大的人，胖子
大肚皮——怀了孕的妇女
屎孔——肛门
眼睛乌珠——眼球
痨病——指肺病（肺结核）
三日头——疟疾
打昏——打呼噜
瘫只（子）——瘫痪的人
暗毛病——不好意思告诉别人的疾病
闪腰——腰肌劳损
过人——农家特指疾病的传染
绢头——手帕
头绳——毛线，打衣服的绒线
作裙——旧时中老年人穿的一种长裙

六、形容词

乖——乖巧，听话，惹人喜爱
狠——本领大
灵——灵巧，灵通，灵验
派拉——泼辣
坦气——大度
顶真——认真
有种——有胆量，有勇气
吃硬——有骨气，不接受威胁
来三——能干
灵光——好
落脉——悠闲
险关——危险得很
勒杀——吝啬
济糟——脾气不好，喋喋不休
时迷迷——懒洋洋
屁灶经——比喻什么都没有
精刮——太精明，有损别人的利益
干剥剥——干燥
情得来——得意得很

七、俗语

登样——样式好漂亮
识相——知趣
有样式——有好的样式，好看，漂亮
做人家——生活节俭

一帖药——比喻使人心服口服
一脚落手——包干到底，一气呵成
有心有相——精力集中，有耐心又细心
头子活络——脑子灵活
蛮来事个——很好，很能干
的的刮刮——确确实实
活龙活现——形容像真的一样
抠心挖肚肠——形容费尽心思，对人十分诚恳
会捉老虫猫不勿响——比喻做实事的人往往不声不响
眼眼调——刚好，正好
勿作兴——不可以
斜快快——人奔跑
石刮铁硬——非常坚硬
极出乌拉——心急、紧张、绝望的样子
哭出乌拉——哭丧着脸的样子
五筋狠六筋——形容着力使劲的样子
勿着勿落——举止不得当，没有分寸
翻咀搭舌头——搬弄是非
像煞有介事——俨乎其然
笔描斯直——很直很直的样子
七老八十——老态
吃不住——承受不了
搭得够——交情深，够朋友
落场势——为自己收场找借口，说法
窜唇弄咀——搬弄是非
冤灾人祸——不能相处，经常会吵架
七搭八搭——胡乱搭讪
瞎三话四——乱讲乱说
推板不起——一般指怠慢不得
乌拉不出——说不出的苦恼和后悔
老 k 失匹——精明的人失误
投五投六——忙的昏头脑胀，团团转
临临上轿穿耳朵——事到临头才做准备
拆空老寿星——事情失败无可挽回
假面光修——弄虚作假，装门面
死蟹一只——无法，不能解决
立勒河里等潮来——无计可施，做好最坏打算
吃了新米饭讲陈说话——过去的事重新提出
打狗要看主人面——处理事要看主人面子
三婶婶嫁人心不定——心中矛盾，拿不定主意
青胖牛屎勿壮——意在他的说话不算数
带害乡邻吃麦粥——连累别人
度死热（日）——不负责任，混日子
邱路角——惹事生非人

第二节　气象谚语

正月：岁朝墨黑四边天，大雪纷飞是旱年；
　　　但得立春晴一日，不用力气不耕田。
二月：惊蜇响雷米似泥，春风有雨病人稀；
　　　月中若能逢三卯，种植棉花豆麦宜。
三月：风雨交加初一头，瘟疫猖狂令人忧；

清明风若从南至，今年定能大丰收。

四月：立夏东南少虫窝，逢晴初八花果多；
雷鸣甲子庚辰日，定有虫灾害稻禾。

五月：端阳有雨兆丰产，芒种响雷心头甜；
夏至风从西北起，蔬菜瓜果受煎熬。

六月：三伏云中逢酷热，大田五谷不易结；
此时倘若无灾害，立冬定受雷雨劫。

七月：立秋无雨农夫愁，万物只能一半收；
处暑要是在下雨，万物结果终难留。

八月：秋分天空白云多，处处欢聚收稻禾；
白雾要是雾茫茫，白米就能堆进仓。

九月：初一见霜害煞人，重阳无雨一冬晴；
月中无色人多病，若遇雷鸣果价增。

十月：立秋之日怕逢壬，来年种田枉费心；
此日更逢壬子日，预报宵殃损万民。

十一月：初一有风多疾病，更兼大雪有灾星；
冬至天晴无雨色，明年丰收保太平。

十二月：初一东风六畜灾，倘逢大雪旱年来；
若是此日天晴好，下年农民大发财。

天不穿地勿漏，夹在中间活受累。(天穿：正月廿五，地漏：二月廿五)

正月阴，好种田；二月阴，水淹田。

正月雷，年成荒；二月雷，多蛇虫；三月雪，庄稼好，狗添白米堆。

二月雪，毒虫百脚探白头。二月寒，冻杀羊和马。

二月三个连夜雨，种田人要吃白米。二月初八东南风，谷雨以后干松松。

清明杨树朝北摆，今年又是好庄稼。

清明晒得杨柳青，又有春来又有米。

三月廿五晴，农事忙煞人。

谷雨西南多浸种，立夏西南少下秧。

四月初二天气阴，高田低田统统熟。

立夏西风是个宝，立夏东风收点草。立夏勿起阵，起阵好收成。

四月初八南风刮，十条水沟九条挖。四月十二落了雨，当年麦子水里捞。

四月十六大雨落，一年勿要掮车轴。有谷无谷，但看四月十六。

四月雾，三麦仓库富。四月南风大麦黄，养蚕插秧两头忙。

端午有雨是丰年，端午无雨好种田。

禾生芒种水，芋生夏至泥。芒种刮北风，干断青苗根。

雨打黄梅头，小麦逐个偷（指抢收）。

雨打黄梅脚，车断水牛脚。梅里寒井底干，莳里寒没竹干。梅里西（风）雨凄凄。

黄梅雷，谷成堆。夏至晴，大熟年。六月三条鲎，三斗白米换斗豆。

东鲎日头，西鲎雨。朝鲎日头，夜鲎雨。朝看东南夜看西北，上看初二三，下看十五六。

六月初三起个阵，上昼耥稻下昼困。

六月初六晴，稻好柴干净；六月初六阴，稻柴贵如金。六月晴，水如金。

六月勿热，五谷勿结。夏雨隔丘田，乌牛湿半边。

立秋当天西北风，秋里干松松。

小暑一声雷，四十九天倒黄梅。处暑一声雷，瘪谷场前堆。

立秋一场雨，遍地是黄金。八月初一雨蒙蒙，割稻可着绣花鞋。

白露雾茫茫，白米堆上仓。白露天晴谷如山。

八月雨水落满地，大种蔬菜勤翻地。

九月南风毒如药，十月南风吹火着。重阳无雨一冬晴，立冬无雨一冬晴。

九月十三晴，勿及十四灵。秋不凉，籽不黄。冬前雪，米粮富。（冬：指立冬）

冬前七朝霜，有米无砻糠。十月里的夜雨，种田人的饭米。

十月廿九满天星，明年遍地是黄金。小雪雪满天，来岁定丰年。

冬无雪，麦不结。冬至晴，稻熟年。

干净冬至邋遢年，邋遢冬至干净年。

冬至三朝没有霜，农家囤里没有糠。

十二月初八晴，万物变成金。大寒三白，有益菜麦。腊月雾，来年五谷富。

冬天落雪一寸，虫害下埋一尺；春天落雪一寸，虫害上升一尺。

冬雪盖被头，春雪烂麦根。冬雨喊麦命，春雨麦送命。

水九旱三春，小麦粒籽饱；旱九水三春，菜麦收半成。

九里像春天，老虫哭千年。三九不穿靴，三伏踏破车。

四九有雪杀虫口，九九有雪养虫口。西风送九麦场干，雨来送九烂麦场。

两春隔一冬，无被暖烘烘。

蚯蚓叫，有雨到。蚂蚁挡道，雨在今朝。

鸡宿早，明日好（晴），鸡晚上栖，大雨满溪。

猫吃青草雨要到，狗吃青草天气好。

基石出汗蛤蟆叫，不久必有大雨到。闷热见飞虫，雷雨来必凶。

河里鱼打花，天上有雨下。

西风腰里（中午）硬，东风两头（早、晚）尖。

一场春雨一场暖，一场秋雨一场寒，十场秋雨穿棉袄。

逢春落雨到清明。

第三节 农耕谚语

三百六十行，种田吃饭第一行。种田要种红花草，比则积肥还要好。

生意钱，三十年；衙门钱，一阵烟；种田钱，万万年。

一年之计在于春，一日之计在于晨。

早起三朝顶一工。起早不忘，种田不荒。一天早，十天赶勿到。

收成要靠一双手，靠天靠雨没得收。

抬头求人，不如低头求地。勿怕土勿好，就怕人勿勤。

庄稼百样好，地是无价宝。两手双肩，胜过皇天。

人勿亏地皮，地勿亏肚皮。只有懒人，呒不懒地。人误地一时，地误人一年。

人勤地生宝，人懒地生草。勤劳人种田，荒田变良田。懒耕懒种，减产祖宗。

汗水洒地湿漉漉，年底谷堆山连山。田里勿做冤枉工，一分力气一分粮。

日日出勤，黄土变金。种田人勿离田块，生意人勿离店头。

困到日头红，勿想改变穷。田里兜兜，多收白米三斗。

干断麦根，挑断担绳。夏熟要抢，稻熟要养。

春雨惊春清谷天，夏满芒夏暑相连。秋暑露秋寒霜降，冬雪雪冬小大寒。

每月两节日期定，最多相差一两天。上半年来六廿一，下半年来八廿三。

宁在农时忙，不在农时后。误了农时种，三亩勿及一亩多。

节气勿等人，时间胜黄金。种田脱季节，懊恼来勿及。季节勿让人，种田赶时辰。

过了年，忙种田。正月立春雨水前，拉土送肥快整田。立了春，赤脚奔，挑野菜，拔茅针。

雨水、雨水，种子下水。立春雨水正月到，小麦田里除杂草。

正月一过二月忙，三月就要菜花黄。

惊蛰过后勿停牛。过仔惊蛰，耕地勿歇。

春分麦起身，一刻值千金。

清明前后，种瓜点豆。清明踏遍田，谷雨一遍青。清明谷雨三月过，整理秧田早插禾。

谷雨立夏，不要站着说话。立夏见三鲜（蚕豆、苋菜、竹笋）。

小满动水车（人力水车）。小满三朝砟草种。小满插秧难得见，芒种插秧遍天下。

芒种到，无老少。芒种芒种，样样要种，一样勿种，秋后落空。

芒种不下种，祖宗也要哭。芒种插秧天赶天，夏至插秧时赶时。

夏至来，“秧园”开。头莳种田谷子重，铁扁担挑稻两头重。

六月小暑连大暑，中耕除草牢牢记。

小暑发棵，大暑发粗，长穗立秋。六月不热，五谷不结。小暑补棵一斗米，大暑补棵一斗粞。

大暑过三朝，种豆不长腰。

头伏萝卜二伏菜，三伏里头种白菜。伏天浅锄划破天，赛过秋天耕一犁。

立秋十八天，百草都结籽。立秋种葱，白露种蒜。

立秋不动耥，处暑不耙泥。处暑不浇苗，到老直苗苗。

处暑萝卜白露菜。白露过去是秋分，忙过秋收忙秋耕。

秋分种菜小雪腌。秋分割早稻，寒露割晚稻。

秋分稻上场，寒露前落草（红花草下种）。寒露种草，死多活少。

秋分过去寒露到，犁头牛鞭田里到。寒露前播种棵棵好。

种麦敲堂锣，砟麦倒干棵。

油菜要吃含露水。

寒露到，割秋稻；霜降到，割糯稻。寒露呒青稻，霜降一齐倒。

霜降霜降，剩点稻根。霜降拔葱，勿拔就空。

立冬桑叶黄，修剪除草刮桑黄。立冬先封地，冬至白菜肥。

小雪大雪，种麦歇歇。小雪不见蚕豆叶，到老豆花勿结荚。

腊月瑞雪兆丰年。大雪冬至雪花飘，三麦地里施肥料。

犁地冬至内，一犁比一金。

腊月小寒接大寒，施肥停当心里安。

大寒三白，有益三麦。（三白：霜、雪、雾）

低田挑高一尺，白米多收一石。一年深耕一层皮，三年深耕就一犁。

深耕长谷，浅耕长壳。稻麦不认爷和娘，精耕细作多打粮。

翻过地皮吹一吹，赛过施上一次灰。

正月金，二月银，春耕赶快抓把劲。春误一日，秋误十日。

冬耕深一寸，产量增一成。冬天不耕地，春天哭皇天。

冬天麦田敲一敲，麦苗好比穿棉袄。三分种地七分管。

春夏水车响，秋冬粮满仓。六月晴，水如金。

田边开条流水沟，旱年也有八成收。一尺沟不通，万丈沟无用。

积水如积谷，保水如保粮。水满塘，谷满仓；塘里无水仓无粮。

种不好庄稼一年穷，搞勿好水利一世穷。

庄稼面皮黄，地瘦不长粮。人勿吃饭身勿壮，禾苗无肥长勿旺。

田里多施肥，囤里多积米。肥料足，多打谷，一熟可以顶二熟。

没有臭粪，哪有饭香。种田三个宝：猪灰、河泥、红花草。

粪是田里金，猪是农家宝。旱地种得好，捉只羊养养。

河泥香香，稻像围墙。河泥足，稻麦熟。一年红花草，三年田脚好。

底肥施得足，多收两担谷。千浇万浇，不如腊里一浇。

种子好，收成好。好种出好苗，稗子出稗草。种子年年选，产量节节高。

好树结好桃，好种出好苗。只种勿管，打破饭碗。

秧田落谷稀，秧田笑嘻嘻。秧田得病，大田送命。干黄秧，死爷娘。

立夏好日头，秧在田里浮。黄秧搁一搁，到老勿发禄。宁可田等秧，勿要秧等田。

头莳忙，二莳抢，三莳等于弄白相。

草是百谷病，不除要送命。宁除草芽，莫除草爷。除草勿除根，留个祸害根。

禾怕枯心，草怕断根。若要稻长好，黄秧落地先除草。苗多欺草，草多欺苗。

若要庄稼好，踏杀地边草。

跳蚤不捉满身痒，虫害不除稻遭殃。

黄梅天气勿让人，上昼麦垄下昼清。

芒种到，无老少，黄金铺地，老少弯腰。麦熟不怕毒太阳，只怕七月八夜雨。

夏至种芝麻，梢头一朵花。干花湿荚，黄豆丰收。

毛豆叶碰叶，蚕豆荚碰荚（指密植）。蚕豆勿用粪，只要寒露种。

豆田年年换，豆子岁岁好。油菜三遍浇，产量一定高。

冬里兴，不算兴；春里兴，收百斤。

霜打油菜芽，到老勿翻身。干浇菜花湿浇麦。

二月二，瓜菜茄播下地。过了三月三，黄瓜葫芦一起栽。

萝卜白菜葱，多用大粪攻。菜不移，种不发。

荒山变成林，胜似聚宝盆。树绕村庄，不怕年荒。种树忙一天，收益千百年。

深挖实踏，种树必发。冬至栽竹，立春植木。家有百树，勿愁吃住。

养猪勿赚钱，回头看田间。猪吃百样草，五日长一膘。

要想发，养群鸭；要想富，养猪婆。小猪要奔，大猪要困。养猪养羊，有肥有粮。

养鸡要勤，养鸭要腥，养鹅要青。要想富，多养兔。

水清无大鱼，急水好捕鱼。养鱼十倍利，鱼食一把栖。

菊花黄，蟹肥壮；西风起，蟹脚痒；蟹立冬，影无踪。

冬季鲫鱼夏季鲢。鱼有鱼路，虾有虾路，泥鳅黄鳝一条路。

鲤鱼鳊鱼混一起，青鱼草鱼可同居。

春宵一刻值千金，一网鱼虾一网银。

窝暖食饱，牛勿落膘。冬牛不瘦，春耕勿愁。春牛要露，冬牛要窝。

第四节　社会生活谚语

秧好稻好，娘好囡好。

立得正，坐得正，哪怕和尚、尼姑合板凳。

脚正不怕鞋歪，身正不怕影子斜。（正直人不怕别人说三道四）

吃死人勿吐骨头。（德行差）铜钿眼里翻跟头。（见钱眼开）

日里不做亏心事，半夜不怕鬼敲门。

有借有还，再借不难。上梁不正下梁歪。

做贼偷葱起，赌钱钉打起。

不见棺材不落泪与“不见黄河心不死”同义。

做到老，学到老，一生一世学不了。学好要三年，学坏不用三天。（学坏容易，学好难）

骨头吼不四两重。（讥人轻浮）

少管闲事多吃饭。（少讲闲话是非少）多吃饭，少开口。

打落牙齿自肚里咽。（受了伤害，又不能声张）

只管羊卵子，勿管羊性命。（比喻为私利而不管别人死活）

死要面子活受罪。各人自扫门前雪。

乡邻好，赛金宝。亲兄弟，明算账。

爷有娘有，抵不上自己有。勿听老人言，一世苦黄连。

从小看看，到老一半。

常熟人识天，江西人识宝。

风不摇水勿动，求人不如求己。

心慌吃勿得热粥。

善马好骑，善人好欺。

歪嘴和尚念勿出好经。（道理虽好，被人歪曲）

出门一里勿及屋里。（出门总不如家里舒服）

好记性，不如烂笔头。

龙门要跳，狗洞要钻。（应奋发时要奋发，该思考时要思考）

点只和尚过馒头。（算准再做）

手心是肉，手背也是肉。
只有千人做贼，没有千人防贼。
心急吃不得热豆腐。
煞嘴煞鼻头。（办事情时间十分紧）
黄毛丫头十八变，临时上轿变三变。
吃得苦中苦，方为人上人。
坐吃山要空，坐吃三年海也平。
起屋千间，还缺一间。
弯扁担不断痨病鬼勿死。
乡下锣鼓乡下敲，乡下狮子乡下调。
千算万算勿及老天一算。
来得早不如来得巧。
篱笆扎得紧，野狗钻勿进。
筷头浪出忤逆，棒头浪出孝子。
眼不见为净。
千金难买老来瘦，六十六烧火不发落。
牙痛不是病，痛起来要你命。
笑笑长寿命，气气要生病。
年老珠黄不值钱。
在家靠父母，出门靠朋友。
一只碗不响，两只碗叮当。
好男不同女斗。
头痛医头，脚痛医脚。
长兄为父，长嫂为母。
寡妇门前是非多。
看菜吃饭，量体裁衣。
三十年河东，三十年河西。
看人挑担勿吃力。
狗头上搔搔，羊头上摸摸。
鸡蛋里挑骨头。
大难不死，必有后福。
偷鸡不着蚀把米。
小洞不补，大洞吃苦。
老大多喷驶翻船。

黄狼剥脱千层皮，臭气仍在骨头里。
身上着得软披披，屋里呒不夜饭米。
秀才碰着兵，有理说勿清。
油水勿落外浜，家丑不可外扬。
家呒主，扫帚顶倒竖。
狗咬吕洞宾，勿识好人心。

第五节　歇后语

歇后语是境内群众反映实际生活的一种口语。一般的歇后语都由两个部分构成：前一部分是比方，像谜面；后一部分是本意，像谜底。本意通过前一部分的解释得出。境内不少群众说话时，往往只说前一部分，省去后一部分，让听者自己去领会。境内流传的歇后语巧妙、独特。本志列举人们口头常用歇后语，以飨读者。

抱不上树的刘阿斗——白费心
飞机上钓蟹——路远八只脚
八十岁学打拳——寿长气短
八月半的月亮——光明正大
大白天做梦——胡思乱想
搬了石头砸自己的脚——自作自受
猪八戒照镜子——里外不是人
顶着石臼做戏——吃力不讨好
蜻蜓吃尾巴——自吃自
城头上出棺材——远兜远转
老和尚敲木鱼——实笃笃
猫哭老鼠——假慈悲
狗嘴里落不出象牙——没啥好话
肉骨头敲鼓——昏咚咚
外甥打灯笼——照旧（舅）
聋子的耳朵——摆摆样
嘴上抹石灰——白说白话
八仙过海——各显神通
白布掉进染缸——洗不净
夹忙头里膀牵筋——急煞人
瞎子吃馄饨——心中有数
田鸡跳在戥盘里——自称为王
驮子跌跟头——两头不着实
石头上掼乌龟——硬碰硬
棺材里伸手——死要钱
黄鼠狼给鸡拜年——没安好心
风箱里老虫——两头受气
门缝里看人——看不起人
泥菩萨过河——自身难保
烂河泥里滚石臼——越陷越深
粪坑里的石头——又臭又硬
弄堂里拔木头——直来直去
敲啥木鱼念啥经——专行
歪嘴吃面——相差一线
脚踏西瓜皮——滑到哪里是哪里
姜太公钓鱼——愿者上钩
烧香望和尚——一事二便当
打开天窗说亮话——直截了当
手臂上好排马——过得硬
芦席上滚到地上——差勿多

蛳螺壳里做道场——轧里轧煞
肚里吃萤火虫——自肚里明白
牯牛身上拔根毛——不在乎
和尚道士夜来忙——并煞腔
石头往山里搬——多余
丈母娘看女婿——越看越有趣
药店里揩台布——受足苦
芝麻里的黄豆——独大
青菜烧豆腐——清清白白
新箍马桶——三日香
隔壁打水缸——指桑骂槐
月初的月亮——不明不白
粪缸里学游泳——不怕死（屎）
脱裤子放屁——多此一举
有饭作粥吃——活该
断了线的风筝——没去向
隔年黄历——老观念
大海捞针——无从下手
和尚撑洋伞——无法无天
青肚皮猢狲——无记性
竹篮打水——一场空
额骨头上搁扁担——头挑
懒婆娘裹脚布——又臭又长
大伏天穿棉鞋——好日（热）脚
做天和尚撞天钟——得过且过
敲锣卖糖——各干一行
黄牛角水牛角——各归各（角）
芝麻开花——节节高
老太婆吃豆腐——呒啥嚼
关云长卖豆腐——人硬货勿硬
三只手指头捡田螺——十拿九稳
咸菜烧豆腐——有言（盐）在先
老母鸡生病——毛里有病
小葱拌豆腐——一青二白
毛豆子烧豆腐——一块土上
癞子当和尚——巧头
肚皮里的蛔虫——无事不晓
沿线头上顶芝麻——补细
偷佬佬竖牌坊——假正经
程咬金三斧头——开头凶
蛇吃黄鳝——硬拼
打肿脸充胖子——死要面子
新娘子上轿——第一趟
端着金饭碗讨饭——装模做样
山头顶上倒马桶——臭名远扬
狗咬吕洞宾——不识好人心
鲜花插在牛屎上——可惜
王小二过年——一年不如一年
猢狲屁股——坐勿热
嫁出的女儿泼出的水——管勿着
癞蛤蟆想吃天鹅肉——瞎想
快刀斩乱麻——爽爽气气
拖泥萝卜吃一段揩一段——做一点是一点
千里送鹅毛——礼轻情义重
热锅里的蚂蚁——团团转
兔子尾巴——长不了
当面锣鼓当面敲——直截了当
绣花枕头——一包草
丈二的和尚——摸勿着头
痴狗等羊头——空等
生就皮毛铸就骨——难改
野鸡毛当令箭——像煞介事
着水老棉絮——拖重
冲头上的狗——抢在前
青竹头掏屎坑——自出臭
铜钿眼里钻的过——一钱如命
叫花子唱山歌——穷开心

井底里的蛤蟆——坐井观天
和尚打相打——抓勿着辫子
狗面亲家公——翻脸不认人
牛吃稻柴鸭吃谷——各自人的福
叫花子吃死蟹——只只好
泥菩萨过江——自身难保
风吹杨树头——两面浪
孙悟空翻筋斗——相差十万八千里
戏台上的胡须——假的
死人肚里得知——弄勿清
张飞穿针——粗中有细
周瑜打黄盖——两厢情愿
心慌吃勿得热粥——慢慢来
偷鸡不着蚀把米——不合算
牙齿好当界沿石——说话算数
三拳头打勿出闷屁——慢性子
石灰船上火着——没救
香火赶出和尚——喧宾夺主
无事不登三宝殿——有目的
乘水踏沉船——乘人之危
哑子吃黄连——有苦说不出
陌生人吊唁——死人肚里得知
门神看落雨——眼见水滴
脚炉盖当眼镜——看穿
嘴咬黄连——说勿出苦
隔年蚊子——老口
横竖横拆牛棚——横下一条心
路归路，桥归桥——各不相干
和尚讨老婆——呒日脚
嘴上涂石灰——白说白话
麻子抹粉——蚀煞老本（形容花费大）
换汤不换药——老一套
屁灶经——什么东西都没有
拼死吃河豚——犯不着
狗捉老鼠——多管闲事
贼跌屎坑里——滃煞
蜻蜓吃尾巴——自吃自
灯草当拐杖——勿中用

第二章　风俗习惯

全境由于过去长期属常熟县管辖（1962 年 1 月划归沙洲县），风俗受其影响。境内为纯稻区，风俗多与农业有关，尤其代代相传“满月剃头、结婚、丧葬”三讲究。有着较多的自然性与人民性。带有朴实的地方情趣。中华人民共和国成立前，农村科学文化落后，许多风俗带有封建迷信色彩。中华人民共和国成立后，随着生产力的发展，人们科学文化水平的提高，历史沿袭的风俗，有的革除，有的淘汰消失，不少已经更新，有着时代的特征。80 年代后，旧风俗有复苏之势。90 年代后，开始讲究文明新风俗。

第一节 岁时习俗

春节 农历正月初一，俗称年初一。初一起至初五日，称过新年。民国初年始定名春节。年初一，家家户户贴春联，男女老幼穿新衣，象征万象更新。早晨开门第一件事放开门炮仗。小辈向长辈拜年，亲友见面互道喜。男人吃橄榄茶，也叫“元宝茶”。妇女上寺庙烧香，有的隔夜不睡争烧头香。早餐全家吃糖汤团圆，第一碗敬祖先，第二碗敬灶神，然后合家同吃。中午吃面或馄饨以取“高升”“平安”“团圆”和“兜财”的吉利。入夜提早睡觉，同时燃放“关门炮仗”。是日，凡起居饮食都用吉利词语，全天不借火，不汲水，不扫地，商店休业，小孩成群结队外出讨饭，称“吃百家饭可消灾避难，保佑安康”（该习俗至今已无）。中华人民共和国成立后，早晨吃团圆、放开门炮仗等习俗一直延续下来。70 年代，提倡过革命化春节，春节不放假，各种传统习俗淡化。80 年代中期，国家提倡春节放长假（假期 7 天），农村各种习俗复苏，假期中走亲访友、外出旅游者增多。90 年代后，随着电话和手机的普及，打电话，发短信逐渐成了人们相互拜年的重要方式。至 2015 年，春节期间人们或合家团聚，或走亲访友及外出旅游。

元宵节 农历正月十五为元宵节，这一天要吃“元宵”。据说，两千多年前的西汉时期，周勃、陈平戡平“诸吕之乱”，汉文帝登基这天是正月十五。以后，每年这一天晚上，他都要出宫游玩“与民同乐”，以示庆祝。因“夜”在古语中又叫“宵”，正月又称元月，汉文帝便将正月十五定为元宵节。“元宵”作为食品，在我国由来已久。这种食品用各种果饵作馅，外面裹糯米粉滚成丸子，煮熟后，吃起来香甜可口，饶有风味。民国初，袁世凯当了大总统，因为“元”和“袁”，“宵”与“消”同音，“元宵”有“袁世凯被消灭”之意，因而在 1913 年的元宵节前，他下令将“元宵”改称“汤圆”。袁垮台后，又恢复了“元宵”的名称。元宵节俗称“正月半”，又称“灯节”。是日，中餐吃馄饨，晚餐吃团子、汤圆，为祈盼来年好收成，农家傍晚以柴草置田角焚烧，称“照田财”。民间有上灯时放鞭炮、舞狮子、舞龙灯的习俗。中华人民共和国成立后，“照田财”、舞龙灯等习俗一直延续。90 年代后，另加燃放焰火、办灯展等。至今“照田财”、舞龙灯等习俗已很少见，而吃“兜财”馄饨及“接灶”的习俗依然存在。

二月二 我国民谚有“二月二，龙抬头”的说法。因为这一天一般和惊蛰这个节气靠近，惊蛰意为冬眠蛰伏的动物被春雷惊醒，即使睡了一冬的龙也不能幸免。这就是“二月二，龙抬头”的来历。农家注重季节，在即将开始春耕生产时，家家户户备耕备种，磨粉蒸糕，称此糕为撑腰糕，说“吃了撑腰糕，一年到头不腰痛”。中华人民共和国成立后，二月二吃撑腰糕的习俗一直延续至今。

清明节　每年公历4月5日前后，是我国的传统节日——清明节。这时候气温转暖，万物萌发，让人感到格外清新明洁，因此叫作清明。我国自古以来绝大部分地区人死后都是土葬，堆有坟墓。后人常在坟上种点树木，以资保护，同时作为纪念标志。经过一年的风吹雨淋，坟墓不免土壤流失，树木凋残，因此到了春日清明，后人前去看望，称为上坟，又叫扫墓。常带食物供奉，并整理坟墓，久之便成为清明祭扫风俗。中华人民共和国成立后，每年清明节，家家户户都要祭祖扫墓。80年代后，清明扫墓向先祖献花篮、送鲜花，学校、机关这一天会组织人员到烈士墓祭扫、悼念。2007年，国务院规定清明节为法定节日，放假一天。清明节祭祖扫墓的习俗一直延续至今。

立夏　立夏是一年之中重要的季节，它意味春天即将过去，炎热的夏天将要来临，是农耕生活中一个重要的节点。这一天，境内有很多富含地方特色的习俗。一是尝三鲜。三鲜为蚕豆、麦蚕、竹笋。麦蚕是指青的麦穗，其形似蚕，炒食后其味鲜美。现今尝三鲜的习俗已淡。二是“称人”。立夏称人的风俗由来久远。《常昭合志》记载“立夏日，家家以大秤称身轻重”。这种风俗至今犹存，一来称人可得知一年中人的肥瘦，从而得知一个人的辛苦与否，还可以帮助中医把握一个人的健康状况，得知有无病来缠身。二来民俗认为立夏日称了人，可防“疰夏”。三是立夏吃“草头面衣”的习俗，即用金花菜（草头）切细，拌面粉，在锅里煎成薄饼状，立夏日食之则能避风邪，强身防“疰夏”。新中国建立后，立夏吃草头面衣、咸鸭蛋的习俗一直延续至今。

端午节　“端”是开始，“五”与“午”既音同又通用，所谓端午，也就是农历五月初五。午时，正值烈日当空，阳光灿烂，故又名“端阳”。吴地传说，端午节是龙的生日，是先民举行祭祀的节日。公元前484年这一天，吴国大夫伍子胥被太宰嚭所诬，吴王夫差赐剑命他自杀，并投尸江中。划龙舟、包粽子，既为举行图腾祭，又为投粽子喂鱼和蛟龙，不让它们去伤害伍子胥的尸体。是日，人们在瓶中供插蜀葵、石榴、蒲蓬等物，妇女头上戴艾叶榴花，称“端午景”。家家门前悬艾蒲及蒜头，喝雄黄酒，在孩童额上用雄黄书写“王”字，据说可以“辟邪解毒”，避虫蛇之害。中华人民共和国成立后，人们延续端午节吃粽子、咸鸭蛋的习俗。20世纪90年代后，粽子品种增多，除农家自包外，超市、商场也有供应。2007年，国务院规定端午节为法定节日，放假一天。端午吃粽子、咸鸭蛋习俗一直延续至今。

夏至　每年阳历6月21日前后夏至节气，夏至这天，是全年中白昼最长的一天。旧时境内农家有“夏至日勿伴工，冬至日勿请客”的说法。此时农家新麦已收获，为庆丰收，户户都要磨面粉包馄饨，故境内家家户户在夏至日有吃馄饨的习俗。旧时境内还打趣说“夏至不吃馄饨，死后没有坟墩”。同时，这一天忌坐门槛，此俗今仍流行。

六月廿四 农历六月廿四，烈日炎炎，此时正当农村休闲，人们利用空余走亲访友团聚。境内的媳妇都要回娘家“度夏”，看望双亲及弟妹，为显亲热，家人以包馄饨、团子招待客人。久而久之，六月廿四吃馄饨、团子成为一种习俗。如今，每到这一天，邀集亲朋好友聚餐，吃馄饨、团子。

七月七 农历七月初七夜为七夕，谓牛郎织女于七夕在银河鹊桥相会，故民间有乞巧之说。七夕节又叫女儿节，传说在这一天，摆上瓜果，希望织女把一手巧艺传给人间，向织女乞巧。又说，闺中女郎陈香灯、瓜藕之摆于庭中露台，礼拜牛郎、织女二星，为乞巧会。是日，农家做巧果，用面粉和糖，做成苎结之形，或飞禽之式，放入油锅煎脆，俗称“油绞”，年轻女子喜用凤仙花捣烂后以扁豆叶敷在指甲上染红指甲。该习俗90年代已少见。

七月半 农历七月十五，旧称“中元节”，又叫“鬼节”。这一天，人们祭祀祖先，怀念亡灵。每到此日，寺庙里有盂兰菊会，超度亡灵，称“中元普度”。这一天，农家也要备酒菜祭祖，人称“过七月半”。该俗一直延续至今。

中秋节 农历八月十五为中秋节，俗称八月半。这一习俗源于西周时代。关于中秋的来历：秋天于夏冬之间，八月居秋季之中，十五又是八月的月半，故而得名。是日，民间在祭月时除供瓜藕、月饼外，还置香斗，焚香其上，合家对月膜拜，称作“斋月宫”。中秋节为仅次于“春节”的第二大节。民国元年，曾行文把中秋法定为“秋节”(端午为夏节、冬至为冬节)，江南一带人称月饼为“团圆饼”，中秋节为“团圆节”。新中国成立后，中秋节吃月饼成为人们的传统习俗。2000年以后，市场上供应的月饼品种繁多，有广式、苏式等，且包装精美。2007年，国务院规定中秋节为法定节日，放假一天。中秋前后，人们争相购买月饼尝鲜或送亲友，这个习俗一直延续至今。

重阳节 农历九月初九为重阳节，又名“重九”。“九九重阳”的说法，最早见于《易经》。该书把九列为阳数，重阳节的月和日恰逢双九为阳，两阳相重，故名重阳。重阳节风俗很多，如登高、插茱萸、赏菊、饮菊花酒、蒸五色米粉糕，名重阳糕。如今重阳节又定为老人节，每到此日，家家吃重阳糕，村领导组织带领有关部门，走访慰问老人，给老人发红包，送慰问品。

冬至 冬至节通常在每年公历12月22日左右，此日家家祭祖，邀亲友吃“冬至夜饭”，俗有“冬至大于年”之说。冬至也是落葬的大吉日子。如今，该俗已淡薄。

腊八节 农历十二月称腊月，故十二月初八称腊八。相传腊八日为如来成佛之日，故各种寺庙僧尼均以莲实、枣栗、松子、百合等果类和米煮粥为斋供，又以此粥送信徒及附近居民，称作“佛粥”，也称“七宝粥”。人们相信是日食此粥能消灾降福。腊八节这天，人们家家煮粥，吃腊八粥。2000年后，腊八节有些人家不再自己烧粥，而从商场购买八宝粥替代。这个习俗一直延续至今。

送灶　旧时迷信，以为衣食温饱由灶神所施，灶神每年农历十二月二十五会将民间善恶上达于天庭，故前一天夜间家家用纸竹糊扎成灶神的轿与车马于门前焚之，称“送灶”。以麦芽糖制成粘牙的粮食，称作“糖元宝”；以糯米粉裹以豆沙馅，称作“送灶团”，谓供此二物可粘住灶神之口，以免其上天揭民之短。旧时每行送灶仪式，极其郑重虔诚，到来年元宵节接灶神。此习俗一直延续至今。

除夕　农历十二月的最后一天称大年夜，亦称“除夕”。家家户户团圆，贴春联、挂年画、祭神祀祖。从傍晚起，家家户户都举行丰盛家宴（称吃年夜饭），喜气洋洋，共享天伦之乐。席间，有几样菜是必须吃的，一是黄豆芽，象征如意；二是青菜，意为安安稳稳有青头；三是荸荠，象征“聚宝盆”；四是蛋饺，意为进金宝；五是笋干，意为节节高；六是鱼，意为年年有余，生活富裕等等。又供米饭一盘篮，称“万年粮”，俗称“饭山”。除夕之夜，合家常通宵不眠，谓之“守岁”。如今除夕夜，还增加一项从晚上八点钟开始看中央电视台播放的“春节文艺联欢晚会”节目。长辈将用红纸包的“压岁钱”送给孩子，以示贺岁。为讨新年吉利，又在檐前插冬青枝、柏树枝和芝麻箕等，意谓“节节高”。除夕俗例，睡前关门必放鞭炮而后关门，称“关门炮仗”，初一清晨又要必放“开门炮仗”后开门。此俗一直延续至今。

第二节　婚嫁习俗

古代婚嫁有“六礼”。“六礼”是指旧时婚嫁的六个礼仪，在我国流传了2000多年。“六礼”的内容是：

纳彩　男方派人送礼品到女家，表示愿和女家结亲。女方如不同意，便拒绝收礼。

问名　男方修书与女家，询问女方的生辰年月。

纳言　男方将探询的结果，卜问祖先、祖神，如得凶签，便止婚。

纳征　如果卜签得吉兆，男方便遣使（媒人）带彩礼去女家订立婚约。

请期　男方确定婚期后，就将日期写在帖上，备上礼物通知女家。女家若收下礼物，说明女家同意这个婚期；若不收，婚期只好另择。

迎亲　到了结婚的那天，男方先去女家，女方父亲在门外迎接，带女婿去祠庙拜祖先。车或花轿停在大门外，女方来到车（轿）旁，男方长揖，请女方上车（轿），与之同归，迎亲以后整套婚礼便告结束。

花轿临门，鞭炮、鼓乐响起，喜娘搀扶新娘下轿，踏红地毯步入花堂。新娘立左，新郎立右，有司仪唱赞礼，双方对长辈行跪拜礼，拜天地、拜翁姑，拜伯、叔、姑、舅，最后夫妻对拜，称拜堂。然后随着鼓乐，双烛前导，新郎新娘各握红绿绸之一端牵入新房，称“红绿牵襟”。进洞房后新夫妇并坐床上，新郎用秤杆拨去新娘盖面的红巾，称“挑方巾”。随后新夫妇同饮合卺酒（交杯酒）。新婚吉日的酒菜十分丰盛，称“花筵夜饭”。宴罢，客人拥入洞房，逗新娘，索喜果、喜糖称“闹新房”。翌日，女家备礼物，送往男家“做三朝”。婚后数天或一月，新夫妇到女家看望长辈，称“归宁”，又称“回门”。

中华人民共和国成立初，旧俗渐废。提倡文明结婚，抬花轿，请喜娘，穿礼服者甚少。婚事普遍简办。未婚男女到当地政府办理结婚登记手续，领结婚证。婚期办几桌酒邀亲朋挚友，合家庆贺。新夫妇着时装服饰，佩戴红花，向亲友赠送喜糖、香烟等，烦琐礼节尽免。自由恋爱者无须介绍人，家具尚简，也有结婚、生小孩后一并办三朝酒以了之，也有旅行结婚者。

“文化大革命”期间，“破四旧、立四新”，旧的婚嫁习俗基本取消，最为简便。进入 80 年代后，订婚、送聘礼、接送嫁妆、讨利事、茶酒担、双回门、吃三朝等旧俗复兴，送人情、办嫁妆、办酒席及应酬礼物更趋讲究。1990 年以后，一般农民结婚酒席费用 5000～10000 元，有的万元以上，运嫁妆、接新娘大多用汽车。2000～2015 年，随着生活水平的提高，农家婚事，水涨船高，光酒席费用 5 万到 20 万元不等。还有相当部分经济富裕的家庭，在大酒店举办婚礼，费用相当可观，一般在 50 万元左右。聘礼一般在 8 万到 20 万元，有的甚至更多。

旧社会，重男轻女，妇女地位低下，男子动辄可以休妻或纳妾。而妇女必须“三从四德”，寡妇再嫁要受到种种限制和阻挠，由此形成很多婚姻陋习。

童养媳　贫苦人家的女孩，从小让人家领后做童养媳，待成年后完婚。

指腹为婚　亲友双方在婴儿未出世前就联姻，产后果真一男一女即定婚配。

抢亲　一般系子女幼年订婚，后来男贫女富，女方有赖婚之意，男方就去“抢亲”。也有双方清贫无钱办酒席宴客，双方同意以一“抢”了事。

拔亲　男家有长辈在婚期病死，又不愿将婚期延期，就把死人暂行搁置，先办喜事，然后开丧，就叫“拔亲”。

抱牌位成亲　未婚夫死后，未婚妻抱亡夫神主牌位结婚。一般为男家有财有势，女家被迫接受。

纳妾　官绅、富豪多一夫多妻，正妻称“大老婆”，另外娶入者称“妾”，又称“小老婆”。

赘婚　又称“招女婿”。是指男嫁女娶，夫从妻居的婚姻形式，一直延续至今。

垫房　男人死了妻子再娶称为垫房。再娶之妇被认为不是原配夫妻，在某种场合要回避，解放以后废除。至今，提倡男女双方如配偶死亡或离异，都有再婚的权利。

掮犁辕　女的死了丈夫后，家中有孩子和老人负担，不能出嫁，招一个男人进门结婚称“掮犁辕”。意思是男的进去后要承担全家的负担，农村中主要是耕种土地。

中华人民共和国成立后，国务院颁布实施《中华人民共和国婚姻法》，旧时境内的童养媳、指腹为婚、抢亲、拔亲、抱牌成亲、纳妾等一律取缔禁止，提倡男女平等，一夫一妻制。

第三节　丧葬习俗

老人或病人弥留之际，家属必须守候在床前，包括配偶、子女和晚辈，都要在现场看着老人或病人咽气，本地人称为“送终”。旧时实行土葬，人死后，按本地传统习俗丧葬礼仪主要分入殓、出殡、安葬、祭祀等环节。

一、入殓

入殓即将死者放进棺材。旧时入殓前，还有 5 个过程：

烧出门裤　人刚死，家属用黄纸将死者头脸盖上，放高升，并把死者床上的蚊帐取下，扔到门前屋上。同时烧“出门裤”，又称“烧落地布衫”。即将死者穿过的一条裤子摊放在大门内侧，裤管内塞上豆箕或稻草，套上死者穿过的袜子和鞋子，点火焚烧。

点头边火　在死者口中放入一块银子或其他银饰物，俗称“含口银子”。烧一碗饭，一个荷包蛋，插上一双筷子放于死者枕边，在死者床上点燃一支香，点一盏灯，称“枕边火”。

报土地　请道士念“上路经”，并由死者子女，或者他人手提灯笼到附近的土地庙为死者烧“回头香”，焚化纸马，叩头祈祷，算是为死者向阴间报到，俗称“报土地”。

买水　道士领着死者家属和子女，带上盛水用的吊子（有提手的水壶）或碗、高升、零钱，到河边祭拜河神，放高升，烧纸钱，将零钱投入河中，用吊子或碗舀水带回家中，称“买水”。

穿衣　子女用“买”来的水加温后为死者擦身。请理发师为死者剃头、刮胡子。如死者为女性，则由子女为其梳头。然后为死者更换老衣，俗称“穿衣”。“穿衣”前，先要“筒衣”。因为按本地民间风俗，死者上身穿七件衣服，所以必须先筒好。筒衣服必须由死者亲生子女完成，无亲生子女的只能由旁人替代。待为死者穿戴完毕后，再以帛纸盖于死者脸上，准备入殓。同时赶制孝服。入殓时间没有具体规定，有当天死当天傍晚入殓的，也有死后第二天傍晚入殓的。

入殓必须等全体子女全部到齐后进行。入殓前，根据棺材大小，在棺内放入砌墙用的十几或数十块干土坯，土坯是黄泥做成，寓意金砖。再放入数刀黄纸和数百斤干石灰。黄纸作为纸钱，石灰主要起吸水防腐作用，上铺垫被称“材褥”，垫被上分散放上七枚“垫背铜钱”，然后由长子或长孙（无长子长孙的由次子次孙，以此类推），捧着死者的头，次子或次孙捧着死者的脚，在旁人帮助下将遗体头南脚北向放入棺内，盖上被子，俗称“材被”。再在棺内放入一些金银珠宝（指富有人家），和死者生前喜爱之物作为随葬品。然后，亲属绕棺瞻仰死者遗容，准备盖棺，俗称“抿材”。抿材时道士念“指灵科”，关闭正堂内所有灯。

入殓毕，便要在中堂布置灵堂，俗称“孝堂”，即搁置灵柩的厅堂。设灵台，俗称“座台”，置牌位，点“长明灯”。请和尚道士做法事，超度亡灵。晚间子女穿孝服，寝于棺柩旁草苫之上守灵。出殡的当天凌晨，媳妇、女儿要哭灵，称“闹五更”。死者家属及时向亲朋好友报丧，也叫报死、发丧。在外地的子女得讯后不管路途多远一定要在死者入殓前，日夜兼程赶回。主家往往要等外地子女到家后才能将死者入殓。

二、开礼

出殡、开丧吊唁。按本地习俗，出殡之日，即是开丧吊唁，也称“吊孝”和安葬之日。出殡一般在死者亡故之日的第三天，或第五天、第七天，称“搁三朝”“搁五朝”“搁七朝”，均逢单数，但至少搁三朝。是日开丧，亲友和邻居到灵前吊唁，丧家号哭，孝子在灵台一侧向前来吊唁的亲朋好友跪谢。宾客前来吊唁时，除行礼致哀外，还要按俗例随带“奠仪”助丧，境内统称为“白份”，丧家有专人登记在册。吊唁结束后，进行最后一次家祭，子女“改（拨的意思）千年饭”，家属、亲友、邻居对亡者遗像进行最后一次跪拜，孝男孝女则跪于棺木旁。

三、落葬

灵柩放入墓坑内称“落葬”。出殡之前，一要请风水先生择定墓地，俗称坟地。二要预先安排专人于墓地挖好埋放棺木的长方形深坑，称“开金井”。灵柩到达墓地后，孝子下到坑内，把一扎稻草散放于坑底四周，并将其点燃，民间称为“暖坑”。送葬者绕墓坑一圈，并向坑内撒些钱钞或硬币。棺柩按死者头南脚北放入墓穴，由孝子先倒进一畚箕土，随后其他送葬者纷纷向坑内撒土。等土填平后，再向上垒起一个大墩，称“坟墩”，再在坟墩上安上“坟帽子”，并于坟前立一墓碑，安葬即告结束。

四、回丧

安葬结束，全体人员返回，称“回丧”，境内称“回丧转”。按旧俗，回丧不能从原路返家，必须绕道而行。到家时主家放高升，并燃起一堆稻草火，送殡者进门前先跨火堆，并要从搁在门槛上俗称“步步高”的梯子上走进门，并有专人递上糖汤和米糕，寓“登高发禄”之意。回丧后还有“坐中堂”的习俗，意为与死者告别。现改为先坐中堂，然后放骨灰盒。出殡开丧这天，主家请厨师宴待全体宾客，包括中饭和夜饭，俗称“丧家饭”或“素饭”。遇高寿老人逝世后，丧家预先购买烧有“长寿”字样的长寿碗，丧家饭结束后，给在场亲友发饭碗带走。

五、祭祀煞回

旧时人们认为，人死后，其灵魂便落脱了，俗称“落魂”。据说落掉的灵魂被“雌煞”和“雄煞”两个神君收去，到一定时间再将死者灵魂释放，让其回到家中。灵魂回家之日，便要做“煞回”，斋祭雌雄双煞，感谢其恩德，并慰藉死者之灵，保生者安宁。

六、做“五七”

做“五七”的日期，即在死者死亡之日起算，第五个“七”的第一天，也就是死者去世的第二十九天。做“五七”的前一天，已出嫁的女儿要准备饭、荤素小菜、水果糕点等各十数样送回娘家斋祭已故之人，俗称“排更饭”。是夜五更时分，子女们打开自家大门，扛一张长梯子靠在大门外面的墙边，由孝子手持扫帚，登上梯子到屋檐处，面向西北方向招唤死者回家吃糕汤，俗称“喊吃糕汤”，也有称“喊五更”的。同时，主家要请工匠用芦苇秆和彩纸扎住宅、家具等冥器，俗称“扎库”。做五七当天，道士做法事。法事秩序繁多，依次为摆祭桌供品、请码子（各路神仙佛爷）、诵经拜忏、发符、斋十殿阎王、破地狱血糊、为死者亡灵沐浴、渡桥、除灵（撤去灵台）、焚库（烧毁冥器）、放水灯、跑五方、卸孝解冤结、镇宅、洒净水送佛等。

中华人民共和国成立后，丧葬仪式逐步改革，封建迷信习俗逐渐废止。70年代起，实行殡葬改革。1972年3月，境内全面推行遗体火化。人死后，先报丧，发讣告，并以医院证明报乡民政（后派出所）注销死者户籍，取得火葬证明。用挂机船、拖拉机或汽车将死者遗体送到殡仪馆，家属、亲友随车送葬。火化后将骨灰装入骨灰盒内，由孝子捧回存放于殡仪馆、安息堂或安葬在公墓区内。推行遗体火化后，死者放入棺材已绝迹。20世纪90年代开始，境内有些地方封建迷信复活，举丧铺张浪费现象又有抬头。丧葬前请道士诵经拜忏，超度亡灵之风又起，还请讲经先生念佛一个晚上。流行请“军乐队”主持丧仪、送葬，道士、吹打一并参与，并设冰柜（冰棺材）、花轿、灵车。除遗体火化，无木制棺材和落葬环节有所不同外，其基本礼仪程序与旧俗大体相仿。至2015年，境内“煞回”“做五七”等悼念亡者的习俗依然盛行，加之社会上迷信物品泛滥，丧家开销巨大，每户开丧费用5万～7万元不等。

第四节 农耕习俗

古曰："人非土不立，非谷不食。"人们对土地和人物的崇拜，是与自古以耕作土地，种植水稻、三麦、油菜等主要农作物为谋生方式分不开的。旧时，境内设有多所土地庙、猛将堂（刘悦宰职掌蝗蝻，呼为猛将）、二郎庙（赵昱司水）。农历每年年初一，农家都要到土地庙或猛将堂、二郎庙去祭祀，向土地祈丰年，求神保风调雨顺。年初五"接路头菩萨"，农户把节日里积存的垃圾倒在田角上，称"滑田财"。正月十五，农家用乱柴堆在田头焚烧，或用枯竹扎上草把，点上火，在田头河边燃烧野草，称"照田财"。有的中年男女扛"石臼娘娘"、拜"门臼娘娘"，焚香祈求农业好景，全家都平安。解放后，这些习俗已逐渐消除。

正月半吃"稻稞团" 每年正月半，农家都做"稻稞团"。据传团子越大，稻稞越发，来年丰收。

初一、月半忌浇粪 农民浇大粪，每月要避开农历初一与月半，据说浇了没肥力。其他还有翻地垡田时第一铁耙和浇第一勺粪要呼"血肋"，意在驱鬼神，怕得罪了鬼神要患病。劳动开始时先要说声"血肋、血肋"，意图安全、顺利。

开秧船 旧时，农民在插第一天秧时称"开秧船"，讲究的要邀邻居好友聚餐一顿，以示圆满顺利。丢秧把时，忌丢在人身上，传说如不小心把秧丢在身上后要遭"祸殃"；秧把不能用手接，接了不吉祥，意思是接"祸殃"。

斋蚕娘娘 农民在养蚕前要斋"蚕娘娘"，并在蚕台上挂一根桃树枝头，以示去邪，祈求丰收。

斋猪圈 每年除夕，家家都要斋猪圈，祈求畜业兴旺顺利。

烧发禄 养猪建圈，圈建好后，在圈内放一捆稻草，燃烧一下，以示猪胖膘肥，顺利发禄，俗称"烧发禄"。

挂红 农历二月十二为"百花生日"。俗称"开花十二"。农民要在花果树上系一张红纸，俗称"挂红"祈求花盛叶茂。

其他习俗 母猪生小猪，属虎的人不能去看，传说被看的小猪会被母猪吃掉。竹园内出笋时，不能用手指点，传说指点后笋要烂掉。播苋菜时不能拍手，传说拍了手要到打麦时才发芽。播菠菜时不能回头再播，再播后发芽迟。播韭菜后要拍拍手，传说它是聋子，拍手以示唤醒它早发芽。割第一次新韭菜不能吃，要把它丢在苋棵垛里，以望韭菜叶粗壮。酿酒蒸饭、蒸糕时，第一蒸（笼）的饭和糕不能吃，传说吃了再蒸第二蒸（笼）要夹生。80年代以后，境内这种习俗渐渐淡薄，很少有人讲究。

第五节　交往习俗

送汤　在女儿产期前月余，母亲携带益母草等物馈赠怀孕女儿，称“催生”。待女儿生产后，母家及亲戚或买补品食物，或送婴儿衣服用品，或送现金，称“送汤”。

三朝　婴儿出生第三天，主人备筵宴请亲友，并煮面条加上鸡、鱼、肉等熟食，称“吃三朝面”。亲友馈赠物品以示庆贺。80 年代后，吃“三朝面”有了变化，一般婴儿出生几个月后才举行。

满月　婴儿满月，家长设满月酒筵宴请亲友，另外以红蛋相赠。舅父抱满月外甥或外甥女理发。外婆赠小衣裳、鞋袜、帽子等物。80 年代后，在三朝或满月后，外婆家还要送童车、婴儿钢折床给外孙、外孙女。

百日面　婴儿出生满一百天，家长请婴儿的外祖父母等亲友宴饮。如今，境内时兴在孩童百日食用大蛋糕，为婴儿拍摄照片等。

满季（周岁）　婴儿一足岁，家长举办酒宴，广请亲朋好友，赴宴者以礼相送。此习 90 年代以来仍颇为时兴。

生日　必食面条，富裕人家备佳肴宴饮。80 年代以来，幼儿过生日之风日盛，青年也纷纷仿效。朋辈相聚共餐，在大蛋糕上插燃红烛，共唱生日歌，吹灭后分食。21 世纪以来，过生日之风盛行，有的花钱去当地电视台点歌庆贺。

庆寿　俗称“做寿”，点燃红烛，堂前挂中堂或挂大“寿”金字，办寿酒，请亲朋好友共食长寿面。一般在 60 岁时“做寿”，也有少数的 30 岁庆寿，称“斋寿”，现少见。小辈献赠寿面、寿香和寿烛，馈赠补品，向寿者行跪拜礼。寿者赐小辈拜寿压岁钱。解放后此俗渐废，80 年代起又复兴，小辈常以送衣料、蛋糕、补品为贺寿礼。尔后逢十庆寿，对 60 岁、80 岁双十寿辰尤为注重。21 世纪后，随着提倡尊老敬老和生活水平的提高，一般人家都为老人办寿酒。

馈赠　遭了火灾。亲友都有馈赠粮食和生活用品的习俗。特别遭灾主妇娘家，立即买碗、筷、勺、箩、笆斗等日用品，并煮一锅饭用箩筐装着，中间插一杆秤和万年青，四周盘一条猪肚肠，还放芋头、百合等东西，表示吉祥如意，富足有余。解放后，政府倡导社会互助，帮助遭受水、火灾、重大工伤事故、疾病后困难者，人们自发地募捐，很受群众欢迎。

建房及乔迁　建房时，岳父家及亲友向房主赠送活鲤鱼 2 条，糕点团圆馒头数担，扎好摇钱树，用整五或整十或五十元票面的人民币扎在树上送给房主。上梁时，在梁上掷馒头和糕点，祈求发达。该日主人设上梁酒筵。80 年代后范围更大，除送上述物品外，还有送糖果、厨房用品、水果之类等。21 世纪以后，待新居完工落成，主人大办筵席宴请。乔迁新居时，亲友必须带贺礼赴宴，主人设宴答谢，同时向新居四邻分送糕点，乡间更为盛行，一般人家竖屋酒都要办几十桌。

分家　中华人民共和国成立前，兄弟分家是件大事，媳妇的娘家要办“分家盘”。“分家盘”中有两种东西。一是食物团圆糕粽，鱼肉荤腥。其中有“万年箩”，箩中放米，插一杆秤，秤上挂着“发禄袋”，秤旁有万年青，秤的四周盘着一条猪肚肠，还有花生瓜果，表示吉祥如意。二是生产生活用具，担筐犁锄、锅碗瓢盆之类。还有的送一张梯，称为“步步高”。中华人民共和国成立后，曾一度终止。80 年代又有出现，但简化了。

学徒拜师　中华人民共和国成立前，年轻人学生意或学手艺须拜师。境内木工、泥工、裁缝在拜师时要送礼金，行跪拜礼，有的设酒筵，请师傅、师兄赴宴。满师后，学徒再设谢师酒。中华人民共和国成立后，进工厂的学徒由车间指定师徒关系，无拜师礼仪。逢喜庆事，师徒间必须贺礼。个体行业拜师，学徒向师傅馈赠礼品。80 年代后，学手艺者一次性付给师傅酬金，平时逢节日馈赠物品。

吃“会酒”　旧时，农民遇到买田、造房、讨媳妇、嫁女儿等大事，由于经济困难，请人出面牵头“搭会”，每一“会”8～10 人不等，总金额 300～1000 元左右。收交会钱有的一年 2 次，有的一年 1 次，每次聚会缴钱有收头会者负责通知，收会者办一桌会酒。二会开始加低息，有的无息。收会次序除头会外有的抽签排定，有的共同商定。“搭会”实质是一种民间互助形式。该俗一直延续到 80 年代初，随着生活水平提高，现已少见。

第六节　生活习俗

一、装扮

首饰　中华人民共和国成立前，富人戴首饰多为翡翠、珠宝、金银之类。农民大多数很简朴，首饰很少。1950 年土地改革以后，农村有怕露富思想，首饰几乎不见。80 年代后，国家出售金银首饰，首饰又重新出现，以金戒指、金项链、金手链、金手镯为主。90 年代后，有钱女子戴金耳环、金戒指、金项链。21 世纪以来，有钱女子戴白金钻戒、佩玉器、挂白金项链的比比皆是。

镶牙　20～30 年代，镶牙曾盛极一时，凡是爱好装饰的男女青年都镶牙。有金质的、银质的，也有嵌宝的。30 年代后期逐渐减少。中华人民共和国成立以后，作为装饰的镶牙已少见。

发型　清代，男女发型都按满族规定，男子后半头留发编长辫，前半头剃光。

少女梳独根长辫，已婚妇女梳圆型发髻，插钗或套网络。中华人民共和国成立前，男的发型有平顶头、圆顶头、西装头，少女有童花头，青年妇女有卷发、烫发。中华人民共和国成立后的30年中，发型无变化，男的有平顶、圆顶等式，女的基本都为短发。“文化大革命”时期，搞发型装饰被列为资产阶级思想的表现。80年代开始，男女发型起了很大变化，烫发盛行。男青年留有长鬓，女青年留短发，男女难分，被称为“叔叔阿姨头”。80年代中期，发型变化更多，有爆炸式、瀑布式、游泳式等，名目繁多。进入21世纪，男女青年染黄色发盛行。

二、饮食

主副食　中华人民共和国成立前，金谷境内除少数富户士绅讲究吃喝外，广大劳动人民生活贫困，唯求一饱。农民以米、面为主食，也只有在农忙季节或亲友来访时吃干，农闲时吃稀或掺入菜类，常处于“糠菜半年粮”的境地。平时佐食的菜肴，早餐多为自制的咸菜、萝卜干。午餐，多为一两样蔬菜。平时以鸡鸭生的蛋，捕捞螺蛳、螃蟹、小鱼小虾来改善生活。条件好一点的家庭，在春夏之际到福山拔几筹咸鱼，春季煮晒各种菜干，夏季自制甜酱，作为佐食菜肴。但乡民均有好客习俗，亲朋上门，都要热情接待或加菜，或自制馄饨团子待客。遇有贵宾、稀客，都杀鸡、沽酒，用咸蛋、皮蛋、咸肉等几盆冷菜佐酒。婚庆节日，多者四盆六碗，或“八样头”即为特殊饭菜。

中华人民共和国成立后，经过土地改革、农业合作化，农村人民的常年主食渐以大米为主，用面食调节，佐餐菜肴也逐渐丰富，荤菜增多。国民经济三年暂时困难时期，多数的农户仍以瓜菜代粮。80年代以后，随着农民收入的增长，食品结构有显著变化，已逐步从吃饱转向吃好，并讲究食物的营养价值，佐食的菜肴，多数常有小荤，逢年过节或红白喜事待客除冷盘4～8只外，已以热炒为主，间以点心、甜食，再加大菜。近年来，农村讲排场之风盛行，待客菜肴质求高档，量多过剩，并辅以名烟名酒。群众中相互攀比之风越演越烈。政府已屡次号召艰苦朴素，抵制高消费，既要吃饱、吃好，更要吃出健康来。

酒　境内每年秋后稻谷上场，一些农民自酿老白酒，俗称“十月白”，春天自酿老白酒，称“菜花黄”。

茶　境内一般上了年纪的农民都有上街喝早茶的习惯，风雨无阻，俗称“上茶馆”。三三两两坐成一桌相互扯谈，从天南地北到村坊巷里，奇事新闻，无所不有。谈生意，接主客的都有。上茶馆吃茶的习惯一直流行至今。但人数已较前为少。逢婚丧喜庆以喝红茶居多。平时喝绿茶的居多，而且越来越讲究茶叶的质量。

三、住房

清末民初，房屋基本形式有两种，一种是厅堂，多为富户，3～5 间开阔，2～3 进，厅堂格式基本一致。另一种是农民住的平房，相互毗连，大多前后两排，前排一间为“过路”堂。更有众多贫苦农民，住茅草屋、泥垛墙。中华人民共和国成立以后，住房变化很大，经历三代式样。第一代为平房，大多是 3 间。第二代“兵营式”，统一规划，一排好几家连接在一起。80 年代初，农户开始建楼房，以二层楼为主，数量不多；90 年代进入第三代，有庭园式全封闭住宅楼，小别墅，讲究室内装饰。二层居多，三层较少。农民住房面积每户一般在 200～300 平方米。21 世纪开始，镇政府统一规划建居民区，每套在 80～140 平方米左右，每户住房 2～3 套。

四、船、车

中华人民共和国成立前，富人外出坐轿骑马，中华人民共和国成立后绝迹。境内代步工具主要是船、车。

船　中华人民共和国成立后，境内主要的交通工具是船，西张集镇上有一轮船码头，有班船到无锡、常熟、苏州，载人运货。60 年代，河道堵塞不畅，轮船停航。境内农村中每个生产队使用木船，70 年代，始用水泥船，有 3 吨、5 吨、10 吨的，后在船上装机器，称“挂浆机”。90 年代后，随着陆路运输的发展，木船、水泥船逐渐减少。至 2015 年，农村中船已基本绝迹。

车　清末民初时期，农村有独轮车，一般串乡郎中用它行医载物，也有专以独轮车载人载物赖以谋生的。中华人民共和国成立初，已少见，60 年代后绝迹。至 70 年代，以自行车代步已非常普遍。90 年代后，摩托车、电瓶车是主要交通工具。进入 21 世纪，小轿车逐年增加。至 2015 年，境内 85%以上的农户都有小轿车。

五、日常生活忌讳

店铺晚上关门，因关门与停业同义，故称“打烊”。

肉铺卖猪舌，“舌”与“蚀”谐音，故称“赚头”。

病人服药忌称“吃药”，称“吃人参”。煎药称“煎人参”。

农村人 29 岁，称“小 30”，49 岁称 50 岁，69 岁称 70 岁，忌 9，怕过不了 9 这一关。

书信忌用红笔写，红笔书写意为绝交。

忌戴白花，戴白花意戴孝。

新蚊帐第一次使用，不能开口说话，认为开口后挡不住蚊虫。

产妇及小产未满月女子不能串门或走亲戚。

新结婚的女子未满月不能串门。

酒席上向人敬酒忌反手倒酒，反手为不敬。

送礼物忌送钟，因送钟谐音“送终”。

探望病人宜上午，认为下午不吉利。

父母去世未满月，子女不能理发，否则为不孝，戴了重孝不能随便串门。办丧事时向人家借了台凳在归还时要贴红纸。

请客就餐时小辈不能坐上首，吃罢饭后碗不能倒合在桌上。

梯子称步步高。

放下去称顺顺好。

钉称万年销。

拉断绳子称伸腰。

六、旧时陋习

冲喜　男女有婚约，男的重病在床，男方托媒央求女的过门到男家算是夫妻。以此冲喜以求男的病好，往往造成不少悲剧。该习在中华人民共和国成立后废除。

吸毒　最早是抽鸦片。鸦片有毒成瘾后不吸会涕泪直流，四肢无力筋骨疼痛身体渐渐衰弱，人称鸦片鬼。又因鸦片价钱贵，不少人吸得家破人亡，沦为乞丐。30年代，曾一度出现吗啡红丸，其毒更甚于鸦片。40年代，出现海洛因、白粉。中华人民共和国成立后，人民政府下令禁毒，对吸毒者强行戒烟。对贩毒者判刑。50年代初绝迹。80年代，一些地方不法分子偷偷贩毒，吸毒现象抬头，境内也出现个别吸毒者，曾被政府部门送至戒毒所强制戒毒。

赌博　中华人民共和国成立前盛行，不少茶馆为聚赌场所。赌博形式各异，有麻将、纸牌、扑克牌、龙牌还有骰子。其中以牌九、沙蟹输赢最大。有的嗜赌成习倾家荡产，卖儿卖妻。中华人民共和国成立以后，政府严禁赌博，一度绝迹。80年代后又逐渐出现，尤以搓麻将为多。90年代以后，农村老人闲着以搓麻将为乐，赌资较小，俗称“小来来”。2000年以后，农村赌风盛行，麻将馆、棋牌室随处可见。少数地痞流氓乘机“放水钱”发财，有些农民赌债高筑，离婚、外逃躲债等现象时常发生。

缠脚　清代，妇女流行缠足，“三寸金莲”成为美称，大脚姑娘遭人鄙视。民国开始，反封建制度，然而对缠足未采取任何措施，不少人沿用旧习，继续缠足。“五四运动”批判封建主义，提倡男女平等，反对缠足，才逐渐停止。

看香头　家人有病，或遇其他不测之事，妇女暗暗找巫婆求“老爷”保佑。这时巫婆点燃一炷香装神弄鬼一会，便从香头上得出结论，意思是“老爷”吩咐，用“三牲”多少，香烛纸钱多少，在什么时候，怎么求神救助会逢凶化吉等等，从中收

取钱财。中华人民共和国成立后，这种迷信活动一度绝迹。80年代后又有出现。

关亡　家属亲人出于对亡故亲人的怀念，或遇有不测之事，请“关亡婆”关亡。“关亡婆”点燃清香，装成亡故亲人模样，以讨口气形式说出亲属关系，亡人在“阴间”的情况，指点亲属应注意什么，从而收取钱财。中华人民共和国成立后，一度绝迹。80年代后又重新出现。

念佛　家有不幸，请“佛头”通知讲经人及念佛人念佛，由讲经人诵经，老太跟着“和佛”，户主在一旁定时磕头，昼夜连续。“念佛”花费较大，要买糖果糕点、素斋、香烛纸马、付讲经费、结缘费等等。该俗中华人民共和国成立后禁止。80年代后又出现。

送客人　在夜深人静时备好几样荤菜及碗饭、纸钱，点上香至病人前，上前邀请缠绕病人的邪鬼去郊外领食领赏，到三岔路口供祭，焚烧纸钱，就算送去了鬼客人。

夜啼郎　小孩整夜啼哭不止，即用24开或16开红纸，用毛笔写上“天皇皇，地皇皇，家中出了个夜啼郎，人人走过念一遍，一觉睡到大天亮”。张贴在桥头、路口等公共交通场所，意在使小孩不再整夜啼哭。

第七节　社会节日、外来节日

一、社会节日

元旦　1月1日为元旦，俗称“阳历年”，国务院规定放假一天欢庆新年。是日，机关、团体、企事业单位张灯结彩，悬挂国旗、横幅，插彩旗，以示庆贺。节前，单位领导走访慰问离退休同志和困难职工。20世纪90年代，渐兴节前寄以贺卡、发电子邮件或手机短信相互祝福之风。收看中央台和地方台电视直播的文娱晚会，增添节日气氛。

国际劳动妇女节　3月8日为国际劳动妇女节。节前，妇联组织开展妇女创优评先进活动，召开庆祝大会，表彰“三八”红旗手等先进人物。各单位也用各种形式表达对妇女的节日问候，并安排她们休息或组织外出活动。

植树节　3月12日为全民植树节。境内组织干部、职工、农民和学生开展义务植树活动，绿化美化环境。

国际劳动节　5月1日为国际劳动节。节前，全市组织召开劳模先进表彰大会或先进人物事迹报告会，境内工会组织举办形式多样的庆祝活动。1999年9月国务院规定，劳动节假期由原来放假一天延长为3天，加上前后周末调休，形成7天长假，现已改为3天的小长假，成为市民外出旅游的黄金周。

中国青年节　5月4日，为中国青年节。境内共青团组织召开表彰会议，举行新团员入团仪式，开展青年演讲会、报告会等活动，对团员、青年进行革命传统教育和爱国主义教育。

国际儿童节　6月1日为国际儿童节。学校在这天组织儿童加入少年先锋队，开展丰富多彩的娱乐活动。团市委、市妇联等部门走访慰问小学、幼儿园，并捐助困难儿童。新华书店各类少儿读物和商店玩具特别畅销。

中国共产党诞生纪念日　7月1日为中国共产党诞生纪念日。金谷村党委组织召开座谈会、纪念会，表彰优秀共产党员，举行新党员入党宣誓仪式，组织党员上党课，学习党的基本知识，召开民主生活会，回顾党的历史，进行党的优良传统教育。

建军节　8月1日为中国人民解放军建军节。市领导和民政等部门、机关单位及社会有关人士开展拥军优属活动；地方武装部门和驻军组织拥政爱民活动，进行革命传统教育。

教师节　9月10日为中国教师节。社会各界开展尊师重教活动；地方党政部门向教师表示节日问候，表彰优秀教师和优秀教育工作者，帮助教师解决实际困难。学生也通过赠送贺卡等形式表达对教师的敬意。

国庆节　10月1日为中华人民共和国国庆节。这一天，国家机关、企事业单位都升国旗、插彩旗、挂彩灯、悬挂庆祝标语，举行庆祝活动。1999年，国务院规定国庆假日由2天延长为3天，加上前后周末调休，形成7天长假的黄金周，为市民长途探亲和秋游提供了方便。也有青年人选择国庆节举行婚礼，寄托吉祥美好。

二、外来节日

情人节　2月14日为情人节。90年代兴起，在年轻人和青年学生中较为流行。这一天，不少情侣通过互发短信、互赠礼物表达爱情。男送女玫瑰花、首饰等，女送男巧克力、手表、领带等，并在晚间到浪漫的地点共进烛光晚餐。温馨浪漫的节日也给相关服务业带来了商机。

愚人节　4月1日为西方愚人节。90年代传入，在年轻人和高年级学生中较为流行。这一天最典型的活动是彼此开玩笑，时下多用手机发虚假信息愚昧对方以此取乐，多数群众不愿苟同。

母亲节　每年五月第二个星期日为母亲节。90年代传入。这一天，儿女们赠送贺卡、鲜花、衣服、保健品等礼物给母亲，以表达报答父母养育之恩。

父亲节　每年6月的第三个星期日为父亲节。21世纪初兴起，大众了解程度远不如母亲节，仅少部分子女在此节日打电话或发短信祝贺，或送给父亲喜欢的礼物，以表孝敬。

圣诞节　12月25日为圣诞节，又名耶诞节，是基督教和天主教纪念耶稣诞生的日子。20世纪80年代起，外资企业注重庆贺。90年代开始，在年轻人中流行。

这一天，各大商场、饭店张贴圣诞老人画，在门口布置圣诞树，或装扮圣诞老人，以招揽顾客，还举行圣诞晚会、圣诞大餐等活动，开展促销活动。小朋友们以戴圣诞帽为乐，朋友间也会发各种贺卡和短信问候。一些年轻人在圣诞节之夜去歌厅、舞厅狂欢。基督教和天主教信徒在12月24日的平安夜，聚集在教堂举行欢庆活动，纪念耶稣的诞生。

第八节　宗教信仰

金谷地区宗教主要有佛教、道教。中华人民共和国成立前，境内有佛教、道教寺庵8座。附近有永庆寺、西林寺2座较大的庙宇，历史悠久。境内佛教信徒，一般到“永庆寺”烧香拜佛，也有的到附近庙宇烧香。每年农历三月初三和七月三十做佛会。

中华人民共和国成立以后，境内不少庙宇改作他用或拆除，一度时期无宗教活动场所，特别是在“文化大革命”期间，宗教活动被迫停止。1978年后，宗教政策逐步落实，宗教活动得到恢复。至2015年末，全境有佛教徒400余人，一般为上了年纪的妇女，她们每年结对到杭州、苏州、无锡等地寺庙烧香，每月的初一及月半都到永庆寺烧香拜佛，风雨无阻。

中华人民共和国成立后，佛事活动一度停止。80年代起，特别是1994年重建永庆寺后，各种佛事活动逐渐恢复。至2015年，境内民间做各种佛事活动盛行，有马路佛会、大桥佛会、太平佛会等。

境内没有道观，只有在家道士，俗称“奔赴应”或“赴应”。民国初，境内有道士10人，曹家、徐家的道士较有名气。他们除操道业（打醮、道场等）外，还兼神业（喜庆、落葬、祭神等）。

道士的神业活动，农业合作化后基本停止。1980年后，逐步恢复。至2015年，境内老一辈的在家道士都已过世，新一代的在家道士有5个，他们会同附近的道士一起做神业。主要有谢洪、收七、念灶经、做道场、念指灵科、念上路经等活动。

2015年，境内还有基督教徒20人。

中华人民共和国成立初期境内佛教庵堂一览表

表 13—1

名称	坐落地点	始建年份	规模	备注
猛将堂	太平桥	清代建成	3 间	解放后办过小学堂，1958 年拆除
关帝庙	蒋岐塘湾	—	3 间	解放初拆除
小王庙	朱家弄香塘泾	—	3 间	供奉小王太太，解放初拆除
小李太堂	葛家湾	—	3 间	解放初拆除
李太堂	张市东街	清代建成	8 间	供奉忠正王李，1959 年拆除
三官堂	交界桥	—	16 间	60 年代拆除
刘神庙	唐家巷	—	3 间	供奉刘琦，解放初拆除
精舍庵堂	唐家巷	清代建成	5 间	1944 年办精舍小学，60 年代拆除

第十四编　人物·荣誉

金谷境内历史文化底蕴深厚、人杰地灵。古往今来，在这块风水宝地上孕育了不少英才、志士，涉及政治、经济、文化、教育、医学、新闻等方面。解放后，更是英才济济，涌现了一批专家、学者、英雄模范、先进人物及各类专业人才，分散在全国各地。为反映时代特征，彰显金谷村发展历程，展示名士英才，兹将获得张家港市级以上劳动模范、先进个人、人大代表、革命烈士，获中级技术职称以上知识分子；任副镇（乡）级以上干部等均收入本编，以励后人。

第一章　人物传记

朱焕文　号星堦，生年不详，卒于清咸丰十年（1860），西张朱家弄人（今属金谷村）。朱焕文自幼习武，臂力过人，善骑射，有胆力。清道光二十五年（1845）常熟武生。太平军攻占江阴后，朱焕文出卖全部家资，筹款招募民团防御太平军。清咸丰十年（1860）农历四月，清廷命在籍侍郎庞钟璐督办江南团练，在塘桥设总局，对抗太平军。在曹庄桥的曹家坟墓扎营盘，各乡都集财招勇，保卫一方。栏杆桥、西塘市、西徐市等地均设立局，栏杆桥由宋伯华监管，朱焕文为局团练副团长。局部设在宋氏文海堂，每户抽丁1名，给予半饷。是年七月初三，太平军将领黄文金率领8000太平军进攻杨舍，初五日攻克，随后攻克西塘市。初七日，副团长朱焕文、次队长宋瑞春等带领乡勇御敌于陆房墅桥西。自清晨至中午，多次击退太平军的进攻。中午时分，太平军大队人马增援而来，朱焕文部下乡勇见势胆怯败退。朱焕文临危不惧，孤军奋战，决命争先，砍杀太平军数人后，血溅桥头。据后来收殓者述说，朱焕文和宋瑞春战殁在陆房墅桥边，两人体无完肤。

吉刘先　生年不详，卒于清光绪三十四年（1908），西张吉家桥人（今属金谷村）。吉刘先祖籍湖南，从小聪慧顽皮，性格刚烈，10多岁就舞枪弄棍，13岁拜师学艺习武，骑马射箭，刀功枪法，武艺高超。18 岁投奔清廷湘军，在战场上英勇善战，智勇双全，屡建战功，20 多岁就升格为湘军副将，主管吉字营。清同治三年（1864），吉刘先率湘军吉字营攻克太平天国占领的天京（南京）。清廷为保祖业，责承汉人曾国藩遣返大部分湘军回乡归农。吉字营解散，官兵各奔东西南北。同治四年（1865），吉刘先带数名亲属来江南一个叫崔家湾的地方落户。吉刘先解甲归田后，在崔家湾旁建庄院，买土地，带领亲属精耕细作，过着“采菊东篱下，悠悠望南山”的田园安居生活。因吉刘先建庄，此地也改为吉家庄。吉家庄地处崔家湾，地势低洼，十年九涝，吉刘先实地考察后，开通内塘土坝，使河水直通外塘，排除涝灾之害，庄稼连年丰收。吉家庄是西张墅通往塘桥的要道，但原因塘河之隔，行人出行要绕道崔家湾，多走弯路。为方便行人，吉刘先带头出资，在庄后的河塘上建一座石桥，后称吉家桥。吉刘先落户后保持习武的传统，农闲空余，常骑马射箭，使枪弄刀。其习武之地，后人称“马路丘”。

陆雪梅（1924—1954）　又名阿宝，西张五联朱家湾（今属金谷村 38 组）人。陆雪梅出生于贫苦家庭，自小性格刚烈，脾气爆躁，爱打不平。如遇到村上贫苦农民受人欺压，他总拔拳相助，且主动担当责任，是远近有名的“犟头”。1944 年，他经凤凰一位好友的介绍，认识活动在凤凰、西张、塘桥、鹿苑一带的虞西武工队队长杨民奇。陆雪梅经常参加武工队的一些外围活动，武工队员向他宣传推翻反动阶级统治，救国救民的革命真理，陆雪梅要求参加武工队。武工队为考验陆雪梅的意志和胆量，戏言他只要弄到一枝枪，就能加入武工队。不想说者无意，听者有心。不久，陆雪梅看到有一个伪军伤兵，背着一枝长枪在游荡，他冷不防靠近伪军，假装借火点烟，趁伪军不备，一个拳脚打翻伪军，抢了枪枝就逃，等那个伪军爬起来，陆雪梅早已跑得无影无踪了。陆雪梅参加武工队后，活动于常熟塘桥、西徐市、西张等地区。他胆大心细，办事果断。有一次，他同队友去常熟城执行任务，等完成任务离城时，碰到全城戒严，敌人开展大搜查，同去的队友身上带着短枪，搜出来会暴露身份。怎么办？队友很着急。陆雪梅却不慌不忙，他拉着队友走到西岗木桥边，见河中停着一排戽水机船，一听船上人的说话口音都是塘桥地区方言，他连忙打听有个叫钱和尚的同乡。人们告诉他钱和尚刚从任阳排涝返回，就在隔壁一条戽水机船上，明天回塘桥。陆雪梅一听钱和尚在船上这个讯息，高兴万分，叫队友把短枪交出，脱下长衫包好盒子枪，下船连喊几声和尚。和尚一见陆雪梅这个同乡，忙问什么事，陆雪梅谎称和同事进城办事，今天要住在城里，东西带多了不方便，有一包东西放在船上请钱和尚看管。陆雪梅拿出布包，钱和尚二话没说，接过放进住宿的船舱里。第二天，钱和尚随船回到塘桥，陆雪梅去取那个布包时，才告诉和尚里面包的是一枝短枪，把钱和尚吓出一身冷汗。1949 年 4 月，陆雪梅受武工队委派，抓捕凤凰乡伪乡长殷燮，因表现勇敢受到上级组织的表扬。1950 年，参加常熟县中队，任县看守所负责人。同年10月调至苏州任苏州市劳动教养院负责人。1954年，在组织搬迁一棵大红枣树时，他身先士卒，亲自爬到树上系绳索，不幸枝丫断落从树上摔下，因公殉职。

王良（1916～1980）　西张东街人（今属金谷村），印刷工人。14岁进常熟某印刷厂当学徒。中华人民共和国成立后，转入常熟印刷厂。在印刷厂工作期间，任劳任怨，抢着干重活、脏活。有时身体有病发高烧，他也坚持到车间上班，家里有事也不请假。60年代期间，车间的有些工人营养不良身体虚弱，完不成生产任务，王良总是抢先完成自己任务外，主动帮助工友完成定额生产任务，并不要分文报酬。20多年中，王良天天风雨无阻出满勤，无事假，病假仅5天，但病愈后马上到厂上班，加班加点补还病假时间。坚持执行规章制度，对少数工友违规操作、以次充好的行为，坚决制止，并以身示范，亲自上机操作给工友看，使工友心服口服。他操作生产的产品无次品，当班多干活，又常年义务加班，每年超额完成生产计划。至1973年，王良创造了23年出满勤、23年无次品、23年超额完成生产任务的光辉成绩。1976年加入中国共产党。1978年，被命名为江苏省劳动英雄。1979年身患癌症后，还坚持到工厂上班，领导和同事劝他在家休息，他总是笑笑说，在家反而感到不舒服，进厂上班听见机器响，看到同事忙，满身舒畅高兴。1980年病逝。（见常熟市志·人物编）

朱伯良（1905～1981）　金谷村朱家弄（今23组）人。朱伯良20岁拜中医章成器先生为师，学习中医内外科专业，经过四年的努力学习，开始挂牌行医为病人治病，每天上午门诊，下午出诊，到病人家为病人诊脉治病。朱伯良医术高明，方圆十里（东到恬庄，南到港口、徐市，西到栏杆桥，北到塘桥）的百姓都找他看病。出诊期间，朱伯良不需病家车轿接送，随叫随到。每遇刮风下雨，他也从不推辞。有一次深夜，电闪雷鸣，恬庄一户人家的孩子上吐下泻，高烧不退，家人赶至朱家弄求朱伯良出诊，朱伯良二话没说，背起药箱打开雨伞冒雨赶到病家为孩子诊断。等朱伯良深一脚、浅一脚踩着泥路走到病家时，身上已浑身湿透，他顾不及换衣休息，立即为病孩开方诊治，并亲自熬药煎汤，用湿毛巾敷在病孩额头上退烧。经过半夜努力，病孩转危为安。朱伯良医德高尚，对贫穷的病人家，不收或少收诊费，对经济困难的病人还要给他们买药。在朱家弄周围，有许多病家都得到朱伯良的恩施。中华人民共和国成立后，朱伯良于1956年参加恬庄联合诊所工作，继续行医。“文化大革命”时期，朱伯良受到过不公正的批判、斗争。但只要老百姓找到他治病，他就冒着风险偷偷开方解除患者病痛。到了晚年，专心研究妇科疾病和疑难杂症。朱伯良行医50余年，于1981年2月病逝，终年77岁。

许济生（1911～1989）　金谷村人，中医师。许济生出生于清宣统三年（1911）一个贫苦农家，10岁时进私塾读书。1925年，许济生到江阴顾山拜师学习中医知识。1930年，回到栏杆桥自办私人诊所，给百姓治病，同时兼开中药店。1931年，到西张开诊所、药店。1938年，开办私塾教书，后又开诊所，主诊中医妇科，在治疗疾病中名望颇高。1948年初，经江阴顾山医师的儿子（在台湾任教）引荐，赴台任教，后因没有文凭而被校方解聘。1948年底回到西张，因文章和毛笔字写得好，被聘任为长寿乡文书。1949年，中华人民共和国成立后，许济生在西张仍开中医诊所。1956年2月进恬庄医院，在常熟县组织的中医知识考试中获塘桥区第一名。是年四月，被省中医进修学校聘为常熟第一期医科进修班第四班辅导员。1957年，被《江苏中医》杂志聘请为特约撰写人员。1958年，被选派到江苏省中医学校第一期医科函授进修班学习，学期两年。1959年底，被省中医学校评为优等生。是年到西张卫生院中医科工作。许济生对中医理论刻苦钻研，他购买了许多中医古书籍，一本本研读，把学到的知识运用于临床实践，不断总结经验，对患者特殊病例做分析、研究，写成病例报告投寄中医杂志，曾在《江苏中医》《福建中医》《中国医药》等杂志发表文章10余篇。特别对中医妇科、儿科，许济生有独特的治疗方法和专长，好多患者经他诊断开方服药后病愈康复。“文化大革命”中，许济生受到冲击、批判。1978年平反昭雪，他深感党的政策的英明，仍热心为百姓治病。1981年，许济生被苏州地区卫生局晋升为中医师，被评为沙洲县十大名医之一。许济生1982年10月从西张卫生院退休。退休后还有许多患者找上门看病。许济生热心接待、细心诊断，深受病者称赞。

徐留飞（1915～1998）　金谷吉家桥（今属金谷村7组）人。徐留飞出生在一个贫民家庭，自小父亲离世，家境贫寒。11岁时进私塾读书，两年后因交不起学费退学。14岁时，拜当地厨师许保大为师傅，学习厨艺，一年四季挑着炊具到各家各户烹制菜肴。后又拜塘桥地区的名厨陈跃师为师，学习“四荤盆”“八大菜”的烹制方法。由于徐留飞平时留心观察，刻苦钻研，厨艺日渐长进。几年后独掌门头，亲带一帮厨师外出做厨，烹制出的菜肴不但花色精致多样，而且火功到家，味道鲜美，深受吃客赞赏。周围地区人家每逢婚丧喜庆，都要请徐留飞主厨。中华人民共和国成立后，徐留飞除继续做厨师外，积极参加社会活动，任许巷村农会主任，带领农民进行土地改革。1952年，加入中国共产党。1953年调至塘桥供销社工作。1957年，调入常熟县商业局招待所任司务长。1962年，沙洲县建立，任沙洲县人民政府招待所司务长。徐留飞厨艺高超，他曾同苏帮菜名厨商讨苏帮菜的烹饪技术，对糖醋排骨、水晶猪蹄、冰糖葫芦、粉蒸肉等名菜进行研究，提高改革烹饪技艺，创制出一套独特的烹制方法，成为苏帮菜的一道道名菜。1963～1975年，每逢江苏省、中央领导到沙洲县检查指导工作，徐留飞总是亲自上灶掌勺，烹制出一道道鲜美的苏南特色菜，曾受到时任中国驻法大使黄镇、江苏省委书记江渭清的称赞。1986年10月，时任中共中央总书记胡耀邦来张家港市考察调研，市委特邀已退休的徐留飞回沙洲宾馆参加接待，指导烹调技艺。徐留飞退休回西张定居后，不少企业招待贵宾，都要请他烹制菜肴，成为周边地区一位名厨。1998年病逝，享年84岁。

曹汉中（1937～2006）　金谷居墩（今属金谷村2组）人。曹汉中出生在一户贫困家庭，上过一年私塾。他从小聪慧好学，心灵手巧，14岁时，拜本地木匠朱培司为师，学习木工手艺。由于他刻苦钻研，虚心好学，师傅一教就会，遇到难活，他总是想出好办法。两年后，未满师的曹汉中已能独当一面，甚至做出的活计胜过师傅，附近的农户造房盖屋、制办家具，都请曹汉中操办，“小木匠”的美名传遍四周。1961年，社会上物资紧缺，木料成为稀罕品，曹汉中每接到一项农户的木工活，都要认真察看原有材料，仔细琢磨哪块材配哪块料，做起活来仔细搭配，不浪费块块角角，为农户节省成本。20世纪70年代，恬庄新桥有户农民造房，购买了一些木料，请附近的一个木工师傅去看。那个师傅一看材料，连说不够不够，还需添办。但那位农户实在没有力量添置。无奈之下，通过朋友请曹汉中去惦量惦量。曹汉中到那户人家看了木料，拿出皮尺丈量一下，询问农家造房间数、前后宽度、高低等，思忖一会，马上点头说够了。房主十分高兴，拉着曹汉中硬要把木工活给他做。盛情难却，曹汉中答应了房主的要求。在建房的过程中，曹汉中处处留心，精心搭配，合理使用每一根材料。等新房落成，结果还多了一些材料，曹汉中又拼拼凑凑，为农户做成两口五斗橱。1982年，曹汉中被西张农机厂聘请为模具师傅，雕刻装饰板图案、剪刀、马铁配件等30多个产品上百种模具。他雕刻的模具刀功细致、图案清晰、立体感强，深得厂家和客户好评。同时，曹汉中还利用业余时间，雕刻各种根雕艺术品。其中“一帆风顺”“百花争艳”“牛车盘水”等工艺品，2004年被张家港电视台新闻故事栏目组录制成专题片，向全市播放。2006年，曹汉中病逝，享年70岁。

第二章　人物简介

徐金宝　1935年3月出生，金谷村7组（吉家桥）人。1948年6月参加工作。1954年9月入党，高中文化。1948年6月～1956年，在上海合大电焊厂工作，任技术员。1956～1958年，任上海富库车料厂公方代表。1958～1960年，在上海信谊药厂任科长、车间支部书记。1960～1961年，在上海科委新技术二室任职。期间，派往苏联学习航天技术。1962年，调至上海市第二机电工业局任正处级干部。1964年，上海机电二局改为上海航天局，与上海航天技术研究院所属中国航天科技集团公司第八研究院合并，任科研处处长。直至2005年，70周岁退休。

徐锦培　1936年6月出生，凤凰镇金谷村人。1955年3月入伍。1955年3月入党。1955年3月～1971年7月，历任三十一军九十一师二七二团战士、班长。1959年11月～1963年7月，任九十一师二七二团司令部炮兵排长、1966年4月，任九十一师二七二团参谋、政治处干部股干事、股长等职。1971年8月，任九十一师政治部干部科科长。1977年6月，任九十一师二七二团政治委员。1981年5月，任九十一师副政治委员。1983年5月，任九十一师政治委员。1985年11月，任福建省三明军分区政治委员兼三明市委常委。2001年11月退休，定居三明市。

钱德元　1939年出生于原五联村后巷里（现金谷村37组）。1955年7月～1958年7月，在常熟省中高中部读书。1958年7月～1963年7月，在南京大学地质系学习。大学毕业后，1963年7月～1971年7月，在四川省地质局工作。1971年7月～1976年7月，担任沙洲县化工厂技术员、车间主任。1978年9月～1983年12月，任沙洲县科委综合组组长。1984年1月～1988年3月，担任中共张家港市委常委、宣传部长。1988年4月～1999年3月，任沙洲职业工学院党委书记兼院长。1999年4月退休。

吉瑞庆　1942年4月出生，金谷村人，中共党员，大专文化。1972年4月，任西张人民公社二大队（金谷村）党支部副书记。1974年8月，任西张人民公社党委副书记。1976年4月，任中共西张人民公社党委书记、西张人民公社革命委员会主任。1979年5月援藏，任西藏自治区洛扎县县委常委、革委会副主任。1981年8月，任西张人民公社党委书记。1983年5月，任西张乡党委书记。1986年12月，任西张镇党委书记。1989年3月，任张家港市政协副主席。1990年3月、1994年12月、1998年1月先后当选为张家港市第八届、第九届、第十届人民代表大会常务委员会副主任。1992年11月～1993年3月，任沿江公路指挥部副总指挥。1994年9月，兼任中共张家港市沿江经济技术开发区工作委员会书记、张家港市沿江公路经济技术开发指挥部总指挥、张家港市沿江经济技术开发管理委员会主任。2008年10月，任张家港市老区开发促进会、扶贫协会、合作经济研究会（简称“三会”）会长。

曹福龙　1956年8月生，凤凰镇金谷村人。1973年8月参加工作，经济师。1979年7月入党。大学文化，党校研究生学历。1973年，为沙洲县西张公社农机厂工人，后任技术员、副厂长。1978年，任沙洲县第二塑料机械厂副厂长。1982年，任沙洲县西张公社工业公司副经理。1983年，入南京农业大学经济管理学院学习。1985年后，任沙洲县西张乡经联会副主任、乡党委委员、经联会主任、西张镇党委副书记、农工商总公司总经理。1990年，任张家港市西张镇党委书记。1992年，任张家港市副市长（期间：1992年5月～1994年4月，挂职任江苏省丰县县委常委、副县长）。1994年，任张家港市副市长兼牡丹汽车集团党委书记。1995年，任张家港市副市长兼兆丰镇党委书记、人大主席，江苏友谊汽车有限责任公司董事长。

1996年，任张家港市副市长（期间1997年9月～1999年7月任东南大学马克思主义理论与思想政治教育专业研究生课程进修班学习）。1998年，任张家港市委常委、常务副市长。2001年6月，任张家港市委副书记、常务副市长，同年12月后，任张家港市委副书记、代市长、市长（期间：2001年9月～2004年7月省委党校经济学专业研究生学习）。2003年5月后，任张家港市委书记兼张家港保税区党工委副书记，同年12月，任张家港市委书记，张家港保税区党工委书记。2005年12月～2012年7月，任中共苏州市委常委、市人民政府常务副市长、市政府党组副书记。2012年7月～2016年1月，任苏州市委常委、市委政法委书记、苏州市法学会会长。2016年1月～2017年1月，任苏州市人大常委会副主任、市人大党组副书记。曹福龙是苏州市十三届、十四届、十五届人大代表。中共苏州市九次、十次、十一次党代会代表。江苏省九届人大代表。十届全国人大代表。曹福龙获2001～2002年度、2003～2004年度全国市（县）科技进步工作先进个人。获2004南京军区“党管武装好书记”。2004年，获国家环保总局“第三批国家级生态示范区建设优秀领导者”。2005年，获中央综治委、中央组织部“全国社会治安综合治理工作先进个人”。2008年，获“全国第二次经济普查先进个人”。2010年，获“全国第6次人口普查省级先进个人”。

邹松梅　1957年11月出生，金谷村44组（路西巷）人。1982年8月参加工作，中共党员，大学文化，研究员级高级工程师。1978～1982年，在武汉地质学院（现中国地质大学）读书。1982～1997年，在江苏省区域地质矿产调查研究所工作。1996年起任研究所副总工程师、高级工程师。1998～2015年，在江苏省地质调查研究院工作。历任：高级工程师、研究员级高级工程师。1998年起，任基础地质研究所所长，江苏省“333”跨世纪学术、技术带头人培养工程第三层次培养对象。2005年起任南京地质博物馆馆长。至2015年，为江苏省注册咨询专家、研究员级高级工程师、江苏省地质学会理事、旅游地质专业委员会主任、江苏省古生物学会理事、国土资源部国家地质公园督察员。1990～2015年，在全国报刊发表学术论文30余篇。曾获国土资源部优秀成果一等奖、江苏省青年科技标兵、第五届江苏省优秀科技工作者、江苏省国土资源系统先进个人（享地市级劳模待遇）等荣誉。曾当选为中国共产党江苏省第十届代表大会代表。

朱忠良　1961年7月出生，金谷村41组（大树巷）人。1984年8月参加工作，大学文化，研究员级高级工程师，卫生领域著名IT专家，中国农工民主党党员。1979～1984年，南京大学核物理系学习，毕业后分配在江苏省疾病预防控制中心，开始从事核放射防护工作，后从事计算机软件的设计与开发。30多年来主要设计开发的软件有：国家传染病网络直报系统、三峡监测系统、全国性病艾滋病专报系统、居民健康档案管理系统、瘤肿及死因登记系统、区域卫生信息平台等几十个种项，曾获卫生部计算机软件一等奖及其他奖励，同时获得“灵活可扩展区域卫生信息平台”软件著作权等。曾担任过国家疾病控制软件开发总监，江苏省政府应急指挥系统总体设计，主持了多项国家、省卫生信息规范、标准的制订。2000～2015年，朱忠良任江苏省疾控中心信息所副所长、中国卫生信息学会公共卫生专业委员会副主任、江苏卫生信息学会卫生标准委员会副主任等职。

肖辛忠　1967年5月出生，金谷村18组（杨树头）人，中共党员，大学文化，工程师。1985～1989年，在南京东南大学读书。1989年7月参加工作，在四川航天工业总公司规划处任业务主管。1990年8月，获助理工程师职称。1992～1994年，任四川航天工业总公司基建计划处业务主管。1994～1998年，任四川航天工业总公司基建计划处处长，获工程师职称。1998～2000年，任四川航天工业总公司计划处处长，获高级工程师职称。2000～2002年，任四川航天工业总公司基建部副部长。2002～2004年，任四川航天工业总公司成都天盛实业集团副总经理。2004～2005年，任四川航天工业总公司投资部部长。2005～2008年，任四川航天工业总公司重庆航天机电设计院院长。2009～2011年，任四川航天工业总公司成都天盛实业集团（后更名为四川航天建工集团）总经理。2011年，四川航天工业总公司改制为四川航天工业集团有限公司。2011～2015年，任四川航天工业集团有限公司副总经理。

第三章　人物名录

第一节　革命烈士

金谷籍革命烈士表

表14—1

姓名	出生年月	籍贯	参加革命时间	牺牲时所在单位、职务	牺牲时间、原因、地点
周　鼎		金谷村6组（张市东街）	1948年	虞西武工队沙洲联络员	1949年3月因叛徒出卖被敌人杀害

第二节　先进人物

金谷籍张家港市级以上劳模、先进人物一览表

表 14—2

姓名	性别	获得荣誉称号时间、名称	授予单位	授予时所在单位、职务
曹乾石	男	1978 年获江苏省广播系统先进工作者	省委宣传部	西张公社报道组
肖仁清	男	1995 年获江苏省文化厅“创收补文”先进工作者	省文化厅	西张镇文化站站长
钱国平	男	2000 年获江苏省安全生产先进工作者	省乡镇企业管理局	西张镇农工商总公司
徐群芳	男	1986 年获张家港市先进工作者 1991 年获张家港市劳动模范	张家港市委 市人民政府	金谷村经济合作社社长
邹松梅	男	1998 年获江苏省青年科技标兵、第五届江苏省优秀科技工作者	省人民政府	江苏省基础地质研究所所长
朱进才	男	1991 年获张家港市劳动模范 1991～1994 年苏州市优秀企业家	张家港市委、 市人民政府 苏州市人民政府	西张服装厂党支部书记、厂长
李炳才	男	1992 年获苏州市劳动模范	苏州市人民政府	西张粮管所主任

第三节　中级技术职称以上知识分子

金谷地区获中级技术职称以上知识分子一览表

表 14—3

姓名	性别	出生年月	家庭住址	专业技术职称、职务	工作单位
钱楚庆	男	1937.5	金谷村 7 组（吉家桥）	高级工程师	重庆红岩机械厂
须祖兴	男	1938.4	金谷村 5 组（须家宕）	副教授	浙江大学
许全保	男	1938.8	金谷村 15 组（许巷）	高级工程师	沙洲县农机厂
曹金伦	男	1939.5	金谷村 13 组（曹家宕）	工程师	中国第二汽车制造厂

续表 14—3

姓名	性别	出生年月	家庭住址	专业技术职称、职务	工作单位
高永德	男	1940.5	金谷村 6 组（张市东街）	高级教师	西张中学
徐杏保	女	1942.5	金谷村 7 组（吉家桥）	高级工程师	马鞍山电厂
戴根法	男	1943.5	金谷村 17 组（戴巷）	工程师	常州市奔牛造纸厂
蒋梅珍	女	1944.2	金谷村 28 组（黄泥墩）	高级工程师	江阴市建筑设计院
王月亮	男	1944.11	金谷村 37 组（后巷里）	副主任药剂师（副高）	张家港市第一人民医院
蒋逵良	男	1948.6	金谷村 28 组（黄泥墩）	研究员	张家港市微生物研究所
张德元	男	1954.8	金谷村 35 组（史家桥）	高级教师	凤凰中学
张建才	男	1957.6	金谷村 36 组（史家桥）	博士、工程师	美国惠氏制药
朱建新	男	1961.8	金谷村 23 组（朱家弄）	副教授	上海市交通大学
高锦芬	女	1962.1	金谷村 6 组（张市东街）	会计师	金谷村
高峰	男	1962.6	金谷村 7 组（吉家桥）	高级教师	张家港市实验小学
唐金华	男	1962.10	金谷村 40 组（唐家巷）	高级教师	张家港市第三中学
王志刚	男	1963.3	金谷村 38 组（后巷里）	金融理财师	张家港市华泰证券股份有限公司
黄德新	男	1963.6	金谷村 28 组（黄泥墩）	工程师	中桥办广州办事处
钱浩祥	男	1963.9	金谷村 2 组（居墩）	高级工程师	中国重型汽车集团公司济南动力部
崔锦华	男	1964.5	金谷村 7 组（吉家桥）	主治医师	张家港市第三人民医院
邹忠达	男	1965.3	金谷村 44 组（路西）	高级工程师	苏州创园集团公司

续表 14—3

姓名	性别	出生年月	家庭住址	专业技术职称	工作单位
张瑞卿	男	1965.6	金谷村 38 组（后巷里）	工程师	张家港市市场监督局
杨建祥	男	1965.6	金谷村 3 组（金谷落）	教授级高级工程师	国家电力规划设计总院
黄正中	男	1966.4	金谷村 28 组（黄泥墩）	总工程师	黑龙江煤炭化工集团公司
钱飞舟	男	1967.10	金谷村 39 组（唐家巷）	高级工程师	苏州海陆重工股份有限公司
徐晓宇	女	1967.11	金谷村 7 组（吉家桥）	高级中药经营师、药师	上海雷允上药业西区有限公司
张忠祥	男	1968.6	金谷村 41 组（大树巷）	高级工程师	安徽奇瑞汽车股份有限公司
王建英	女	1968.7	金谷村 3 组（金谷落）	高级教师	凤凰镇中心小学
杨海平	男	1968.11	金谷村 3 组（金谷落）	高级教师	凤凰镇中心小学
朱新球	男	1968.12	金谷村 27 组（朱家弄）	美术师	凤凰中学
钱忠	男	1968.12	金谷村 42 组（交界桥）	工程师	张家港市恒昌化工有限公司
陆伟清	男	1968.12	金谷村 4 组（小桥头）	会计师	沙钢集团
徐晓卫	男	1969.4	金谷村 7 组（吉家桥）	高级工程师	上海航天动力技术研究所
吴锦忠	男	1969.8	金谷村 33 组（太平桥）	会计师、工程师	张家港市国税局
马伟达	男	1970.3	金谷村 31 组（蒋祁塘湾）	主任医师	张家港市中医院
朱凤霞	女	1970.6	金谷村 23 组（朱家弄）	主任医师	苏州市第一人民医院
钱士明	男	1970.6	金谷村 42 组（交界桥）	高级教师	塘桥中学
蔡正雄	男	1970.8	金谷村 3 组（金谷落）	高级教师	凤凰中学
张萍	女	1970.10	金谷村 42 组（交界桥）	高级教师	塘桥中学

续表 14—3

姓名	性别	出生年月	家庭住址	专业技术职称	工作单位
朱凤琴	女	1971.5	金谷村23组（朱家弄）	工程师	上海市华谷车业有限公司
黄志刚	男	1973.3	金谷村33组（太平桥）	高级教师	张家港市梁丰高级中学
徐志斌	男	1973.8	金谷村7组（吉家桥）	高级教师	张家港市暨阳高级中学
戴向东	男	1973.8	金谷村17组（戴巷）	会计师	张家港市招商银行
沈利东	男	1974.10	金谷村31组（蒋祁塘湾）	副主任医师	张家港市第三人民医院
钱文新	女	1975.1	金谷村7组（吉家桥）	工程师	江苏华昌化工股份有限公司
许晓东	男	1977.2	金谷村7组（吉家桥）	副主任药师	张家港市第一人民医院
钱文娟	女	1977.4	金谷村7组（吉家桥）	副主任医师	张家港市第一人民医院
钱建华	女	1979.2	金谷村2组（居墩）	审计师	联合国世界审计署总部
钱春霞	女	1981.2	金谷村7组（吉家桥）	工程师	南京大学金陵学院
李娜	女	1983.5	金谷村20组（太平桥）	高级教师	张家港市暨阳中学
顾娅婷	女	1983.7	金谷村20组（太平桥）	副主任医师	江阴市第一人民医院
陈健峰	男	1986.2	金谷村33组（太平桥）	会计师	苏州民生银行
黄果	女	1986.6	金谷村33组（太平桥）	一级建造师	武昌理工学院

第四节　副镇（乡）级以上干部

金谷地区副镇（乡）级以上干部一览表

表 14—4

姓名	性别	出生年月	家庭住址	工作单位及职务
戴汉云	男	1927.2	金谷村17组（戴巷）	1976年任西张公社党委组织委员，1979年4月～1982年4月任西张公社管委会副主任。
钱世生	男	1927.7	金谷村2组（居墩）	解放初任村民兵中队长，1957年任西张乡党委委员，后任西张供销社主任。

续表 14—4

姓名	性别	出生年月	家庭住址	工作单位及职务
徐永培	男	1929.3	金谷村 8 组（居墩）	1959～1965 年 4 月任西张公社党委委员、人武部部长。
朱雪坤	男	1929.3	金谷村 41 组（大树巷）	1949 年 7 月参加区中队，后参加中国人民解放军海军航空兵部队。正营级干部。1970 年转业，任沙洲县乐余柴油机厂党支部书记。
吉家兴	男	1931.2	金谷村 7 组（吉家桥）	1950 年参加解放军空军部队，参加过抗美援朝，正团级干部。1973 年转业到上海钟表公司二厂任厂长。
钱金华	男	1935.11	金谷村 38 组（后巷里）	1960 年江苏教育学院毕业。乐余中学教师。1972 年 9 月调至西张工作，历任公社党委委员、革委会副主任。1982 年任西张中学副校长、校长、党支部书记。
陶月林	女	1937.11	金谷村 33 组（太平桥）	1967 年解放军 101 医院护士长，1976 年转业任无锡市卫生局副局长。
陈忠法	男	1938.5	金谷村 39 组（唐家巷）	1956 年应征入伍，后进军校学习，毕业后任正营级干部。1980 年转业到常熟县冶金公司任副经理。
孙雪虎	男	1938.7	金谷村 6 组（张市东街）	1960 年解放军指挥学院学习，学校解散后，分配到北京市自动化研究所工作，任党委书记。1990 年调到中国康辉旅游总社工作，任办公室主任、纪委书记。
谢士元	男	1938.11	金谷村 36 组（史家桥）	1960 年进入高等军事学院学习，1966 年毕业，任团政治处副主任。1983 年转业，任苏州市文物管理处副主任兼常熟文物商店总经理。
钱永祥	男	1939.4	金谷村 4 组（小桥头）	1958 年应征入伍，1982～1985 年任西张乡人武部干事、副部长、部长。1986～1990 年任西张镇副镇长。
钱金保	男	1942.5	金谷村 8 组（居墩）	1961 年应征入伍，副团级干部。转业后任张家港市环保局副局长。
李德生	男	1943.7	金谷村 6 组（张市东街）	1963 年应征入伍。1971 年，部队转业到西张公社机关工作，任党委办主任。1987 年～2003 年，任西张镇经联会副主任，农工商总公司副总经理。

续表 14—4

姓名	性别	出生年月	家庭住址	工作单位及职务
徐岳培	男	1944.11	金谷村 7 组（吉家桥）	1963 年应征入伍，历任战士、排长、连长、营长。1984 年转业任张家港市帽厂书记、厂长。
张仁林	男	1946.4	金谷村 44 组（路西）	1965 年应征入伍，历任战士、班长、排长、副连长。1978 年转业到地方。1990 年任西张镇纪检副书记。
徐永福	男	1947.6	金谷村 25 组（许巷）	1987 年任张家港市江滩管理所所长，1988 年调至市沿江开发区指挥部工作。
杨关林	男	1947.7	金谷村 3 组（金谷落）	1964 年应征入伍，历任战士、排长、连长、副营长、营长。1984 年转业到常熟市粮食局工作。
曹乾石	男	1947.9	金谷村 1 组（水北）	大专学历。1970 年 10 月沙洲县委政工科报道组工作，1981 年调至西张工作。1982～1994 年任乡、镇经联会农工商总公司办公室主任，1995 年任西张镇党委宣传委员。2003 年 10 月任凤凰镇副主任科员。
徐银芬	女	1950.8	金谷村 25 组（许巷）	1977 年在沙洲县妇联工作，1979 年后任沙洲县纪委委员、张家港市纪委常委，1992 年任张家港市总工会副主席。
徐永环	男	1951.8	金谷村 25 组（许巷）	1970 年应征入伍，历任战士、连队文书、保密员、团政治处书记。1986 年任张家港市政法委综治办副主任，1987 年任南丰镇经委副主任、主任、农工商总公司经理，1992～1994 年任市司法局副局长、市政府驻太原办事处副主任。2011 年任乐余镇党委副书记。
朱进才	男	1953.6	金谷村 23 组（朱家弄）	1975 年参加工作，历任西张服装厂副厂长、厂长、党支部书记，1996 年 4 月任西张镇农工商总公司副总经理，1996 年 12 月～2001 年任西张镇党委副书记、张家港市第七、第十一届党代表大会代表。
孙忠元	男	1954.11	金谷村 11 组（水北）	1972 年应征入伍，1994 年转业，历任西张镇司法助理、组织干事、土管所长。1999 年 3 月，任西张镇党委委员，纪委副书记。2003 年 8 月任凤凰镇副镇长。

续表 14—4

姓名	性别	出生年月	家庭住址	工作单位及职务
钱根祥	男	1956.9	金谷村 2 组（居墩）	塘桥派出所所长
钱云达	男	1957.3	金谷村 4 组（小桥头）	处长，2014 年任苏州市商务局处长
吴凤龙	男	1960.9	金谷村 20 组（太平桥）	镇江市统计局统计科科长
瞿永昌	男	1962.2	金谷村 2 组（居墩）	张家港市国资办主任
钱国平	男	1963.10	金谷村 2 组（居墩）	大专文化，2008～2011 年任凤凰镇经服中心副主任，2011～2015 年任凤凰镇人大副主席。
朱春秋	男	1969.1	金谷村 23 组（朱家弄）	凤凰镇副镇长兼任凤凰镇社会事业局局长
陆惠东	男	1969.3	金谷村 3 组（金谷落）	1987 年应征入伍，大专文化，历任金谷村民兵营长、治保主任、村委副主任、主任。2008 年任金谷村党总支书记，2012 年任村党委书记，2013 年兼任凤凰镇农村工作局副局长。
钱伯虎	男	1971.3	金谷村 18 组（杨树头）	武警部队某部正营级干部。
曹鹰飞	男	1973.4	金谷村 13 组（曹家宕）	苏州大学毕业，历任西张镇农工商总公司副总经理、凤凰镇党委副书记、经济服务中心主任，张家港市工商联副主席。
钱昊	男	1973.10	金谷村 2 组（居墩）	国家安全局副处级干部
张明波	男	1977.3	金谷村 35 组（史家桥）	解放军某部正营级干部
钱敏雷	男	1984.9	金谷村 2 组（居墩）	2010 年 6 月南京医药大学硕士生毕业。2011～2015 年在武警江苏消防总队医院工作，正营级干部、主治医师

第五节 当选市（县）级以上代表大会代表

金谷籍当选市（县）级以上代表大会代表一览表

表 14—5

姓名	性别	当选时间	代表大会全称	当选时所在单位、职务
唐虎保	男	1981 年 6 月	沙洲县第五届人民代表大会代表	西张公社三大队党支部书记
徐群芳	男	1987 年 4 月～1990 年 3 月	张家港市第七届、第八届人民代表大会代表	西张镇金谷村经济合作社社长
吉瑞庆	男	1990 年～1998 年	张家港市第八、九、十届人民代表大会代表	张家港市政协副主席 张家港市人大常委会副主任
孟建华	男	1993 年 2 月	张家港市第九届人民代表大会代表	西张镇五联村经济合作社社长
朱进才	男	1998～2002 年	张家港市第十届人民代表大会代表	张家港市西张镇服装厂党支部书记、厂长
王玉兵	男	2003 年 1 月	张家港市第十一届人民代表大会代表	张家港市“天一铜业”董事长、总经理
徐卫	男	2013 年 1 月	张家港市第十三届人民代表大会代表	凤凰镇金谷村村民委员会主任
曹福龙	男	2002～2015 年	苏州市第十三届、十四届、十五届人民代表大会；江苏省第九届人民代表大会；第十届全国人民代表大会代表	张家港市市长、苏州市委常委、常务副市长

第四章 集体荣誉

金谷地区各行政村获苏州市级以上荣誉一览表

表 14—6

获得荣誉单位	荣誉称号	授予时间	授予单位
金谷村	江苏省电话小康村	1996 年	省邮电局
金谷村	江苏省卫生村	1996 年	省爱卫办

续表 14－6

获得荣誉单位	荣誉称号	授予时间	授予单位
金谷村	江苏省人民调解先进集体	1996 年	省司法局
金谷村	苏州市基层组织现代化示范村	1998 年	苏州市委、市政府
金谷村	苏州市文明村	1998 年	苏州市文明办
五联村	江苏省卫生村	1998 年	省爱卫办
五联村	江苏省计划生育先进单位	1999 年	省政府
金谷村	苏州市“四好”妇代会	2000 年	苏州市妇联
	苏州市文明先进村	2003～2008 年	苏州市文明办
	江苏省生态村	2005 年	江苏省环保厅
	苏州市绿色社区	2006 年	苏州市政府
	苏州市计划生育先进村	2008 年	苏州市计生委
	江苏省绿色社区	2008 年	省环保厅
	苏州市“两个率先”先锋村	2008 年	苏州市委
	苏州市和谐示范社区	2009 年	苏州市委、市政府
	江苏省文明村	2010～2012 年	省文明委
金谷村	江苏省民主法制示范村	2012 年	省法制委
	苏州市村环境整治先进集体	2013 年	苏州市委、市政府
	苏州市建设社会主义新农村带头人	2015 年	苏州市委

第十五编　志　余

第一章　文件辑录

张家港市人民政府文件

张政组〔1999〕30号

关于同意西张镇撤并凤星村的批复

西张镇人民政府：

你镇关于撤并凤星村的请示悉。经研究，同意行政区划相邻的凤星村与金谷村合并，建立金谷村，同时撤销凤星村的村名和村民委员会。撤并工作具体事项由西张镇人民政府负责，并按《村民委员会组织法》建立新的金谷村村民委员会。

此复。

张家港市人民政府

一九九九年十一月七日

中共张家港市西张镇委员会文件

西党〔1999〕58号

关于撤销凤星村新建金谷村和徐群芳等同志职务任免的通知

各村、镇办厂、市镇单位党支部（总支）：

根据凤星村、金谷村户代表会议决议和市政府“张政组〔1999〕30号”文件批复，撤销凤星村建制，建立新的金谷村。

经研究决定，对新的金谷村班子组成人员批复如下：

徐群芳同志任金谷村党总支书记、经济合作社社长；

贡林福同志任金谷村党总支副书记；

钱士忠同志任金谷村党总支副书记；

高阿大、钱进才、陆惠东、徐卫同志为金谷村党总支委员；

周建华、孔仁兴、卢曙明同志任金谷村经济合作社副社长；

高金芬同志任金谷村财务科长；

杨丽琴同志任金谷村妇代会主任；

陆琴芬同志任金谷村妇代会副主任；

徐卫同志任金谷村团支部书记。

中共张家港市西张镇委员会

一九九九年十二月十日

张家港市西张镇人民政府文件

西政〔1999〕61号

关于公布金谷村村民委员会组成人员的通知

各村、厂、市镇单位：

根据市政府“张政组〔1999〕30号”文件批复，我镇凤星村与金谷村合并，建立金谷村。按《中华人民共和国村民委员会组织法》规定，进行了两村合并后的村民委员会选举工作。这次选举金谷村村民委员会、充分发扬了民主，选举产生了金谷村村民委员会。为便于开展各项工作，现将金谷村村民委员会组成人员予以公布：

主任：高阿大　　　　副主任：孔仁兴

委员：杨丽琴、陆惠东、周建华、徐卫

张家港市西张镇人民政府

一九九九年十二月十八日

中共张家港市凤凰镇委员会文件

凤委发〔2004〕31号

关于建立安庆村等十一个村党总支部及钱妙琴等同志职务任免的通知

双龙村党委，凤凰、港口办事处，村、厂、市镇单位党支部（总支），机关各部门：

镇党委、政府按照市委、市政府并村的工作要求，并根据市政府张政发〔2004〕23号、市委组织部张组复〔2004〕3号和市委组织部张组复〔2004〕7号等文件精神，对行政区划相邻的……五联村与金谷村合并，建立新的金谷村；……同时撤销……五联村的村名及村民委员会，建立新的……金谷村的村民委员会。新建中国共产党张家港市凤凰镇……金谷村总支部委员会等十一个党总支部。……

经镇党委研究，决定：建立中国共产党张家港市凤凰镇金谷总支部委员会。金谷村党总支部下设5个党支部：金谷第一党支部、金谷第二党支部、金谷第三党支部、金谷第四党支部、金谷工业党支部。

徐群芳同志任金谷村党总支部书记；

陆惠东同志任金谷村党总支部副书记；兼任金谷第一党支部书记；

朱仁祥同志任金谷村党总支部副书记；兼任金谷第四党支部书记；

杨丽琴同志任金谷村党总支部专职委员；

孔仁兴同志任金谷村党总支部委员；兼任金谷第二党支部书记；

顾正芳同志任金谷第三党支部书记；

苏卫刚同志任金谷工业党支部书记；

陆惠东同志为金谷村村民委员会负责人；

张益明同志为金谷村村民委员会副负责人（主任级）；

孔仁兴同志为金谷村村民委员会副负责人；

高金芬同志任金谷村主办会计。

同时撤销原……五联村党支部，原各村党支部和金谷村党总支成员、村委会成员和村经济合作社成员的职务均自行免除，不再另行发文。

特此通知

中共张家港市凤凰镇委员会

张家港市凤凰镇人民政府

二〇〇四年四月十八日

中共张家港市凤凰镇委员会文件

凤委发〔2012〕50 号

关于公布建立中共凤凰镇金谷村委员会及陆惠东同志任免的通知

各局（室、中心）凤凰、港口办事处，各村（社区）、企事业单位党组织：

接中共张家港市委文件（张委组〔2012〕323 号），建立中共凤凰镇金谷村委员会，陆惠东同志任金谷村党委书记。

中共张家港市凤凰镇委员会

二〇一二年十月二十六日

第二章 文章选录

工暇篮球队

——记 20 世纪 40 年代西张地区的一支农民业余球队

曹乾石

在 20 世纪 40 年代至解放初期的常熟地区，只要一提起“工暇篮球队”，人们都会竖起大拇指夸奖：“这个篮球队虽是农民球队，但拼杀力强，投篮准，不简单。”

工暇篮球队是由当时西张地区五联、唐家巷（现属张家港市凤凰镇金谷村）及附近村庄的 10 多名青年自发组织起来的一支业余球队。说起这支篮球队的由来，还得从发起人钱益生说起。钱益生自幼热爱体育运动，喜欢打拳、甩石锁、举石担。1944 年春，乡绅唐立三在唐家巷创办精舍小学，在学校的操场上竖起了一个篮球架，引起了钱益生的好奇，每天等学生放学后他就和同村的几个伙伴去操场打篮球。球场上的奔跑蹦跳、投篮抢球，激发了一群年轻人对篮球的热恋。俗话说，日久生情，一段时间后大家对篮球产生了兴趣。一天，钱益生提议，我们建立一支业余篮球队，练好本领后，可以走出去和兄弟篮球队比赛。钱益生的建议说到了大家的心坎上，大伙儿一致赞成，纷纷报名参加业余篮球队。

篮球队由钱益生、钱友生、钱金龙、钱玉麒、钱金林、钱士良、王根松、钱金寿、王世金、唐仁金、唐仁生、陆永庆等 12 人组成，领队钱益生。球队组成后，叫什么名字好呢？大家议论开了，有的说叫“自强”，有的说叫“自立”，还有的说叫“五联”。最后钱益生请学校的一位老师取名，那位老师思考了一下说：“你们这个篮球队是支业余球队，那就用‘工暇’作名称吧，既文雅，又切合实际。”球队组建后，没有教练的指导，只能在打球中切磋，边打边提高球艺；没有裁判，球员不懂比赛规则，钱益生就拜体育老师为师，多次请教，把规则一条条记在小本子上，回来后告诉球员；每次球赛，钱益生总是胸前挂着哨子，来来回回跑得满头大汗，自告奋勇当起裁判；每场球一结束，球员们就坐下来总结经验，切磋球艺，提高打球水平。

无巧不成书。西徐市街上的沈毛毛，河阳桥畔的钱元昌与钱元芳是篮球运动的爱好者，他们有一定的参赛技术和比赛经验。当他们得知五联村有个工暇篮球队，被他们刻苦训练的精神所感动，就主动来到球场，满腔热忱地给工暇队员指点。在他们的指点下，球员学到了许多球艺，懂得了防守的队形是前三后二，即两名前卫一名中锋，两底角为左右后卫。当对方突破前面防线时，后卫应战，阻击进攻。同样在进攻中，前三位努力突破对方防线，和后卫协同，从底线投篮。从战术上采取人盯人，抓住战机，有效投篮等道理。从而彻底改变了过去一窝风见球就抢混乱局面，也彻底减少了过去的争球和犯规的次数。同时加强了近距离和远距离及不同角度的投篮练习，从而提高了命中率。不长时间里的练习，每个队员兴致很高，都想为工暇球队争光。由此，每个队员的持球运球传球，占位投篮等都有很大的长进，每次比赛都是得胜而归，工暇篮球队的名声越来越响。老队员王根松至今还不忘当年训练的情景：不管盛夏酷暑、严寒冰雪、白天黑夜，只要一有空球员们就上场训练演习，常常是一身泥水一身汗。他感慨地说：“没有严格的训练，是取不得好成绩的。虽然当时自吃饱了饭，没有一点报酬，但为了打好球，大家不辞辛苦，乐意舍得。”有一次球赛中，有 3 名队员扭伤了腰和脚，但回来后还是一拐一拐地在球场训练，坚持不回家休息。后钱益生下了“命令”，才把他们赶回家休息。一星期后，3 名球员又出现在球场上。

1952 年秋季，蟹肥稻黄，常熟县在大义镇举办了一次规模空前的篮球赛，这次有 70 多个球队参赛。比赛分为城镇组和农民组。工暇篮球队作为农民组队应邀出席。

工暇球队的队员获悉这一消息，个个兴高采烈。为了展现工暇队的风采，都自觉的从家里拿出钱，统一购买了球衫与球裤，而且球衫的胸部印上了行书体鲜红色的“工暇”两字，背部也印有红色号码。当球队排队入场时，白色的球衫，鲜红的印字，吸引了观众的眼球，纷纷拍手齐声叫好。

经过几天拼杀，工暇球队一路夺关斩将，最后进入农民组的四种子决赛。所有的队员经过几天的拼杀，体力消耗很大，大家感到吃力。可是大家想到夺冠军，一下子又来了精神。决赛那天，天气特好，艳阳高照，秋高气爽，四面八方的人涌向球场观看比赛。球场上人头济济，连场边树上、窗台上也爬满了观众。工暇队员经过半天和一个晚上的休息，已经恢复了体力，个个精神百倍，信心十足，决心同对手决一雌雄。

比赛在上午八时半正式开始。两队队员在裁判的带领下，跑步入场。队员们来到球场中心，分列两队，各自呼号：“锻炼身体，保家卫国!”当裁判发出计时员记分员准备的口令后，哨声响起，中心挑球，比赛正式开始。工暇球队第一次出场的是施洪元（中锋)、钱士良（右卫)、王根松（左卫)、王世金（右后卫)、沈毛毛（左后卫)。挑球后，王根松接球，他马上边线切入，发现对方后卫失防，迅速传给王世金，王世金投篮进球，先得2分，旗开得胜。接着，对方发球后，中锋直插篮底，传球失误，被沈毛毛接球，发给中锋施洪元，对方发现失球拼命追赶救球，哪里知道施洪元身材高大，接球后，如入无人之境，来个三大步，直冲投篮，又得2分。这时场外的观众，传来阵阵欢呼声。对方也不示弱，采用灵活速递，抢攻也得分。双方你争我夺，球打得十分激烈。有的球员，为救一球，情愿摔在地上，身体受伤而不顾。比分不断上升，双方互不相让，咬得很紧。战到最后，工暇队传球失误，被对方抓住机会，组织投篮。长哨声响，比赛结束，对方获得了冠军。工暇队获亚军。虽然工暇队夺冠失之交臂，但工暇队的球技精湛，仍然获得大家的好评。工暇队声名鹊起。当时曾有人评价过：不要看农村出来的种田汉，能有这样的球技夺取亚军很了不起。

村里人得知工暇队捧回了奖杯，村人都喜笑眉开地迎接胜利归来的英雄健儿。球员的父母亲得知喜讯，都高兴地说：“好样的!”现在村里的老人，讲到那时的工暇球队，仍然啧啧称赞。

工暇队一举成名，威名震四方。在以后的日子里，许多地方举办篮球赛，必请“工暇”队参加。工暇队也乐意参加比赛，先后参加了顾山、乌墩、王庄、大义、小市、港下等地的比赛。足迹遍及常熟、无锡、江阴等地。每次比赛都能捧回奖旗和奖杯。

五联河的水化了又冻，冻了又化。70多年过去了，工暇篮球队的队员大多已经作古。但他们奋勇拼杀的精神，鼓舞着一代又一代的年轻人，他们的高尚品德和奉献体育事业的业绩，成为人们的美谈，至今还流传着。

金谷创业人

——记金谷村经济合作社社长徐群芳的事迹

朱建培　曹乾石

提起张家港市西张镇金谷村经济合作社社长徐群芳，村里的干部群众都夸他是个一心创业的好社长。是的，徐群芳在经济建设这个大舞台上，敢闯敢拼，不断进取，努力创立金谷大业，不断奏出一曲曲动人的乐章。目前，全村拥有企业七家，合资企业三家，1993 年，全村创工业产值 5956 万元，利税 450 多万元。

“勇做四海生意，敢发五洲洋财。”早在 1988 年，他就把目标瞄向三资企业，借助外资，发展本村经济。他四处奔波，找老乡托朋友，几经周折，1988 年 3 月，好不容易与澳门康达有限公司攀上了关系。他连夜驱车赶往上海，当时，外商因有事未能按时赴约。他耐心地在宾馆等待，一等就是四五个小时，等到外商赶到时，已是深夜十一点多了。外商看到徐群芳有这样的诚意，不顾旅途劳累，连夜与他洽谈。最后双方拍板，谈成了共同投资建办张家港新天 EM 工程材料有限公司的合资项目。接着，他又马不停蹄，筹资金，搞基建，达到了当年建办当年投产见效的目标。接着他用母鸡下蛋、蛋孵小鸡的方法，以厂养厂，一连建办了张家港常升丝网有限公司、江苏新喜来电器有限公司等三家与台资合资企业，总投资 170 多万美元，其中外方投资达 60 多万美元。

徐群芳在改革的洪流中，造就了一股敢闯敢冒的胆略。1990 年，金谷村的常升丝网有限公司，由于外方没有履行返销合同，造成了生产的尼龙丝产品销售不景气，他面对这一现实，认真思索，通过市场调查，反复论证，决定建办一个渔网厂与常升公司配套。当时，有不少同志认为，常升公司已是个大包袱，所投资的 60 多万美元还未收回，再投资 200 多万元办个渔网厂，弄不好要“雪上加霜”。但徐群芳心中有数，尼龙丝产品销路虽不好，但全国的渔网需求较大，加工成渔网后，销路一定看好，不但可以使渔网厂发展，而且还可带动常升公司的发展，他面对种种压力，据理力争，果断投资，建办了东海渔网厂，这着棋果然有效，渔网厂行情看好，使企业枯木逢春。

金谷造纸厂是村里的骨干企业，效益比较好，但他冷静地分析，虽然目前造纸形势好，但品种不多，规模太小，经过分析、思考，又一个大胆的设想在他脑海里诞生了，扩建造纸厂，形成配套生产，扩大规模，壮大抗风浪能力。他克服资金、技术等多种困难，于 1993 年上半年投资 300 多万元，建造了东海纸制品厂。以后，他四处奔波，筹借资金，又投资了 350 万元，配套扩建了东海涂布纸制品厂，使金谷村的造纸行业不断发展壮大，规模越办越大，效益越来越高。

旧体制的弊端束缚生产力的发展，徐群芳的对策是改革与管理。他常说：“办好企业，要有科学的用人之道、经营之道、管理之道。”

徐群芳向来有这样的脾气，看准了的东西，就要干，出手快。因此，他改革了企业内部分配制度，全面实行浮动工资制。对不同人员有不同的计酬形式，做到“四包四酬”。科室干部包岗位，考核计酬；技术人员包项目，成果计酬；车间工人包任务，浮动计酬；辅助工人包车间，跟班计酬。前年，该村有个企业，当时同类厂生产出来的产品供不应求，他们生产出来的产品正品率也不低，就是销售打不开，库存积压日趋增多，他看到这一情况后，下厂调查研究，分析原因，立即更换了有关管理人员，对厂长、供销员划指标、定任务，充分建立了竞争机制，从而企业有了生机，半年后，该厂产销两旺，盈利比上半年翻了一番。

多年一贯制的任命式人事制度，造成了能人上不去，庸人降不下，一些人当惯了“太平官”。徐群芳不容许有这些落后现象存在，他要的是能人、骏马、高效率。于是，在村级班子会上，他把改革人事制度的方案拿出来。又有人好心劝他说：“有些人员是有来头的，改了，怕以后工作难开展……”对此，他态度坚决，他还宣布中层干部在全厂职工中招聘产生，人人都有平等竞争的机会，谁有本事谁上台。在厂部管理人员中，有些是徐群芳的亲戚，少数人平时工作马虎，他敢于冲破人情网，敢于碰硬，对不思进取的坚决从岗位上撤下来，安排到车间工作，甚至辞退出厂。

（原载《江苏乡镇企业》杂志1994年第6期）

两次集合

曹乾石

一天夜里，沙洲县西张公社二大队民兵营搞了一次紧急集合。号声一响，民兵们立刻起床，十五分钟就全部赶到了指定的集合地点。大队党支部书记、民兵营教导员高永林看了很高兴，心想：同志们的战备观念还蛮强哩！

紧急集合结束后，老高又同几个干部去检查各排的情况，发现有的民兵紧急集合回来把武器装备放的乱七八糟。有的甚至说：“集合过了，这下可以放心睡大觉了。”看到这种情况，老高不禁一怔：为什么平时大家的战备观念蛮强把武器装备放的有条不紊，而在紧急集合之后，就变样了呢？万一发生了情况怎么办？他觉得这是战备思想不扎根的反映。他立即找其他几个支委和民兵干部商量，决定第二天晚上再来一次紧急集合。

“滴哒哒……滴哒哒……”。第二天夜里，一阵急促的军号声把民兵们惊醒，大家赶忙起身奔向集合地点。这次集合时间用了三十五分钟。看到这个情况，有的民兵说："真没想到，上一天刚集合过了还会搞紧急集合。"

听了有些民兵的话，老高心里更加明白了。他决定抓住这个事例对民兵进行一次路线教育。他组织大家学习了毛主席关于"在社会主义这个历史阶段中，还存在着阶级、阶级矛盾和阶级斗争，存在着社会主义同资本主义两条道路的斗争，存在着资本主义复辟的危险性。要认识这种斗争的长期性和复杂性。要提高警惕"的伟大教导，以"两次紧急集合为啥不一样"为题进行了讨论。民兵战士张金良第一个发了言，他说："在第一次紧急集合时，大家思想上都有准备，所以行动比较快。搞完以后产生了麻痹思想，认为不会再有什么情况，结果第二次搞成这个样子。"一排长钱藕根接着说："问题就出在战备观念淡薄上，平时不能从实战着想。如果像我们这样，第一次战斗后就放松了警惕性，必然要给敌人钻空子。"通过讨论，大家认识到：两次紧急集合不一样，说明了我们对阶级斗争的长期性理解不深，对帝国主义和社会帝国主义的侵略本性认识不足。时刻准备反击侵略者的思想树的不牢，大家表示，一定要认真学习毛主席提出的党在社会主义历史阶段的基本路线，牢固树立常备不懈的思想。

从此，沙洲县西张公社二大队民兵营的民兵在党支部的带领下，对战备工作抓得更紧了。

（原载《新华日报》1972 年 10 月 10 日二版）

及时进行组织纪律教育

曹乾石

在沙洲县西张公社三大队的一次党支委会上，党支部书记唐虎保宣布了这样一件事：经公社党委研究决定，调党支部副书记王仁华去公社社办工业办公室工作。

唐虎保话音刚落，会议室立刻出现了不同意见。特别是与小王共同战斗了几年、结下了深厚情谊的老陈激动的站起来说："不行，小王是我大队辛辛苦苦培养出来的新干部，抓全大队组织、宣传两方面工作，调走小王的决定，我们要考虑考虑。"由于认识不统一，会议就不欢而散了。

会后，党支部书记唐虎保的脑子里就翻腾开了：公社党委的决定错了吗？不！调动小王是工作上的需要；让小王调到公社，也可以更好地发挥青年干部的作用。公社党委的决定是正确的，关键是有些同志不愿放小王走。看来，要加强对党支委组织纪律的教育。想着想着，唐虎保连夜来到老陈家，跟老陈谈心。他说："老陈啊！我想来想去，公社党委调小王的决定是正确的。毛主席亲自为我们制定的纪律中的一条就是下级服从上级。我们党支部应该服从公社党委的决定。过去，“四人帮”出于其篡党夺权的反革命政治需要，到处煽动党员干部顶上级的决定，分裂、瓦解我们党，破坏了我党的优良传统。今天，我们要用实际行动来肃清‘四人帮’的流毒啊！”

在老唐的耐心帮助教育下，老陈提高了觉悟，党支委认识一致了。高高兴兴地欢送小王奔赴新的岗位。

（原载《新华日报》1977 年 4 月 9 日三版）

开展多项教育　建设文明新村

朱建培　曹乾石

一九八三年以来，沙洲县西张乡金谷村党支部在建设文明村过程中，开展多项教育，使全村干部群众的精神面貌发生了很大的变化，出现了“四多”

一是认真读书、刻苦钻研技术的多。这个村开展文明村建设以来，团支部，民兵营开办了俱乐部，科学技术培训班，职工技术学校，添置了各类书籍。村办综合厂七十多名民兵、青年组织了读书小组，攻关技术小组，定期上技术辅导课，交流学习心得体会，业务水平有了显著的提高。十三村民小组孙运达学习无线电知识和机电修理技术，近年来利用业余时间，为附近的农民义务修理各种收音机、电动机、拖拉机一百多台，受到了群众的称赞。

二是遵纪守法、破旧俗立新风的多。党支部利用典型案例，对全村进行深入浅出的法制教育，使干部群众懂得了法规，自觉遵纪守法。原来村里有几个地方赌风较盛，党支部派人重点抓，大讲赌博的危害，宣传安定团结的好处，使这些人自觉交出了赌具。十二村民小组有个青年，一度曾染上了不良习气。党支部做了十多次工作，并按照实际情况安排他到村办厂工作，使这个小青年深受感动，决心改邪归正做个好青年。在党支部的努力下，全村有十多个后进青年改掉了旧习，积极工作，并有了明显的进步。这个村地处水乡，但是近两年来没有出现偷鱼现象，全村没有一个青年传播黄色书刊，录音带。

三是见难就帮、助人为乐的多。自开展建设文明村以来，各村民小组都出现了许多好人好事。第二村民小组钱仲英，田多劳少，劳力缺乏。今年夏收夏种，村里组织了十多名青年到钱仲英责任田里帮忙。据统计，每当夏秋两个忙季，全村有二百多户农民主动抽出劳力，帮助一些困难户搞收种，抢脱粒。前年九月份，沙洲建筑装潢厂停靠在河边的一根大圆木被水冲断了缆绳，漂到一里之外的河塘里。第六村民小组青年民兵张德元，孙志林两人发现了，主动开着挂浆机船把木头拖回来。他们在浮财面前不动心，先后问了六个单位，终于找到了失主沙洲建筑装潢厂，并且马上送还给了他们。

四是讲文明礼貌、团结互助的多。十三村民小组过去是个有名的“吵闹村”，因小事引起纠纷吵闹不断。自开展建设文明村以来，村里订了文明公约，各家各户制订了争当“五好家庭”的计划。现在，村风大变，家家户户互助合作，出现了你帮我我帮你的生动景象。

在建设文明村活动过程中，金谷村的主要做法是：

抓好一个重点。这个村有一千二百多名青年，是村里的骨干力量。村党支部在建设文明村的活动中，始终抓住青年这个重点，采用办俱乐部、技工班、读书班、讲座会、“三会一课”等形式对青年进行教育，使这个村的大部分青年好学上进。这个村的基本民兵排曾连续五年被县、市人武部和军分区评为先进单位。

占领两个阵地。在建设文明村过程中，这个村党支部占领村民小组和村办厂两个阵地。共青团员，民兵青年在全村建立联系点，定期组织青年学习，开办技术培训班：在村办厂以班组为单位，建立青年读书小组，发挥了青年团员的模范带头作用。

建立三个制度。为了促进文明村的建设，村制定了规章制度：一是奖罚制度，以奖为主。执行乡规民约的年终发给奖状奖品，以资鼓励。二是检查评比制度。全村一季检查一次，半年初评一次，一年总评一次，发动全村家家户户互相评比。三是联系户制度。这个村的四十一名党员干部联系八十多户人家，带动附近左邻右舍互助互学，取长补短，共同建立文明村。

开展四项活动。一是党的活动。每月上一次党课，在党支部中开展一次批评和自我批评。二是团支部争做好事活动。村里各团小组建立好人好事记载簿，开展评比交流，看谁做的好事多。三是开展民兵青年俱乐部活动。党支部坚持基干民兵一月一堂政治课制度活动。四是争创“五好家庭”活动。全村各户开展比文明、比风格、比友爱、比贡献，形成了家家户户争当先进的好风气。

（原载《苏州宣传通讯》1985 年第 12 期）

“金谷”飘香

曹乾石

传闻着的许多事情吸引着我们去西张镇金谷村采访。这个村早在八十年代初，就以村办企业日创万元利润而闻名全市；1988 年，又创办了全市第一家外商投资企业；如今的金谷人又在精神文明建设方面领先一步。

迎着初夏的艳阳，我们来到居墩文明小区。踏着平坦的水泥通道，只见两边绿树成荫，鲜花盛开；走进农家，户户窗明几净，白壁粉墙，家什用具摆放整齐，堂屋中的红漆八仙桌熠熠生辉……使人忘却了这是普通的农家。

村党支部书记顾正芳微笑着告诉我们，原先的居墩垃圾满地，泥尘乱飞，河潭污水横溢。“七十二家房客”也各家各个样，一些农户乱搭乱建，家里摆放杂乱无章。今年春节后，村里开始发动，组织家家户户拆除违障建筑；大搞清洁卫生，并从村办企业中拿出60多万元资金，浇制水泥路面1．2万平方米，清理污水河三条，建造石驳岸500多立方米，拆除破旧房21间，建垃圾箱21只，化粪池60多只，栽植花木6000多株。居墩旧貌换新颜。

在金谷村，我们还听到了这样一个动人故事：70多岁的高翠娣老太，10年前中风瘫痪，常年卧床不起。媳妇杨建芳对待她像亲生母一样，夏天擦身洗背，冬天翻床取暖，一日三餐端到婆婆手里。在儿媳的精心照顾下，高老太养的白白胖胖。每当有人去看望她，她总是噙着泪花说：“多亏了小辈的一片孝心，我才活到今天!”是的，金谷人不但用双手创建了美好的家园，画出了一幅幅蓝图；也用美好的心灵，谱写出了一首首动听的赞歌。

（原载《张家港市报》1996年5月29日二版）

第三章　乡土文艺

一、诗文、山歌

水乡晨曲（诗歌）

曹乾石

晨曦吐湖面，
微风轻轻吹，
小小扁舟犁碧水，
歌声浪里飞。
活蹦蹦鲜鱼舱中跳，
水淋淋虾儿闪银辉，
飞桨摇落满天霞，
船儿载着笑声归。

（原载《苏州报》1983年7月7日“沧浪”副刊）

抢收夜景（诗歌）

曹乾石

点点流萤，
飞进散发着清香的麦田。
阵阵蛙鼓，
牵出银铃般的笑声一串。
星夜抢收的农家陶醉在喜悦之中，
皎洁的月光辉映着翻飞的银镰。
然而，好年景来之不易，
金黄的麦穗凝结着多少汗水？
春寒、夏雨、狂风、冰雹……
老天一次次给人们严峻的考验。
农民用勤劳的双手和智慧战胜了天灾，
可现在不能再让它夺去成熟的果实。
前面的大哥紧紧腰带，
又往手心吐一口唾沫。
后面的小妹撩把汗水，
整一整盘在头上的发辫。
你追我赶，犹如一对蜂蝶起舞，
水乡抢收夜呵，胜过繁忙的白天。

（原载《苏州报》1983 年 6 月 23 日四版“沧浪”副刊）

水乡早市（诗歌）

曹乾石

冲过重重雾，
划碎层层波，
小船儿满载水鲜货，
踏雾破浪快如梭。
鱼虾的腥味雾里洒，
菱藕的芳香波中浮。
一条条船儿一舱舱货，
好似一个个小店铺。
红鲤鱼、白籽虾，
鲜塘藕，青菱角……
水货卖了买百货，
回家正是太阳出。
鱼家相逢架起橹，
隔船悄悄把话吐；
“党的政策像春风，
吹的水产丰盛渔家富。”

（原载《苏州报》1981 年 8 月 2 日 4 版）

河阳山歌

山歌唱起头

等到山歌唱起头，
好像流水勿收头。
东村唱到西村扣，
上昼唱到黄昏头。

山歌好唱口难开

山歌好唱口难开，
衣衫好做领难裁。
东海滩头三叔婆，
廿四件衣衫一剪裁。

山歌越唱越高兴

山歌越唱越高兴，
柿子经霜格外甜。
冬瓜经霜似白肉，
青菜经霜味道鲜。

黄梅要唱莳秧歌

黄梅要唱莳秧歌，两手弯弯莳六棵，
六棵秧苗结稻谷，桑树头上结绫罗。
黄梅要唱莳秧歌，两手弯弯泥里拖，
背朝日头面朝水，手拿仙草莳六棵。

耥稻山歌

头次下田来耥稻，耥稻要耥三寸深。
每横要耥五耥板，耥掉杂草翻转根。
二次下田是耘稻，耘稻必须腰弯倒。
每棵秧上耘两把，耘的稻边无啥草。
三次下田是横稻，横稻可以不弯腰。
哥横稻来妹掳草，稻叶刺眼好苦恼。
耥稻生活做完成，洗手洗脚岸上蹬。
难得有个“小落忙”，买点猪肉吃馄饨。

荒

小熟吃到知了叫，
大熟吃到着棉袄。
荒春三来苦七月，
叫我俚穷人奈能好。

奉劝歌

奉劝世间少年人，
花色两字勿要贪。
但看英台梁山伯，
夫妻三世不团圆。

色

色字想来凡人贪，
贪色小鬼伤自身。
一夫一妻前生定，
闲花野草作孽深。

做好人

酒色财气远离身，
勤力劳作做好人。
田中自有真财宝，
家中贤妻聚宝盆。

财

财字想来个个贪，
凡尘人贪财要心凶。
金银财宝难活命，
贪官知府变小虫。

乘风凉

左邻右舍乘风凉，
你一言来我一唱。
天门阵里兴头高，
晓星没落东方亮。

教子女

养儿防老有靠棒，
子女不教起祸殃。
勤快节俭知好坏，
百日常里孝爷娘。

抛梁馒头

新造房屋簇簇新，
抛梁馒头降福星。
堂前摆起红堂子，
五谷丰登家业兴。

抗铃抗铃马来哉

抗铃抗铃马来哉，
隔壁大姐转来哉。
吃点啥，茭白炒大虾。
厨子踏煞老鸦，
老鸦告状，
告拨和尚，
和尚念经，
念不观音，
观音卖糖，
卖不土地，
土地撇屁，
贪煞苍蝇。

东瓜，东瓜

东瓜、东瓜，
两头开花，
凭侬会话，
话不满二十四个东瓜。

几只箩

一箩质，
二箩巧。
三箩拖棒棋，
四箩追勿着差得团团转。
五箩过只好日脚，
六箩骑白马。
七箩相公，
八箩长工。
九箩挑菜卖葱，
十箩十畚箕，挑满老宅基。

三灵三灵砟毛柴

三灵三灵砟毛柴，
四灵四灵砟干棵。
干棵梗碰碰，
开出门来里向坐！
勿要坐，
吃杯茶，
勿要吃，
侬要做啥？
捉只花花小狗。

煨尿精

煨尿精，烂乱脖，
甩只镘子望东跑。
兼棵港里捉野猫，
野猫勿捉着，
野菱戳只小狗脚。

团结有力量

工农商学兵，
赛似骨肉亲。
团结有力量，
泥土变黄金。

放卫星

技术革新动脑筋，

挑灯夜战大跃进。
要向土地夺高产，
亩产万斤放卫星。

三面红旗

右倾思想害人精，
人民公社大跃进。
三面红旗迎风飘，
总路线是照妖镜。

长工叹五更

一更里，月升东，
莳秧回转做苦工。
无钱车水兼忙工，
靠天落雨等前穷。
二更里，月照窗，
低头思姐独空床。
翻来覆去求困着，
只怨命苦去烧香。
三更里，月中天，
沉沉睡去梦里甜。
隔壁娇娘盈盈笑，
凉风吹过愁更添。
四更里，月正西，
穷人早起推麦粞。
种田无米笑煞人，
俏郎无奴匆稀奇。
五更里，月落鸟儿啼，
绫罗被里日出迟。
长工收场场头闲，
想想世道一包气。

花边谣

中华民国廿七年，
村村巷巷做花边。
小白牙齿镶金边，
白小布衫黑坎肩。
鹅毛扇，里苏头，
夜夜唱只小曲眠。
两边梳起盘龙头，
当中夹只银夹千。
戳骨洋伞当头面，
照把车只缴花边。
一车车到花边店，
老板看见笑颜颜。
“我个花边厄光鲜？”
“侬个花边蛮光鲜。
所嫌摸得黑只点，
钞票额脱二三千。”
乡下细娘粗嘴脸，
克杀冲杀骂只一夜天。
千针万线做出来，
额吾钞票心忐尖。

照田财

正月十五照田财，
田公田母吾里来。
吾家稻罗伫天高，
合家老小笑口开。
正月十五照田财，
田公娘娘迎上来。
野火烧得四角旺，
小麦丰收禾稻绽。
正月半照田财，

田公田母请转来。
野火烧得田发禄，
今年收势三石三。
正月半夜里照田财，
家家田角烧起来。
吾家田里棵棵秧，
财主人家长草苫。
正月半夜里月明亮，
田财火把红旺旺。
田公田母笑盈盈，
求得年年稻花香。
正月半，照田财，
四面八方烧起来。
照得荒田出黄金，
照的田公田母喜开怀。
正月半，照田财，
田里麦苗起身翻。
火光闪闪分两边，
田公田母迎出来。

二、民间传说

施公桥

江苏省沙洲县西张乡五联村（今属凤凰镇金谷村）的史家宅基，是个有30多户农家的村庄。它南倚凤凰山，东靠长寿河，青山碧水，景色秀丽。在史家宅基东侧，有一座古石桥。半圆形的洞门，大青石的桥板。石桥上长藤缭绕，古树盘延，显得古朴壮观。这就是有名的施公桥。

说起施公桥，当地的人们至今还传诵着一段施耐庵的佳话。施公桥原名史家桥，因由史姓集资建造而得名。元末明初，施耐庵避难江南，转游四方，曾一度落脚隐居在凤凰山上的永庆寺内。永庆寺在凤凰山南麓半山腰间，占地三十余亩，庙内青松林立，古柏参天，是个十分幽雅静僻之处。施耐庵居住于此，读书诵经，赋诗作文，倒也逍遥自在。

话说离凤凰山半里之遥的史家桥畔，有个茶室，三间茅舍，十几张茶桌，十里八乡的农民都喜欢到店里品茗喝茶，高谈阔论。施耐庵也是常客，他每天跋山涉水，跨过史家桥，到茶室喝茶，风雨无阻。日子久了，和许多农民茶客交上了朋友。施耐庵和善可亲，博学多才，大家都称他为施公。他经常帮助农民办些事情。远近乡邻，哪家建房起屋，哪家娶媳嫁女，都要请施公写个对联，拟个庚贴，施耐庵都乐意接受，并分文不收。有时，农民请施公到家闲坐，谈论家常，饮上几盅。施公也以礼相还，赠些诗词书法，盖上朱红方印作为回礼。每当夏季南方烈日炎炎，暑气灼人，施公就拿着鱼竿盘膝坐在史家桥河边的绿柳荫下，悠悠垂钓。夜晚，凉风习习，繁星闪烁，施公就手捏葵扇和农民一起坐在桥上乘凉。面对河中点点渔火，他娓娓讲述《水浒》中许多动人曲折的故事，汇聚的人们常常听得津津有味，不愿归家。

后来，施耐庵又转悠到别处 。他走后，当地人们十分怀念，便把史家桥改名为施公桥。

（原载 1985 年 9 月 7 日《专业户经营报》副刊《故土》）

“弄里”芹菜

“弄里”芹菜，历来是张家港市的土特产。每当品尝弄里芹菜时，我就想起宋朝王安石的诗句：“岁老根弥壮，阳娇叶更阴。”芹菜，在西张市普遍极了，已有近千年的栽培历史。

西张的芹菜又以朱家弄宅基种植的最为上乘，故又称“弄里”芹菜。朱家弄四面高凸，中间低洼，是个天然的“水乡盆地”。200 多亩土地肥沃潮润，植栽的芹菜有白茎长、叶柄青、质地脆嫩、耐寒等特点，并能较长时间地存放，具有较高的实用价值。

“弄里”芹菜无论是清炒，与豆制品素炒，和肉类混炒，都很鲜美，且风味各异。如用开水烫煮，浇上酱油、小磨麻油等佐料，拌作冷菜，则香脆、鲜嫩、爽口，是冬春家庭饭桌上的佳肴。

早在民国初年，“弄里”芹菜就名闻上海、无锡、苏州、常熟一带。上海曹家渡的菜场，曾明确把“弄里”芹菜标为特级蔬菜，誉为蔬菜之王。

我的家就住在朱家弄附近，常常听老人讲述“弄里”芹菜的故事。相传 900 多年前，抗金名将韩世忠和夫人梁红玉驻守在朱家弄一带。那时，朱家弄还是一片水汪汪的沼泽地。有一次，金兵突然侵犯，团团包围了宋军。韩世忠率队突围，但终因寡不敌众，没有冲出重围。几天以后，军中粮草断绝。晚上，梁红玉一身戎装，身佩短剑，徘徊水田之旁。她面对清疏冷月，想着大宋江山，朝政腐败，金兵骚扰，内心惴惴不安；想着全军粮绝人困，忍不住声声长叹。至清晨，东方刚露鱼肚白，她饮马来到水田边，只见碧水漾漾的水田里。倒映着她那苗条英俊的身影。这时，那匹早已饿急了的白龙驹，用嘴拔起田边的一棵野芹，大口大口地吃起来。梁红玉一见，连忙弯腰捋袖，拔起一棵沾着晶莹露珠的水芹，放在口中一尝，凉爽爽，甜丝丝，十分可口。梁红玉喜出望外，跨上白龙驹急忙回到驻地告知韩世忠。消息传开，军民纷纷挖野芹充饥，士气大振，一举击败了围困四周的金兵。

从此以后，朱家弄的人把野芹移植家种，并称其为“玉芹”，作为一种冬令蔬菜。品种有小青种、红种、大青种等。

朱家弄人种植芹菜十分考究，不断改良品种，精耕细作。每年春分后育母株，白露时母株节上闷出腋芽，进行无性繁殖。秋分前后在泥深肥足的水田里发芽移植。

栽种芹菜是一种非常艰苦的农活，特别是沤田十分辛苦。大暑一到，芹农就要摸水草肥田。他们冒着酷热暴署，整天赤膊泡在水里捞水草，然后把一船船的水草运回，挑到田里，踩入污泥，使水草腐烂发酵。一般要沤四五次，直到水田里泛起一层薄薄的油花，此时芹农已个个晒得像庙中的“乌漆罗汉”。

每年寒冬季节，坐落在朱家弄四周的芹菜田，一池泱泱碧水，满田青芹绿叶，郁郁葱葱。中午，冬阳照着碧绿的芹菜田，满田泛着金波。芹农们趁着天暖之际，架起芹桶，双手插入冰冷的泥田中，拔起根根嫩绿的芹菜。在余晖夕照中，一家老小围坐在芹菜田旁，洗净根泥，剥去枯枝残叶，然后，把这些宛若玉条的芹菜浸在清水里。第二天清晨，新鲜脆嫩的芹菜便出现在早市上了。

（原载《江苏县邑丛书·张家港·风物篇》）

迎亲船

说起迎亲船，现在的年轻人可能感到新奇陌生。所谓迎亲船，就是江南水乡迎接新娘新郎的花船。花船装扮新颖，花团锦簇，船上坐着红男绿女，锣鼓鞭炮喧天，热闹非凡。

记得小时候，我和孩子们喜欢跟大人去河边看迎亲船，每条迎亲船经过，岸上观看的人都要说些吉利贺喜的话，迎亲船上就会扔上一捧捧的糖果、红蛋之类的喜物，俗称“讨喜”。长大后，曾与伙伴们走上几回迎亲船，都是族中同辈和至亲好友嫁娶被请上船的“特邀代表”，那真是出足风头。在船上，我们敲起锣鼓，燃放鞭炮，在新娘新郎身边敲得火热闹猛，还不断说着幽默逗趣的话，就是觉得过瘾有趣。

老家前面的长寿河，是四乡八村必经的水上要道，一进入腊月，几乎每天都有几条迎亲船经过。家乡人看迎亲船疯了似的，小桥滩涂边，石驳岸上男女老少肩挨着肩，成群结队。那水袖般飘逸的河塘里，一到春节来来往往的迎亲船更是闹猛；若逢村里村外结婚的男女对子多，有时石驳岸边齐刷刷地停着好几条迎亲船，这情景犹像远古时摇快船比赛。又像看社戏时竹篙耸立、船只满河湾的景况了。春节里的迎亲船仿佛是一个忙碌的红娘：船上锣鼓鞭炮喧天，彩旗飘舞；插在船头船尾的两支扎着红缎子的青竹篙在喜风里散发着新鲜的清香。船身上贴着东一块、西一块的红喜字。

如今，村里的姑娘小伙子结婚，坐轿车的多起来了。新郎西装革履，漂亮的新娘子穿起雪白的结婚礼服，惹得乡亲们看花了眼。去年春节里，村口马路边的雪地里停的一辆辆娶亲的小轿车装饰的花枝招展。然而，家乡的新郎新娘子爱坐迎亲船，这倒并不是“老顽固”，更不是挑便宜。因为淳朴善良的乡亲对水乡一条条朝夕相处的船儿总是爱不释手，这或许是顺沿民风，朴拙之中求新趣的缘故吧？

迎亲船儿美的像一幅风景画，远看宛如一顶花花绿绿的花轿，近看宛如一个五彩缤纷的舞台，载着一船的喜悦，一船的缤纷。

迎亲船来到新娘子家的河滩边，船上的少男少女争先恐后跳上岸去抢红蛋，讨喜钱，楼底下新娘子林林总总的嫁妆，结着彩缎，排着长龙，仿佛是一个展览会。迎亲船上的客人和新郎到了新娘子家，按家乡传统风俗，客人们先喝糖汤再吃鸡蛋糕点，然后喝茶，红漆八仙桌上放着茶点糖果五花八门。这时小伙子们把新娘子的嫁妆一扛扛搬到迎亲船上。新郎耐着心情等待着新娘子下楼上船；于是，心急的小伙们就催着媒人上楼去唤新娘子下来，有勇气的新郎干脆自己跑上楼背起了新娘子，一路小跑到迎亲船上，锣鼓鞭炮一响，迎亲船起锚开发。

时代毕竟不同了。早些年新娘子出嫁，当羞答答的新娘子走向迎亲船时，不知怎的有不少却哭哭啼啼的。现在的新郎新娘子最是幸福，除了穿的时髦、嫁的漂亮，笑得也大方！似乎唱就唱，亲就亲，吻就吻。从不退却，也不后悔；爱情原本就是这么个意思。这日子就是希冀得美丽，贫瘠的岁月里是没有的，日子红火的今天才是憧憬得到。

迎亲船在蜿蜒的河塘里行进，一路上锣鼓齐鸣，鞭炮喧天，新郎新娘子端坐在铺着红地毯的船舱里，脸上露着红晕，远处的洞房里欢歌笑语，一双大红喜烛点燃得满室生辉，迎接一对新人的光临。这时的夕阳醉了，晚归的迎亲船在姹紫嫣红的乡情里微笑。

（原载《河阳文化》2015 年第 1 期）

凤凰泉

沙洲县西张东南有座凤凰山，青松翠柏，景色秀丽。北半山石壁，上有一眼清泉，潺潺流水，清澈见底。这就是凤凰泉，又名醴泉，俗称仙人洞。凤凰泉四周是坚硬的石壁，泉水就从石洞中溢出，人们看了不觉称奇 。这中间还流传着一个动人故事。

据说梁大同二年（536 年)，人们为了纪念大将关羽，便决定在凤凰山上建造一座关帝庙（后称永庆寺)。在孤零零的山坡上建庙，别的难处不说，单运水就成了难题。盖庙和泥浆要水，人喝马饮也要水。虽然派了许多民工从山下的塘河里往上挑水，但还是不能满足需要。

有一天，赤日炎炎，盖庙的工匠，民工们又累又热，口渴难忍。这时，忽见一个老婆婆一手拄根疙里疙瘩的木棍儿，一手提把瓷水壶，颤颤巍巍的爬上山来，说是给人们送水来了。众工匠、民工们一看，不觉哈哈大笑道："我们这么多人在山上做工，人挑、马驼都供不过来，你这小小的一壶水，能顶啥用?"可这老婆婆却执意说："别看我这小壶水少，保管你们千军万马喝不了……"大伙不等听完，就笑着嚷起来，有的说这老婆婆在说糊涂话，有的说老太婆可能是个疯子……老婆婆一看无人相信，只好长叹一声说："唉！你们哪，就是不相信人！好吧，既是嫌我这水少，我就把它倒掉吧！"说着，老婆婆走到山岩边，站在一块巨石上，将壶嘴一歪，冲着石头"哗哗"地斟了下去。只见那壶水冲成的坑眼忽然间变成了一眼水泉，呼呼的冒起水来，刹时间岩石上出现了一股清泉。工匠、民工们一见，个个惊得目瞪口呆，再一琢磨老婆婆刚才说的话，心想这一定是仙人下凡，是来接济兴建关帝庙人们的。可等大伙再找老人时，早已不见了。

从此，凤凰山顶上有了一眼清泉，人们不必再到山下塘河里取水了。

（原载 1986 年 5 月 18 日《解放日报》副刊《晨露》）

三、杂　记

联防"五湖四海"　1968 年秋，社会上谣传有个外地来的"五湖四海"组织，专在晚上活动，抢掠民财，无所不为，闹得境内人心惶惶。9 月 20 日夜，传闻"五湖四海"要闯入境内。听到这消息，境内自上而下组织民兵联防，各大队派专人坐守电话机旁，若有情况立即互通，敲锣为号。市镇各单位，也选派青壮年职工通宵值班防守。但一连数日也未发现"五湖四海"出现。后来才证实，根本没有什么"五湖四海"组织，实是一场虚惊。

全民睡防震棚　1976 年 7 月，河北唐山发生大地震后，8 月中旬开始，江苏省、苏州地区、沙洲县相继发出地震紧急预报，动员群众防震抗灾。境内各大队及市镇各单位纷纷在露天搭建简易防震棚，各大队的干部深入生产队，挨家动员，一些老年人思想不通，即由其子女采取措施安排。家家备好干粮，至夜大门敞开。历时月余，男女老少住露天防震棚，直至 9 月底没有发生地震，解除警报。境内群众才搬进屋里居住。

村村巷巷拾煤渣　1964 年开始，境内大村小巷农户，普遍由生产队组织社员外出装运煤渣，以煤渣作生活及养猪燃料。开始有集体组织，将煤渣按户分配给社员，后来社员自发合伙摇着水泥船外出找煤渣。煤渣拌上薄河泥，做成煤渣饼，晒干藏于室内随时作生活燃料。直至 1983 年后，才无人拾煤渣作燃料。

跃进团子　1960～1962 年，境内社员生活十分困难，粮食紧缺，不少大队号召社员吃"跃进团子"。即以红花（农田绿肥）放在开水里煮熟，切细，拌少许面粉，放些盐捏成菜团，蒸熟后充饥。有的社员 0. 5 千克面粉可拌做一百多个菜团。

早请示晚汇报　"文化大革命"期间，境内掀起学习太仓洪泾大队顾阿桃忠于毛主席、忠于毛泽东思想、忠于毛主席无产阶级革命路线的群众运动，从公社机关到社员家庭，实行"早请示、晚汇报"，即早晨起身面对毛主席像举着语录本高喊：

“敬祝毛主席万寿无疆!”尔后背诵几条毛主席语录。吃中饭前及晚上睡觉前亦是如此，每天周而复始。

大跃进运动 1958年4月，常熟县委召开生产队长以上干部参加的万人大会，贯彻中共中央制定的建设社会主义总路线，发动大跃进。8月，各个生产队大拆社员柴草房，组织割青草，用盖屋草及青草沤万担草泥潭，掀起积肥造肥高潮。境内每个自然村所有草房都被拆光。9月24日，成立人民公社，西张14个农业生产合作社成立10个大队，实行组织军事化、行动战斗化、生活集体化。小村并大村，大办食堂实行吃饭不要钱，社会上流传着“放开肚皮吃饭，鼓足干劲生产”的说法。同时，大搞土地深翻，要坌0．4米以上。10月，全公社大办“三土”工厂，即土化肥、土农药、土水泥，年末停工。接着公社召开向钢铁进军誓师大会，家家户户砸锅找铁，用风箱大炼钢铁，许多老人、小学生都成为炼钢铁大军。是年，各个地区上台“打擂台，放卫星”，高喊每亩水稻要收一万斤。

打更 旧时，为了防火防盗，在农村有一种夜间巡逻的行业，叫“打更”，从事打更巡逻的人叫“更夫”，打更有1人独挡，也有2人双挡。打更工具简单，主要有3种，一面锣鼓，一个尺半长毛竹筒（叫更筒），一盏油纸竹丝灯笼。打更时，先打毛竹筒，敲打的记数逢双，至少2下，最多4下，而更锣只能一更敲一下，二更敲二下，以此类推。毛竹筒和锣必须有规律、有节奏地配合好，绝不能乱敲，锣响一下为“起更”，凌晨敲五下为“收更”，村民根据更锣记数确定夜里时间。更夫走村穿巷，边敲边唱“更歌”：“寒冬腊月，小心火烛，前门撑撑，后门关关，水缸提提满，灶前扫扫清，防盗防火，最最要紧。”打更一般只打冬、春2季，尤以冬季为主，一个寒冬打到大年夜为止，更夫向农户收一点辛苦费，以此苦度光阴，也有当地的地保以及甲组指派青年义务轮流打更巡逻。此举在当时环境下，一定程度上起到了维护地方社会治安的作用。

证、卡、票、券 中华人民共和国成立初，国家实行计划经济，尤其对粮、棉、油等物资管得特别严，且对市场起导向作用。1953年11月开始，国家对粮油实行统购统销。1954年，棉花实行计划收购，发放布票。1958年以后，出现浮夸风、共产风，后又经3年（1960至1962年）自然灾害，国内物资紧缺，绝大部分商品由国家控制实行定量供应，对日用商品凭证限量供应。20世纪60年代，卷烟亦凭票优劣搭配供应，“文化大革命”期间计划供应品种更有增加，在此情况下，各种不同用途的证、卡、票、券应运而生，作为购物记录或购物凭证，且到指定地点使用。

1、证：居民粮油证，亦叫购米证（兼作临时供应物资记录）。

2、卡：火油卡（含供应火柴、肥皂、火油等），购物卡（含买煤球、煤屑等）。

3、票：粮票（从一两到五斤面额不等，分全国通用和地方粮票2种，此外还有特殊的军用粮票、优待粮票）、油票、糖票、布票、饭票等。

4、券：糕饼券、肥皂券、烟券、肉券、手表券、自行车券、缝纫机券。尤其是春节物资，各种货物凭号码券购买（称几号券）。

其时，仅有钱，无票证难以买到东西。在计划经济年代，一切生活物资供应均在户籍所在地，故人口很难流动。此种状况一直延至1978年改革开放，物资逐步敞开供应，证、卡、票、券先后取消。

第四章 侵华日军在金谷村境内暴行录

1937年11月20日（夜）侵华日军火烧境内朱家弄，钱家小桥，东街等宅基村落，残忍地枪杀无辜百姓数人。从1937年11月至1945年8月的8年时间里，侵华日军对境内地区所犯的罪行刻骨铭心，永世难忘。为牢记历史，不忘过去，珍爱和平，本志根据《西张镇志》记载和当时人朱世根、陈小二两位老者的回忆口述整理，特此收录。

1937年11月20日（夜），侵华日军窜至朱家弄，此时朱家弄里男女老幼闻讯都往四野躲避。村上一个年迈又左手残废的老翁朱关生不便外出躲避，留家看守门户。日军进村后，闯门窜户，发现朱关生未走，举枪就打，可怜老人来不及看一眼陪伴平生的寒家陋室便撒手归西。原王君宜油厂职工朱丰宜养病在家，卧床不起。残暴的日军也不放过，进门用枪扫射，朱丰宜就这样含恨死在日军枪口下。村民朱台保正欲向村外躲避，被日军发现抬手一枪，子弹穿过右手动脉，流血不止，虽未伤及性命，但后却留下了终生残疾。村民朱才保的阿姨姓窦，来村走亲戚躲避不及，被几个日军发现，强拉硬扯地轮奸了。

日军作恶多端，杀了人还要烧房。日军点燃路边的房屋，朱家弄宅基，一时间火势蔓延，熊熊燃烧，上百间瓦房、草屋被烈火吞噬，火光映红了半边天。因天雨日久，空气潮湿，浓烟，火苗三天未熄。朱伯良等9户人家的34间瓦房和34间草房均被毁于一旦。朱伯良的隔房长辈朱希光从常熟城里泰来商店转移而来的大批货物也被烧光，损失惨重。同时被烧毁的，还有26个未脱粒的稻篓，计有200多亩10万斤稻谷化为灰烬。烧了朱家弄的日军尚嫌不够，又冲进钱家小桥，将村内23户60余间房屋焚毁。是年朱家弄、钱家小桥村民在饥寒中煎熬，苦不堪言。后又窜至东街，杀人放火。烧毁房屋10多间，枪杀平民3人。

1939年2月23日，侵华日军由西徐市出发在河阳山袭击“忠救军”，并在河阳山北陶家湾等地杀害无辜村民唐金男、唐丙和、唐宗福、陈生生、陈全、陈和尚、徐关林7人，“忠救军”死亡30人。

编后记

《金谷村志》是在凤凰镇金谷村党委、金谷村村民委员会正确领导和大力支持下完成的一项文化工程。它的出版，是境内两个文明建设的又一伟大成就，是社会主义文化建设的又一丰硕成果。

2015年8月，《金谷村志》的编写工作和《双龙村志》《凤凰村志》《恬庄村志》《程墩村志》同步启动。村志纳入张家港市首批名村志行列。是月，村党委、村民委员会发文成立编纂委员会和编写机构，落实具体写作人员，开始编写《金谷村志》，至2016年10月，《金谷村志》完成初稿。10月开始，编者又在原有初稿的基础上，参照志书的规范要求进行了反复修改，调整和补充了有关内容，特别是在部分章节里增加了新的有金谷特色的内容，使《金谷村志》更具魅力和光彩。编志人员克服各种困难，历时两年多，反复修改校正，终于使《金谷村志》付梓出版，呈现在读者面前。

《金谷村志》的编纂工作，可以说是一项史无前例的宏大文化工程，时间跨度长、门类多，内容涉及方方面面，搜集资料是一个十分重要艰苦的工作。在这个过程中，我们多次去常熟、张家港的档案馆、图书馆查阅资料，走访干部群众，翻阅家谱族志，获取了大量有价值的志书资料。我们得到了凤凰镇、金谷村退休老干部及在职领导和各企事业单位、各界人士的热情关心和支持，特别感谢原苏州市委常委、政法委书记曹福龙，原张家港市人大常委会副主任吉瑞庆，凤凰镇农村工作局副局长、金谷村党委书记陆惠东，他们在百忙之中抽出时间，欣然为《金谷村志》作序，这是一件十分荣幸的事，充分显示了上级领导对这部志书的厚爱和肯定。编志过程中，我们还得到了市委党史地方志办公室、凤凰镇党史地方志办公室领导的关心和悉心指导。可以说，在凤凰镇党委、政府，金谷村党委、村委会的热情关注和支持指导下，我们才能在较短的时间里顺利完成《金谷村志》的编纂、出版工作。在此，一并表示衷心的感谢！

《金谷村志》是境内第一部正式出版的地域性地方志，它是一项系统而崭新的工程，既要符合“志”的体例规范，又要反映金谷村的时代特色，记述内容广泛翔实，要求高，难度大。由于我们水平有限、知识浅薄、调查不够，在编纂中定有不少错误和不足，敬请读者及同仁批评指正。

编者

2017年8月